LA PETITE ENCYCLOPÉDIE DU CINÉMA

Ouvrage réalisé sous la direction de
Michel Ciment, Jean-Claude Loiseau
et Joël Magny
Collection « La Petite Encyclopédie »
dirigée par
Brigitte Govignon

La Petite Encyclopédie du cinéma

Éditions du Regard

Réunion des Musées Nationaux

Nous remercions toutes les personnes qui ont participé à l'élaboration de cet ouvrage et tout particulièrement :
Fortunée SELLAM, directrice de la médiathèque de la BIFI,
et ses services des photos, des affiches, des archives, des dessins,
le Centre d'Information et de Documentation de la BIFI,
et Isabelle REGELSPERGER, responsable du service iconographique.
Marie-Christine KALI-SAINTEMARIE, chargée de mission juridique à la BIFI.

COUVERTURE
Orson Welles et Rita Hayworth dans
La Dame de Shanghai, d'Orson Welles (1948).

Dessin de Claire BRETÉCHER

ISBN 2-7118-3646-0

PRÉFACE

Le 28 décembre 1895, à Paris, les frères Lumière éblouissaient leurs spectateurs avec une projection de films dont les images donnaient l'illusion du mouvement. Le cinéma était né.

Aujourd'hui centenaire il méritait d'être étudié dans une Petite encyclopédie comme l'ont été, avant lui, l'art et la musique. Bien que singulièrement plus jeune ou plus récent, il a déjà une histoire. Mais avant de parler de cette histoire, nous nous sommes d'abord interrogés sur l'histoire d'un film, de sa naissance à sa sortie, de sa sortie à sa conservation. Qu'est-ce qu'un scénario, un producteur, un montage ? Ainsi éclairée, l'histoire du cinéma prend tout son sens. Et un grand chapitre lui est consacré. Les frères Lumière ont envoyé leurs opérateurs dans le monde entier, de la Russie à l'Australie, de la Chine au Japon, de l'Amérique du Nord à l'Amérique latine ; ils arrivaient, montaient, filmaient, repartaient, et dans tous ces pays, le cinéma a son histoire. Après eux, nous nous sommes intéressés aux cinémas du monde. Il est aussi une formidable usine à rêves avec ses stars et ses héros, ses genres, qui vont du western à la comédie musicale, du film noir à la science-fiction. Et enfin, il a eu (et continue d'avoir) ses grands réalisateurs. Quatre-vingt-cinq biographies clôturent ce livre. Choix difficile, et forcément restrictif, en même temps que beau palmarès.

Une petite encyclopédie pour un grand art à qui l'on a, très vite, attribué une place après l'architecture, la sculpture, la peinture, la gravure, la musique et la danse. Les frères Lumière n'avaient sans doute pas pensé que de leur invention naîtrait le septième art. C'est pourtant bien ce que le cinéma est devenu.

SOMMAIRE

SOMMAIRE

Monnaie de singe, de Norman Z. McLeod (1931).
Les cinq frères Marx (Chico, Harpo, Groucho, Gummo, Zeppo) ont débuté à Hollywood en 1929 ; très vite ils ne seront plus que trois.
Créateurs de leurs gags visuels, de leurs jeux de mots qui tombent en cascade délirante, ils ne sont pas les réalisateurs mais bien les auteurs de leurs films. Dans cet univers souvent absurde, on retrouve Groucho, sa moustache et son cigare, Chico le pianiste virtuose, Harpo, innocent, muet et remarquable harpiste.

INTRODUCTION

Le XXe siècle, dont les terriens vont porter le deuil, n'aura pas seulement été le siècle de l'électricité et de l'atome, le siècle de l'informatique et du village global, village systématiquement attaqué, détruit, martyrisé par la lutte de ses tribus. Il n'aura pas été exclusivement l'âge des massacres et des génocides, et celui de la mise à mal de la nature ou l'âge de l'exploration spatiale. Le XXe siècle est et restera le siècle où une faiblesse humaine, la persistance rétinienne, aura été utilisée par la technique pour créer l'illusion, pour rendre le rêve et le réel visibles, pour réinventer le temps.

« Écrire le mouvement » ; c'est ce que dit le mot gréco-français des frères Lumière, fidèles enregistreurs de la réalité : le *cinématographe*. C'est en coupant ce mot trop savant que la langue française a convié ses fidèles à « aller au cinéma » voire « au ciné » avant de « se faire une toile ». Les Latins et les Slaves emboîtèrent le pas (le *cine* hispanique, le *cinema* à l'italienne prononcé *tchi-*, le *kino* russe) alors que les Anglos inventaient les « bougettes » (*movies*).

Fils prodigue de l'« écriture de la lumière » ou photographie, le cinéma, invention technique et d'abord curiosité magique, s'est rapidement retrouvé vedette de la planète spectacle, concurrençant rudement le théâtre (les cinémas américains s'appellent *theaters*) avant d'être à demi phagocyté par un monstre tentaculaire, la télévision.

Le cinéma, le vrai, réunit dans de faux théâtres une communauté provisoire que l'on plonge dans l'obscurité. Coincés entre les beaux draps de l'écran et la cabine du projectionniste, qui ne surgit du néant de l'inattention que par la panne, les amateurs de cinéma se tiennent tranquilles, comme des petits soldats rangés pour une parade immobile et assise. Heureusement, il y eut, dans les cinémas de naguère, l'époque des amoureux, un moment détournés de l'écran pour des plaisirs également sentimentaux mais décidément plus palpables. Cependant, qu'ils soient fascinés par l'écran ou distraits par les tentations de l'obscurité, les mangeurs d'images et de plus ou moins belles histoires sont bien des *consommateurs*, des petits « cochons de payants », ce qui n'implique pas forcément que les producteurs en soient de gros, puisqu'on ne parle jamais des « cochons de payés ». Le cinéma, chacun le sait, est une industrie. Ses produits sont paradoxaux, fabriqués comme les surgelés et les néfastes foods de l'agroalimentaire, mais parfois concoctés par des chefs prestigieux, qui se nomment Roberto Fellini ou Ingmar Bergman.

L'industrie lourde du spectacle, dominée mondialement par les États-Unis, distrait les foules de la planète Terre à la façon utilitaire et parfaitement maîtrisée d'une lessive pour cerveaux. C'est une énorme pompe à dividendes. Mais le cinéma est un art, différencié, imprévisible, palpitant. Il rend visible ce qui nous échappait : la beauté et l'étrangeté, le bonheur et la tristesse du monde, l'infinie variété des cultures, des attitudes de l'être humain et leur profonde unité. L'industrie se cache ; l'art se montre. Le pire, au cinéma, est l'utilisation des prestiges au service des mouvements de foule du sentiment : alors, toutes les valeurs sombrent au profit de l'argent : le *Titanic*, en somme.

Les historiens du cinéma divisent leur territoire en écoles nationales, en périodes : le muet en noir et blanc est en effet un tout autre cinéma que le « parlant - sonore - musical » en couleurs. Mais d'autres oppositions peuvent nous conduire : cinéma riche et cinéma pauvre, cinéma « d'auteur », comme on dit, et cinéma usinier, cinéma d'avant la télé et cinéma d'après.

Car la télé a fait exploser le cinéma. On pensait qu'elle allait le tuer, comme on avait pensé que le cinéma tuerait le théâtre. On a vu dans chaque technique nouvelle du spectacle un prédateur, qui allait avaler le passé et s'en nourrir. Surprise : le théâtre, l'opéra ont survécu au cinéma ; le cinéma à la télévision, mais certaines formes en ont pâti. Alors que le théâtre filmé n'était qu'un genre de cinéma parasitaire, le film de cinéma diffusé à la télévision permet au septième art de survivre, tout en lui cassant les reins. C'était du moins l'opinion de Fellini, furieux qu'on puisse décadrer, décolorer, rapetisser les somptueuses images de *E la nave va* ou les subtilités visuelles de *Ginger et Fred* (par exemple) sur l'exigu et scintillant tube cathodique. Sans parler de la distraction perpétuelle du téléspectateur, qui a fini par susciter des visions aussi passionnantes – pour équilibrer la vie quotidienne, peut-être – que les bavardages familiaux ou que la vaisselle vespérale.

En même temps, la télévision donnait au cinéma des idées nouvelles, un public élargi et, par la réaction de certains réalisateurs, faisait redécouvrir au cinéma certaines exigences formelles. Le pseudo-téléfilm cohabitait avec l'anté-téléfilm, le vrai film, porté par des vagues toujours nouvelles.

Menacé, secoué, triomphant, endormi, réveillé, le cinéma, malgré ses crises, a modelé la sensibilité moderne : tous les spectacles, tous les arts de la narration – à commencer par le roman – lui doivent un enrichissement. Le temps rythmé, la peinture en mouvement, le récit humanisé, la parole et le silence, la trompeuse vérité et le rêve révélateur, tout cela, qu'on peut trouver dans tous les arts, a été porté à son point d'incandescence par la cinématographie.

Enfin, l'industrie spectaculaire capable de transformer nos semblables en idoles – les stars – est aussi un levier pour la sensibilité contemporaine. Le cinéma ne distrait pas toujours ; il arrive qu'il dérange, et c'est là son plus grand pouvoir.

Alain REY

CHRONOLOGIE

Un siècle de cinéma illustré par des affiches du monde entier, avec un rappel des grands événements de l'histoire du XXe siècle.

DE 1894 À 1939

De la naissance du cinéma à la Seconde Guerre mondiale

DE 1940 À 1968

La Seconde Guerre mondiale la Nouvelle Vague les événements de Mai 1968

De 1969 à l'an 2000

Le cinéma moderne et contemporain

De la naissance du cinéma à la Seconde

Première Guerre mondiale

1895 1896 1897 1898 1899 1900 1901 1902 1903 1904 1905 1906 1907 1908 1909 1910 1911 1912 1913 1914 1915 1916 1917 1918 1919 1920

Europe

1915 L'expressionnisme allemand

28 décembre 1895
Première projection publique d'un film au Grand Café de Paris

1896 Les Frères Pathé à la conquête du monde

1902 *Le Voyage dans la lune*, de Georges Méliès

1907 Alexandre Drankov tourne *Boris Godounov* à Moscou

1908 Emile Cohl présente *Fantasmagorie*, premier dessin animé

1910
L'Abîme, d'Urban Gad révèle la première star Asta Nielsen

1911
Construction du Gaumont-Palace à Paris

1913-1914
Fantômas, premier film à épisodes

1914
Cabiria, de Giovanni Pastrone, le premier péplum

1917
Les Proscrits, de Victor Sjöström, premier âge d'or du cinéma scandinave

1919
Le Cabinet du docteur Caligari, naissance de l'expressionnisme allemand

États-Unis

1896 Première projection du Cinématographe Lumière à New York

1903 *Le Vol du rapide*, le premier western

1912 Création du premier grand studio à Hollywood, la Universal

1913 *Le Mari de l'Indienne*, premier film tourné à Hollywood par Cecil B. DeMille

1915 *Naissance d'une nation*, une étape dans l'histoire du cinéma

1919
Création des Artistes Associés par Chaplin, D.W. Griffith, M. Pickford et D. Fairbanks

Quelques repères historiques

1832	Joseph Plateau invente le Phénakistiscope
1877	Thomas Edison invente le phonographe et Émile Reynaud crée le Praxinoscope
1889	Construction de la tour Eiffel
1905	Eisenstein crée la théorie de la relativité $E = mc^2$
1908	Louis Forton crée les Pieds Nickelés
1912	Fin de l'empire en Chine
1917	Révolution en Russie, le tsar Nicholas II abdique
1924	Mort de Lénine
1926	Mussolini prend le pouvoir en Italie
1929	Tintin reporter au *Petit Vingtième*
1929	Krack de la bourse de Wall Street à New York
1933	Hitler, chef unique du parti nazi
1936	Victoire du Front populaire en France
1938	Franco, sous le nom de *caudillo*, devient chef du gouvernement espagnol

Australie, Asie

1906 *The Story of the Kelly Gang*, un immense succès en Australie

GUERRE MONDIALE

SECONDE GUERRE MONDIALE

1921 1922 1923 1924 1925 1926 1927 1928 1929 1930 1931 1932 1933 1934 1935 1936 1937 1938 1939 1940 1941 1942 1943 1944 1945

1921 *Nosferatu le vampire*, de Murnau, première adaptation du mythe

1924 *La Légende de Gosta Berling*, premier film avec Greta Garbo

1925 *La Rue sans joie*, de Georg Wilhem Pabst

1925 *Le Cuirassé Potemkine*, symbole du nouveau cinéma soviétique

1926 *Napoléon*, d'Abel Gance

1928 *Un chien andalou*, de Luis Buñuel avec Salvador Dali, un film surréaliste

1929 *L'Homme à la caméra*, de Dziga Vertov

1934 *Tchapaiev*, des Vassiliev, une œuvre phare du cinéma russe

1935 Hitchcock maître du suspens avec *Les Trente-Neuf Marches*

1936 Sacha Guitry tourne *Le Roman d'un tricheur*

1936 Leni Riefenstahl réalise *Les Dieux du stade* aux J.O. de Berlin

1933 *Zéro de conduite*, de Jean Vigo, un temps fort de l'avant-garde

1930 *Sous les toits de Paris*, de René Clair, un des premiers films parlants français

1937 *La Grande Illusion*, un des chefs-d'œuvre de Jean Renoir

1930 *L'Ange bleu*, de Joseph von Sternberg impose une star mondiale, Marlene Dietrich

1938 *Quai des Brumes*, de Marcel Carné sur un scénario de Prévert

1931 *Marius*, de Marcel Pagnol avec Raimu

1931 *M le Maudit*, chef-d'œuvre de Fritz Lang

1921 *Les Quatre Cavaliers de l'Apocalypse* révèle Rudolph Valentino

1921 *Charlot et le Kid*, premier long métrage de Chaplin

1922 Robert Flaherty réalise le premier documentaire *Nanouk l'Esquimau*

1922 Éric von Stroheim s'affirme avec *Folies de femmes*

1924 *Le Cheval de fer*, de John Ford

1925 *Les Fiancées en folie*, de Buster Keaton

1925 *La Grande Parade*, de King Vidor, vaste fresque pacifique

1928 Mickey Mouse apparaît à la barre de *Steamboat Willie*

1931 Boris Karloff incarne le monstre de *Frankenstein*, et Bela Lugosi *Dracula*

1931 *Le Petit César*, l'archétype du film de gangsters

1931 *Les Lumières de la ville*, de Charlie Chaplin

1932 Naissance de *Betty Boop*

1933 Fred Astaire débute à Hollywood

1934 *New York Miami*, de Frank Capra, modèle de la comédie à l'américaine

1937 *Blanche-Neige et les Sept Nains*

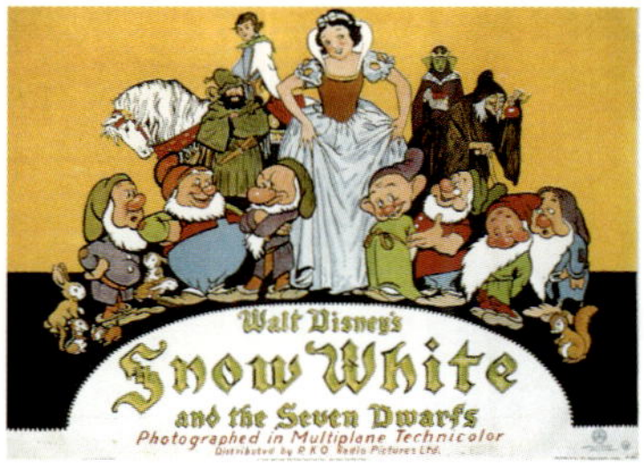

1927 Premier film parlant : *Le Chanteur de jazz*

1939 *La Chevauchée fantastique*, chef-d'œuvre du western

1939 *Autant en emporte le vent*, le film aux dix oscars

1923 Kenji Misoguchi tourne son premier film, *Le Pays natal*

1931 *Alam Ara*, énorme succès du premier film parlant en Inde

1936 *Les Anges du boulevard*, de Yuan Muzhi, un ton nouveau dans le cinéma chinois

DE 1940 À 1968

LA SECONDE GUERRE MONDIALE, LA NOUVELLE VAGUE,

SECONDE GUERRE MONDIALE

1940 1941 1942 1943 1944 1945 1946 1947 1948 1949 1950 1951 1952 1953 1954

EUROPE

1943 *Le Corbeau*, de Henri-Georges Clouzot

1943 *L'Éternel Retour*,
de Jean Delannoy avec Jean Marais

1944
Henry V, de et avec Laurence Olivier

1945 *Les Enfants du Paradis*, de Marcel Carné

1945 *Rome ville ouverte*, de Roberto Rossellini
marque la naissance du néoréalisme italien

1947 *Le Diable au corps*
de Claude Autant-Lara fait scandale

1948
La Dernière Étape, de la Polonaise Wanda
Jakubowska évoque les camps de concentration

1949
Le Troisième Homme, chef-d'œuvre de Carol Reed

1949
Jours de fête, de Tati

1951
Fondation de la revue
les *Cahiers du cinéma*

1951
Journal d'un curé de campagne, un tournant dans l'œuvre de Robert Bresson

1952
Fondation de la revue *Positif*

1952
Casque d'or,
chef-d'œuvre de Jacques Becker

1954
La Strada, de Federico Fellini

ÉTATS-UNIS

1941 *Citizen Kane*, chef-d'œuvre d'Orson Welles

1941 *Le Faucon maltais*,
Humphrey Bogart consacré star

1942 Tex Avery entre à la MGM

1943 *Casablanca*,
de Michael Curtiz,
un film culte

1946 *Gilda*,
de Charles Vidor

1948-1954 LA « CHASSE AUX SORCIÈRES »

La trilogie de John Ford :
1948 *Le Massacre de Fort Apache*
1949 *La Charge héroïque*
1950 *Rio Grande*

1952 *Chantons sous la pluie*, le sommet de la comédie musicale

1953
La Tunique, d'Henry Koster,
premier film en CinémaScope

AMÉRIQUE LATINE

QUELQUES REPÈRES HISTORIQUES

1940	Déclaration universelle des droits de l'homme
8 mai 1945	Libération de Paris, l'Allemagne capitule
1945	Hiroshima puis Nagasaki anéanties par la bombe atomique
1947	Indépendance de l'Inde
1948	Assassinat de Gandhi
1949	République populaire en Chine
1953	Mort de Staline
1954	Début de la guerre d'Algérie
1961	Gagarine, le premier homme dans l'espace
1963	Indépendance de l'Algérie
1966	Début de la Révolution culturelle en Chine
1968	Mouvements étudiants en France et Printemps de Prague

ASIE

1953
Les Contes de la lune vague après la pluie, de Kenji Mizoguchi

1953
Voyage à Tokyo, de
Yasujiro Ozu

1954
Les Sept Samouraïs, d'Akira Kurosawa,
le cinéma japonais s'ouvre au grand public

LES ÉVÉNEMENTS DE MAI 1968

1955 1956 1957 1958 1959 1960 1961 1962 1963 1964 1965 1966 1967 1968

DE 1956 À 1960 LE *FREE CINEMA*

1959 LA NOUVELLE VAGUE

1955 *Nuit et brouillard*, d'Alain Resnais, court métrage sur les camps de la mort

1956 *Et Dieu créa la femme*, de Vadim, Brigitte Bardot consacrée star

1957 *Quand passent les cigognes*, de Kalatozov, renouveau du cinéma soviétique

1957 *Le Septième Sceau* et *Les Fraises sauvages*, de Bergman marquent le cinéma moderne

1958 *Le Pigeon*, triomphe de la « comédie italienne »

1959 *Les Quatre Cents Coups*, de François Truffaut

1960 *La Dolce Vita*, de Federico Fellini, scandale en Italie et succès mondial

1962 Polanski réalise son premier film *Le Couteau dans l'eau*

1962 David Lean, après deux ans de tournage, achève *Lawrence d'Arabie*

1962 James Bond 007 entame sa longue carrière à l'écran

1963 *Le Guépard*, de Luchino Visconti, une superbe fresque

1963 *Huit et demi*, de Federico Fellini

1964 Naissance d'un tandem inoubliable : De Funès-Bourvil dans *Le Corniaud*, de Gérard Oury

1964 *Les Parapluies de Cherbourg*, de Jacques Demy, un monde « en-chanté »

1965 *Pierrot le Fou*, de Jean-Luc Godard

1965 *Les Amours d'une blonde*, de Milos Forman, la nouvelle vague de l'Est

1966 *Les Désarrois de l'élève Torless*, de Volker Schlöndorff révèle le jeune cinéma allemand

18 mai 1968 Le Festival de Cannes est arrêté

1955 *La Fureur de vivre*, de Nicholas Ray : naissance d'un mythe, James Dean

1955 *Sept Ans de réflexion*, de Billy Wilder

1958 *Sueurs froides*, d'Alfred Hitchcock

1959 *Certains l'aiment chaud*, une Marylin époustouflante

1961 *Les Désaxés*, le dernier film de Clark Gable, Marylin Monroe et Montgomery Clift

1963 *Sleep*, d'Andy Warhol : un homme dort pendant 6 heures, le cinéma *underground* selon Warhol

1964 *My Fair Lady*, de George Cukor, chant du cygne de la comédie musicale

1967 *Bonnie and Clyde* revivent à l'écran

1968 Triomphe du film « gore » avec *La Nuit des morts vivants*

LES ANNÉES 60 : *CINEMA NOVO* BRÉSILIEN, *NUEVO CINE* ARGENTIN ET CINÉMA RÉVOLUTINNAIRE CUBAIN

1963 *Le Dieu noir et le Diable blond*, de Glauber Rocha, film phare du Cinema Novo, nouvelle vague à la brésilienne

1964 *La Femme des sables* de Kobo Abe

1955 *Pather Panchali*, de Satyajit Ray, premier volet de la trilogie d'Apu

De 1969 à l'an 2000

Le cinéma moderne et contemporain

1969 1970 1971 1972 1973 1974 1975 1976 1977 1978 1979 1980 1981 1982 1983 1984

Europe

1970 Luis Buñuel tourne en Espagne *Tristana*

1971 *Le Chagrin et la Pitié*, de Max Ophuls, un portrait de la France sous l'Occupation

1972 *Dernier Tango à Paris*, de Bernardo Bertolucci fait scandale

1973 *La Maman et la putain*, de Jean Eustache, un film culte

1973 *La Grande Bouffe*, film choc de Marco Ferreri

1975 *Salo ou les Cent Vingt Journées de Sodome*, le dernier film de Pier Paolo Pasolini

1975 *Cadavres exquis* de Francesco Rosi, un film politique

1975 *Cría Cuervos*, de Carlos Saura

1976 Losey tourne en France *Monsieur Klein*

1977 *Une journée particulière*, d'Ettore Scola, Sophia Loren et Marcello Mastroianni, un duo inoubliable

1978 *Le Mariage de Maria Braun*, de Fassbinder

1980 *San Clemente*, consacre un grand documentariste, le photographe Raymond Depar

1981 *Diva*, de Jean-Jacques Beinex, un « new look » français

1981 *L'Homme de fer*, d'Andrzej Waj

1981 *Regards et Sourires*, de Ken Loach, la veine du cinéma social anglais

1984 *Heimat*, premier volet d'un film fleuve d'Edgar Reitz

1984 *Paris, Texas*, de Wim Wenders

États-Unis

1970 *Airport*, premier film catastrophe

1970 *Little Big Man* : le regard sur les Indiens change

1971 *Orange mécanique*, de Stanley Kubrick, un phénomène de société

1972 *Le Parrain*, de Francis Ford Coppola, premier d'une suite à succès

1973 *L'Épouvantail*, de Jerry Schatzberg, un *road movie*

1975 John Cassavetes, réalisateur indépendant d'*Une femme sous influence*

1976 *Taxi Driver*, de Martin Scorsese avec Robert De Niro

1977 *La Guerre des étoiles*, de George Lucas, un *space opera* qui renouvelle la science-fiction

1979 *Manhattan*, de Woody Allen

1982 Un extra-terrestre débarque : *E. T.* de Steven Spielberg

Afrique

1969 *L'Opium et le bâton*, d'Ahmed Rachedi, évoque la colonisation

1975 Souleymane Cissé réalise *La Jeune Fille*, premier film en langue bambara

Asie et Australie

1971 *La Randonnée* : deux enfants chez les aborigènes d'Australie

1976 *L'Empire des sens*, de Nagisa Oshima, l'érotisme au Japon

1980 *Kagemuscha*, d'Akira Kurosawa

1980 *Mad Max*, de George Miller : la violence hors des frontières australiennes

1983 *Terre jaune*, de Chen Kaige, nouvelle génération du cinéma chinois

1984 *Pluie noire*, d'Imamura, les désastres de la bombe atomique

1985 1986 1987 1988 1989 1990 1991 1992 1993 1994 1995 1996 1997 1998 1999

1985 *Papa est en voyage d'affaires*, d'Emir Kusturica, une satire du régime titiste

1987 *Le Festin de Babette*, un succès international

1987 *Les Yeux noirs*, de Nikita Mikhalkov avec Marcello Mastroianni

1987-1988 *Le Décalogue* de Kieslowski : les Dix Commandements au cinéma

1988 *Le Grand Bleu* de Luc Besson, des heures dans l'Océan

1989 *Leningrad Cowboys Go America*, d'Ari Kaurismäki

1991 *Les Nuits fauves*, unique film de Cyril Collard

1991 Maurice Pialat « réinvente » la vie de *Van Gogh*

1993 *Journal intime*, de Nanni Moretti

1993 Succès international de *Quatre mariages et un enterrement*

1993 *Les Visiteurs*, de Jean-Marie Poiré battent des records d'entrée

1995 *La Haine*, de Mathieu Kassovitz, portrait de la jeunesse des banlieues

1996 *Secrets et Mensonges*, de Mike Lee

1997 *Le Cinquième Élément*, de Luc Besson

1985 Milos Forman et Mozart : *Amadeus*

1988 Succès mondial de *Qui veut la peau de Roger Rabbit?*

1989 Tim Burton et *Batman*

1991 *Le Silence des agneaux*, triomphe d'un *serial killer*

1991 *Danse avec les loups*, un hymne à la paix

1992 *Impitoyable*, de Clint Eastwood, le dernier chef-d'œuvre du western

1994 *Pulp Fiction*, le phénomène Quentin Tarantino

1995 *Toy Story*, premier film entièrement réalisé par des procédés électroniques

1998 *Titanic*, de James Cameron, le plus grand succès commercial de l'histoire du cinéma

1987 *Le Choix*, premier long métrage d'Idrissa Ouedraogo

1993 *Mercédès*, de Yousri Nasrallah représente la modernité égyptienne

1997 Consécration de Youssef Chahine à Cannes pour l'ensemble de son œuvre

1990 *Le Tombeau des lucioles*, animé par Isao Takahata

1993 Jane Campion est la première femme à recevoir la Palme d'or à Cannes pour *La Leçon de piano*

Quelques repères historiques

- **1969** L'Américain Neil Armstrong est le premier homme à marcher sur la Lune
- **1973** Cessez-le-feu et retrait des Américains du Viêt-nam
- **1973** Premier micro-ordinateur, le *Micral*, de la société française R2E
- **1974** Invention de la carte à mémoire par le Français Roland Moreno
- **1975** Mort du dictateur Franco en Espagne
- **1975** Début de la guerre civile au Liban
- **1976** Mort de Mao Zedong
- **1979** Accord de paix de Camp David entre l'Égypte et Israël
- **1986** Catastrophe nucléaire de Tchernobyl
- **1989** Chute du mur de Berlin
- **1990** Fin de l'apartheid en Afrique du Sud
- **1991** Dissolution de l'Union soviétique
- **1991** Guerre du Golfe déclenchée par l'invasion du Koweït par l'Iraq
- **1993** Montée de l'intégrisme en Algérie
- **1994** Génocide de la minorité tutsie au Rwanda
- **1995** Fin de la guerre en Bosnie-Herzégovine
- **1997** Hong Kong est rendue à la Chine
- **1998** Ouverture de l'Exposition Mondiale de Lisbonne

1997 *Le Goût de la Cerise*, de Abbas Kiarostami, la reconnaissance de la riche cinématographie iranienne

1997 Takeshi Kitano est révélé avec *Hana-bi*

D. W. Griffith, assis au centre, avec son équipe lors du tournage du film *Abraham Lincoln* en 1930.

l'histoire d

un film

1 La naissance

■ Dans son film *Huit et demi*, le réalisateur italien Federico Fellini raconte les difficultés d'un cinéaste lors de la préparation d'un film dont il n'a encore décidé ni le sujet, ni le genre, et pour lequel il ignore encore qui seront ses principaux collaborateurs. Pourtant la machine se met en marche, et tous, autour de lui, le pressent de conseils ou d'avertissements : son producteur, ses amis, un critique chargé de relire le scénario, et les divers imprésarios des acteurs. Incapable de se décider vraiment, il donne des gages aux uns et aux autres, n'arrive à satisfaire personne et lui moins que tous. Les affres de ce cinéaste, interprété par Marcello Mastroianni, traduisent bien la complexité de la préparation d'un film, et les multiples choix qu'elle impose ■

De l'idée d'un film à sa mise en route

Le cinéma est un art qui s'accomplit grâce à un travail collectif, au terme d'une entreprise qui ne laisse à l'inspiration, somme toute, que peu de place. Combien de cinéastes ont préparé avec passion et ténacité des films qui n'ont jamais vu le jour : de Sergueï Eisenstein à Orson Welles, de Jean Vigo à Robert Bresson, même les plus grands ont dû abandonner un projet, parce que toutes les conditions n'étaient pas réunies. Pour donner une existence au film, il faut mettre en rapport un certain nombre de compétences, d'ambitions, d'intérêts ou de projets personnels, et mettre en place des moyens importants – des dizaines, voire des centaines de collaborateurs, des millions de francs de budget, quand ce ne sont pas des dizaines de millions.

Les cinéastes ne sont pas les seuls à pouvoir déclencher le tournage d'un film, et surtout à en maîtriser la réalisation. Un producteur, un scénariste, un acteur peuvent en être à l'origine, et parfois « porter » le projet sur leurs épaules, suivant le crédit qu'ils ont dans la profession, et surtout le système à l'intérieur duquel ils se placent. La capacité, non seulement d'avoir des idées, mais aussi de faire bouger les autres, de convaincre des collaborateurs, de débloquer des budgets, est la condition indispensable pour le démarrage du film. Que ce soit le producteur, qui détient les clés du montage financier, ou le réalisateur, qui peut s'assurer la collaboration d'un certain nombre d'artistes et de techniciens de talent, il est évident que la place stratégique peut être plus importante que le bien-fondé d'une idée.

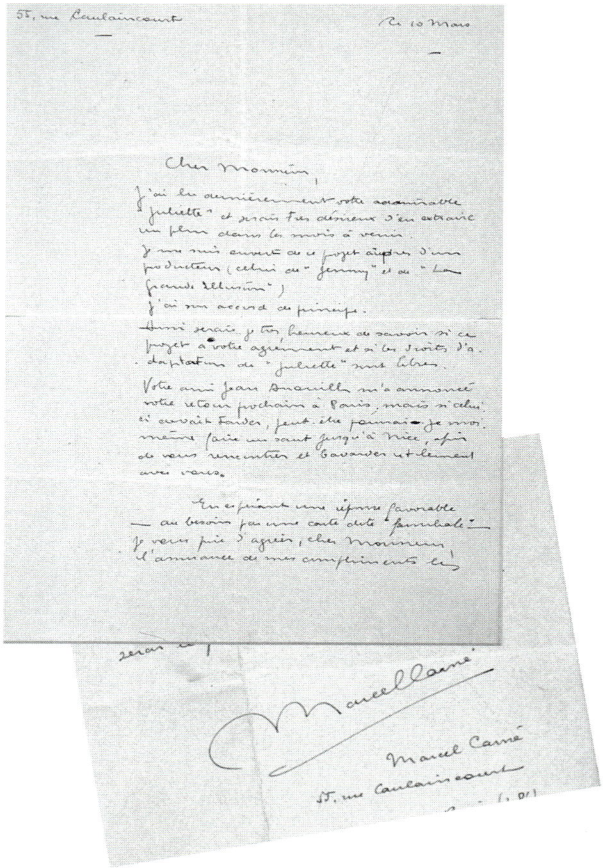

55, rue Caulaincourt — Le 10 Mars

Cher Monsieur,

J'ai lu dernièrement votre admirable "Juliette" et serais très désireux d'en extraire un film dans les mois à venir.
Je me suis ouvert de ce projet auprès d'un producteur (celui de "Jenny" et de "La Grande Illusion")
J'ai son accord de principe.
Aussi serais-je très heureux de savoir si ce projet a votre agrément et si les droits d'adaptation de "Juliette" sont libres.
Votre ami Jean Anouilh m'a annoncé votre retour prochain à Paris, mais si celui-ci devait tarder, peut-être pourrais-je moi-même faire un saut jusqu'à Nice, afin de vous rencontrer et bavarder utilement avec vous.

En espérant une réponse favorable — au besoin par une carte dite "familiale" — je vous prie d'agréer, cher Monsieur, l'assurance de mes compliments les [illegible]

Marcel Carné

Marcel Carné
55, rue Caulaincourt

Lettre de Marcel Carné à Georges Neveux concernant l'adaptation au cinéma de son roman *Juliette ou la Clé des songes* (1951).

L'acteur Oscar Werner dans *Farenheit 451*, de François Truffaut (1966).
La littérature est une source d'inspiration et le point de départ de nombreux scénarios.

C'est la situation paradoxale du cinéma aujourd'hui : celui que l'on reconnaît comme l'auteur du film est bien le réalisateur ; cependant, même si l'idée vient de lui, la décision de tourner a souvent été prise par d'autres. Ainsi, la paternité d'un film devrait souvent être partagée entre le réalisateur et le producteur. Ce n'est pas un hasard si François Truffaut est devenu son propre producteur dès qu'il a commencé à réaliser des films : c'était pour lui le meilleur moyen de garder son pouvoir de décision. Lorsque sa société de production, Les films du Carrosse, prenait en charge l'organisation et la préparation des tournages, c'était Truffaut producteur qui épaulait et relayait Truffaut réalisateur. Dans un tout autre registre, les derniers films de Krzysztof Kieslowski doivent beaucoup à sa rencontre avec Leonardo de la Fuente (pour *La Double Vie de Véronique*) puis Marin Karmitz (pour *Trois Couleurs : Bleu, Blanc, Rouge*) : tous deux lui ont permis de tourner avec d'autres moyens, d'autres collaborateurs, (mais aussi d'autres contraintes) que ceux qu'il connaissait jusque-là en Pologne. Le titre de producteur recouvre des réalités bien différentes selon les époques et les systèmes. Il peut désigner soit le directeur d'un studio, responsable du tournage de plusieurs dizaines de films par an, comme c'était le cas à Hollywood ou dans certains pays d'Europe entre les deux guerres, soit celui qui se charge d'un film, le menant à bien avec l'aide de partenaires – le réalisateur et le scénariste, le distributeur, les investisseurs. C'est le système qui prévaut en France à l'heure actuelle.

Marin Karmitz.
D'abord réalisateur, il dirige depuis 1973 la société de production et de distribution MK2.

La création à l'heure d'Hollywood

Le « studio » est en fait une véritable entreprise – certains iront jusqu'à dire une usine – bâtie sur des dizaines d'hectares, et employant à temps plein des artistes et des techniciens. L'un des premiers grands producteurs à avoir monté un tel empire est Mack Sennett, qui fonde en 1912 la Keystone Company, sur des terrains vagues à côté de Los Angeles, donnant ainsi naissance à Hollywood. Louis B. Mayer ou David O. Selznick, toujours à Hollywood, ou Alexandre Korda en Angleterre en seront, entre autres, les successeurs les plus fameux. Ils ont permis aux films d'exister, mais surtout ils leur ont donné leurs caractéristiques essentielles. Sans la volonté de Selznick de produire *Autant en emporte le vent*, ou celle de Korda de produire *Le Voleur de Bagdad* (dont le générique ne cite pas moins de six réalisateurs!), ces films mythiques n'auraient jamais existé. De même, nombre de films de Fritz Lang, de Howard Hawks, de Douglas Sirk doivent en partie leur style aux studios qui les ont produits. Les véritables responsables sont alors les producteurs. Tous les collaborateurs, y compris le réalisateur, ne sont que des exécutants, parfois géniaux, mais qui ne disposent pas de la maîtrise d'ensemble.

Charlie Chaplin dirige *La Ruée vers l'or*.
En 1919, les acteurs Mary Pickford et Douglas Fairbanks, le réalisateur D. W. Griffith et Charlie Chaplin s'associent pour fonder la United Artists Film Corporation. Chaplin devient à la fois producteur, scénariste, réalisateur et acteur de ses films. Sortie en 1925, La Ruée vers l'or *remporta un formidable succès.*

Ainsi, dans ce système, les scénaristes travaillent souvent sur une seule étape du scénario. On leur confie une partie de l'histoire, ou un seul aspect (les rapports sentimentaux, l'environnement social, les scènes d'action), ou encore un seul « état », c'est-à-dire une des nombreuses versions du scénario, qui sera alors repris par un deuxième puis un troisième scénariste, parfois plus, pour l'améliorer, voire revenir à une version antérieure. Bref, de nombreux écrivains se succèdent, dont aucun ne peut se dire l'auteur véritable du film. D'autant plus que les stars se plaisent parfois à changer un détail, ou que des gags, payés à des gagmen, sont injectés dans le scénario. Des écrivains célèbres, comme Scott Fitzgerald, ou William Faulkner, verront ainsi leurs travaux de scénaristes profondément remaniés.

Cet éparpillement des interventions et des inspirations ne se limite pas au scénario. Sur le plateau, au moment du tournage, chacun prend en charge son domaine. Le chef opérateur, qui règle les lumières et compose les éléments photographiques, a son style, sa façon de travailler, à

laquelle il n'est pas question de toucher. Et le réalisateur serait le dernier à pouvoir le faire : salarié comme un autre, il est essentiellement chargé de diriger les comédiens, d'assurer les mouvements sur le plateau de tournage et de coordonner la prise de vue. Parmi eux, des personnalités arrivent à imprimer leur marque et à faire partager leurs choix à leurs collaborateurs. Ils ont pour nom Alfred Hitchcock, Ernst Lubitsch ou Joseph Mankiewicz. Ils s'imposent comme auteurs malgré le système, s'opposent à lui, ou parfois le plient à leur volonté.

Mais pour la très grande majorité des films réalisés à Hollywood, le seul personnage à faire avancer l'idée d'un film, à choisir au fur et à mesure les collaborateurs, celui qui décide de la forme définitive de l'œuvre après le montage (le fameux privilège du *final cut*), c'est le producteur. Il dirige une équipe où la division du travail est conçue comme une nécessité économique, mais qui, de fait, lui laisse le seul poste où l'on dispose d'une vision synthétique. *Les Ensorcelés* (1952), de Vincente Minnelli, montrent combien un producteur peut avoir d'emprise et de puissance dans ce système.

Aujourd'hui celui-ci perdure un peu partout dans le monde, là où les sociétés de production ont des équipements et des techniciens permanents : en Inde, au Japon, aux États-Unis bien sûr. Quand les studios Walt Disney sortent un film, c'est un cheminement de ce type et une logique de décision similaire qui ont présidé à son élaboration. C'est aussi le cas pour tous les films américains produits par les majors (ces grandes compagnies qui détiennent la presque totalité du marché). Face à celles-ci est apparu un cinéma indépendant, celui que pratiquent des réalisateurs comme Woody Allen, David Cronenberg ou Quentin Tarentino. Ces derniers rejoignent le système du réalisateur auteur qui s'est imposé en France.

Ci-dessus : **Le producteur Darryl F. Zanuck assiste au tournage du *Jour le plus long* (1962).**

Ci-contre : **Woody Allen,** *un réalisateur indépendant.*

Les lettres d'Hollywood, dans la colline, dominent la ville de Los Angeles.

Le système « à la française »

En France, l'intervention d'un producteur est ponctuelle, donc souvent nettement plus discrète. Sa fonction consiste à rendre le film possible financièrement. L'idée s'est imposée de laisser au metteur en scène le soin de mener de bout en bout le projet d'un film. C'est lui qui va proposer un sujet, une adaptation, la collaboration avec un scénariste, puis l'engagement des acteurs. Le producteur n'est plus, dans la majorité des cas, le maître d'œuvre.

Plusieurs cas de figures sont possibles. Une actrice a été sollicitée, mais ses exigences sont trop élevées, ou elle n'est pas libre ; on la remplace alors par une autre. Un acteur au contraire est jugé indispensable au projet, on l'attendra ; il faut alors revoir la disponibilité du chef opérateur, des studios de tournage, de son cadreur. Tout cela se fait par décision du metteur en scène, mais souvent sur proposition et après négociation avec le producteur.

Une fois que l'équipe est réunie, qu'un certain nombre de collaborateurs ont été arrêtés, c'est toujours au réalisateur que revient le soin de gérer les forces en présence, les talents et les sensibilités. À lui de décider ce qui sera filmé et comment, mais aussi de travailler avec le musicien, avec le monteur, pour donner à l'ensemble une cohérence originale. Depuis une trentaine d'années les plus grosses productions s'articulent en France autour du réalisateur : *Le Cinquième Élément* de Luc Besson, *Le Hussard sur le toit* de Jean-Paul Rappeneau comme d'autres films aux budgets conséquents sont des entreprises constituées autour d'une idée et d'un ensemble de choix dont le réalisateur porte la responsabilité.

Il arrive que des acteurs « montent » un film qui leur tient à cœur. Ils réunissent alors autour d'eux des talents variés, comme un réalisateur pourrait le faire. Leur réputation (le nombre d'entrées qu'on peut espérer sur leur nom), ou la cohérence du projet, convaincra un producteur de s'engager. Ils ne sont pas très nombreux à pouvoir agir ainsi, ou à en avoir le désir : un Depardieu, un Delon ; ou encore Isabelle Adjani pour *Camille Claudel*. En revanche, les acteurs sont souvent l'élément décisif pour faire aboutir un projet, l'accord de deux ou trois d'entre eux peut décider de l'avenir d'une production ; au contraire certains budgets seront revus à la baisse si aucun nom connu n'est au générique. S'il est encore assez rare que les ac-

Daniel Toscan du Plantier. *Directeur général de la Gaumont de 1975 à 1985, il a mené au sein de la compagnie une politique culturelle de prestige.*

Ci-dessus :
Claude Berri. *Acteur, puis réalisateur et producteur (Renn Productions), Claude Berri s'est imposé avec des films à gros budget, portés par des acteurs vedettes, et des scénarios empruntés à la littérature française (Pagnol, Zola...).*

Luc Besson *dirige ses « acteurs » sur le tournage du* Cinquième Élément *(1997).*

Les Ensorcelés, **de Vincente Minnelli (1952).** *Un producteur débordé par les scénarios.*

teurs ou les actrices modifient un film en préparation (certains réalisateurs comme Éric Rohmer ou Jacques Rivette les font parfois participer à l'élaboration de leur rôle, ou même du scénario), un projet peut être bloqué si la distribution (le casting) est en panne. Ils constituent ainsi une force de blocage, ou tout simplement de choix, qui les rendent, d'une certaine manière, responsables de la production contemporaine. Ce n'était pas le cas autrefois à Hollywood.

Quant aux scénaristes, ils ne sont aujourd'hui, la plupart du temps, que la cinquième roue du carrosse cinématographique. Soit techniciens besogneux (même payés à prix d'or) dans le système américain, où leur écriture est soumise à des critères commerciaux, soit metteurs en forme des desiderata d'un réalisateur, dans le système du cinéma d'auteur – celui-ci se chargeant d'ailleurs souvent de cette tâche. Et pourtant, le scénario conditionne une dramaturgie, cristallise les intentions ou l'imaginaire du metteur en scène. C'est le seul document sur lequel s'établit un devis, se décident des subventions ou des aides financières ■

2 *Le financement*

■ La logique voudrait que les frais engagés dans la production d'un film soient remboursés par les recettes en salles, c'est-à-dire par les billets achetés par les spectateurs, les bénéfices ou les pertes résultant d'un plus ou moins grand nombre d'entrées. En fait, cette équation simple ne fonctionne pas ainsi. Si le film touche un large public, il rapportera de l'argent grâce aux droits de passage à la télévision, aux cassettes, aux produits dérivés, etc. À l'inverse, certains films ne trouveront jamais leur équilibre commercial, parce que leur audience est trop faible ; grâce à des aides publiques, comme celles qui existent en France, ils pourront néanmoins être tournés ■

L'économie de marché, le modèle américain

Le cinéma classique est lié au système libéral, dont les États-Unis fournissent le modèle le plus efficace. Dans ce système, l'équilibre doit se produire entre l'offre et la demande ; les films sont censés plaire aux spectateurs, et les spectateurs modèlent leur goût en fonction des films qu'on leur présente. C'est le principe, à la fois, de l'économie de marché et de cet art singulier qu'est le cinéma. Les films devant être très vite rentabilisés, il faut qu'ils trouvent immédiatement leur public. De plus ce spectacle collectif et de masse se doit de plaire, la même semaine et dans des lieux divers, à des dizaines de milliers d'individus.

Le « star system »

Dès la fin des années 10 à Hollywood, on s'est aperçu que les actrices et les acteurs étaient les éléments les plus attractifs des films. Alors que personne ne connaît le nom des réalisateurs, que le logo des compagnies de production ne suffit pas à asseoir le prestige d'un film, la présence d'un Douglas Fairbanks, d'une Lillian Gish ou d'une Mary Pickford attire le public. Les scénarios sont alors construits autour des stars, les chefs opérateurs mettent en valeur leurs visages, les informations données aux journalistes par le service de presse des grands studios tournent essentiellement autour de la vie (largement romancée) des acteurs sous contrat. Bref, le film, surtout s'il est à gros budget, est vendu en grande partie en fonction de ses stars. Combien de films quelconques, réalisés par des inconnus, sont encore légendaires grâce à leurs interprètes !

Portrait de Lillian Gish, l'actrice fétiche de Griffith.

La notion de « genre »

Grâce aux genres, les productions sont classées en fonction du public qu'elles peuvent intéresser. À Hollywood, on pourra voir des comédies musicales, des westerns, des films de gangsters, ou des péplums. Ces genres ont leurs règles (surtout jusqu'aux années 50), leurs personnages, leurs conventions. Certains sont violents, d'autres familiaux, chacun repose sur des a priori connus de tous les spectateurs. Cette notion de genre est essentielle car elle permet d'adapter les films en fonction du public. Aujourd'hui, les films catastrophe, les films de science-fiction, les films policiers ou les mélodrames sentimentaux se partagent le marché aux États-Unis.

Bronco Billy (1980).
Clint Eastwood en est le réalisateur et l'acteur. Comme le montrent les affiches, le film a été diffusé en France, au Japon et en Amérique latine.

La diversification et le principe de mondialisation

Les sociétés de production exploitent les films de multiples façons. Les stratégies commerciales se doivent d'être très élaborées, prévoyant une diffusion à la télévision, la vente des cassettes vidéo et des produits dérivés : jouets, maquettes, jeux vidéo, etc. L'introduction, pendant le tournage, de publicités négociées au moment de l'écriture du scénario est aussi une source de revenus importante. Enfin, la vente des films dans le monde entier complète la stratégie économique américaine. L'audience internationale nécessite quelques précautions dans le choix des sujets comme dans la manière de les traiter et de les mettre en scène, pour attirer les spectateurs de pays aux cultures variées et aux environnement très différents. La multiplication des effets spéciaux dans les grands succès internationaux américains depuis quelques années en est une des conséquences spectaculaires.

Les aides publiques, le modèle français

En France, depuis longtemps, le cinéma est considéré comme un art ou un spectacle collectif, qui, exigeant de lourds investissements, nécessite l'aide de l'État. Cette aide se fait d'une part grâce au Fonds de soutien alimenté par les professionnels du cinéma, et d'autre part par l'intermédiaire des finances publiques. La production ne se fait plus seulement en fonction des recettes attendues, mais elle prend en compte l'apport de subventions diverses. Pour des films importants, il est nécessaire d'obtenir la participation d'une chaîne de télévision, d'un ou deux groupes d'investisseurs, ou même d'avoir « prévendu » le film à l'étranger. Dans ce cas, les aides publiques ne représenteront que 15 à 20 % des sommes engagées. Ces aides sont constituées de plusieurs apports distincts. L'Avance sur recettes, la plus célèbre, est attribuée par une commission, au vu du scénario et d'un projet de production. Les aides à l'écriture concernent le scénario et sont accordées par le Centre national de la cinématographie (CNC) ; des bourses ou des soutiens ponctuels, pour les scénaristes ou les musiciens, peuvent provenir du ministère de la Culture, ou d'autres organismes publics. Certaines subventions sont accordées par des conseils régionaux, soucieux de faire découvrir leurs régions. Des documentaires, des films d'auteur personnels, des films de recherche voient ainsi le jour grâce à ces subventions. Ils ont leur public, mais leur existence n'est pas liée à leur seule réussite commerciale.

Diane Kurys sur le tournage d'*Un homme amoureux* (1987).

Deux logiques se croisent : celle du marché, qui implique des accords avec un réseau commercial efficace et des modes de distribution, et celle du soutien des pouvoirs publics, plutôt orientée vers un cinéma de création. La conjonction de ces deux systèmes de financement permet au cinéma français contemporain de maintenir un niveau de production varié et de qualité, et de résister à l'invasion du cinéma américain ■

3 La préparation

■ Une fois le financement du film bouclé et le contrat du réalisateur signé, la préparation du film commence. Elle consiste à mettre en œuvre tous les moyens matériels et logistiques nécessaires au tournage. Le budget du film devra être soumis, au plus tard le premier jour de tournage, à « l'Agrément » du CNC (Centre national de la cinématographie) ■

Le choix des acteurs

Si les rôles principaux sont le plus souvent attribués dès la conception du film (la notoriété des acteurs ayant été prise en compte par les coproducteurs dans l'évaluation de leurs apports), les seconds rôles et les figurants font l'objet de « castings » confiés au premier assistant réalisateur. Le casting est un travail délicat, consistant à auditionner des dizaines voire des centaines de candidats pour trouver le bon interprète pour le bon rôle, et faire en sorte que l'équilibre entre les différents acteurs corresponde aux choix dramaturgiques voulus par le réalisateur.

Anthony Mann tourne *L'homme de l'Ouest* (1958).

Tourner en studio ou en décor naturel ?

Ce choix essentiel dépasse largement le strict domaine technique. Au-delà des considérations budgétaires – l'option « studio » se révèle parfois moins coûteuse –, il engage la conception même que le réalisateur se fait de son rapport au « réel ». C'est ainsi que l'on peut suivre, dans l'histoire du cinéma français, toute une filiation réaliste qui, de Louis Lumière à André Antoine, de Jean Renoir à Robert Bresson, du néoréalisme à la Nouvelle Vague, a fait du décor naturel l'expression d'un choix esthétique fondamental : Godard avec *À bout de souffle*, en 1960, rompt radicalement avec la tradition du cinéma de studio dont Marcel Carné avait été l'un des plus illustres représentants.

La construction des décors – comme l'aménagement de décors naturels – requiert des équipes de constructeurs, de staffeurs, de peintres dont le travail, sous la direction d'un chef décorateur, s'effectue durant toute la durée de la préparation.

Dans l'option décors naturels, le réalisateur et son premier assistant, souvent accompagnés du directeur de la photographie, doivent effectuer de minutieux « repérages » des lieux où pourra se tourner telle scène, voire tel plan.

Le choix de la pellicule et du format d'image

Depuis les années 40, le réalisateur peut concevoir son film aussi bien en couleurs qu'en noir et blanc. Si la couleur est aujourd'hui devenue très largement majoritaire, le recours au noir et blanc permet de travailler une certaine abstraction ou faire référence à des images du passé.

Le format de la pellicule (35 mm standard, Super-16, voire 70 mm) est retenu en fonction de critères économiques. Le Super-16 (pellicule 16 mm agrandie – on dit « gonflée » – ultérieurement sur une pellicule 35 mm) peut être délibérément choisi par qui recherche

légèreté et souplesse de tournage ou une texture particulière de l'image (Éric Rohmer ou Ken Loach).

La sensibilité de la pellicule : indépendamment des conditions strictement techniques (quantité de lumière disponible), une pellicule rapide (plus sensible à la lumière) fait apparaître une matière (le « grain ») que le directeur de la photographie peut « travailler », tandis qu'une pellicule plus lente donne une image plus « transparente ».

Le format d'image (rapport hauteur/largeur) s'apparente au format de la toile pour le peintre. Depuis les années 50, le cinéaste peut choisir un format plus ou moins large (du format standard 1/1,37 au format CinémaScope 1/2,35 obtenu par anamorphose) en fonction du genre du film (film d'action, rôle des paysages, etc.) et, surtout, des partis pris de mise en scène : ainsi un travail sur la latéralité et la profondeur de champ, ou sur l'opposition entre le ciel et la terre a-t-il amené Jean-Luc Godard (dans *Le Mépris*, 1963) aussi bien que Clint Eastwood (dans *Impitoyable*, 1992) à recourir à l'image Scope.

***Le Voleur de Bagdad*,**
de Raoul Walsh, 1924.
Construction des décors.

Les différents formats d'image.

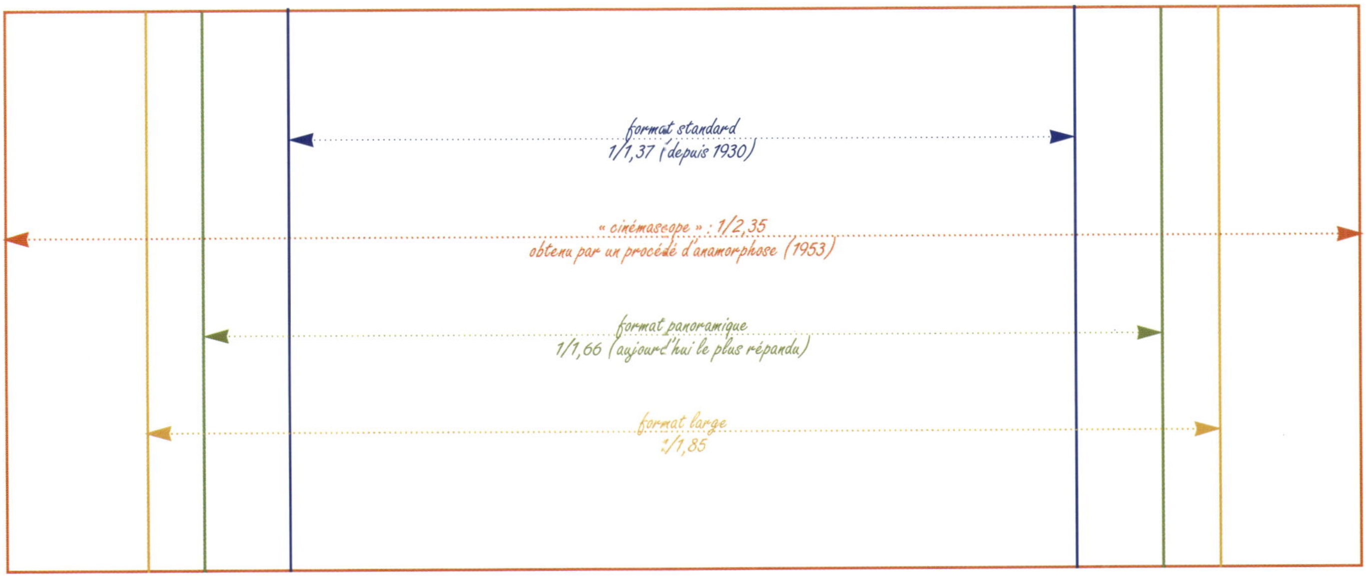

La responsabilité du cadre était traditionnellement confiée sur le tournage au « cameraman », ou « cadreur ». Aujourd'hui, il est fréquent que le directeur de la photo contrôle lui-même la scène à l'œilleton de la caméra, ce qui modifie la composition de l'équipe caméra. Ce choix préalable est important, tout comme le nombre de caméras qui seront utilisées simultanément.

Le choix des matériels « image »

Le directeur de production est chargé de réserver l'ensemble des matériels nécessaires au tournage. La machinerie, mise en œuvre par le chef machiniste, comprend tous les dispositifs liés à la caméra et permettant ses mouvements (panoramiques et travellings). Le type de « dollie » – le chariot de travelling permettant de monter ou descendre la caméra –, et le type de grue autorisant des mouvements complexes sont choisis selon le style de réalisation et les lieux de tournage. Des dispositifs particuliers peuvent être retenus : une « Louma » (la caméra est placée au bout d'une perche télescopique et l'image contrôlée sur un écran vidéo) ; ou un « Staedicam » qui permet de supprimer les tremblements et les vibrations en caméra portée.

Les matériels d'éclairage offrent aujourd'hui de multiples possibilités (lampes à « quartz », lampes aux halogénures dites « HMI », etc.). Ils doivent répondre aux besoins de scènes très diverses (intérieurs, extérieurs, jour, nuit, etc.), permettre de recréer des atmosphères (lumières naturalistes dures, ou, au contraire, diffuses et douces), de jouer sur les zones d'ombre, sur la profondeur de champ, d'assurer une cohérence « ciné-plastique » correspondant au ton du film (dramatique, comique, fantastique, etc.). Ces options prises avant le tournage vont influencer directement le rendu de l'image et donc l'atmosphère du film. Le chef électricien forme généralement avec le directeur de la photo un duo extrêmement complice.

Spike Lee tourne pendant la nuit *Malcolm X* (1993).

Son direct ou postsynchronisé ?

Le son peut être « directement » enregistré sur le tournage ou « postsynchronisé », en auditorium, après le tournage. Là encore le choix dépend du but recherché : Tati « doublait » systématiquement les voix, allant jusqu'à reconstituer le bruit de talons aiguilles avec des balles de ping-pong (*Mon Oncle*, 1958). Dans ce domaine, la technique cinématographique a considérablement évolué durant ces quarante dernières années : miniaturisation des enregistreurs magnétiques de type Nagra dans les années 60, puis traitement stéréophonique du son par le procédé Dolby Stéréo en 1975 et, aujourd'hui, développement du son numérique.

Le son direct – qui la plupart du temps ne l'est d'ailleurs que partiellement –, s'est généralisé grâce aux progrès techniques (micros et bonnettes efficaces, *time code* pour la synchronisation, micros émetteurs HF, etc.). Il peut être traité selon des choix esthétiques délibérés : privilégier les dialogues (en préférant l'analogique au numérique, les micros-cravates, etc.) ou au contraire restituer un espace sonore vivant (en donnant plus d'importance aux sons réfléchis, aux « ambiances »).

Le son postsynchronisé permet d'accorder toute l'attention à l'environnement sonore et aux sons « seuls » (ambiances, présences, éléments naturels, etc.), les dialogues étant enregistrés sur une bande qui servira de son témoin lors du doublage. Il autorise par ailleurs un travail original sur les intonations, voire des effets nouveaux comme le doublage d'un même acteur par des voix différentes dans le cas de rôles multiples.

Le réalisateur Claude Lelouch et l'acteur Jean-Louis Trintignant réécoute une prise pendant la réalisation du *Voyou* (1970).

Découpage technique et plan de travail

Le découpage technique est de la pleine responsabilité du réalisateur. Il prévoit les scènes et les plans avec toutes les indications techniques nécessaires, et constitue le passage de la forme littéraire à la forme cinématographique. C'est le document essentiel à partir duquel directeur de production et assistant réalisateur peuvent établir le plan de travail. Celui-ci détaille jour par jour le planning du tournage, regroupant les scènes et les plans en fonction des lieux de tournage, de la disponibilité des acteurs, du matériel, de l'accès aux décors... ■

Storyboard de *Chasse à l'homme*, de Fritz Lang (1941). *Ces croquis ont été réalisés par l'architecte décorateur Wiard B. Ihnen, sur des instructions précises de Lang. Cent quarante dessins au crayon noir, de format 12,5 x 9,5 cm, illustrent le scénario du film.*

4 Le tournage

■ Après la préparation (une dizaine de semaines) et avant la postproduction (qui peut s'étendre jusqu'à vingt-cinq semaines), le tournage est en général la phase la plus courte, mais aussi la plus intense. Étalée en moyenne sur six à dix semaines, elle rassemble une équipe fortement hiérarchisée d'une quarantaine de techniciens. Ces chiffres concernant le temps de travail comme le nombre d'équipes varient suivant l'importance des films ■

L'équipe de tournage

Sous la responsabilité du producteur délégué (ou, le cas échéant, d'un producteur exécutif), deux personnes assurent conjointement la direction artistique et technique du tournage : ce sont le réalisateur et le directeur de production. Autour du réalisateur, on trouve un assistant réalisateur, qui assure le lien avec le directeur de production et s'occupe plus particulièrement des acteurs, et une scripte, qui rédige les rapports image et son, et s'assure de la bonne continuité des prises les unes par rapport aux autres. Sont directement rattachés au réalisateur les deux responsables des filières image et son : le directeur de la photographie (ou chef opérateur), qui dispose à la caméra d'un cadreur (lorsqu'il n'occupe pas lui-même le poste), d'un premier assistant (responsable du bon fonctionnement de la caméra et qui assure le « point ») et d'un deuxième assistant, qui gère le stock de pellicules et alimente les chargeurs. En tant que responsable de l'éclairage, il travaille directement avec le chef électricien, qui lui-même dispose d'une équipe d'« électros ». Le chef machiniste, chargé avec ses « machinos » des mouvements d'appareil, est plus directement dépendant du cadreur. L'ingénieur du son (ou chef opérateur son) dispose d'un assistant et d'un perchiste, lequel suit le déplacement des acteurs.

Le chef décorateur et son équipe sont en constante relation avec le réalisateur, le chef opérateur, mais aussi avec le directeur de production. L'accessoiriste déniche (en liaison avec la scripte) tous les objets et accessoires devant se trouver dans le plan.

Le régisseur général dépend directement du directeur de production. Responsable de tous les aspects logistiques et matériels du tournage, ses tâches sont multiples : transports, hébergements, nourriture, laverie, entretien des costumes, sécurité, relations avec les administrations, etc. Il assure chaque jour la rédaction et la diffusion des « feuilles de service » qui précisent à chacun le planning du lendemain, avec les indications techniques propres à chaque équipe.

Claude Sautet travaille avec la scripte pendant le tournage de *Vincent, François, Paul et les autres* (1974).

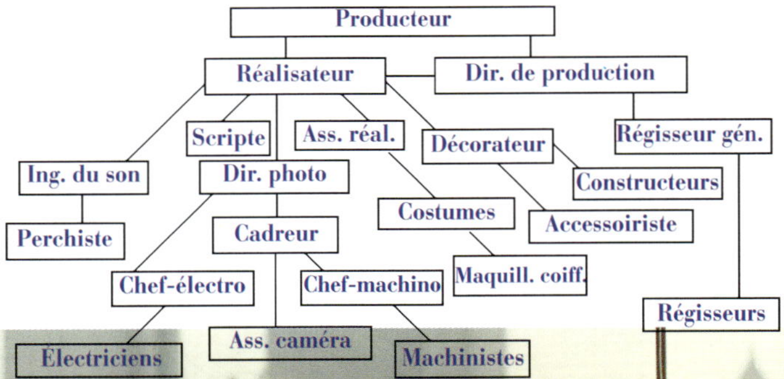

Marco Ferreri dirige son équipe sur le tournage de *Rêve de singe* (1978).

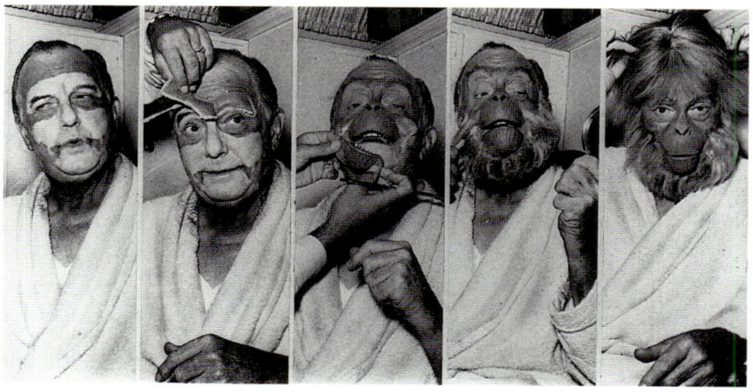

***La Planète des singes* (1968), de Franklin J. Schaffner.** *Au cours d'une séance de maquillage, l'acteur Maurice Evans se transforme en orang-outang.*

Pendant les prises de vues de *Casque d'or*, de Jacques Becker (1952). *Essais réalisés avec Simone Signoret pour régler les lumières.*

Maquettes des costumes de *Madame Sans-Gêne*, de Roger Richebé (1941).

Moteur !

Avant le tournage, le directeur de la photographie a effectué les « essais caméra » et en a profité pour vérifier le rendu de certains maquillages en utilisant différents filtres. Le jour du tournage les décorateurs doivent aménager les décors et placer les accessoires ; les électriciens installer et régler le matériel d'éclairage, les machinistes monter des praticables et des grues, régler des rails de travellings, etc. Une fois tout installé, les acteurs habillés, coiffés, maquillés, on procède aux premières répétitions : il s'agit essentiellement de coordonner le déplacement des acteurs avec les mouvements d'appareil. Chacun, à son poste, mémorise ce qu'il doit faire durant la prise.

Après les ultimes réglages, le réalisateur ordonne : « Moteur ! » Caméra et magnétophone commencent à tourner. Un machiniste présente alors à la caméra le « clap » sur lequel figure le numéro du plan et le numéro de la prise, puis actionne la claquette pour constituer un repère à la fois visuel et sonore qui permettra la synchronisation de la bande image (perforée) et de la bande son (lisse). Le réalisateur peut alors commander : « Action ! ». Les acteurs commencent à jouer.

À la fin du plan, il intime l'ordre : « Coupez ! » puis demande à l'ingénieur du son et au cadreur (qui fait vérifier la propreté de la fenêtre de la caméra, le « poil ») pour savoir si la prise est bonne de leur point de vue. Si elle lui a également donné satisfaction, il fait « cercler » la prise par la scripte. Cependant, même si la prise est parfaitement satisfaisante, on tourne toujours au moins une autre prise, dite de sécurité. Le plus souvent, un plan donne lieu à six à dix prises en moyenne.

Eric von Stroheim au montage de *Folies de femmes* (1921) : *un travail délicat, précis et minutieux...*

Les rushes

La pellicule est développée chaque jour et les prises cerclées sont tirées : c'est ce qu'on appelle les « rushes », qui sont projetés le lendemain soir aux principaux responsables de la fabrication du film (réalisateur, directeur de la photographie, ingénieur du son, directeur de production). Il est ainsi possible de corriger certains défauts, voire de retourner certains plans insatisfaisants, les « retakes ». On considère généralement qu'en fiction cinéma, on tourne environ 3 minutes « utiles » par jour, c'est-à-dire 3 minutes qui seront montées dans la copie finale, pour 30 minutes effectivement tournées (soit un rapport de 1 à 10). Ce ne sont évidemment que des valeurs moyennes.

La postproduction

Pour gagner du temps sur la postproduction, on commence souvent le montage du film parallèlement au tournage. Dans le cas de montage dit « virtuel » (par procédés numériques), les rushes sont copiés et référencés pour être ensuite traités par des machines informatiques (de type Avid ou Lightworks). Toutes les phases de la postproduction sont supervisées par le réalisateur et le directeur de production.

Le montage image est effectué par un chef monteur qui, dans un premier temps, constitue un « bout à bout » pour déterminer l'organisation générale des différentes parties du film. Puis, par approches successives, les séquences sont affinées, rythmées, et les raccords ajustés à l'image près (durée moyenne : 20 semaines). Le montage son intègre les différentes bandes sonores (dialogues synchronisés ; bruits et ambiances ; musiques) issues aussi bien des enregistrements effectués sur le tournage que d'enregistrements réalisés en auditorium (voix postsynchronisées, bruitage), ou de sons seuls enregistrés spécialement (durée : 15 semaines). Le mixage consiste à mélanger sur une seule et même bande ces différentes sources sonores, en accordant à chacune d'elles le niveau sonore qui lui convient. De cette opération proviennent la bande originale du film (VO) ainsi qu'une bande dite « internationale » (VI), sur laquelle les dialogues ont été supprimés pour permettre ultérieurement le doublage dans des langues étrangères (durée : 2 semaines).

La copie zéro marque l'achèvement des derniers travaux de fabrication du film :

– montage du négatif original conformément à la copie de travail ;
– intégration des effets spéciaux (fondus, fondus enchaînés, etc.) et des génériques ;
– étalonnage des images (égalisation des valeurs de couleurs et de luminosité) sous la direction du chef opérateur ;
– report optique de la bande son sur la copie positive ■

Alfred Hitchcock devant le « Mixture Trautonium », un instrument capable de reproduire électroniquement tous les sons existants. *Pour* Les Oiseaux *(1963), le réalisateur s'est servi de cette machine, unique au monde, pour produire tous les sons du film.*

5 Le son et le cinéma : une longue histoire

■ On considère généralement que le cinéma sonore naît en 1927 lorsque la société de production américaine Warner Bros, au bord de la faillite, joue son va-tout en commandant le premier film parlant de l'histoire du cinéma, *Le Chanteur de jazz*. Le succès foudroyant du film d'Alan Crosland sauve la société et révolutionne le cinéma ■

Des images animées, du cinéma, de la musique

Lorsque les laboratoires d'Edison mettent au point le principe des images animées, c'est pour accompagner leur récente invention, le phonographe (1878). Très tôt, des brevets sont déposés qui permettent d'établir un synchronisme entre l'image et le son. À l'exposition universelle de 1900, au Phono-Cinéma-Théâtre, un film présente, par exemple, Sarah Bernhardt déclamant *Hamlet*. Mais le son est si déformé que le public est déçu. Dès 1901, les premiers brevets sont déposés par la société Gaumont, soucieuse de réussir à projeter un film sonore. D'autre part, le cinéma qualifié de « muet » est toujours sonorisé, mais en direct.

Dans les salles, des bonimenteurs commentent l'action jusqu'au début des années 10. Il n'est pas rare que l'exploitant bruite certaines scènes : le galop d'un cheval, l'orage, le téléphone... réalisés par d'énormes machines à bruit. La musique anime les projections : en 1911, au Gaumont-Palace, la plus grande salle du monde, les spectacles sont accompagnés par un orchestre de près de quatre-vingts exécutants.

L'histoire de l'apparition du son ne se comprend qu'en relation avec le développement des recherches menées pour le téléphone et la radio. Un accord passé avec le groupe AT&T (American Telephone & Telegraph), société à la pointe du progrès dans la reproduction et la diffusion du son, permet à la Warner de remporter ses premiers succès grâce à de petites bandes réservées aux premières parties de programme. La Fox, de son côté, lance les actualités sonores. La lutte économique est aussi une lutte technologique entre le disque chez Warner – qui impose un enregistrement en studio – et le son optique à la Fox, qui permet des prises de son en plein air. Le disque posant des problèmes de synchronisme, le son optique s'impose. Il correspond à la transformation photographique du son sur une pellicule. Les vibrations sonores sont traduites d'abord en variations de tension électrique par un microphone, puis restituées sous forme de variations de la surface lumineuse. À la projection, le son est lu par une cellule photoélectrique, qui transforme les variations du flux lumineux en variations électriques transmises à un haut-parleur et traduites en vibrations sonores. L'enregistrement magnétique inventé par le Danois Poulsen, en 1898, ne sera généralisé au cinéma pour la prise de son qu'à la fin des années 50. Il a été depuis peu à peu supplanté par le numérique, un codage informatique pour la prise de son et pour sa restitution dans les salles de cinéma. Depuis 1967, la marque Dolby n'a cessé de perfectionner l'émission du son, de la stéréophonie jusqu'à la reproduction numérique (Dolby SR.D/Dolby Digital, 1992).

Dans son studio, Eric Serra compose la musique de *Nikita*, de Luc Besson (1990).

L'arrivée du parlant : une révolution

L'arrivée du parlant en 1927 est dénoncée par ceux qui craignent que le son anéantisse le cinéma. Il est vrai que des stars du muet se révèlent souvent inaptes à dire un texte et certaines voient leur carrière brisée. *Chantons sous la pluie* de Stanley Donen (1952) en offre une célèbre version romancée. Malgré ses détracteurs, le son est une évolution logique, un perfectionnement du 7e art.

En 1934, on ne produit plus que du « 100 % parlant » (comme le dit la publicité) ; pourtant, en Europe, seulement 20 000 salles sont équipées en sonore alors que 40 000 salles présentent des films muets ; aux États-Unis, 15 000 salles sont équipées pour le sonore contre 4 000 pour le muet. Le cinéma sonore prend le chemin du naturalisme, c'est-à-dire que le son « coïncide exactement avec le mouvement sur l'écran et crée une certaine "illusion" de gens qui parlent, d'objets bruissants, etc. » Le cinéma doit faire oublier que les bruits, les voix, la musique sont enregistrés, et seul un parfait synchronisme entre le son et l'image permet de croire que les bruits émanent de l'image, que les voix sortent des bouches. Les dialogues doivent être clairement audibles au milieu des bruitages, indispensables à l'ambiance sonore.

La musique jouit évidemment d'une place privilégiée. Omniprésente au temps du muet, elle est ensuite enregistrée, fractionnée, et intervient alors de manière très précise sur une image, ou sur un moment de l'action. Elle accentue l'émotion ou au contraire crée une distance par rapport à la situation. La musique est devenue partie intégrante du film. Peut-on imaginer *Autant en emporte le vent* sans la musique de Max Steiner ? *La Guerre des étoiles* sans celle de John Williams ? Le cinéma de Fellini sans Nino Rota ? Hitchcock sans Bernard Herrmann ? ■

6 Le film sort

La distribution

Les récompenses les plus célèbres : l'Ours de Berlin, la Palme de Cannes, l'Oscar d'Hollywood, le César, et, le Lion de Venise.

Lorsque le film sort dans les salles, il est soumis à un contrat de distribution qui ne porte que sur une durée, un territoire et un type d'exploitation déterminés. Le distributeur est l'intermédiaire nécessaire entre le producteur et les salles de cinéma. C'est lui qui fait remonter vers le producteur la part des recettes qui lui revient. Souvent, le distributeur intervient dès le financement initial du film, grâce à un système d'avance sur les recettes à venir. Outre les facilités de trésorerie qu'elle procure au producteur, cette avance lui garantit que le film sera distribué une fois achevé. Les films qui se font sans cet engagement préalable sont minoritaires.

En France, le marché de la distribution est dominé d'une part par les grandes sociétés nationales, lesquelles jouent un rôle majeur dans la production, et d'autre part par les filiales des grandes compagnies américaines, qui n'interviennent pratiquement pas dans la production française et se contentent de diffuser leur propre catalogue. Ensemble ces sociétés représentent près de 90 % du marché mais il existe une demi-douzaine de sociétés plus modestes et de nombreuses entreprises artisanales, qui se consacrent à des créneaux spécialisés : films « art et essai », reprises de grands classiques, films de karaté ou encore films pornographiques.

Lorsque le distributeur achète les droits d'un film étranger, c'est à lui qu'incombent tous les frais qui doivent être engagés pour en assurer la sortie : doublage, sous-titrage, tirage des copies, matériel publicitaire, relations avec la presse. Dans le cas d'une production française, la charge en revient au producteur, mais le distributeur en fait l'avance, récupérable sur la part des recettes qu'il percevra pour le compte de la production.

À la sortie de *Certains l'aiment chaud*, de Billy Wilder (1959) : *Marylin Monroe et ses admirateurs réclamant des autographes.*

Le doublage

Les films sont doublés pour répondre au désir du public d'entendre les acteurs des films étrangers s'exprimer dans sa langue. On repère d'abord sur une bande de détection tous les mouvements des lèvres des comédiens. À partir de cette bande, des traducteurs spécialisés adaptent les dialogues originaux en s'attachant à en faciliter la synchronisation. Dans un auditorium spécialement équipé, le film est ensuite projeté par fragments plus ou moins longs devant des comédiens. Après avoir écouté le dialogue de référence, ceux-ci enregistrent leur texte. Ils sont aidés pour cela par un système visuel, la bande rythmographique, qui fait défiler le dialogue sous l'écran. Les répliques doublées seront ensuite mixées avec la « version internationale », qui reprend tous les éléments sonores du film à l'exception des dialogues.

On peut aussi réaliser une version sous-titrée qui se contente d'inscrire dans le bas de l'image la traduction des répliques. Compte tenu de la vitesse de lecture, il est nécessaire que ces sous-titres condensent les dialogues originaux. Ils offrent l'avantage évident de ne pas priver le public de la voix des comédiens d'origine, mais contraignent le spectateur au partage de son attention entre deux sources d'information visuelle.

Le 20 mai 1960, Cannes : *Federico Fellini reçoit la Palme d'or pour* La Dolce Vita *; à gauche, Shelly Winters, à droite, Nicole Courcel.*

Hollywood, avril 1998 *James Cameron saisit à pleines mains les oscars qu'il a reçus pour* Titanic.

Hollywood, le 4 avril 1960 : *Simone Signoret vient de recevoir l'Oscar de la meilleure actrice pour son interprétation dans* Les Chemins de la haute ville, *de l'Anglais Jack Clayton. Charlton Heston reçoit l'Oscar du meilleur acteur pour son interprétation dans* Ben-Hur, *de William Wyler.*

La 23e Nuit des Césars à Paris, le 28 février 1998. De gauche à droite : *André Dussolier, Ariane Ascaride, Juliette Binoche, Luc Besson, Jean-Pierre Bacri, Alain Resnais, Agnès Jaoui.*

Sortie à Paris en 1965 du film *Goldfinger*, réalisé par Guy Hamilton, avec comme interprète Sean Connery.

Affiches des films *Kagemusha*, d'Akira Kurosawa (1980) et *Independance Day*, de Roland Emmerich (1996).

La sortie en salle

C'est encore au distributeur qu'il appartient d'établir le plan de sortie du film. Le premier choix décisif est celui du nombre et de l'importance des salles. Selon la nature du film et ses chances de succès, la sortie sera nationale sur plusieurs centaines d'écrans d'exclusivité, ou plus discrète dans quelques salles seulement. La campagne publicitaire est confiée à une agence qui élabore la stratégie la mieux adaptée au film. Les éléments les plus traditionnels en sont le film-annonce, qu'on verra à la télévision aussi bien que sur les écrans de cinéma, les affiches et les photographies exposées sur les façades des cinémas ou publiées dans la presse. L'affiche, confiée à des créateurs souvent de grand talent, joue un rôle très important pour créer l'image d'un film. L'agence doit élaborer une stratégie publicitaire : presse écrite, radios, télévisions, campagne d'affichage. Elle peut aussi rechercher des partenaires pour lancer simultanément des livres et produits dérivés qui prolongeront l'impact du film. Les relations avec la presse écrite et audiovisuelle sont dirigées par un attaché de presse, qui organise des projections avant la sortie du film et planifie les interviews des réalisateurs et des comédiens. **A**vant d'être présenté au public, le film doit être proposé à la commission de classification des œuvres cinématographiques. Le visa d'exploitation qu'elle délivre peut interdire sa représentation aux mineurs de douze ou de seize ans, ou le classer X, c'est-à-dire l'interdire aux mineurs de dix-huit ans en tant que « film pornographique ou d'incitation à la violence ». Bande-annonce et matériel publicitaire sont également soumis à son approbation.

La censure

Historiquement, le cinéma est sans aucun doute une des formes de spectacle les plus soumises à la censure. C'est au nom de l'ordre public et de la protection des individus les plus vulnérables qu'agissent toutes les censures. Elles revendiquent le droit d'une collectivité à restreindre la liberté d'expression pour se protéger contre la menace que pourrait présenter la diffusion incontrôlée des œuvres cinématographiques. Partout dans le monde ou presque (seule la Belgique en a refusé l'existence), la censure est soumise aux évolutions des régimes politiques. Partout, elle se veut le défenseur de la morale et des valeurs d'une société. Selon les pays, elle se manifeste avant même la mise en chantier du film ou après son achèvement, en imposant des coupes ou des modifications, voire en interdisant totalement la diffusion de l'œuvre.

Le cinéma est soumis à l'autorité des instances locales, qui peuvent interdire un film s'ils jugent menacés « le bon ordre, la sûreté et la salubrité publiques ». Très vite, la tentation de centraliser la censure se manifeste. Dès 1909, en France, une circulaire télégraphique invite les préfets à exiger des maires qu'ils interdisent « certaines bandes d'actualité » (elle vise, en fait, précisément, l'enregistrement filmé d'une quadruple exécution capitale à Béthune). En 1915, la Préfecture de police institue un « visa préalable à la projection » ; un arrêté de 1916 crée un organisme central de contrôle des films dont les décisions vaudront pour tout le pays. Aux États-Unis, où de violentes campagnes de presse ont accusé le cinéma de corrompre la jeunesse, tous les États se dotent d'un système centralisé de censure entre 1911 et 1916. En 1918, la censure préalable de tous les films est établie en URSS. Pour restreindre la mainmise du politique, la Grande-Bretagne a proposé, dès 1912, d'instituer le British Board of Film Censors, un organisme créé par la profession elle-même. Les États-Unis prennent le même parti avec l'instauration, au début des années 30, d'un organisme central de censure dépendant directement de l'association des producteurs et distributeurs. Le fameux code Hays régira la production américaine jusqu'au milieu des années 50.

La censure militaire est souvent instaurée en temps de guerre afin de protéger les intérêts stratégiques du pays et de soutenir le moral du pays. *Les Sentiers de la gloire* de Kubrick montrent comment les effets de diverses censures peuvent se confondre. Longtemps considéré comme interdit par la censure militaire française, ce violent réquisitoire contre les fusillades pour l'exemple de la Première Guerre mondiale n'était en fait refusé au public français que par l'autocensure de son distributeur américain.

La censure est particulièrement virulente dans tous les pays où le cinéma est placé au service d'une politique officielle. Pour pouvoir s'exprimer, les créateurs doivent la détourner par la métaphore ou l'allusion. D'autre part, il arrive que le film d'un metteur en scène internationalement réputé soit autorisé à l'exportation alors qu'il demeure interdit sur les écrans nationaux. Les démocraties libérales, elles, s'accommodent de moins en moins de cette atteinte à la liberté d'expression, spécialement depuis la fin des années 60. Le contrôle s'exerce différemment selon les pays : dans les pays scandinaves, l'attention est portée sur la représentation de la violence, aux États-Unis sur celle de la sexualité. Aujourd'hui la représentation de rapports sexuels est admise, mais elle est soumise à la loi de 1975, qui pénalise financièrement les productions à caractère pornographique classées X. Dans ces pays, la plus efficace des censures est celle, économique, qui s'exerce hors de toute contrainte officielle. Celle des chaînes de télévision, qui n'acceptent de financer que les spectacles satisfaisant leur public populaire des débuts de soirée. Une autre forme de censure est celle des groupes de pression. Leur militantisme peut empêcher la diffusion d'un film (*La Dernière Tentation du Christ*, de Martin Scorsese), imposer le retrait d'une affiche jugée blasphématoire (*Larry Flint*, de Milos Forman) ou obtenir d'un tribunal la destruction des copies d'un film pornographique pourtant autorisé par la commission de censure (*L'Essayeuse*, de John Thomas) ■

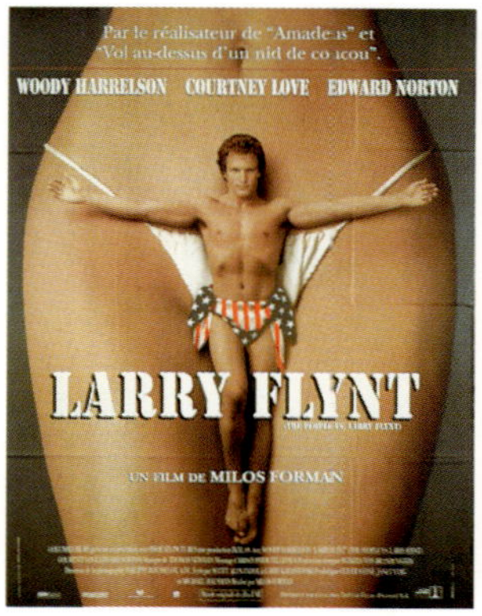

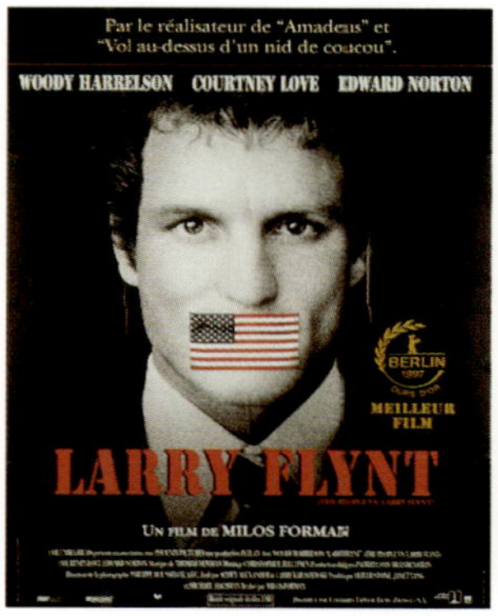

Deux affiches du film *Larry Flynt*, de Milos Forman (1997).
En haut, l'affiche réalisée pour la sortie du film.
En bas, la nouvelle affiche que Milos Forman a fait faire pour répondre, à sa manière, aux groupes de pression religieux qui jugeaient la première affiche scandaleuse.

7 La vie du film

■ **Au début du cinéma, les forains parcouraient le pays pour montrer, dans les foires ou dans des locaux improvisés, les bandes achetées aux producteurs. En 1907, le Français Charles Pathé refuse de continuer à leur vendre ses films et en impose la location. Ce choix stratégique et la popularité croissante du cinéma entraînent la constitution d'un vaste parc de salles permanentes, qui couvre bientôt tout le territoire** ■

Une des premières salles de cinéma aux États-Unis.

Page de droite,
En haut :
Le Gaumont-Palace, place Clichy à Paris : *« le plus grand cinéma du monde » a été détruit en 1972.*
À gauche :
La salle du Studio 28, ouvert à Paris en 1928. *Jean Cocteau, qui en a dessiné les appliques, l'appelait « la salle des chefs-d'œuvre, le chef-d'œuvre des salles ».*
À droite :
Une entrée de cinéma à New York.
En fond :
Le MK2 Quai de Seine, à Paris : *un complexe cinématographique des années 90.*

Les salles de cinéma

Partout dans le monde, cet exemple est suivi et les principaux producteurs investissent massivement dans la création ou l'acquisition de salles, se garantissant ainsi la diffusion dans les meilleures conditions de leurs films et une participation plus importante aux bénéfices de leur exploitation. Aux États-Unis, inversement, ce sont les propriétaires de salles qui s'engagent dans la production pour alimenter leurs circuits. Ainsi naissent les grandes compagnies américaines, qui péricliteront en 1949, lors de l'application des lois antitrust les obligeant à se séparer de leurs salles.

Le cinéma édifie dans les années 20 de véritables temples à l'architecture spectaculaire pour accueillir une foule toujours plus nombreuse. Dès 1911, le Gaumont-Palace de la place Clichy à Paris offre près de 6 000 places. Dans les années qui suivent, dix autres salles de plus de 2 000 places s'ouvrent à Paris. En 1932, le Radio City Music Hall de New York, fleuron de la compagnie RKO, peut accueillir 6 200 spectateurs.

À partir des années 50, la chute de la fréquentation et la modification des habitudes de consommation font disparaître de nombreuses salles modestes au bénéfice des grands cinémas situés au cœur des villes ; ils sont rénovés pour offrir à leur clientèle un choix de plusieurs films dans des salles de tailles différentes. C'est l'ère des « complexes », réunissant, autour d'une ou deux salles principales de plusieurs centaines de places, d'autres salles plus petites, qui accueillent des films plus difficiles ou des succès épuisés par une longue exclusivité. Si le nombre des écrans français a relativement peu diminué entre 1950 et 1995, c'est au prix de cette concentration et de la réduction de la capacité moyenne des salles, passée dans le même temps de 493 à 215 places.

Cette transformation s'accompagne d'un bouleversement des stratégies commerciales des distributeurs. Jusque dans les années 50, un film n'est d'abord exploité que dans les salles d'exclusivité des grandes villes. Puis, par cercles concentriques, sa carrière se poursuit dans des salles de moins en moins importantes. Elle s'achèvera, plusieurs années après, dans les cinémas de quartier. L'avènement de la télévision, puis de la vidéo, du vidéodisque et des chaînes câblées, réduit l'espérance de vie des films en salles à quelques mois, après quoi leur exploitation continue sous d'autres formes. Aujourd'hui, le film sort en même temps sur tout le territoire. Pour les plus grands succès, après quelques années le distributeur organisera une nouvelle sortie nationale, comme s'il s'agissait d'un film nouveau.

Les guichets des salles de cinéma recueillent les recettes d'exploitation, dont une part « remonte » vers le distributeur et le producteur. Cette part est toujours (sauf pour les petites salles, autorisées à traiter au forfait) un pourcentage de la recette, qui ne peut dépasser 50 %. Les « recettes guichet » sont très strictement contrôlées, en France par le CNC (Centre

atmosphère
je t'aime
la bête
cinéma

PALACE
WILLIAM WYLER
BEN HUR

NEW YORKER
TODAY ONLY ★ GRETA GARBO 'N
LUBITSCH'S "NINOTCHKA" ALSO CARY GRANT 'N
HITCHCOCK'S "SUSPICION"
MYER 1890

national de la cinématographie), qui fournit aux salles leur billetterie officielle numérotée et traite les bordereaux de recettes établis chaque semaine par les exploitants.

La plupart des salles sont regroupées en circuits de programmation, qui négocient avec les distributeurs pour l'ensemble des salles qu'ils contrôlent. En France, par exemple, les trois groupements nationaux (Gaumont, Pathé, UGC), qui ne représentent que 20 % des écrans du pays, drainent à eux seuls plus de la moitié des recettes. À côté d'eux existent d'autres groupements plus modestes, souvent régionaux ou voués à des publics spécialisés (« art et essai », porno, films d'horreur ou de kung-fu).

Les salles d'art et essai jouent un rôle essentiel dans la diffusion de la culture cinématographique. Nées dans les années 60, elles se consacrent à rendre accessibles les œuvres les plus rares ou difficiles, qui ne sauraient prétendre à une distribution généralisée, et à garder vivant le patrimoine cinématographique. Elles continuent ainsi, avec l'aide officielle des institutions, le travail mené depuis les années 30 par quelques courageux indépendants. En marge du cinéma commercial, les ciné-clubs poursuivent les mêmes objectifs. Ce sont les cinémas d'art et essai et les ciné-clubs qui offrent souvent leur seule chance de se faire connaître à certains films réputés difficiles, et ce sont eux encore qui imposent les noms de cinéastes nouveaux.

Et après...

La vie d'un film ne s'arrête plus avec la fin de son exploitation dans les salles de cinéma, comme c'était le cas jusque dans les années 60. Souvent, moins d'un an après sa sortie en exclusivité, le film est proposé en vidéocassettes ou en vidéodisques. Puis on peut le voir sur les chaînes de télévision. Avec les « différences » que cela comporte : les proportions de l'image ne sont pas les mêmes et elle se trouve amputée d'une partie de sa surface, spécialement lorsque le film a été tourné dans un format très large. De plus, l'interprétation électronique des couleurs ne peut reproduire avec exactitude les coloris originaux de l'image photographique.

« Nitrate won't wait ». C'est le cri d'alarme lancé par Martin Scorsese : *en effet, si le nitrate n'est pas protégé, il finira comme cette photo. Il est nécessaire de le dupliquer sur un support de sécurité (support numérique...).*

Les cinémathèques

Jusqu'à l'arrivée de la télévision, les producteurs ne se souciaient guère de préserver des œuvres auxquelles ils n'accordaient aucune valeur commerciale. Ainsi, à l'apparition du parlant vers 1930, les copies des films muets furent systématiquement détruites. Plutôt que d'encombrer leurs dépôts de films inexploitables, les producteurs récupérèrent au moins les éléments chimiques encore utilisables (Celluloïd de la pellicule, argent de l'émulsion photographique).

Conscients de la valeur inestimable du patrimoine ainsi condamné à disparaître, des amateurs de cinéma se mobilisent pour le sauver. et créent les premières cinémathèques, d'abord

Le stockage des films de la Cinémathèque française à Saint-Cyr, à l'abri des incendies, de l'humidité, de la lumière.

en Suède, dès 1933, puis dans les principaux pays occidentaux. En France, Henri Langlois et des amis fondent en 1936 la Cinémathèque française.

Grâce à l'action de ces pionniers, on a pris conscience de l'extrême fragilité des œuvres cinématographiques, et du risque de destruction irrémédiable si elles ne sont pas conservées dans des conditions de température et d'hygrométrie adéquates. À la fin des années 70, ce sont les couleurs des films tournés au cours des vingt dernières années qui sont en voie de se faner irrémédiablement. Les pellicules couleur qui ont supplanté le vieux Technicolor dans les années 50 manquent de stabilité et se détériorent très rapidement. Pour beaucoup de films, il est déjà trop tard et les techniques les plus coûteuses ne peuvent plus restituer qu'une approximation des teintes originales. C'est pourtant le moment où l'industrie du cinéma réalise l'énorme capital financier que représentent toutes ces œuvres, célèbres ou oubliées, susceptibles de connaître maintenant une nouvelle carrière à la télévision ou en vidéo. Des spéculateurs avisés rachètent à vil prix les droits de stocks entiers de vieux films ; les producteurs se décident enfin à investir dans la préservation et la restauration de leurs propres films.

Heureusement pour eux, une bonne part de ce travail a déjà été accompli, sans nulle ambition commerciale, par les cinémathèques. Depuis leur création, celles-ci ont patiemment accumulé des dizaines de milliers de ces titres auxquels nul ne s'intéressait plus. Elles les ont gardés vivants en les projetant régulièrement pour des publics de passionnés et de curieux. Faute d'avoir les moyens de les restaurer, elles les ont au moins préservés en les transférant sur des supports moins fragiles. Dans bien des cas, elles ont rassemblé des collections annexes qui éclairent le passé : photographies, affiches, scénarios, maquettes de décors et de costumes, costumes eux-mêmes, appareils de prise de vues et de projection.

Cette phase héroïque est achevée. L'heure est à l'exploitation, avec des moyens nouveaux, de ces trésors patiemment accumulés. Les cinémathèques peuvent lancer des programmes de restauration dignes de ce nom, comparer leurs catalogues afin d'établir le bilan de ce qui a définitivement disparu, confronter les copies conservées dans différents pays afin de reconstituer la version la plus complète d'un film, restaurer une version de l'œuvre aussi proche que possible de ce qu'elle était à l'origine.

Les films muets, maintenant, retrouvent leurs couleurs, le graphisme particulier de leurs cartons d'intertitres, leur cadence idéale de projection, parfois même la musique écrite pour les accompagner. Des chaînes de télévision investissent à leur tour dans ces restaurations et c'est une télévision anglaise, Channel Four, qui a rendu possible la reconstitution quasi intégrale (plus de cinq heures !) du *Napoléon* d'Abel Gance. Des techniques nouvelles permettent de nettoyer les bandes sonores, de raviver les couleurs perdues, de rendre invisibles les rayures, voire – comme pour *Jour de fête* de Tati – de révéler des couleurs que leur auteur n'avait jamais pu voir. Art d'une projection éphémère, le cinéma, enfin, apprend à penser la survie de ses œuvres ■

***Jour de fête*, de Jacques Tati (1949).** *En 1995, grâce à l'acharnement de François Ede et de Sophie Tatischeff, la fille de Tati, des copies du film* Jour de fête *ont pu être réalisées en couleurs. À l'époque, Tati avait utilisé le procédé Keller-Dorian, mais il lui fut impossible de tirer des copies en couleurs. Le film fut donc monté en noir et blanc à partir des enregistrements d'une deuxième caméra placée en secours.*

Lauren Bacall dans *Le Port de l'angoisse*, d'Howard Hawks (1944).

l'histoire d

u cinéma

UNE INVENTION EN MARCHE

Le cinéma est né à la suite des découvertes de la photographie et du dessin animé. Le Belge Joseph Plateau, dès 1832, étudie la « persistance rétinienne », ce phénomène qui permet de voir un objet lumineux après qu'on a fermé les yeux, et invente le « phénakistiscope », premier appareil qui décompose et recompose un mouvement. En 1872, Edward Muybridge met au point un dispositif pour photographier les mouvements d'un cheval au galop, d'un homme qui marche ou d'une femme qui danse.

Cinq ans plus tard, le « praxinoscope » du Français Émile Reynaud fait courir les foules aux projections publiques de dessins animés, dans son « théâtre optique » du musée Grévin. En 1890, l'Américain Thomas Edison perfectionne la photographie en inventant le kinétoscope, une énorme caisse de 1,20 m, munie d'un oculaire.

En échange de quelques pièces de monnaie, on peut voir des photos de petits personnages s'animer au fond de la boîte.

En haut : **Phénakistiscope.** *« Les petites figures, représentant le mouvement décomposé d'une seule figure, se reflètent dans une glace située en face de vous. Appliquez votre œil à la hauteur des petites fenêtres, et faites tourner rapidement les cercles. [...] Vous voyez se réfléchir dans la glace les figures dansantes. »* Charles Baudelaire, *Morale du joujou* (1853). Collection des appareils de la Cinémathèque française.

Ci-contre : **Praxinoscope.** *Émile Reynaud fait breveter son praxinoscope en 1877. Grâce au dispositif central de miroirs à facettes éclairés par une lampe, l'image, qui se reflète dans les miroirs, s'anime lorsque le plateau tourne.* Collection des appareils de la Cinémathèque française.

Le théâtre optique d'Émile Reynaud présenté au musée Grévin à Paris.

« Venez au Grand Café à neuf heures »

Pour que naisse le « cinématographe » (du grec *kinêma* : mouvement ; et *graphein* : écrire), il reste à trouver un système mécanique qui maîtrise l'avancée de la pellicule et son arrêt devant un objectif, au rythme de seize images par seconde. Et, bien sûr, un projecteur capable d'assurer des séances publiques. C'est le Français Louis Lumière qui, avec son frère Auguste, trouve la solution. Diplômés en chimie, les deux hommes travaillent pour leur père, propriétaire à Lyon d'une usine de matériel photographique. Ils sont les premiers à construire un appareil capable d'assurer à la fois prise de vue et projection, tout en faisant office de tireuse. Et ils ont l'idée d'employer un support souple, solide et transparent, le film.

Pendant des mois, ils vont mettre au point le format de la pellicule, la taille et l'espacement des perforations, la vitesse de défilement des images. En 1894, devant leurs ateliers de Monplaisir, ils tournent un film d'essai, *La Sortie des usines Lumière*, face au portail de la rue Sainte-Victor (devenue depuis la rue du Premier-Film). Une projection privée a lieu à la Société d'encouragement pour l'industrie nationale, le 22 mars 1895, à Paris. C'est un triomphe. On leur commande aussitôt près de deux cents appareils.

Louis Lumière tourne alors une série de petits films d'une minute. On y voit, entre autres, la place de la Bourse, des forgerons qui martèlent le fer, un bébé qui tente de saisir des poissons rouges. La première représentation publique a lieu le 28 décembre 1895, boulevard des Capucines, dans le salon indien du Grand Café de Paris. On peut y installer cent vingt personnes ; la première séance ne réunit que quarante-cinq spectateurs, mais, dès le lendemain, la file d'attente s'étend sur 300 mètres. À la sortie, c'est l'ébahissement. On voit revenir les mêmes spectateurs, enthousiastes, accompagnés par des amis. Un journaliste écrit : « Lorsque tous pourront photographier les êtres qui leur sont chers dans leurs gestes familiers, la mort cessera d'être absolue. »

C'est fait : le cinéma vient de quitter les laboratoires pour prendre son essor et conquérir les spectateurs. Les frères Lumière étaient des inventeurs. Ils deviennent les premiers cinéastes-producteurs-exploitants de l'histoire. Bientôt, ils ouvrent une école d'opérateurs et envoient une centaine de pionniers parcourir la planète pour projeter des films et en enregistrer de nouveaux. De partout, ils rapportent des images inédites (fragments de la vie quotidienne, paysages, fêtes populaires, défilés militaires, etc.) Grâce à ces équipes itinérantes, le monde entier découvre le cinéma. Les souverains étrangers se passionnent pour cet art nouveau. L'engouement est universel.

Louis Lumière, le chimiste devenu cinéaste

Des deux frères, c'est Louis Lumière qui a la plus grande part dans l'invention du cinéma. Il cache sa caméra dans la foule, pour saisir les gens sur le vif. Son cinéma recherche avant tout réalisme et vérité. En quelques mois, il découvre la maîtrise du cadrage, du montage, du rythme, et pose les bases d'un nouveau langage, le langage cinématographique. En filmant *L'Arrivée d'un train en gare de La Ciotat*, il prouve qu'on peut créer une impression dramatique en utilisant la profondeur de champ (c'est-à-dire en jouant sur la netteté de l'arrière-plan). Eugène Premio, un des opérateurs Lumière, invente le travelling (premier mouvement de caméra) en remontant en gondole un canal à Venise. Mais, l'effet de surprise passé, le public se lasse de cette « photographie animée ». C'est la première crise du cinéma. Pour qu'il survive, il va falloir inventer des histoires. La tendance Lumière, celle du documentaire, fait alors place à la tendance Méliès, celle des féeries et des fictions.

Georges Méliès, « le mage de Montreuil »

Riche Parisien passionné par la prestidigitation, Georges Méliès a acheté, en 1888, le théâtre du célèbre illusionniste Robert Houdin. Présent lors de la première séance publique de cinéma, il est emballé par l'invention et se procure une caméra à Londres. Un jour qu'il tourne place de l'Opéra, la pellicule se coince dans l'appareil. Méliès interrompt la prise et remet en route sa caméra. Pendant l'interruption, la circulation a changé. À la projection, Méliès découvre qu'un homme s'est transformé en femme et un autobus en corbillard. Sans le vouloir, il venait d'inventer le premier trucage cinématographique. Il construit, en 1897, un studio dans sa propriété de Montreuil-sous-Bois et réalise des films de magie, de plus en plus longs, de plus en plus merveilleux. Le cinéma a commencé sa grande aventure.

***La Sortie des usines Lumière*, le premier film tourné par Louis Lumière et programmé lors de la séance publique et payante au salon indien du Grand Café, boulevard des Capucines à Paris, le 28 décembre 1895.**

Théâtre Salon des visions d'art. Sur l'affiche on peut voir *L'Arrivée d'un train en gare de La Ciotat*.

LA FRANCE : LES FRÈRES LUMIÈRE, LE COQ ET LA MARGUERITE

Le cinématographe a bien failli terminer sa carrière le 4 mai 1897, avec l'incendie du Bazar de la Charité à Paris, une kermesse mondaine organisée par les dames de la haute société au bénéfice des « pauvres ». Au cours d'une projection, une erreur de manipulation déclenche un incendie : cent vingt et une personnes trouvent la mort, dont la duchesse d'Alençon. Les autorités religieuses en profitent pour fustiger le danger des progrès d'une science qui se développe hors des lumières de la religion. La bourgeoisie voit dans ce châtiment la justification de son mépris à l'égard de ce divertissement grossier.

***Cendrillon*, de Georges Méliès (1912).**
Méliès tourne des centaines de films chaque année : ce sont pour la plupart des fantasmagories et des féeries comme Le Miroir de Cagliostro, Le Coucher de la mariée *ou* Cendrillon.

Les féeries de Georges Méliès

En 1897, le cinématographe, encore nomade, se produit dans les foires comme dans les salles de caf'conc'. Les programmes présentent surtout des vues documentaires, mais aussi des *Passions du Christ*, des « scènes grivoises à caractère piquant » (*Bain de la Parisienne, Déshabillé de la mariée*) et des bandes comiques. Lors de l'Exposition universelle de 1900 à Paris, on tente de séduire le public plus par des innovations techniques – écran géant, vues panoramiques à 360 degrés, cinéma sonore – que par des programmes originaux. Le public commence à se lasser et la production des établissements Lumière diminue dès 1898, pour cesser en 1905.

En 1899, Méliès réalise sa première féerie, *Cendrillon*, et sa première « actualité reconstituée », *L'Affaire Dreyfus*, deux genres qui assureront sa renommée. L'affaire Dreyfus est au cœur de l'actualité : condamné à tort en 1894 pour espionnage, le capitaine Dreyfus est gracié en 1899 et ne sera réhabilité qu'en 1906. Méliès retrace les différentes étapes de « l'affaire » comme le ferait un reportage, mais un reportage entièrement filmé en studio. *Le Sacre d'Édouard VII*, reconstitué en 1902 avant la cérémonie avec une extrême minutie, remporte un énorme succès, même s'il sort avant l'événement retardé par la maladie du roi. Mais c'est dans la féerie que Méliès donne la pleine mesure de son génie technique et de son invention poétique, faisant basculer le cinéma dans le domaine du spectacle. Il étonne avec *L'Homme à la tête de caoutchouc* (1901), où l'on voit sa propre tête gonfler sous l'effet d'un soufflet de forge, ou avec *Le Mélomane* (1903), où à sept reprises sa tête remplace les notes de musique sur une portée en fils télégraphiques. Il fascine avec *Le Voyage dans la lune* (1902), premier film de science-fiction, ou *Le Voyage à travers l'impossible* (1904). Il amuse par sa truculence démoniaque et sa jubilation communicative dans *Le Chaudron infernal* (1903) ou *Les Quatre Cents Farces du diable* (1906). Artisan et poète de l'écran, il ne sut pas passer le cap industriel ; en 1925, Méliès l'enchanteur tient une boutique de jouets gare Montparnasse.

 voir : Feuillade p. 229

Le coq Pathé et la marguerite Gaumont

Charles et Émile Pathé partent à la conquête du monde, accompagnés du coq qui symbolisera désormais la firme Pathé, créée en 1896.

« Je n'ai pas inventé le cinéma, je l'ai industrialisé », disait Charles Pathé. Fils de modestes charcutiers, il découvre en 1894, à la foire de Vincennes, le phonographe Edison. Il comprend immédiatement l'intérêt de ces cylindres enregistrés (précurseurs des disques) et mise sur la photographie animée. En fondant, dès 1896, avec ses frères, la société Pathé frères, il invente le métier de producteur de films – ni créateur, ni simple financier, mais intermédiaire entre l'argent et la création. Aidé par les banques, Charles Pathé développe en quelques années un véritable « empire ». En 1905, il dispose à Vincennes, Montreuil et Joinville-le-Pont de studios modernes et d'« usines » où l'on développe des kilomètres de pellicule impressionnée et où des ouvrières colorient les films, à la main, au pinceau ou au pochoir. Il ouvre des « succursales » à Berlin, Vienne, Milan, Londres, Moscou et New York. Dans la première décennie du siècle, près de deux films sur trois vendus aux États-Unis sont des films français, surtout des films Pathé.

Charles Pathé n'a pas fait du cinéma une simple industrie. Il reprend à son compte la formule d'un de ses collaborateurs : « Le cinéma sera le théâtre, le journal et l'école de demain. » En 1908, il commandite les premiers films scientifiques et fonde l'ancêtre du « 20 heures », le « Pathé-Journal ». Plus tard, il porte à la connaissance d'un large public les œuvres de Zola (*L'Assommoir*, 1909) ou de Victor Hugo (*Les Misérables*, 1912). Ferdinand Zecca, venu du caf'conc', a pris dès 1900 la direction de la production et n'hésite pas à plagier ses concurrents, en commençant par Méliès. Surtout, il suit les principes économiques de Pathé : une féerie réalisée par Zecca revient deux à trois fois moins cher que celle de Méliès. Elle est aussi moins subtile, moins poétique, plus populaire : pour *À la conquête de l'air*, il chevauche, dans le ciel de Belleville, une machine volante baptisée « Fend l'air ». Il est aussi à l'origine d'une série de films qui tendent à un certain réalisme, comme *La Grève* (1904).

***À la conquête de l'air*, de Ferdinand Zecca (1901).**
Interprète de son film, Zecca chevauche une machine volante de son invention.

Face au coq gaulois, le logo de Pathé, se dresse la marguerite de Gaumont. Léon Gaumont est d'abord un scientifique, un marchand de matériel optique, qui s'intéressera toute sa vie aux perfectionnements techniques du cinéma, en particulier au son et à la couleur. Aussi ambitieux que son concurrent Pathé, il fait construire en 1905, aux Buttes-Chaumont, les plus grands studios du monde, et inaugure en 1911, à Paris, le Gaumont-Palace, la plus grande salle de cinéma de l'époque. Son empire s'étend vers l'Allemagne, la Russie, les États-Unis et l'Angleterre. En 1896, il avait confié la responsabilité des tournages à sa secrétaire Alice Guy, à la condition que cela n'empiète pas sur ses fonctions de secrétaire ! Elle deviendra ainsi la première femme cinéaste de l'histoire du cinéma, avec *La Fée aux choux*.

Gaumont

La marguerite symbole de la société de Louis Gaumont.

De Bout de Zan à Max Linder

À partir de 1906, la comédie burlesque assure la réputation du cinéma français. André Heuzé, chez Pathé, avec *Dix Femmes pour un mari*, fait de la « course-poursuite » le thème central de l'« école comique française ». Ainsi se succèdent chez Pathé, Gaumont, Éclair, Éclipse de multiples *Courses à la perruque, au potiron, des belles-mères, des sergents de ville.* La course-poursuite fait évoluer le langage du

La série des « Boireau » présente des courts métrages comiques où le héros, interprété par André Deed, vit une nouvelle aventure à chaque épisode.

Mari jaloux,
de Max Linder.
Engagé par la firme Pathé, Max Linder, auteur et acteur comique, créa le personnage de Max et connut un succès phénoménal jusqu'au début des années 20.

cinéma français, jusque-là cantonné au « plan-tableau » : les personnages étaient filmés en pied, dans un cadre fixe. Les tournages quittant le studio pour la rue, le découpage s'adapte. Très vite, ce cinéma s'organise en de multiples séries, marquées par la présence d'un même acteur. Boireau est un personnage aussi énergique que maladroit. Lui succèdent Onésime, Rigadin, Zigoto. Les femmes se nomment Cunégonde ou Rosalie ; les enfants, Bébé et Bout de Zan ; le chien, Moustache. Chez Gaumont, Jean Durand développe, avec une troupe d'acteurs-acrobates, les Pouics, un comique joyeusement anarchique, qui annonce aussi bien les destructions systématiques de décors de Laurel et Hardy que l'univers absurde des Marx Brothers.

Cette école comique française repose sur des gags d'un goût parfois douteux, à base de chutes, de coups de pieds au derrière, de grimaces. Aux antipodes apparaît Max Linder, qui s'impose à partir de 1909 avec le personnage de Max, gentleman parisien, tiré à quatre épingles. Il refuse la frénésie et la multiplication des gags, donne la priorité à la situation psychologique, tire le burlesque vers la comédie de mœurs. Son succès est énorme, il tourne près de cent soixante films. Sous l'égide de Pathé, Linder, dont Chaplin se dira le disciple, devient la première star de renommée mondiale de l'histoire du cinéma.

De Fantômas à l'avant-garde

En 1907, Charles Pathé à l'idée ingénieuse, bientôt imitée dans le monde entier, de substituer la vente des films à leur location : les forains sont ainsi plus dépendants et la qualité des copies est mieux contrôlée. Il veut faire venir dans des salles fixes, les « théâtres cinématographiques », un public bourgeois et cultivé, les habitués du théâtre. En 1908, le banquier Paul Lafitte lance le Film d'Art, et *L'Assassinat du duc de Guise*, interprété par des acteurs de la Comédie-Française, adapté par un grand écrivain et accompagné d'une partition composée spécialement par Camille Saint-Saëns, fait sensation.

Le Film d'Art et ses équivalents chez Pathé ou Éclair participent au rayonnement mondial du cinéma français, qui s'implante surtout grâce aux films policiers à épisodes. Louis Feuillade porte à l'écran, en 1913, les aventures de *Fantômas* « l'Empereur du crime », imaginées par Pierre Souvestre et Marcel Allain. Dans un Paris authentique et quotidien, ces aventures fabuleuses et fantastiques tiennent en haleine le spectateur d'une semaine sur l'autre. Le succès est monumental et le feuilleton est imité à travers le monde. Suivent *Les Vampires* (1915), où la muse du Grand Vampire est incarnée par la fascinante et troublante Musidora, moulée dans un collant de soie noire, puis *Judex* (1917), qui adopte cette fois le point de vue du justicier.

La guerre donne un coup d'arrêt à l'expansion du cinéma français. Réalisateurs et acteurs sont au front, les marchés se réduisent. À l'exception de l'énorme travail de la Section photographique et

Musidora dans *Les Vampires*, de Louis Feuillade (1915).

***Fantômas*, de Louis Feuillade (1913).**
Les aventures de Fantômas, dont le succès fut immédiat, font l'objet de cinq autres épisodes, qui seront interrompus par la guerre. L'acteur René Navarre joue le rôle de Fantômas.

cinématographique des armées (SPCA), à laquelle collaborent Jean Durand, Abel Gance ou Marcel L'Herbier, la production diminue. Depuis quelques années, le cinéma français doit faire face à la concurrence du cinéma italien, puis surtout du cinéma américain, très inventif. Pathé, Gaumont, Éclair abandonnent peu à peu la production. Pourtant les feuilletons comme *Le Stigmate* de Feuillade (1925), ou des films de nouveaux venus, comme Jacques Feyder (*L'Atlantide*, 1921), Raymond Bernard (*Le Miracle des loups*, 1924) ou Julien Duvivier (*Poil de carotte*, 1925), demeurent d'une qualité remarquable.

Dans le même temps, avec moins de succès, quelques novateurs venus du théâtre, de la poésie et du roman constituent une école dite « avant-garde française ». Ils pensent que le cinéma peut exprimer les sentiments aussi subtilement que le roman ou le théâtre et cherchent, dans ce qu'ils nomment la « photogénie » (l'image comme révélateur de l'âme) ou la « cadence » (le rythme), la manière dont le cinéma peut être un art à part entière et explorer l'âme humaine, ses rêves, ses souvenirs, ses pensées. Fondateur de la critique cinématographique, Louis Delluc réalise des films d'atmosphère, où une image joue le même rôle qu'une touche de peinture dans une toile impressionniste (*Fièvre*, 1921). Jean Epstein (*La Chute de la maison Usher*, 1928) croit fermement que le cinéma ouvre sur une dimension du monde imperceptible à l'œil humain. Germaine Dulac milite pour un « cinéma pur », sans personnages ni anecdote, où seul le mouvement des formes susciterait émotion et sentiments (*Invitation au voyage*, 1927).

Entre cinéma populaire et avant-garde, Abel Gance affirme son originalité. Visionnaire et instinctif, il mêle le mélodrame populaire, parfois grandiloquent, à une véritable expérimentation des possibilités du cinéma, du montage rapide de *La Roue* (1923), avec sa locomotive folle devenue symphonie de pistons et de rails, au triple écran imaginé pour restituer l'épopée de *Napoléon* (1926). On ne peut oublier l'image finale de *J'accuse* (1919), où les morts de la Grande Guerre sortent de leur tombe pour suivre Vercingétorix dans une protestation contre la guerre...

En 1928, le cinéma muet français a atteint son apogée. Aussi cultivé que raffiné, Marcel L'Herbier adapte librement Zola avec *L'Argent*. Pour filmer les séances de la Bourse, il n'hésite par à inventer des plans inédits : ainsi lance-t-il ses caméras, retenues par un filin, du plafond vers la corbeille, autour de laquelle se négocient les valeurs. Dans les mois qui suivent, le parlant va remettre en question cette virtuosité et cette liberté.

***Napoléon*, d'Abel Gance (1927).**
Cette œuvre gigantesque retrace, en plus de cinq heures, l'épopée napoléonienne depuis la Révolution française jusqu'à la campagne d'Italie. L'acteur Albert Dieudonné s'est totalement identifié au personnage de Napoléon. Cinq films devaient suivre : ils ne furent jamais réalisés.

DE NEW YORK À HOLLYWOOD

Le premier Kinetoscope Parlor s'ouvre à New York le 14 avril 1894. *Ces caisses de plus de 1,5 m de haut sont des appareils de projection individuelle où l'on peut voir une scène animée, enregistrée sur un film.*

Avant d'être l'usine à rêves de la côte Ouest, avant de s'épanouir à Hollywood, le cinéma américain commence son histoire sur la côte Est, pendant que les frères Lumière, de l'autre côté de l'Atlantique, organisent la première projection publique à Paris en 1895. L'année suivante, un des opérateurs Lumière débarque à New York ; la projection du célèbre Cinématographe a lieu au Keith's Theatre, le 29 juin.

La création d'un empire

Quelques années auparavant, l'inventeur Thomas Alva Edison a mis au point en 1891, la première caméra pour enregistrer les images, le Kinetograph, et un appareil de projection, le Kinetoscope, et, dès 1894, cet appareil est exploité dans des *Kinetoscope Parlors*. En 1896, Edison présente le « vitascope », un projecteur dont il a acheté les droits, et s'impose comme le premier inventeur aux États-Unis. Il entreprend alors d'éliminer ses concurrents, entre autres les frères Lumière, en les poursuivant devant les tribunaux pour contrefaçon. Les petits exploitants cèdent rapidement, mais l'American Mutoscope Company, qui fusionne avec Biograph pour former l'American Mutoscope and Biograph Co., dite la Biograph, devient la compagnie rivale la plus dangereuse. La guerre entre la Biograph et Edison se poursuit pendant une dizaine d'années, provoquant d'interminables procès : ce conflit se transforme en « guerre des brevets ». De rebondissement en rebondissement, un accord a lieu en 1908 entre les parties rivales, qui fusionnent pour créer la Motion Picture Patents Company, le premier trust de l'histoire du cinéma. De fortes personnalités, courageuses et indépendantes, comme Carl Laemmle ou Thomas Ince, s'opposent à ce monopole : ils seront les pionniers d'Hollywood.
Technicien chez Edison, Edwin S. Porter symbolise bien l'élan du cinéma américain à ses débuts, avant même la naissance d'Hollywood. Photographe, projectionniste, puis réalisateur, il cherche avant tout à raconter une histoire et réalise, en 1903, le premier western, *Le Vol du rapide*, puis des fantaisies inspirées de Méliès, où il témoigne de son exigence pour un récit cohérent. Dans un marché dominé à ses débuts par des films-tableaux sur la vie du Christ ou des films sur la boxe, le cinéma de Porter tranche par ses innovations. Attractions populaires, les films sont d'abord montrés dans les fêtes foraines, les théâtres, les églises. Après 1904, les projections se multiplient dans de petites boutiques, aux places bon marché et aux spectateurs fidèles. Ce sont les *nickelodeons*, qui assurent le succès du cinéma dans tout le pays.

Hollywood la splendide

Vers 1908-1909, le pôle d'activité du cinéma va se déplacer de l'Est vers l'Ouest. En 1909, David Wark Griffith, cinéaste de la Biograph, attiré sans doute par l'espace et le climat de la Californie, se rend à Hollywood. Plusieurs propriétaires de *nickelodeons* voient dans l'Ouest l'ouverture d'un nouveau marché. Ils seront à l'origine des futures grandes compagnies ; ce sont les frères Warner, Carl Laemmle (Universal), Louis B. Mayer, Marcus Loew (Metro-Goldwyn-Mayer), Adolph Zukor, Jesse Lasky, Cecil B. DeMille (Paramount), William Fox (Fox Films, plus tard Twentieth Century-Fox en 1935).
« La Mecque du cinéma », comme l'appellera Blaise Cendrars, est née de l'effort des cinéastes et des producteurs pour structurer cette industrie naissante. Le cinéma hollywoodien est bien l'œuvre de ces pionniers qui n'ont pas hésité à tourner dans des conditions difficiles, pittoresques, dans un désordre pro-

 voir : Chaplin p. 222 – DeMille p. 226 – Griffith p. 237 – Keaton p. 241 – Murnau p. 254 – Stroheim p. 268 – Vidor p. 271

***Intolérance*,**
de D. W. Griffith (1916).
La réalisation a demandé seize semaines de tournage, d'immenses décors, dont certains mesuraient jusqu'à 45 mètres de haut, cinq mille figurants, un budget de 400 000 dollars. Incompris par le public, le film fut un échec commercial retentissant.

pice à la créativité. Mais très vite, Hollywood se veut aussi un système de production efficace. Le tournage des films s'équilibre entre studio et extérieurs. Les tâches des techniciens sont soigneusement réparties, les plans de financement sont chiffrés, la distribution et un début de programmation des films se mettent en place.

Griffith, Ince, DeMille et d'autres travaillent à rendre toujours plus riche et toujours plus cohérente la conduite du récit. À la frontalité, à l'absence de cadrage et de narration du cinéma des premiers temps, ils substituent un souci de clarté, de découpage et de montage précis, d'éclairage riche et nuancé, posant les bases du classicisme hollywoodien.

L'héritage de David Wark Griffith

Griffith domine le cinéma muet américain, par l'ampleur de sa production, la richesse de son œuvre et l'influence qu'il a pu avoir à l'époque. Il donne dans ses films une existence au pathétique, à l'expression des sentiments. Il n'invente pas le gros plan, mais il en fait une utilisation somptueuse pour souligner la beauté féminine, sa fragilité, sa pureté (Lillian Gish, son actrice fétiche, dans *Le Lys brisé*). La force du cinéma de Griffith vient de ses compositions. Avec le cadrage clos, il traduit l'idée qui lui est chère d'un lieu protecteur, d'une famille réunie. Son premier grand long métrage, *Naissance d'une nation*, réalisé en 1915, fait date à plusieurs titres. Le racisme involontaire et scandaleux du film provoque des émeutes. Conservateur, Griffith peint l'esclavage ou la soumission comme l'état naturel des Noirs. Il montre les esclaves libérés comme des êtres dangereux, aux pulsions sexuelles menaçantes. *Naissance d'une nation* alterne les séquences épiques avec les vignettes sentimentales. L'histoire des États-Unis est traitée comme une histoire de famille ; il en sera de même avec la Révolution française dans *Les Deux Orphelines*, et la guerre de l'Indépendance dans *Pour l'Indépendance*. Spécialiste du montage alterné, des grandes scènes de poursuite et de rescousse, Griffith amplifie sa vision dans *Intolérance* où il raconte quatre histoires en même temps. Griffith aime la fresque pour son élan dramatique, les contrastes qu'elle permet, tandis que le drame intime met en valeur le travail du cinéaste sur l'objet, le geste, les contours.

Avec les années 20, la puissance de Griffith s'estompe : le cinéaste est victime de ses excès budgétaires. Son goût du mélodrame paraît passé de mode face aux comédies grivoises d'un Cecil B. DeMille. Son influence demeure colossale, même s'il n'arrive pas à passer le cap du parlant.

Des cinéastes visionnaires

Griffith est de ceux qui ont fait exister Hollywood, mais il a fini par succomber au système qu'il a créé. Certains sauront cohabiter plus ou moins bien avec les studios (DeMille, Ingram). D'autres tireront de leur rébellion une aura flamboyante (Eric von Stroheim), à une époque où le metteur en scène, le *director*, connaît une popularité égale à celle des acteurs.

L'œuvre de Cecil B. DeMille recoupe celle de Griffith sur bien des points. Les deux hommes ont une culture littéraire et picturale assez proche, un goût pour le film épique et le mélodrame. DeMille réalise, en 1913, à Hollywood le premier western de long métrage, *Le Mari de l'Indienne*, avant de connaître un grand succès, en 1915, avec *Forfaiture*, le premier de ses drames mondains. Il est d'abord un auteur de comédies (*Don't Change Your Husband, Male and Female, The Affairs of Anatol*) ; prédicateur, cinéaste religieux mais conscient du public auquel il s'adresse, il réalise des sermons légers sur la vie conjugale, le divorce et le remariage, fondant le genre de la comédie sophistiquée. Maître du détail, il joue sur l'accessoire, le costume, l'allusion érotique malicieuse, sur des éclairages somptueux aussi, et influence ainsi la consommation de la classe moyenne : ses films deviennent de véritables vitrines.

Peu à peu, DeMille est attiré par le mélodrame symbolique, visionnaire (*Manslaughter*), puis par le film historique, qui domine sa carrière parlante : *Les Dix Commandements, Le Roi des rois*. Dans ses comédies, l'Histoire intervient dans d'opulents flash-back qui témoignent de sa foi en la réincarnation. Dans les grandes fresques, l'Histoire est le récit de la relation de l'homme et de Dieu à travers les siècles. DeMille s'y montre peintre, architecte des foules, concepteur de tableaux grandioses, mais toujours attentif aux moindres détails de la narration.

Influencés par les péplums italiens, des films comme *Intolérance* de Griffith, *Les Dix Commandements* de DeMille, *Ben-Hur* de Fred Niblo, ou *L'Arche de Noé* de Michael Curtiz marquent un premier âge d'or du film biblique, un des grands genres du cinéma muet d'Hollywood.

***Les Quatre Cavaliers de l'Apocalypse*, de Rex Ingram (1921).** *Arrivé à Hollywood en 1917 après avoir tourné nombre de petits rôles, Rudolph Valentino est la vedette du film, qui remporte un succès commercial aussi bien que critique. Valentino va incarner, pendant une période brève mais inoubliable (il meurt en 1926), « l'amant du monde ».*

La Veuve joyeuse, **d'Eric von Stroheim (1925).**
La célèbre opérette de Franz Lehar est mise en scène par Stroheim, qui, avec un certain pessimisme, dénonce le cynisme de la société. Certaines séquences du film sont en couleurs.

Aussi influent que Griffith ou DeMille, Rex Ingram connaît son premier grand succès en 1921 avec *Les Quatre Cavaliers de l'Apocalypse*, qui lance la carrière de Rudolph Valentino. La culture d'Ingram est beaucoup plus diversifiée que celle de ses collègues. Le cinéma est pour lui un univers magique, le terrain propice à libérer des visions fantasmatiques, à multiplier symboles et métaphores : les cavaliers de l'Apocalypse, la bête de la guerre, la monstrueuse allégorie de l'or (*Eugénie Grandet*), des orgies dyonisiaques et infernales (*Le Magicien*), la déesse des fonds marins (*Mare Nostrum*). L'imaginaire d'Ingram s'exprime dans un style plastique aux éclairages complexes et aux décors immenses (*Scaramouche*).

Cette démarche esthétique le rapproche d'autres cinéastes comme Maurice Tourneur ou Clarence Brown, qui s'intéressent aussi à des recherches formelles. Venu de France en 1914, Tourneur se spécialise dans des adaptations littéraires où il multiplie les effets picturaux d'encadrements, les compositions précieuses : *L'Île au trésor*, *Le Dernier des Mohicans*. Cette tendance se retrouve chez Herbert Brenon (*Peter Pan*) ou chez Clarence Brown (*La Chair et le Diable* avec Greta Garbo), qui fut à ses débuts, en 1915, l'assistant de Tourneur et un cinéaste essentiel de la MGM.

Erich von Stroheim incarne le paradoxe du gigantisme hollywoodien des années 20. Aucun de ses grands films n'existe sous la forme qu'il aurait souhaitée. Tous ont été mutilés par les studios qui les ont produits. Mais aucune de ces immenses productions n'aurait pu exister sans les grands studios. Stroheim travaille à l'échelle de la fresque, dans des décors et des éclairages opulents. Avec les comédies de DeMille, les films de Stroheim montrent bien le goût du public pour des histoires scandaleuses et spectaculaires. Romantique désespéré, ne pouvant croire à aucun idéal, il s'acharne à détruire toutes les illusions. Par sa manière de filmer, Stroheim accentue la crudité des visages, des corps, multiplie les physiques ingrats, les figures d'invalides, de frustrés, dans un univers où s'abîment des personnages féminins qui seront sacrifiés (*Symphonie nuptiale*) ou, plus ironiquement, qui deviendront des prostituées ou des courtisanes de luxe (*La Veuve joyeuse*, *Queen Kelly*). Stroheim choisit comme décor des royaumes décadents imaginaires d'Europe centrale, ou bien la Vallée de la mort, aboutissement de la folie de l'or, où le héros finit écrasé de soleil, et attaché à un cadavre (*Les Rapaces*).

La naissance des genres

Entre 1915 et 1925 va s'établir la tradition des genres hollywoodiens. Ainsi, le western n'est à ses débuts qu'une histoire se déroulant dans l'Ouest. C'est seulement vers 1923 que le genre « colle » à l'histoire avec *La Caravane vers l'Ouest* (James Cruze), *Le Cheval de fer* (John Ford), qui racontent les grands moments de la conquête de l'Ouest.

Grâce aux films de Cecil B. DeMille, la comédie se développe, l'arrivée d'Ernst Lubitsch lui donne un nouvel élan. Ce dernier porte déjà un regard amusé et délicat sur les amours bourgeoises, développant un style subtil qui doit tout à l'image (*L'Éventail de lady Windermere*).

C'est avec le burlesque que le muet trouve son âge d'or, avant de disparaître avec le parlant (sauf chez les Marx Brothers et Laurel et Hardy). C'est une forme de comédie qui s'épanouit dans de nombreux courts métrages, dépourvus de fil narratif, fondés sur la vitesse, les gags successifs, une joie de l'anar-

voir : Le western p. 180-183 - Le film criminel p. 184-187

Mabel Normand et Ford Sterling dans *Barney Oldfield's Race for a Life*, de Mack Sennett (1913).

Laurel et Hardy : le tandem le plus comique de l'histoire du cinéma.

Ci-dessous :
***L'Oiseau noir*, de Tod Browning (1926).**
Lon Chaney s'affirme comme un acteur exceptionnel, pour qui le gros plan semble avoir été inventé.

chie et de la destruction où se révèlent Mack Sennett, Hal Roach, Larry Semon, Fatty Arbuckle. Avec le long métrage, le burlesque se transforme. Contrainte de se couler dans une histoire, l'anarchie se discipline. La métamorphose donne naissance à des personnalités plus fortes, plus fouillées : Charles Chaplin, Buster Keaton, Harold Lloyd, Harry Langdon. Dans le muet comme dans le parlant, Chaplin fait vivre la figure de Charlot, éprise de liberté, généreuse, sentimentale, et qui conserve l'euphorie anarchique des débuts du genre (*Le Pèlerin*, *Le Cirque*). La figure de Keaton est plus abstraite, son comique est plus composé dans ses recherches formelles,ou ses gags absurdes (*Le Mécano de la « General »*, *Les Fiancées en folie*).

Le film d'aventures et le film d'horreur connaissent un énorme succès et bénéficient de budgets conséquents : ce sont les premières superproductions. Douglas Fairbanks s'illustre dans le film d'action (*Le Signe de*

Ci-contre, à gauche :
***Le Kid*, de Charlie Chaplin (1921).**
Jackie Coogan, grâce au succès du film, devient une célébrité mondiale.

Zorro, de Fred Niblo ; *Le Voleur de Bagdad*, de Raoul Walsh), et Lon Chaney, spécialiste des transformations physiques, dans le film d'épouvante (*Le Club des trois*, de Tod Browning, qui devient le cinéaste fétiche de Chaney ; *Le Fantôme de l'opéra*, de Rupert Julian et Edgar Sedgwick).

Splendeurs et misères : la première censure

Les spectateurs des années 20 se passionnent pour les stars dont les studios peaufinent l'image : Valentino, Greta Garbo, Mary Pickford, John Gilbert. L'audace montrée dans certains films se retrouve dans la vie des idoles. Très vite, Hollywood devient aux yeux du monde un lieu scandaleux. Les films n'y sont, dit-on, que le reflet de l'immoralité ambiante. La mort de Wallace Reid, acteur célèbre victime d'une overdose, le procès du comique Fatty Arbuckle, accusé de viol et de meurtre, secouent l'opinion. Le milieu du cinéma se dote alors de sa propre institution de censure, MPPDA (Motion Picture Producers and Distributors Association), avec à sa tête William Harrison Hays. Ce dernier rédige le code Hays, qui dresse la liste des images et des situations interdites. Achevé en 1924, le code ne prendra vraiment effet qu'en 1934.

***La Femme au corbeau*, de Frank Borzage (1928), avec Charles Farrell et Mary Duncan.**
Un bûcheron et une femme solitaire vivent un amour fou au cœur de l'Alaska : le chef-d'œuvre de la période muette de Borzage.

Vers la fin du muet

Une nouvelle génération de cinéastes vient rejoindre les pionniers, les Griffith ou les DeMille. King Vidor livre d'emblée, en 1925, l'ampleur de sa vision épique dans *La Grande Parade*, film sur la Première Guerre mondiale. Son œuvre tente d'atteindre l'universel à travers des destinées singulières. Tantôt réaliste, tantôt métaphorique, affectionnant les mouvements de caméra spectaculaires, sa mise en scène joue sur le rythme (*La Foule*).
La deuxième moitié des années 20 traduit une évolution importante. À la différence de la première génération qui privilégiait les beautés de la composition et les contrastes produits par le montage, les nouveaux cinéastes travaillent les mouvements de caméra complexes, les effets de fondu, de superposition, comme en témoignent les mélodrames de Frank Borzage (*L'Heure suprême*, *L'Ange de la rue*) ou de Josef von Sternberg (*Les Nuits de Chicago*, *Les Damnés de l'océan*), deux poètes de la lumière.
Ce renouveau s'explique aussi par l'arrivée d'artistes étrangers, venus d'Europe, qui nourrissent le cinéma hollywoodien de leur différence : Victor Sjöström (*Le Vent*) arrive de Suède, Paul Leni (*L'Homme qui rit*) d'Allemagne, Paul Féjos (*Solitude*) de Hongrie. *L'Aurore*, réalisée en 1927 à la Fox par Friedrich Wihelm Murnau, venu d'Allemagne après le succès de *Faust*, témoigne des splendeurs de l'art du muet avant sa mort. L'œuvre de Murnau est un poème intemporel, un récit de tous les temps, une recréation de l'univers en studio, une lutte du Bien et du Mal, un hymne à l'amour, traité en un style flamboyant et s'appuyant sur des effets spéciaux multiples, des mouvements complexes.
Le cinéma muet américain est parvenu vers 1928 à un degré de perfection qu'Hollywood ne retrouvera peut-être jamais. C'est avec une confiance absolue en sa force qu'il aborde le parlant, sans savoir que cette attraction que l'on espère passagère va le balayer.

L'ITALIE ET L'INVENTION DU PÉPLUM

Les débuts du cinéma en Italie se font, comme dans la plupart des pays européens, sous le signe du Cinématographe Lumière. C'est à l'initiative du photographe Henri Le Lieure qu'a lieu la première projection, le 13 mars 1896, à Rome. Bientôt toutes les grandes villes italiennes sont gagnées par la nouvelle invention et très vite le cinéma touche un public plus large, qui découvre les images animées dans les baraques foraines ou les cafés-concerts. À partir de 1904, les premières salles réservées au spectacle cinématographique sont ouvertes, elles vont rapidement se développer.

Francesca Bertini (1892-1985).
En Italie la star s'appelle diva. *La plus célèbre d'entre elles, Francesca Bertini, a été souvent considérée comme la plus belle femme au monde. Entre 1909 et 1921, elle a tourné dans près de quatre-vingt-dix films, dont le célèbre* Assunta Spina, *de Gustavo Serena (1915).*

Rome et Turin : la naissance des grandes compagnies italiennes

Entre 1896 et 1905, la production de films est exclusivement composée de vues d'actualités – sauf quelques bandes comiques réalisées par Leopoldo Fregoli, un transformiste célèbre – enregistrées par de remarquables opérateurs. Avec *La Prise de Rome*, en 1905, Filoteo Alberini réalise le premier film de fiction et le cinéma italien commence à combler son retard sur ses concurrents européens : l'industrie du cinéma se met en place, et connaît une période de développement intense qui durera jusqu'au début des années 20. Pendant quelques années cohabitent des structures artisanales et des structures industrielles, dans lesquelles interviennent des groupes financiers et des banques : même le Vatican, par l'intermédiaire du Banco di Roma, a des intérêts dans le cinéma. Phénomène typiquement italien, la production ne connaît pas une centralisation comparable à celle qui s'est instaurée en France : deux pôles principaux se constituent, à Rome et à Turin. À Rome, la Cines, fondée en mars 1906, domine le marché ; pour améliorer le niveau qualitatif de sa production, elle fait appel à des techniciens étrangers, par exemple au Français Gaston Velle, arraché à la société Pathé. Le succès est si net que la Cines ouvre, dès 1907, une succursale à New York, amorçant ainsi la conquête du marché américain par les films italiens. À Turin, Arturo Ambrosio, qui s'est intéressé très tôt aux actualités réalisées par Omegna et Vitrotti, crée à la fin de 1905 la société Arturo Ambrosio & Cie. En 1907, une trentaine de films sont produits et distribués en Italie et à l'étranger par Sciamengo et Pastrone : les deux hommes changent l'appellation de la Carlo Rossi, qui devient, en mars 1908, l'Itala Film. La nouvelle firme s'impose très vite aux côtés de l'Ambrosio et de la Cines comme le troisième pilier de l'industrie italienne.

En marge des grands centres, des maisons de production apparaissent également à Milan et à Naples. À Milan, en 1909, la société fondée par l'opérateur Luca Comerio est rachetée par un groupe d'aristocrates lombards, qui créent la Milano Films. À Naples, une série d'initiatives donne naissance à des sociétés d'envergure très variable : dès 1909, Roberto Troncone crée la Partenope Film ; Nicola et Elvira Notari, La Films Dora ; et Augusto Turchi, la Vesuvio Films. En 1913 se constitue la plus importante de ces sociétés, la Napoli Film de Giuseppe Di Luggo. D'autres entreprises voient le jour à Venise, Florence, Catane… En 1914, l'Italie produit plusieurs centaines de films par an.

Du péplum aux films acrobatiques

De nombreux metteurs en scène se spécialisent dans le film d'histoire – notamment le péplum –, accueilli avec enthousiasme aussi bien en Europe qu'aux États-Unis. S'inspirant d'œuvres littéraires (*Les Derniers Jours de Pompéi*, *Quo Vadis ?*) ou de personnages illustres (Néron, Jules César, le Christ), ces films sont l'occasion de spectacles grandioses : *Cabiria* (1914), de Giovanni Pastrone, dont

***Cabiria*, de Giovanni Pastrone (1914).** *À la sortie du film, seul le nom du poète Gabriele d'Annunzio figurait sur l'affiche, alors qu'il n'était l'auteur que des intertitres. Ce monument du cinéma nécessita un an et demi de préparation, des milliers de figurants, des décors somptueux ; des prises de vue eurent lieu en Italie, en Sicile, en Tunisie sur les lieux de l'ancienne Carthage.* Cabiria *inaugure le genre du péplum (d'après le nom des tuniques féminines antiques), ces superproductions en costumes et décors grandeur nature. Griffith s'en inspira.*

l'histoire se situe aux temps des guerres puniques, représente l'aboutissement du genre. **D**ans un autre registre, le mélodrame mondain, dont *Mais mon amour de meurt pas* (1913) de Mario Caserini constitue le modèle initial, permet aux premières stars de l'écran, celles que l'on appelle les *dive*, de rayonner sur la péninsule et à l'étranger : Lyda Borelli, Pina Menichelli, Francesca Bertini sont autant de « séductrices » qui font battre les cœurs et se détruisent au feu de la passion. Leur image, popularisée par les revues à grand tirage, les affiches et les cartes postales, enflamme l'imagination des spectateurs. **L**es films comiques avec les personnages bondissants de Polidor, Robinet ou Cretinetti annoncent le burlesque américain. Les films acrobatiques ou athlétiques, autre spécialité italienne, font appel à de solides gaillards. Le plus célèbre d'entre eux, Maciste, apparaît pour la première fois dans *Cabiria* ; sa réputation dépasse largement les frontières et lui vaut le succès jusqu'à la fin des années 20. Déjà quelques films réalistes – *Perdus dans l'ombre* de Nino Martoglio (1914) ou *Assunta Spina* (1915) de Gustavo Serena – observent au quotidien les gens modestes, tendance du cinéma italien qui s'épanouira, après la Seconde Guerre mondiale, avec le néoréalisme.

***Perdus dans l'ombre*, de Nino Martoglio (1914).** *Cette histoire d'une fille du peuple (Virginia Balistrieri) séduite et abandonnée par un aristocrate a fait date dans l'histoire du cinéma réaliste. Le film est aujourd'hui perdu.*

La fin de l'âge d'or

Après la Première Guerre mondiale, la production est en crise, et en 1923 la faillite de l'Union cinématographique italienne marque la fin de l'âge d'or. Désorganisation industrielle, perte des marchés étrangers, concurrence des films américains, absence d'aides gouvernementales, difficulté à se renouveler sont les causes du déclin. Les meilleurs cinéastes comme les comédiens gagnent les studios de Berlin ou de Paris. De plusieurs centaines de films au début de la décennie, la production tombe à quelques unités à la fin des années 20. Dans le désastre surnagent quelques comédies, des mélodrames tournés principalement à Naples, et quelques péplums remarquables, qui sont autant de tentatives désespérées pour redonner au cinéma italien son lustre d'antan (*Messaline*, 1924 ; *Quo vadis ?* 1925 ; *Les Derniers Jours de Pompéi*, 1926).

EN SCANDINAVIE, LA PREMIÈRE STAR DU CINÉMA

Dès 1896, les opérateurs Lumière se sont rendus dans les pays scandinaves (Danemark, Suède, Norvège et Finlande). Très vite des reportages ont été tournés sur place par des réalisateurs locaux. Le Danemark devient un important producteur, la Suède lui emboîte le pas puis le supplantera. Les cinématographies norvégienne et finlandaise ne connaîtront jamais un tel essor.

Au Danemark, une production de qualité

Entre 1909 et 1913, l'intensité créatrice et le succès international du cinéma danois égalent les performances de la France ou de l'Italie. Ces brillants résultats sont nés du travail et de la clairvoyance d'un homme, Ole Olsen. Entrepreneur de spectacles forains, Olsen comprend très vite l'intérêt de bâtir de véritables salles et de produire ses propres films. En 1906, il fonde la société Nordisk, qui, en l'espace de quelques années, devient la principale concurrente de Pathé. Une production variée comble la curiosité d'un public qui ne se contente déjà plus de simples vues animées. Cette réussite encourage d'autres entrepreneurs à se lancer dans la production cinématographique. Aucun ne rencontrera le succès de la Nordisk, mais cette effervescence stimule la création et permet la découverte de véritables talents. *L'Abîme* (1910) révèle Asta Nielsen, la première star du cinéma, et les dons du metteur en scène Urban Gad, tout en popularisant le mélodrame érotique, genre nouveau dont la Nordisk inonde le marché européen avec plus de cent cinquante titres par an. Le film le plus ambitieux, *Atlantis* (1913), d'August Blom, reconstitue le naufrage du *Titanic*. Son échec commercial amorce le déclin de l'hégémonie danoise. La Première Guerre mondiale éclate alors et réduit encore l'audience de films qui sont désormais devancés par les bandes tournées en Allemagne et en Suède. Durant les années 20, la production est considérablement réduite, seuls six films sont réalisés en 1926 ; la Nordisk cesse ses activités en 1928.

Les Proscrits, **de Victor Sjöström (1917).**
Les superbes paysages de Laponie servent de décors à cette histoire d'amour désespéré, interprétée par le réalisateur et sa femme, Edith Erastoff.

« Le premier âge d'or du cinéma suédois »

En 1909, Charles Magnusson arrive à la tête de la Svenska Biografteatern, société de production fondée en 1907. Mêlant des qualités de gestionnaire à un authentique génie de la prospection, il engage en 1912 les jeunes Mauritz Stiller et Victor Sjöström. C'est à ces trois hommes qu'on doit le premier « âge d'or » du cinéma suédois. Dans les films produits par Stiller et Sjöström éclatent la beauté et le lyrisme de la mise en scène. La photographie, dosant avec subtilité les jeux

 voir : Les stars p. 170-179 – Dreyer p. 225

Après la proclamation de l'indépendance en 1917, la Finlande commence à produire quelques films destinés à un public rural : les sujets prônent amour de la nature et bucolisme. Les bandes tournées par Erkki Karu et Teuvo Puro, notamment *Inbrottet* (*Vol par effraction*, 1926), dû à Puro, relèvent le niveau d'un cinéma qui souffre d'un public peu nombreux et de la formidable concurrence des productions voisines, danoise puis suédoise.

***La Légende de Gösta Berling*, de Mauritz Stiller (1924), avec Lars Harson dans le rôle de Berling et Greta Garbo dans celui d'Élisabeth Dohna.** *Stiller, amoureux de Greta Garbo, pressent qu'il peut faire de cette actrice débutante une très grande star. Il ne s'est pas trompé.*

d'ombres et de lumière, exalte la nature ou encore les grands espaces nordiques. *Les Proscrits* (1917) ou *La Charrette fantôme* (1920) font connaître le nom de Sjöström dans le monde entier. Stiller, quant à lui, réalise en 1919 *Le Trésor d'Arne*, d'après le roman de Selma Lagerlöf ; les images de ce long poème à l'amour trahi sont d'une invention rare. *La Légende de Gösta Berling* (1924) est illuminée par la présence d'une débutante, Greta Garbo.

À côté de ces deux géants du cinéma suédois travaillent d'autres réalisateurs de talent, dont Gustav Molander ou John W. Brunius. Sjöström et Stiller, attirés à Hollywood par la perspective de contrats fabuleux, vont quitter la Suède, alors que Molander, qui a tourné son premier long métrage en 1920, *Le Maître de Boda*, tourne film sur film, et signe une œuvre qui traverse toute l'histoire du cinéma suédois. La production diminue ; en 1928 Charles Magnusson abandonne la direction de Svenska Bio. Une aventure qu'Henri Langlois résumera en une phrase : « Il restait suffisamment de grands films pour nous faire considérer ce moment du cinéma comme un miracle comparable à celui de la statuaire grecque classique. »

La Norvège et la Finlande

En Norvège, la production est destinée au marché national et s'attache à raconter des drames paysans, des comédies populaires ou des adaptations de romanciers, tel *Pan* (1922) d'après Knut Hamsun.

Si les films ont parfois du mal à s'imposer hors de leur pays d'origine, il n'en va pas de même des acteurs et des réalisateurs, qui connaissent rapidement une carrière internationale. Carl Theodor Dreyer tourne indifféremment au Danemark, en Suède, en Norvège et en Allemagne avant de venir en France pour *La Passion de Jeanne d'Arc* (1928). Ses films s'imposent par leur qualité visuelle, par l'utilisation savante du gros plan et du flash-back, par la rigueur de la pensée comme par la force du dépouillement qui les anime.

***Le Trésor d'Arne*, de Mauritz Stiller (1919), d'après le roman de Selma Lagerlöf.** *Le cortège funèbre d'Elsalill, interprétée par la belle Mary Johnson, est une scène inoubliable par sa beauté et sa majesté.*

LA RUSSIE, DES TSARS AU CUIRASSÉ POTEMKINE

Comme dans le monde entier, le cinématographe apparaît en Russie en 1896 : des opérateurs Lumière sont venus récolter des vues de ce pays et projeter les bandes qui avaient fait le succès des séances du Grand Café. À la foire de Nijny Novgorod, l'écrivain Maxime Gorki assiste à l'une de ces séances : « J'étais hier au royaume des ombres », écrit-il. La même année, les opérateurs Lumière filment les fêtes de couronnement de Nicolas II, durant lesquelles des émeutes brutalement réprimées font des centaines de victimes. Les pellicules et les appareils sont confisqués.

L'Homme à la caméra, de Dziga Vertov (1929). *Denis Arkadievitch Kaufman, en hommage au mouvement futuriste, prend le pseudonyme de Dziga Vertov (« Toupie, tourne ! »). Entre 1920 et 1922, Vertov réalise de nombreux documentaires militants et voyage à travers l'Union soviétique avec les trains de propagande. Il est un des pionniers du cinéma documentaire, dont* L'Homme à la caméra *est en quelque sorte le film manifeste. Avec sa caméra, son « ciné-œil », Vertov porte un regard nouveau sur la réalité.*

À la conquête de la Russie

La Russie devient un vaste marché pour les producteurs de films, parmi lesquels le Français Pathé se taille la part du lion. Après l'époque foraine et itinérante, le cinéma s'installe dans les villes : des salles s'ouvrent à Moscou et à Saint-Pétersbourg, puis à Tbilissi, en Géorgie, ou à Kiev en Ukraine.

Jusqu'en 1907, le répertoire est exclusivement étranger. C'est alors qu'un photographe, Alexandre Drankov, s'avise de tourner un film sur un sujet russe, *Boris Godounov*, bientôt suivi de *Stenka Razine*, consacré au chef d'une insurrection paysanne. Devant le danger de cette concurrence locale, Pathé installe des studios à Moscou avec des succursales dans tout le pays (Saint-Pétersbourg, Bakou, Rostov) afin de tourner des sujets russes (*Russie pittoresque*, *Les Cosaques du Don*), bientôt suivi par l'Italien Cines et par Gaumont.

La concurrence s'aiguise dans un pays que domine une censure omniprésente. L'exotisme et la mythologie russes sont les sujets les plus courants, tandis que le quotidien, où la violence sociale éclate sans cesse (pogroms antijuifs à Kiev), est exclu des actualités comme des fictions, à l'exception des représentations officielles de la famille du tsar, des cérémonies religieuses et politiques. Les genres se diversifient (film historique, drame mondain, comédie, fantastique, film juif), les écrivains et les hommes de théâtre s'intéressent au cinéma, comme Vladimir Maïakovski ou Vsevolod Meyerhold, qui réalise deux films dont il est l'interprète. Le tsar écrit que « le cinématographe [est] un divertissement inutile, vide, voire pernicieux », alors que la *Pravda* bolchévique s'inquiète de « l'influence considérable et très dangereuse que peut exercer le cinéma sur l'esprit des prolétaires » et avance l'idée d'en faire un instrument d'éducation des masses.

L'essor du cinéma russe

La guerre de 1914 et la fermeture des frontières donnent son essor au cinéma russe : des réalisateurs de talent – Vladimir Gardine, Jakob Protazanov, Evgueni Bauer – tournent des films sur une société figée par une aristocratie toute-puissante et un peuple misérable. D'une part, on adapte beaucoup de mélodrames français ; d'autre part, les classiques de la littérature russe – Pouchkine, Tolstoï, Dostoïevski, Gogol – sont portés à l'écran. La censure accroît ses pressions, on proscrit toute image de juif à l'écran, l'antigermanisme se répand. Le tsar s'apprête à nationaliser le cinéma.

Les deux révolutions de février et d'octobre 1917 voient l'abdication de Nicolas II et la proclamation d'un régime socialiste ; la censure est abolie. Mais le blocus appliqué à la Russie par les pays vainqueurs de l'Allemagne, puis la guerre civile déchirant le pays entre « Blancs » et « Rouges », vont désorganiser gravement la production puis la bloquer. Pénurie de pellicule, soviets de travailleurs dans les ateliers, pillage des studios, fuite des producteurs, des techniciens et des acteurs : le nombre de films produits s'effondre. Avec la défaite des gouvernements contre-révolution-

 voir : Le cinéma documentaire p. 202-205 - Eisenstein p. 227

***Le Cuirassé Potemkine*, de Sergueï Eisenstein (1925).**
Le 13 juin 1903, les ouvriers du port d'Odessa déclenchent une grève, soutenue par les marins du cuirassé Potemkine. *La foule envahit les quais et se rassemble sur le grand escalier pour les acclamer. C'est alors que, sans sommation, les soldats du tsar tirent à bout portant. Une voiture d'enfant dévale les marches, les blessés à terre supplient les soldats de les épargner. Pour arrêter le massacre, les canons du cuirassé ouvrent le feu sur l'armée tsariste. Le lendemain, les marins de l'amirauté refusent de tirer sur les mutins : c'est l'explosion de joie.*

***Dura Lex (Selon la loi)*, de Lev Koulechov (1926).**
Professeur à l'Institut technique du cinéma dès 1920, Koulechov fonde un collectif de travail, où il joint la théorie à la pratique. Pour lui, le film se construit au montage avec un rythme bien défini. La science du découpage et l'intensité dramatique font de Dura Lex *un chef-d'œuvre.*

naires, les producteurs réfugiés à Yalta quittent le pays pour l'Allemagne et la France.

En 1919, devant la désorganisation du cinéma, le gouvernement bolchevik décide de le nationaliser et lui attribue des tâches éducatives, d'information et de propagande. La production se borne à des documentaires, des actualités et des films d'agitation. Des trains de propagande parcourent le pays pour projeter des films dans les campagnes. De futurs grands cinéastes soviétiques, comme Dziga Vertov, se forment dans ce cadre, ou y travaillent, comme Lev Koulechov. En 1920, les premières écoles de cinéma du monde sont créées à Moscou et à Saint-Pétersbourg.

Des bases nouvelles pour un cinéma révolutionnaire

En 1924, dans le cadre de la nouvelle politique économique (NEP), la production de longs métrages de fiction reprend. Un organisme central pour le cinéma est créé, le Goskino, rattaché au commissariat à l'Instruction publique. Une ancienne maison de production russe, la Rouss, est recapitalisée par le Secours ouvrier international sous le nom de Mejrabpom. Ses réalisateurs (Yakov Protazanov, Boris Barnet, Vsevolod Poudovkine) fournissent des films dans tous les genres, qui remportent les plus grands succès publics du moment. Au Goskino on produit des films d'avant-garde (*La Grève*, d'Eisenstein), des films satiriques (ceux de Koulechov) ou, à l'inverse, très classiques (*Les Décabristes*).

Parmi les cinéastes soviétiques, les plus novateurs sont nés de la révolution, souvent formés par le théâtre d'avant-garde : Sergueï Eisenstein, Sergueï Ioutkevitch, Grigori Kozintsev, Leonid Trauberg sont de ceux-là. Engagés politiquement, ils s'illustrent dans le film révolutionnaire. Leur formation, leurs liens avec les artistes futuristes et constructivistes les amènent à repenser l'art du cinéma sur de nouvelles bases : collage et montage, refus du jeu psychologique et de la narration traditionnelle, jeu burlesque ou excentrique, tournage en extérieur pour accentuer la dimension collective des mouvements sociaux. *Le Cuirassé Potemkine* d'Eisenstein symbolise dans le monde entier ce nouveau cinéma.

C'est un cinéma didactique usant du rire, des larmes ou des chocs pour transformer les consciences, accompagner ou susciter une « révolution » des mentalités et du mode de vie. Unique en son genre, il a une fonction sociale éducatrice. Certains cinéastes plus radicaux que d'autres refusent même toute mise en scène, tout jeu, et ne jurent que par un cinéma du « fait », le documentaire offrant au spectateur un « déchiffrement communiste » du monde (Vertov).

L'ALLEMAGNE ET LA NAISSANCE DE L'EXPRESSIONNISME

Le Cabinet du Dr Caligari, de Robert Wiene (1919).
Ce film est considéré comme le manifeste de l'expressionnisme. Le jeu des acteurs (Werner Krauss en Caligari et Conrad Veidt en somnambule) et les décors abstraits, aux maisons tordues et aux rues de travers propres à souligner le déséquilibre mental, plongent le spectateur dans une atmosphère étrange et inquiétante.

Même si les frères Skladanovsky organisent à Berlin, en 1895, la première représentation publique de leur Bioskope quelques semaines avant celle du Cinématographe Lumière à Paris, le cinéma allemand ne s'industrialisera vraiment qu'en 1917, avec la création de l'Universum Film Aktiengesellschaft (UFA), qui deviendra la firme la plus puissante d'Europe.

Des premiers succès au célèbre Dr Caligari

En 1911, le producteur Paul Davidson fait venir l'actrice danoise Asta Nielsen ainsi que son metteur en scène Urban Gad. Avec des succès tels que *La Danse de mort* ou *Engelein*, elle devient la première star du cinéma allemand. Célèbre metteur en scène de théâtre d'avant-garde, Max Reinhardt exerce une influence déterminante sur son époque avec des films aussi novateurs que *L'Île des bienheureux*, en 1914, et par la formation d'acteurs remarquables comme Emil Jannings ou Conrad Veidt, ou de réalisateurs comme Paul Wegener, Paul Leni, F. W. Murnau ou Ernst Lubitsch. Interprète populaire, entre 1913 et 1916, de Meyer, un commis israélite arriviste d'un magasin de confection, Lubitsch se spécialise ensuite dans un genre inspiré des mises en scènes de Reinhardt comme du péplum italien, le film à grand spectacle en costumes. La star Pola Negri, d'origine polonaise, triomphe dans *Madame du Barry*, où la somptuosité des costumes se mêle à une vision intimiste et romanesque de la grande Histoire.

C'est dans les feuilletons comme dans les films d'aventures policières que se profile le mieux l'esprit du cinéma allemand. Les premiers font directement appel au surnaturel, comme, entre 1913 et 1915, *Le Club des invisibles* de Joe May. Le héros d'*Homonculus* d'Otto Rippert, digne de Frankenstein, est une créature artificielle conçue en laboratoire qui domine les foules. L'exotisme, égyptien ou indien, s'ouvre également sur le fantastique avec *Les Yeux de la momie* d'Ernst Lubitsch, ou *Les Araignées* de Fritz Lang.

Sous le coup de la défaite de 1918 et des difficultés économiques et sociales de la République de Weimar, le cinéma allemand s'évade vers un univers de terreur morbide bientôt peuplé de monstres. En 1913, dans la tradition du romantisme, l'acteur Paul Wegener incarne *L'Étudiant de Prague* de Stellan Rye, à qui on a volé son image et qui

 Voir : Lang p. 246 - Murnau p. 254

se tue en croyant la rattraper. L'année suivante, s'inspirant d'une légende juive médiévale, Wegener et Henrik Galeen réalisent *Le Golem*, où une statue, par l'effet de la magie et de l'amour, se transforme en être humain pour son plus grand malheur. Le cinéma allemand étonne enfin le monde entier, en 1919, avec *Le Cabinet du Dr Caligari* de Robert Wiene, conçu dans le prolongement des mouvements expressionnistes en peinture et au théâtre. Dans un décor entièrement constitué de toiles peintes, l'acteur Conrad Veidt incarne un somnambule qui sème la mort, hypnotisé par le docteur Caligari. Des lignes brisées ou obliques, des rues et des maisons tortueuses, de violentes oppositions du noir et du blanc restituent un univers mental troublé par la folie, l'obsession de la mort et l'emprise du mal. Cette force du décor se retrouve aussi bien dans *Le Montreur d'ombres*, d'Arthur Robison, que dans *Le Cabinet des figures de cire*, de Paul Leni.

Qu'est-ce que l'expressionnisme ?

C'est une esthétique visionnaire, fondée sur l'accentuation ou la déformation de la réalité pour transmettre l'image et l'idée d'un monde torturé en proie au chaos, à la destruction et à la mort. Friedrich Wilhelm Murnau construit un cinéma où la lumière suffit parfois à sculpter le décor, y compris le décor naturel, et oppose le monde des ténèbres et celui de la lumière pour donner, en 1921, le chef-d'œuvre fondateur du film de vampires, *Nosferatu le vampire*. Fritz Lang montre la puissance de la mort dans *Les Trois Lumières*, et fait du paysage, entièrement recréé en studio, un personnage tragique pesant sur le destin de Siegfried dans la légende des *Niebelungen*. Dans *Metropolis*, une gigantesque ville-usine incarne la puissance destructrice de la technologie moderne. Parallèlement à l'écrasement de l'homme, Lang décrit l'humanité en proie à la folie de la destruction, avec *Mabuse le Joueur* et, à l'aube du parlant, *Le Testament du Dr Mabuse*, ou à des forces internes tout aussi morbides, dans son chef-d'œuvre, *M le Maudit*.

Quittant progressivement le monde de l'imaginaire et des légendes peuplées de fantômes et de monstres, le cinéma allemand se rapproche de la réalité quotidienne, voire sociale, avec le *Kammerspiel* ou « cinéma de chambre » (par référence à la musique de chambre). Avec des films tels que *Le Rail* de Lupu Pick, *La Rue* de Karl Grüne, ou *Asphalte* de Joe May, dans un décor plus familier, une atmosphère plus intime et psychologique, il met en scène des personnages ordinaires, bourgeois ou marginaux, tout en conservant des éléments esthétiques nés de l'expressionnisme, comme le rôle de la lumière et des ombres. En 1924, Murnau donne l'un des chefs-d'œuvre du genre avec *Le Dernier des hommes*. Venu lui aussi de l'expressionnisme, Georg Wilhelm Pabst décrit, dans *La Rue sans joie*, avec Greta Garbo et Asta Nielsen, Vienne en proie à la misère, à l'inflation et à la corruption. Et il donne toute sa mesure, en 1929, dans deux films interprétés par la fascinante et scandaleuse Louise Brooks, *Loulou* et *Journal d'une fille perdue*, où l'érotisme et la perversion s'ajoutent à la description impitoyable de la décomposition d'une société.
Au début des années 30 et du parlant, le cinéma allemand est l'un des plus originaux et des plus audacieux, avec *Quatre de l'infanterie* de Pabst, sur l'horreur de la guerre, *L'Enfer des pauvres* de Phil Jutzi, mélodrame militant contre le chômage, ou *L'Ange bleu* de Josef von Sternberg, dévoilant une Marlene Dietrich sulfureuse et flamboyante. L'accession au pouvoir d'Adolf Hitler, le 30 janvier 1933, lui porte un coup d'arrêt dont il ne s'est jamais remis.

***M le Maudit*, de Fritz Lang (1931).**
Un assassin d'enfants – Peter Lorre, dont la silhouette menaçante et la figure blême restent inoubliables – est traqué dans la ville ; il sera jugé et condamné à mort par la pègre.

***La Rue sans joie*, de Georg Wilhelm Pabst (1925).**
La présence de Greta Garbo illumine le film, qui marque le début du réalisme social en Allemagne.

LE CINÉMA JAPONAIS, UNE PORTE OUVERTE SUR L'OCCIDENT

Le Japon est le premier pays d'Asie à importer, en 1894, le kinétoscope inventé par l'Américain Edison, avant d'accueillir, en 1897, le célèbre Cinématographe des frères Lumière. Avec la première caméra importée de France, on tourne quelques bandes inspirées du théâtre nô et du kabuki, ainsi que des rites de la vie japonaise, comme la cérémonie du thé.

Une alchimie entre l'Occident et la tradition japonaise

Le cinéma prend son essor au début des années 10 avec la fondation des studios de la Nikkatsu en 1912, qui sera suivie, en 1920, par ceux de la Shochiku. C'est après la Première Guerre mondiale, alors que le public japonais s'enthousiasme pour le cinéma américain, que, s'inspirant d'Hollywood, on commence à produire de nombreux *remakes*. Cette ouverture à l'Occident permet aux femmes de devenir actrices, ce qui leur était interdit, conformément aux règles du théâtre kabuki, où tous les rôles sont tenus par des hommes. En 1923, un tremblement de terre dévaste la région de Tokyo, détruisant les salles et les studios, mais l'industrie réagit vite pour ne pas laisser le marché aux Américains et l'année suivante 875 films sont produits par la Shochiku et la Nikkatsu.

Le Japon des années 20 s'ouvre à l'Occident littéraire et artistique : les pièces d'Ibsen et de Strindberg sont jouées au Nouveau Théâtre *Shin Geki* ; Mizoguchi adapte en 1923 *Anna Christie* d'Eugène O'Neill, et les diverses avant-gardes influencent un cinéaste comme Teinosuke Kinugasa, qui réalise un film expérimental expressionniste se déroulant à l'intérieur d'un hôpital psychiatrique, *Une page folle* (1926). En même temps, la révolution russe stimule écrivains et cinéastes ; rassemblés autour du « Prokino », ils sont les initiateurs d'un nouveau cinéma social (*La Poupée vivante* de Tomu Uchida, 1929), à une époque où la censure interdit encore *Le Cuirassé Potemkine* d'Eisenstein, qui relate la révolte des marins russes.

Malheureusement, beaucoup de films du début des années 20 ont disparu, rendant difficile une meilleure approche de cette période très créative : Kenji Mizoguchi débute à la Nikkatsu en 1922 ; entre 1924 et 1932, il tourne quarante-neuf films dont seuls subsistent quelques fragments de *La Marche de Tokyo* (1929) ; son premier film intégralement conservé, *Le Fil blanc de la cascade*, date de 1933.

Le cinéma muet à cette époque apparaît comme le résultat d'une alchimie entre une forte influence occidentale et la constitution de genres spécifiques – films de samouraïs et de fantômes, *Shomin Geki* – très ancrés dans la culture japonaise. C'est seulement au cours des années 30 que le cinéma va affirmer sa véritable singularité, jalonnée de nombreux chefs-d'œuvre.

Le cinéma à ses débuts : des réalisateurs s'imposent

Minoru Murata est considéré comme le plus grand cinéaste du muet et fait figure de précurseur (*Âmes sur la route*, 1921, avec le dramaturge Kaoru Osanai, et *La Femme de Seisaku*, 1924). Yasujiro Ozu, auteur de trente-quatre films muets de 1927 à 1935, réalise, à l'âge de vingt-quatre ans, l'unique film historique de sa carrière, *Le Sabre de pénitence* (1927), avant de se lancer dans des comédies burlesques (*Jours de jeunesse*,

***Âmes sur la route*, de Minoru Murata (1921).** *C'est le premier film de Murata, entré à la Shochiku en 1920. Il s'impose alors comme un des cinéastes les plus importants du muet.*

1929) et des mélodrames sociaux (*L'Épouse de la nuit*, 1930). Teinosuke Kinugasa est d'abord connu pour avoir joué des rôles de femme au théâtre kabuki puis à l'écran ; en 1922, il passe derrière la caméra, réalisant notamment *Carrefours* (1928), très influencé par le cinéma d'Eisenstein. À la frontière du muet et du parlant, Mikio Naruse commence comme accessoiriste à la Shochiku en 1920, devient assistant réalisateur en 1926, et signe une comédie burlesque en 1930, *Monsieur et madame Chambara*, avant de s'orienter vers des œuvres où s'exprime son pessimisme face à la société. À ses côtés, Daisuke Ito fait figure de pionnier du cinéma de cape et d'épée, grâce à *L'épée qui tuait les hommes et les chevaux* (1929), tandis que Heinosuke Gosho, qui entre à la Shochiku comme assistant réalisateur en 1923, réalise son premier film deux ans plus tard et s'affirme, avec *La Fiancée du village* (1928), comme le spécialiste de mélodrames où se mêlent le rire et les larmes.

De haut en bas :
***Jours de jeunesse*, de Yasujiro Ozu (1929).**
À ses débuts, Ozu réalise une série de comédies, très en vogue à cette époque.

***Madame et épouse*, de Heinosuke Gosho (1931), le premier film parlant au Japon.**

Les *benshis*, des opposants au parlant

En 1929, le Japon découvre une comédie musicale américaine, et le président de la Shochiku, Shiro Kiro, charge alors Heinosuke Gosho de réaliser un film parlant : *Madame et épouse*, rempli de morceaux de jazz, sera présenté au public en 1931. Cependant, c'est seulement au milieu des années 30 que des réalisateurs comme Ozu ou Mizoguchi tournent leur premier film parlant, alors que presque partout dans le monde cette nouvelle technique s'est imposée avec une étonnante rapidité. Cette situation exceptionnelle et particulière au Japon est due à l'intervention des *benshis*. Ce sont des conteurs itinérants issus de la tradition du bunraku, ce théâtre de marionnettes qui miment des récits et des chants de joruri (des textes dramatiques). Selon Akira Kurosawa, dont le frère aîné était *benshi* professionnel, « les *benshis* ne racontaient pas seulement l'intrigue, ils mettaient en valeur le contenu émotionnel du film, en jouant les voix des différents personnages, en faisant des effets sonores, et en donnant des descriptions très évocatrices des événements et des images qui apparaissaient sur l'écran [...] . Les *benshis* les plus populaires étaient des vedettes dans leur domaine, et ils étaient attachés en exclusivité à une salle particulière. » Dès que le sonore a menacé de s'implanter, les *benshis*, très puissants au sein de la profession du spectacle, ont tout fait pour entraver son avance. Ils ont mené une grève dure, mais leur entreprise était vouée à l'échec, car le public délaissa les films muets japonais au profit des films étrangers parlants.

HOLLYWOOD, L'ÂGE D'OR DES STUDIOS

Les grandes compagnies

Une naissance fortuite

La naissance du film sonore, puis parlant, fut sans doute l'événement le plus considérable dans l'histoire du cinéma. La Warner Bros. n'est dans les années 20 qu'une compagnie mineure, dont le seul titre de prestige est d'avoir sous contrat Ernst Lubitsch et comme vedette le très populaire chien Rin Tin Tin. Devant le succès grandissant de la radio, qui devient une rivale dangereuse pour le cinéma, les frères Warner, propriétaires d'une station à Los Angeles, décident de l'utiliser pour le lancement publicitaire de leurs films. Un vendeur de Western Electric, qui avait installé l'équipement de leur chaîne de radio, les convainc que le matériel technique de la radio est semblable à celui exigé par le cinéma. Ils sont alors attirés par l'idée de vendre leurs films synchronisés à des salles qui ne peuvent s'offrir des orchestres. Leur premier programme complet est présenté en août 1926, utilisant de la musique, sans paroles. Devant la réaction très favorable du public, la Warner passe à l'étape suivante, en octobre 1927, avec *Le Chanteur de jazz* où les acteurs, pour la première fois, parlent. L'enthousiasme des spectateurs encourage la compagnie, qui annonce douze films parlants pour la saison suivante, et caresse l'espoir – vite concrétisé – de devenir ainsi l'un des grands studios d'Hollywood, une des *majors*, aux côtés de la Paramount, de la MGM, de la Fox et de la Universal. D'abord réticentes devant cette révolution technique qui allait entraîner des frais considérables pour équiper les salles, et pour changer l'appareillage de leurs studios devenus caducs, les *majors* se voient peu à peu dans l'obligation de passer elles aussi au film parlant.

Cette rupture ne fut pas sans effet sur l'esthétique des films. La lourdeur des nouvelles caméras et du matériel d'enregistrement interdit les mouvements d'appareil, le déplacement rapide des acteurs et le tournage en extérieur. Alors que le cinéma muet avait atteint, en 1927, des sommets d'élégance visuelle et de subtilité narrative et psychologique, on assistait à une régression artistique. Les grandes vedettes du burlesque (Harry Langdon, Buster Keaton, Harold Lloyd), qui s'exprimaient par la gestuelle, perdent peu à peu de leur popularité, à l'exception de Charlie Chaplin (étant son propre producteur, celui-ci put retarder longtemps son passage au parlant). De même, nombre d'acteurs étrangers ou aux moyens vocaux défaillants durent renoncer à apparaître devant les caméras.

Huit majors règnent sur Hollywood.
Les Big five : la Paramount est fondée en 1914, la Warner Bros. en 1923, la Metro-Goldwyn-Mayer, la plus importante, en 1924, la Twentieth Century-Fox le 29 mai 1935, la RKO en 1928 ;

Une industrie qui se structure

Les coûts exorbitants des transformations techniques entraînent une restructuration de l'industrie. Beaucoup de petites compagnies disparaissent ou sont intégrées par les *majors*, qui font appel aux banques. Wall Street devient le partenaire privilégié d'Hollywood. Paradoxalement, le krach de la Bourse en 1929 n'eut pas au départ des conséquences aussi désastreuses pour les studios que pour les autres industries. La nouveauté du parlant et le besoin de divertissement dans une époque sombre font affluer les spectateurs dans les salles ; mais, dès 1931, Hollywood est frappée à son tour par la dépression. Pour surmonter leurs difficultés financières, les patrons des studios jouent sur les recettes éprouvées de la violence et du sexe. Des films de gangsters, puis des drames, où les hommes succombent aux charmes de femmes fatales, provoquent l'émoi des ligues de vertu et des Églises catholique et protestante. Toute l'Amérique conservatrice accuse Hollywood d'encourager l'immoralité, alors que la capitale du cinéma ne fait que refléter les secousses sociales d'un pays où règnent l'insécurité et le chômage, mais dont l'évolution des mœurs exige une plus grande liberté.

voir : Les stars p. 170-179 – Le film criminel p. 184-187 – La comédie musicale p. 188-191

et les Little three : la Universal a été fondée le 8 juin 1912, les Artistes Associés (United Artists) l'ont été en 1919, la Columbia date de 1924.

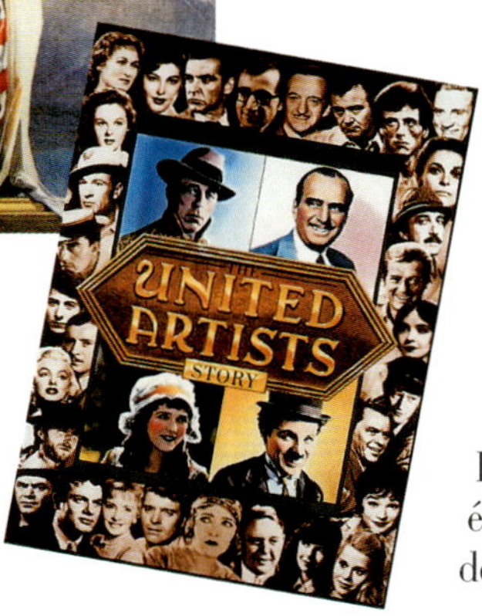

Les producteurs, immigrés récents qui souhaitaient un brevet de respectabilité, s'organisent pour établir un code de censure auquel ils promettent de se conformer. La MPPDA (Motion Picture Producers and Distributors Association), fondée en 1922, réunit les plus importants producteurs et distributeurs américains ; elle est présidée par Will H. Hays, ancien ministre des Postes, qui établit un code, rédigé et publié en 1930. La Production Code Administration (PCA) applique le règlement, qui contient onze « Don'ts » (Ne faites pas) et vingt-sept « Be carefuls » (Soyez prudents), ainsi que des interdictions totales : le trafic de drogue, les relations amoureuses entre partenaires de race différente, la nudité suggestive, le blasphème, les perversions sexuelles, etc. Le code ne sera d'abord appliqué qu'avec une rigueur relative entre 1930 et 1934, mais ensuite aucune dérogation ne sera plus acceptée. Pourtant, l'intelligence et la ruse des auteurs de films parviendront à contourner ces obstacles et à suggérer érotisme et violence.

Hollywood, capitale du cinéma

C'est au début des années 30 que commence l'âge d'or d'Hollywood ; il culminera en 1946, année où la fréquentation dans les salles atteindra un sommet, avant de décliner. Huit compagnies (les *majors*) règnent quasiment sans partage sur la production (auxquelles il faut ajouter Walt Disney) : Paramount, MGM, 20th Century-Fox, Warner Bros., Universal, RKO, Columbia et les Artistes Associés, ces derniers se consacrant presque exclusivement à la distribution. Elles ont chacune une direction bicéphale. D'une part, le président du studio qui travaille avec son équipe, à New York ou à Los Angeles, et qui doit trouver l'argent tout en s'occupant des salles, de la distribution aux États-Unis et à l'étranger, ainsi que de tous les problèmes économiques. D'autre part, le responsable de la production (*executive producer*), à Los Angeles, qui est généralement le vice-président de la compagnie et a la charge de la production proprement dite. C'est lui qui supervise la fabrication de trente à soixante films par an, décide de leur budget, achète les scénarios, engage et licencie les comédiens, les metteurs en scène et les collaborateurs artistiques. Il a sous ses ordres un ou plusieurs producteurs qui, eux-mêmes, ont à leur service des producteurs exécutifs (*associate producers*), associés beaucoup plus directement au tournage : ils interviennent dès le scénario, ont leur mot à dire sur le choix des acteurs, sont souvent présents sur le plateau, regardent les rushes le lendemain de chaque journée de tournage et suivent les différentes phases du montage.

Les employés des studios, de la vedette au costumier, sont sous contrat pendant sept ans. La durée de leur engagement assure la continuité de la production, donne au film une image reconnaissable, et au studio son style. Quant aux stars, elles sont là pour fidéliser les spectateurs. Une énorme publicité – journaux, affiches, courrier des fans, émissions de radio – crée le culte de la vedette. Le public va voir le nouveau film de Greta Garbo ou de James Cagney ; il connaît les spécialités de chaque compagnie, l'horreur à la Universal, le film criminel à la Warner, la comédie sophistiquée à la Paramount, les adaptations prestigieuses à la MGM. Ainsi se crée une clientèle assidue et fervente. Il n'est pas jusqu'aux logos, du lion rugissant de la MGM aux projecteurs balayant le ciel de la Fox, qui ne familiarisent les spectateurs avec l'identité de chaque firme.

Pour donner un lustre artistique à l'activité d'Hollywood, la communauté cinématographique crée, en 1927, l'Academy of Motion Pictures, laquelle remet chaque année, après le vote de quelques milliers de membres de la profession, les célèbres oscars récompensant non seulement les films (la statuette est remise au producteur), les metteurs en scène et les comédiens, mais aussi les collaborateurs artistiques. Les récompenses vont toujours à des succès commerciaux, et bien des films de qualité secondaire sont ainsi consacrés, mais de grands noms figurent souvent aussi au palmarès, comme Frank Borzage en 1932, Frank Capra en 1934, 1936 et 1938, John Ford en 1935, 1940 et 1941, Billy Wilder en 1945.

Capra p. 218 – Chaplin p. 222 – Cukor p. 225 – Ford p. 234 – Hawks p. 238 – Huston p. 240 – Lang p. 246 – Lubitsch p. 251 – Sternberg p. 267 – Vidor p. 271

Hollywood a souvent été définie comme l'usine à rêves, un lieu où se fabriquent des objets de divertissement destinés à séduire le monde entier. Il est vrai qu'elle a accompli ce projet avec beaucoup de talent, ce qui explique son succès. Elle a su provoquer chez les spectateurs des cinq continents une adhésion à la manière de vivre américaine (*the american way of life*), et, à travers des milliers de films, elle a permis de découvrir l'histoire de ce pays, l'évolution de ses mœurs et les tensions qui l'agitent.

Des studios en prise directe sur leur époque

C'est la Warner, au premier chef, qui représente le mieux l'esprit du temps. Elle inaugure, en 1931, un cycle de films de gangsters avec *Le Petit César* de Mervyn Le Roy, suivi la même année de *L'Ennemi public* de William Wellman. *Scarface*, une production indépendante de Howard Hughes tournée en même temps par Howard Hawks, sera retenu un an par la censure et relève du même genre. Dans ces trois films, respectivement interprétés par Edward G. Robinson, James Cagney et Paul Muni, un gangster établit son pouvoir, se retrouve seul au sommet puis meurt, victime de sa volonté de puissance et de la police. L'ascension et la chute spectaculaires des caïds de la pègre font écho à celles des hommes d'affaires de Wall Street, pris dans la tourmente du krach boursier. La destinée des hors-la-loi reflète l'insécurité et la violence qui menacent l'Amérique. Devant la réprobation des ligues de vertu, la Warner entreprend un nouveau cycle à partir de 1934, à la gloire cette fois de la police fédérale. Le studio, proche du gouvernement Roosevelt, élu en 1932, obtient le concours du FBI pour illustrer sa lutte contre le banditisme (*Les Hors-la-loi* de William Keighley). La version féminine du gangster est à la Warner la femme fatale qui veut sortir de sa condition misérable en utilisant non plus les armes à feu, mais celles de la séduction. Jean Harlow dans *La Belle aux cheveux roux* (Jack Conway) incarne la mante religieuse prête à tout pour réussir socialement. Même les comédies musicales produites à la Warner sont révélatrices de la crise. Accompagnées des spectaculaires ballets chorégraphiés par Busby Berkeley, où des centaines de danseuses s'ébattent dans des décors extravagants, *Chercheuses d'or de 1933* ou *Prologues* évoquent la foule des chômeurs et la volonté d'un directeur de théâtre de sauver un spectacle de la faillite.

Mais la Warner n'a pas le monopole de ces films de témoignage et de protestation. Fritz Lang s'attaque au lynchage dans *Furie* et au destin tragique d'un innocent envoyé en prison dans *J'ai le droit de vivre*. King Vidor, dans *Notre pain quotidien*, chante les efforts d'un groupe d'Américains victimes de la crise, qui fondent une communauté utopique à la campagne où se retrouvent tous les corps de métier et tous les groupes ethniques du pays. Dans *Les Raisins de la colère*, réalisé à la fin de la décennie par John Ford d'après le roman de John Steinbeck, les paysans du Middle West, chassés de leur terre par la sécheresse et la dépression, transportent leur malheur jusqu'en Californie.

***Les Temps modernes*, de Charlie Chaplin (1936).**
La dernière scène du film : le couple s'éloigne, main dans la main, et un intertitre précise : « Nous nous débrouillerons. » C'est la dernière apparition de Charlot à l'écran.

Un comique au service de la démocratie

Charlie Chaplin exerce sa verve cruelle et comique pour peindre les maux de la société : l'opposition du millionnaire et de la pauvre aveugle dans *Les Lumières de la ville*, les excès du machinisme qui réduit l'homme à un rouage anonyme dans *Les Temps modernes*, le danger extérieur, enfin, symbolisé, en 1940, par les ravages du fascisme en Europe dans *Le Dictateur*, satire impitoyable de Hitler. C'est peut-être Frank Capra qui incarne le mieux la volonté de représenter les faiblesses et les grandeurs de la démocratie américaine. Dans *L'Extravagant M. Deeds*, *Vous ne l'emporterez pas avec vous* et *Monsieur Smith au Sénat*, il oppose des héros maladroits, honnêtes, souvent originaires de petites villes de l'Amérique rurale, et interprétés par Gary Cooper ou James Stewart, à des banquiers ou des politiciens véreux qui ont trahi les idéaux du pays. Capra ne craint pas de faire appel aux sentiments pour livrer son message populiste sur les vertus du cœur et de la simplicité face à l'égoïsme des riches.

L'Extravagant Mr. Ruggles, **de Leo McCarey (1935). De gauche à droite : Zasu Pitts, Charles Laughton, Charles Ruggles, Maude Eburne.** *Acteur de théâtre et de cinéma, Charles Laughton mène, du début des années 20 jusqu'à sa mort en 1962 à l'âge de soixante-trois ans, une carrière exceptionnelle. Il réalise en 1955 un seul film,* La Nuit du chasseur, *un chef-d'œuvre.*

C'est Capra également qui inaugure, à partir de 1934, une longue série de comédies loufoques (*screwball*) avec *New York-Miami*, où une riche héritière (Claudette Colbert) découvre les charmes de la vie quotidienne des Américains moyens au contact d'un journaliste bourru (Clark Gable) d'origine modeste. En s'initiant à la joie de tremper son biscuit dans le café, la fille à papa oisive et superficielle devient une vraie Américaine. Toujours à la Columbia, *Vacances* de George Cukor, *L'Impossible M. Bébé* et *La Dame du vendredi* de Howard Hawks prolongent cette veine délurée, où les gags physiques et les situations absurdes se conjuguent à la comédie psychologique, avec souvent une héroïne excentrique qui domine un héros faible et enfantin.

Toutefois, le studio auquel on associe le plus souvent la comédie est la Paramount. Cette compagnie, au style scintillant et sophistiqué, accueille volontiers les étrangers (Lubitsch, Mamoulian, Sternberg, plus tard Wilder), adopte une aimable immoralité qui déjoue la surveillance de la censure, et situe nombre de ses intrigues dans des cadres exotiques. Le maître du genre est sans doute Ernst Lubitsch qui, dans des films comme *Haute Pègre* (1932) et *Sérénade à trois* (1933), n'hésite pas à peindre des situations osées pour la morale de son temps : un homme partagé entre deux femmes dans le premier, une femme entre deux hommes dans le second. Lorsque l'application du code de censure deviendra plus stricte, il tempérera l'insolence de ses répliques et de ses situations, mais *Ange* ou *La Huitième Femme de Barbe-Bleue* continuent avec talent sa veine licencieuse.

À la Paramount aussi, au début des années 30, s'exercent le génie burlesque des fameux Marx Brothers dans *La Soupe au canard*, satire de la politique, et l'insolence provocatrice de la bombe sexuelle Mae West dans *Ce n'est pas un péché*, tous deux mis en scène par Leo McCarey. Ce dernier est également réalisateur d'un chef-d'œuvre, *L'Extravagant Mr. Ruggles*, où un valet anglais (Charles Langhton) découvre les principes de la démocratie et l'inculque aux habitants rustres du Far West. Preston Sturges, au début des années 40, devient metteur en scène et signe avec *Les Voyages de Sullivan* une défense de l'esprit Paramount. Dans ce film, un réalisateur de comédies rêve de tourner des œuvres sociales dans le style de la Warner et décide de découvrir le pays profond. Il finira à la suite d'une méprise dans un camp de travaux forcés où il comprend qu'un dessin animé est un réconfort pour les bagnards. Remis en liberté, il optera pour le divertissement cher à son cœur et à… la Paramount.

Sans être véritablement des comédies – bien que l'ironie y soit toujours présente –, les films de Josef von Sternberg proposent une autre variation sur l'amour et la haine à l'intérieur du couple. Dominés par la présence de Marlene Dietrich, objet de désir qui souffre ou fait souffrir, *L'Ange bleu*, *Shanghai Express*, *Blonde Vénus*, *L'Impératrice rouge* sont d'admirables

L'Impératrice rouge, **de Joseph von Sternberg (1934).** *Marlene Dietrich en impératrice de Russie dans des décors extravagants.*

***Autant en emporte le vent*, de Victor Fleming (1939).**
Le véritable réalisateur du film est bien son producteur David O. Selznick : c'est lui qui achète les droits du livre, qui décide de confier le rôle de Rhett Butler au séduisant Clark Gable, qui veut une inconnue pour le rôle de Scarlett et trouve la jeune Anglaise Vivian Leigh. Une aventure démesurée, un monument de 3 h 45, qui a coûté 4 millions de dollars.

symphonies d'ombre et de lumières, des explorations d'univers aussi artificiels qu'exotiques, des études terriblement lucides sur les gouffres de la passion inassouvie. À ces œuvres torturées et baroques s'opposent les comédies musicales de la RKO interprétées par Fred Astaire et Ginger Rogers, de *Carioca* à *Amanda* en passant par *Le Danseur du dessus*, où des couples élégants dansent dans des intérieurs au style Arts déco. La comédie trouve dans les élégantes arabesques de deux des plus grands danseurs de ce siècle comme une version romantique et idéalisée de l'éternel duo homme-femme.

« Plus d'étoiles qu'il n'en brille au firmament »

Aucun studio n'a mieux représenté les valeurs morales du pays, son conservatisme, son goût de l'ordre et de la richesse, que la MGM, la plus opulente, la plus féconde des grandes compagnies. Mais la plus rigide aussi, qui privilégiait les stars (Greta Garbo, Norma Shearer, Jean Harlow, Joan Crawford), comme son slogan l'indique : « Plus d'étoiles qu'il n'en brille au firmament ». Ses réalisateurs sous contrat, Clarence Brown, Woody Van Dyke, Sam Wood, n'ont pas la personnalité de ceux de la Paramount, et les sujets qu'ils traitent (adaptations littéraires de prestige, évocations historiques, drames policés), marqués par le moralisme de leur temps, n'ont pas la vigueur de ceux de la Warner. Mais les produits de la MGM sont d'une qualité technique insurpassable, des costumes de Gilbert Adrian aux décors de Cedric Gibbons et à la photo de William Daniels, qui éclairait Greta Garbo dans ce style sans aspérité si cher à cette compagnie. En un sens, l'apothéose du style MGM est *Autant en emporte le vent* (1939), qui pourtant ne fut pas produit par elle (l'indépendant David O' Selznick, gendre de Louis B. Bayer, en était le maître d'œuvre) mais qu'elle distribua. Longtemps plus grand succès de l'histoire du cinéma, ce film représente l'apogée du spectacle, la réconciliation du Nord et du Sud, le romanesque chatoyant et la star devenue icône (Clark Gable et Vivian Leigh).

Le cinéma d'horreur triomphe à la Universal, qui produit, au début des années 30, des films fantastiques révélant les psychoses et les préoccupations d'un pays en crise. *Frankenstein*, de l'Anglais James Whale, impose Boris Karloff dans le rôle du monstre titubant, admirablement grimé par le maquilleur Jacques Pierce, tandis que *Dracula* recrée, sous la direction de Tod Browning, avec le concours de Bela Lugosi en vampire inquiétant, un château sinistre couvert de toiles d'araignée et un Londres plongé dans le brouillard. À la RKO, *King Kong*, d'Ernest B. Schoedsack et Merian C. Cooper, bénéficie des extraordinaires trucages de Willis O'Brien pour nous montrer le gorille se battant contre un ptérodactyle et un serpent géant, puis juché au sommet de l'Empire State Building en tenant la frêle Fay Wray dans son énorme patte. Plus inquiétant encore, *Freaks*, de Tod Browning, curieusement produit par la très convenable MGM, se présente comme un mélodrame grotesque peuplé de monstres de cirque.

***La Monstrueuse Parade (Freaks)*, de Tod Browning (1932).**

***King Kong*, d'Ernest Beaumont Schoedsack et Merian C. Cooper (1933).**

Les États-Unis et la Seconde Guerre mondiale

À la dépression, avec son cortège de souffrances, succède, au début des années 40, l'angoisse née de la guerre en Europe où les pays fascistes s'attaquent aux démocraties. Tentés par l'isolationnisme et la non-intervention dans le conflit, les États-Unis finissent par s'allier à l'Angleterre, restée seule dans sa lutte contre le nazisme après l'invasion de la France. C'est encore la Warner qui vient au secours de la politique du président Roosevelt, favorable à l'entrée en guerre. En 1939, *Les Aventures d'un espion nazi* dénoncent l'infiltration par les nazis d'une amicale d'Américains d'origine allemande. De même, *L'Aigle des mers* de Michael Curtiz oppose, au XVIe siècle, des corsaires anglais menés par Errol Flynn à l'Invincible Armada du despote espagnol Philippe II. Avec *Sergent York* de Howard Hawks, la métaphore n'est plus nécessaire. Un grand garçon simple et pacifiste de l'Amérique rurale, joué par Gary Cooper, comprend la nécessité de s'enrôler pour combattre les Allemands pendant la Première Guerre mondiale.

***Sergent York*, de Howard Hawks (1941), avec Gary Cooper.**
La production ne s'arrête pas pendant la guerre, et le gouvernement américain demande aux cinéastes de réaliser des films pour encourager l'effort de guerre et entretenir le moral des troupes.

Du film noir aux comédies

C'est un nouveau genre, le film noir, qui exprime le mieux l'angoisse diffuse de l'époque et son pessimisme. *La Grande Évasion* de Raoul Walsh, qui fait de Bogart une star, est un adieu au film de gangsters. Dix ans après *Scarface*, le héros, ancien repris de justice, meurt sous les balles des forces de l'ordre, mais il est, cette fois, présenté comme une victime innocente qui gagne notre sympathie. Quelques mois plus tard, Humphrey Bogart endosse le costume du détective privé dans *Le Faucon maltais* de John Huston, d'après le roman de Dashiell Hammett. Ironique et désenchanté, c'est un homme seul entre les malfrats et les policiers. Il est le premier d'une longue lignée de « privés », de Sam Spade (Dashiell Hammett), à Philip Marlowe (Raymond Chandler), perdus dans des aventures labyrinthiques peuplées de femmes fatales et de riches corrompus. Des coups de téléphone dans le noir, des voitures démarrant brusquement dans des ruelles obscures, un lampadaire à la lumière glauque forment le cadre de ces tragédies modernes : *La Clé de verre*, *Le Dahlia bleu*... Mais le film noir prend aussi pour sujet les faits divers criminels : l'homme ordinaire victime de la séductrice diabolique – Edward G. Robinson et Joan Bennett dans *La Femme au portrait* et *La Rue rouge*, tous deux de Fritz Lang –, ou la femme fatale qui pousse son amant à tuer le mari encombrant – Barbara Stanwyck dans *Assurance sur la mort* ou Lana Turner dans *Le facteur sonne toujours deux fois* de Tay Garnett. Dans leurs films d'espionnage, qui participent de l'effort de guerre, l'Anglais Alfred Hitchcock et l'Autrichien Fritz Lang, tous deux émigrés, empruntent au film noir ses allées désertes, ses brumes et ses ombres portées, ses coups de feu dans la nuit. Ils servent de cadre à *Correspondant 17* et à *Cinquième Colonne* du premier, ou à *Chasse à l'homme* et à *Espions sur la Tamise* du second.

Curieusement, la comédie se fait plus fantasque que dans les années 30. Dans *Le ciel peut attendre* de Lubitsch, l'enfer est représenté par un salon moderne qu'occupe un diable aimable et barbu; dans *L'Aventure de Mme Muir*, de Joseph Mankiewicz, le spectre d'un capitaine de vaisseau tombe amoureux de Gene Tierney; dans *La vie est belle*, de Capra, un homme devenu ange revient du ciel pour visiter sa ville natale, tandis que dans *Ma femme est une sorcière*, de René Clair, les fantômes de deux sorcières du XVIIe siècle viennent hanter le descendant de leur inquisiteur.

Les amateurs de comédies musicales ont leur part de rêve et d'évasions bariolées. Un producteur de la MGM, Arthur Freed, renouvelle le genre en faisant appel à de nouveaux talents, au premier rang desquels se trouve Vincente Minnelli, ancien décorateur de théâtre, qui va devenir un maître avec

 voir : Le film criminel p. 184-187 – Hawks p. 238 – Lang p. 246 – Minnelli p. 252 – Welles p. 277

***Casablanca*, de Michael Curtiz (1943).**
Un succès jamais démenti, dû à ses interprètes Humphrey Bogart (ici avec Dalio) et Ingrid Bergman, ainsi qu'à une touche d'exotisme et de cynisme.

Un petit coin aux cieux et surtout *Le Chant du Missouri*. Les adaptations littéraires sont plus populaires que jamais, de *Jane Eyre* de Robert Stevenson au *Journal d'une femme de chambre* de Jean Renoir. Le public est toujours aussi friand de biographies de personnages illustres, tels *Madame Curie* de Mervyn LeRoy ou *Wilson* de Henry King.

Des films emblématiques

Le film peut-être le plus emblématique de la période, avec son mélange de romanesque, d'exotisme et son arrière-plan politique et criminel, reste *Casablanca* de Michael Curtiz, cinéaste d'origine hongroise qui, comme tant d'autres exilés d'Europe centrale, aura marqué le style expressionniste de cette période. Dans *Casablanca* se déroule un rapport triangulaire entre Rick (Humphrey Bogart), marqué par la vie, Ilsa (Ingrid Bergman), son ancienne maîtresse devenue l'épouse d'un résistant, et un préfet de police français (Claude Rains), charmeur et immoral.
Si *Casablanca* est devenu un film culte, *Citizen Kane* (1941) reste une œuvre phare pour le cinéphile et les réalisateurs du monde entier. Orson Welles, qui pour ses débuts derrière la caméra, à vingt-six ans, a obtenu carte blanche de la RKO, bouscule les règles du récit, refusant de donner un point de vue unique sur son protagoniste, multipliant au contraire les interprétations contradictoires. Ce doute sur la réalité des êtres s'oppose à la tradition américaine éprise de certitudes, et s'exprime dans un style visuel constamment inventif qui porte la marque de son auteur. Welles inaugure l'ère moderne du cinéma.
Alors qu'Hollywood est au sommet de sa prospérité, une nouvelle génération d'auteurs arrive. Plus intellectuels, plus libéraux que la plupart de leurs prédécesseurs, ils vont proposer une vision plus critique de leur pays. Venus du théâtre, engagés d'abord dans les luttes sociales et politiques des années 30, Elia Kazan (*Le Lys de Brooklyn*), Joseph Losey (*Le Garçon aux cheveux verts*), Nicholas Ray (*Les Amants de la nuit*) vont contribuer à rendre le cinéma américain plus adulte, plus ambigu, plus contradictoire.

***Citizen Kane*, d'Orson Welles (1941).**
Le premier film d'Orson Welles : la critique salue un chef-d'œuvre.

LES BELLES ANNÉES DU CINÉMA FRANÇAIS

Une trentaine d'années se sont écoulées depuis la naissance du cinéma lorsque enfin, après de nombreuses tentatives, il devient parlant. L'énorme succès du film *Le Chanteur de jazz*, présenté à l'Aubert-Palace le 25 janvier 1929, va bouleverser l'industrie cinématographique. Une véritable frénésie s'empare des producteurs : entre 1929 et 1939, on recense 1 305 longs métrages produits en France, puis 220 pendant la guerre. Les ténors de l'avant-garde, tels Jean Epstein ou Germaine Dulac, dont le travail cinématographique s'appuie beaucoup sur des expériences visuelles ou sur la dynamique du montage, vont céder la place à des réalisateurs prêts à s'investir dans le parlant – Marcel Carné, Jean Renoir, Julien Duvivier, Jean Vigo, René Clair – et à des acteurs inoubliables – Arletty, Danielle Darrieux, Gaby Morlay, Jean Gabin, Michel Simon…

En haut :
Dita Parlo et Jean Dasté dans *L'Atalante*, de Jean Vigo (1934).

Danielle Darrieux, à gauche, est la vedette de la version française du *Bal*, de Wilhelm Thiele (1931), elle a quatorze ans. À droite, l'interprète de la version allemande, dirigée aussi par Thiele.

Enfin, ils parlent !

Les professionnels du cinéma français sont inquiets. Il faut faire face à l'arrivée du parlant, prendre le train en marche, s'équiper en matériel lourd et gagner un public qui attend avec impatience d'entendre parler français au cinéma. Les investissements sont importants et imposent des concentrations industrielles. Gaumont devient, en 1928, la Gaumont-Franco Film-Aubert. Pathé est repris en 1930 par Bernard Natan, qui, à la tête de la célèbre firme au coq, affiche une politique ambitieuse, de la relance de la production au rachat de réseaux de salles. Pour amortir les investissements en matériel, alimenter les salles en programmes, il faut produire des films. De 1929 à 1932, on passe de 52 films français présentés à Paris à 257.

Le procédé du doublage, qui va permettre de présenter les films étrangers en version française, est devenu assez vite opérationnel, mais curieusement il ne convenait pas aux spectateurs. Aussi, d'autres procédés sont expérimentés dont le tournage de films à versions multiples. En utilisant les mêmes décors, les mêmes figurants, les mêmes éclairages, des acteurs de nationalité différente jouent dans leur propre langue. Georg Wilhelm Pabst réalise ainsi, en 1930, les versions allemande et française du fameux *Opéra de quat'sous*, Ernst Lubitsch, les versions française et américaine de ses opérettes avec Maurice Chevalier. *Une femme a menti*, d'après une pièce de John Meehan, l'histoire d'un veuf qui s'éprend d'une jolie vendeuse, a été réalisé dans dix versions différentes ! Claude Autant-Lara se retrouve à Hollywood pour diriger les versions françaises de productions américaines et la Paramount implante un studio à Saint-Maurice. En l'espace d'un an, cent films, édités en quatorze langues différentes, sortent de cet « Hollywood-sur-Marne », dont *Marius*, la comédie si marseillaise de Marcel Pagnol, tournée aussi en versions allemande et suédoise. Des professionnels français vont à Berlin et ce, jusqu'en 1939. À quelques semaines de la déclaration de guerre, Fernandel, Jules Berry, Elvire Popesco tournent sous la direction d'Albert Valentin une comédie désopilante, *L'Héritier des Mondésir*, pour laquelle un village typiquement français a été reconstitué dans les studios berlinois.

 voir : Carné p. 219 – Clair p. 223– Ophuls p. 255 – Vigo p. 272

Un vaste brassage culturel

La menace nazie ne fait qu'amplifier cette circulation exceptionnelle des hommes de cinéma : des cinéastes comme Fritz Lang, Billy Wilder, Max Ophuls, mais aussi des producteurs et des chefs opérateurs s'exilent. Fritz Lang, réalisateur déjà célèbre de *M le Maudit*, signe, en 1934, le seul film français de sa carrière, *Liliom*, dans lequel un mauvais garçon, après sa mort, obtient des anges l'autorisation de revenir sur terre pour revoir son enfant. Wilder, lui, est débutant lorsqu'il tourne, la même année, son premier film, *Mauvaise Graine*, égayé par une jeune Danielle Darrieux pétulante. Max Ophuls, arrivé en France en 1933, est naturalisé français en 1938, et ne prendra le chemin d'Hollywood qu'en 1941.

Pas toujours très bien accueillis dans une France gangrenée par le chômage et perméable aux thèses xénophobes, ces réalisateurs et ces techniciens nourrissent de leur culture la diversité du cinéma français. Par exemple, Eugen Schüfftan, chef opérateur allemand, qui a participé au célèbre *Metropolis*, fait bénéficier de son expérience l'esthétique d'un *Quai des brumes* de Marcel Carné.

C'est en 1930 que René Clair, jusque-là défenseur acharné du muet, réalise *Sous les toits de Paris*, un des premiers films parlants du cinéma français. Il séduit le monde entier avec les chants et les danses du petit peuple des faubourgs parisiens, et par cette dimension poétique et charmante qui va bientôt porter le qualificatif de « réalisme poétique ». Marcel Carné, assistant de René Clair sur ce film, illustre bien le style de l'entre-deux-guerres où s'imposent à ses côtés les noms de Prévert, Gabin, Duvivier, Renoir… Ce style entend traduire le destin de personnages en proie à une fatalité qui les broie tandis que, confrontés à un amour impossible, ils rêvent d'un ailleurs illusoire. Dans ces films, Gabin incarne très souvent le héros déclassé, condamné à tuer (*Le jour se lève* de Marcel Carné ; *Gueule d'amour* de Jean Grémillon ; *Les Bas-Fonds* de Jean Renoir), à être tué (*La Bandera* de Julien Duvivier ; *Quai des brumes* de Carné), ou à se suicider (*Pépé le Moko* de Julien Duvivier ; *La Bête humaine* de Renoir).

Au-delà des étiquettes, il est plus juste de se figurer le cinéma des années 30 comme un vaste champ où se croisent des auteurs, des genres (le policier, le film colonial, le comique troupier), des types de personnages (le voyou sauvé par l'amour, les femmes fatales), des motifs récurrents (le rêve d'un ailleurs meilleur, la figure du père « incestueux »). De l'évolution de ce cinéma, confronté à des transformations économiques et politiques, allait naître un classicisme français dont on peut situer l'apogée à la fin de la guerre, en 1945, avec la sortie des *Enfants du paradis* de Marcel Carné.

Michèle Morgan et Michel Simon dans *Quai des brumes*, de Marcel Carné (1938).

Pour attirer le public, du grand spectacle et du chant

La production des deux grosses sociétés, au début des années 30, Pathé et Gaumont, est multiple et variée. Documentaires, actualités, courts et longs métrages, aucun genre n'échappe à leur souci d'attirer les spectateurs dans leurs salles. Les productions Pathé-Natan s'imposent par l'ampleur des moyens accordée à des titres de prestige : *Les Deux Orphelines*, de Maurice Tourneur, sont un mélodrame, une immense fresque à costume sur fond de Révolution française ; *Les Croix de bois* de Raymond Bernard, d'après Roland Dorgelès, dénoncent avec un réalisme quasi documentaire l'hallucinant cauchemar de la Première Guerre mondiale encore dans tous les esprits ; *Les Misérables*, du même réalisateur, totalisent en trois épisodes 4 h 40 de projection.

Le Million,
de René Clair (1931).
Il faut retrouver un billet de loterie gagnant que son propriétaire a égaré. À partir de cette histoire, René Clair règle un véritable ballet, accompagné de chansons et de musique.

En même temps on danse et on chante. Si la comédie musicale ne s'est pas constituée comme genre à l'instar du cinéma américain, elle apparaît en filigrane dans certaines versions françaises d'opérettes viennoises comme *Le Congrès s'amuse*, réalisé par Erik Charell, dans lequel Lilian Harvey, petite gantière, est courtisée par le tsar de toutes les Russies de passage à Vienne. « Serait-ce un rêve, un joli rêve », soupire-t-elle avant qu'un chanteur de guinguette entonne : « Je t'aimerai toujours, toujours, ville d'amour, ville d'amour. » *Le Million* de René Clair, demeure l'essai le plus convaincant de cinéma musical. Artistes bohèmes, commerçants et petits voyous s'y poursuivent pour mettre la main sur un billet de loterie gagnant égaré dans la poche d'un veston ; avec ses rondes, ses chœurs et sa farandole finale, il relève d'un populisme chaste et bon enfant.

Il n'est guère de film qui, tous genres confondus, ne comporte une chanson. L'époque le veut. À la fin des repas, dans les guinguettes, au coin des rues en chœur avec des chanteurs, on reprend les refrains que diffuse la radio naissante : « Avoir un bon copain, c'est ce qu'il y a de meilleur au monde » (*Le Chemin du paradis* de Wilhelm Thiele et Max de Vaucorbeil) ; « C'est nous les gars de la marine » (*Capitaine Craddock* de Hanns Schwarz et Max de Vaucorbeil) ; « À Paris dans chaque faubourg » (*Quatorze juillet* de René Clair)... sont fredonnés par tous.

Du théâtre au cinéma, les monstres sacrés

Deux auteurs majeurs, deux hommes de théâtre, Marcel Pagnol et Sacha Guitry, ont très vite compris les possibilités de cinéma parlant. Pagnol, curieux et intéressé par le 7e art, explique : « Nous pourrons écrire une scène chuchotée et la faire entendre à trois mille personnes, sans changer le timbre ni la valeur du chuchotement. Voilà ce que nous apporte la merveilleuse découverte ; nous sauterons la rampe, nous tournerons tout autour de la scène, nous ferons éclater tous les murs du théâtre, nous mettrons en morceaux le décor ou l'acteur. » Fraîchement accueilli par les professionnels français, le célèbre dramaturge se retrouve dans les studios de la Paramount, le temps d'apprendre le métier. Il écrit les scénarios de ses pièces qu'il adapte à l'écran, supervise le tournage mais ne les réalise pas lui-même : *Marius* est réalisé par Alexander Korda, *Fanny* par Marc Allégret. À partir de 1933, il décide de contrôler tous les maillons de la chaîne, de la production à la réalisation et à la distribution ; plus tard, il aura même une salle de cinéma à Marseille. Il tourne alors *Le Gendre de M. Poirier*, *César*, *Le Schpountz* avec des acteurs fidèles et complices : Raimu, Fernandel, Charpin.

Pour Sacha Guitry, le cinéma est avant tout un outil, dit-on, pour conserver la trace des interprétations de ses pièces de théâtre. En même temps, ses trois premiers films inaugurent les trois voies royales de son cinéma : biographies de personnages célèbres (*Pasteur*), films « spécialement conçus et écrits pour l'écran » (le jubilatoire *Bonne Chance*), adaptations d'une pièce (*Le Nouveau Testament*). Guitry dit « s'amuser comme un fou » avec le cinéma, dont il se plaît à mettre en scène le processus de fabrication dans ses films. Il invente même, avec l'irrésistible *Roman d'un tricheur*, le roman cinématographique, dans lequel la voix du narrateur (la sienne) raconte son histoire que des images muettes illustrent en parallèle.

 voir : Carné p. 219 – Clair p. 223 – Renoir p. 261

Marius, d'Alexander Korda (1931). Adaptation de la pièce de Marcel Pagnol, avec Raimu (à gauche) et Fernand Charpin.

Le Roman d'un tricheur, de Sacha Guitry (1936), un film écrit à la première personne.

Le théâtre va offrir au cinéma son vaste répertoire d'auteurs, ceux qui font le succès du boulevard – Henry Bataille, Henry Bernstein, ou Louis Verneuil. Dans les dialogues, les mots d'auteur fusent, les répliques percutantes d'un Henri Jeanson ou l'ironie pleine de malice d'un Jacques Prévert restent gravées dans les mémoires.

Cinéma de dialoguistes, le cinéma des années 30 est aussi un cinéma d'acteurs. « Ces monstres sacrés, ces acteurs, qui, selon l'expression consacrée, brûlaient les planches, qui pour la plupart avaient participé à l'apogée du théâtre de boulevard, savaient tout faire : jouer dans les deux registres – comique et dramatique –, chanter et danser » (Raymond Chirat). Un acteur comme Louis Jouvet, venu lui aussi du théâtre, se taille la part du lion et trouve dans le cinéma, qu'il disait pourtant ne pas aimer, des rôles à sa mesure : moine dans *La Kermesse héroïque* (Jacques Feyder), professeur pour *Entrée des artistes* (Marc Allégret). Les spectateurs allaient voir des films « de » Gabin, Annabella, Viviane Romance, Arletty, Harry Baur, Jules Berry, Gaby Morlay, Michel Simon… et de tant d'autres, vedettes ou seconds rôles, qui rehaussent de leur irrésistible présence les films les plus insignifiants.

Les années glorieuses du cinéma français

Les années 1935 et 1936 marquent un tournant important. La crise économique de 1929, en secouant l'économie du monde entier, provoque aussi des remous dans la production cinématographique française. Les deux têtes de pont, Gaumont et Pathé, déposent leur bilan, et ce sont en tout 38 sociétés de production qui font faillite en 1934, 52 en 1935, 65 en 1936. Les pouvoirs publics s'en émeuvent. Les firmes Pathé et Gaumont vont tenter de renaître de leurs cendres, grâce au soutien des banques et à l'intervention de l'État, qui, dès 1937, crée un groupe parlementaire pour la défense du cinéma français.

L'autre incidence de la crise est esthétique. À l'inverse du cinéma américain dont le prestige est lié à la force des grands studios hollywoodiens, en France, la chute de Gaumont et Pathé laisse le champ libre à une myriade de producteurs et donc à une variété d'expériences indépendantes.

L'élan collectif du Front populaire nourrit l'inspiration de quelques films. Sur le mode libertaire, dans *Le Crime de M. Lange* de Jean Renoir, écrit par Jacques Prévert, les employés d'une imprimerie redressent leur entreprise en créant une coopérative. C'est justement en coopérative qu'est produite *La Marseillaise*, financée en partie par une souscription orchestrée par la CGT. Dans cet hommage à la Révolution française, Renoir tisse habilement les fils de destins anonymes avec ceux de la grande Histoire, et mêle les scènes intimistes aux grandes envolées épiques. Julien Duvivier, éternel pessimiste, raconte comment le rêve des cinq amis ouvriers sans travail de *La Belle Équipe* – ouvrir une guinguette avec l'argent gagné à la loterie – se brise sur les écueils de la réalité. « C'était une belle idée… une belle idée », psalmodie, hébété, Jean Gabin au gendarme venu l'arrêter à la fin de cette histoire qui a viré au drame.

Entre 1937 et 1939, les réalisateurs sont arrivés à la pleine maîtrise de leur art. Jean Renoir a laissé inachevé une des œuvres les plus sensuelles de l'époque, *Partie de campagne* (qui ne sortira qu'en 1946) et enchaîne film sur film, dont ses deux

La Grande Illusion, de Jean Renoir (1937). *De gauche à droite : Jean Gabin, Gaston Modot, Jean Dasté, Marcel Dalio, Julien Carette, Pierre Fresnay. Pendant la Première Guerre mondiale, des militaires français sont prisonniers en Allemagne. Un film pacifiste.*

Jean Renoir et Julien Carette dans *La Règle du jeu*, de Jean Renoir (1939).

« Atmosphère, atmosphère... »
Louis Jouvet et Arletty dans *Hôtel du Nord*, de Marcel Carné (1938).

chefs-d'œuvre : *La Grande Illusion* et *La Règle du jeu*. Après le drame portuaire de *Quai des brumes* et le pittoresque *Hôtel du Nord*, Marcel Carné se tourne vers l'immeuble d'un faubourg populaire pour faire revivre, par flash-back, les événements qui ont poussé un ouvrier à tuer puis à se tuer dans *Le jour se lève*. On pourrait multiplier les exemples, évoquer les films de Pierre Chenal, Julien Duvivier, Henri Decoin, Christian-Jaque... sans oublier André Malraux, qui témoigne de la guerre d'Espagne, dans l'unique film qu'il ait réalisé, *Espoir* (1929).

Danielle Darrieux

Toute jeune première, Danielle Darrieux n'a pas quinze ans quand elle décroche son premier rôle dans *Le Bal* de Wilhelm Thiele. Elle a un joli brin de voix et ne suivra jamais de cours d'art dramatique. Faire la petite peste insupportable mais irrésistible sous les projecteurs est pour elle un jeu. Elle enchaîne film sur film : *Mauvaise Graine* puis *La crise est finie*, où la pétulante et honnête jeune fille finit toujours par trouver son prince charmant. En 1938 *Katia*, sous la direction de Maurice Tourneur, film dans lequel elle séduit le tsar Alexandre II, lui ouvre les portes d'Hollywood. Elle signe un contrat de sept ans mais le brise la même année après un seul film, *La Coqueluche de Paris* où, jeune danseuse au chômage, elle épouse un milliardaire. De retour en France, trois succès d'Henri Decoin, son mari d'alors, font d'elle l'une des vedettes les plus populaires du cinéma français. Sa carrière est loin d'être finie ; dans les années 50, Max Ophuls lui offrira ses plus beaux rôles, et en 1998 elle jouera encore sur les planches parisiennes.

Jean Gabin

Enfant de la balle, Jean Gabin a débuté sur les planches des music-halls et des caf'conc' dans les années 20. Le cinéma parlant lui ouvre les portes des studios. Il chante, il danse dans les comédies plus ou moins musicales qu'on lui propose. Le succès de *La Bandera* de Julien Duvivier (il y incarne un meurtrier qui s'engage dans la Légion et meurt au champ d'honneur) puis la rencontre avec Jean Renoir, Marcel Carné, Jean Grémillon, le propulsent au firmament du cinéma. « Cet immense acteur obtenait les plus grands effets avec les plus petits moyens, écrit Jean Renoir. Un léger frémissement de son visage impassible peut exprimer les sentiments les plus violents. » Tendre, aimant, passionné, il terrifie soudain par ses colères désespérées qui le font sombrer dans la folie.

Lorsque la guerre éclate, Gabin tourne *Remorque* de Jean Grémillon. Dès qu'il le peut, il part à Hollywood. En 1943, il rejoint les combattants de la France libre. Avec la guerre, une page est tournée. L'ex-prolétaire va peu à peu devenir le bourgeois, le patriarche, image dans laquelle se fige la dernière partie de sa carrière.

Les années de guerre (1939-1945)

Quand la guerre éclate, le cinéma français est au mieux de sa forme et, paradoxalement, les années d'occupation ne vont pas freiner cet élan. Certes au début du conflit la « drôle de guerre » interrompt toute activité, mais l'arrêt de la production est de courte durée. En juin 1940, le maréchal Pétain signe l'armistice, et le mois suivant obtient les pleins pouvoirs. La France se retrouve coupée en deux : le Nord est occupé par les Allemands, tandis que le Sud, dit « zone libre », est placé sous l'autorité de Vichy.

La production s'organise

Le gouvernement français instaure le Comité d'organisation des industries du cinéma (COIC), préfiguration de ce qui deviendra, en 1946, le CNC (Centre national de la cinématographie), qui va réglementer le cinéma. Les nazis, de leur côté, installent à Paris la *Propaganda Abteilung*. Censure, répartition des matières premières, confiscation des biens juifs relèvent de ses attributions. Les films américains sont interdits ainsi que bon nombre d'œuvres françaises des années 30. Cependant, le cinéma est une des distractions favorites des Français et une importante source de revenus. Aussi, très vite, conscients de la supériorité du cinéma français, les Allemands envoient à Paris un des patrons de la UFA (la société de production berlinoise), Alfred Greven. Celui-ci crée en 1940 la Continental, une firme à capitaux allemands, et – les cachets élevés balayant les réticences – produit ainsi trente films français pendant l'Occupation.

Le cinéma de cette période prolonge celui des années 30. Tandis que René Clair, Julien Duvivier, Jean Renoir, Max Ophuls ont émigré aux États-Unis, de nouveaux venus font leurs premières armes : ils s'appellent Jacques Becker, Robert Bresson, André Cayatte, Henri-Georges Clouzot. Claude Autant-Lara s'impose alors comme l'un des premiers cinéastes français. L'idéologie pétiniste ne contamine guère les longs métrages, mais la censure veille à éliminer tout ce qui peut encourager le chauvinisme national.

Tous les films, même les plus médiocres, battent des records d'audience. Les intrigues évoluent dans une période vaguement contemporaine, ou ressuscitent les costumes du passé. Jean Delannoy, réalisateur à succès, résume ainsi l'attitude dominante : « Le trait essentiel de cette époque, c'est d'avoir essayé soi-même et aussi dans l'intérêt du public de faire oublier ce qu'il y avait d'affreux, d'abaissant et de terrible à ce moment-là. Pourquoi a-t-on fait *L'Éternel Retour* ? Pourquoi a-t-on fait *Les Visiteurs du soir* ? Eh bien, toujours pour la même raison : essayer de faire s'évader les gens de la vie courante qui était pleine de coercitions et d'obligations. » On rit, enchanté par Danielle Darrieux, l'éternelle fiancée du cinéma français, qui se rend à son *Premier Rendez-vous*. La France entière entonne la chanson titre de cette comédie enlevée d'Henri Decoin. On pleure aux sacrifices de la nourrice Gaby Morlay qui consacre sa vie aux enfants dans *Le Voile bleu* de Jean Stelli, un succès considérable, comme l'est aussi *L'Éternel Retour* de Jean Delannoy. Jean Marais lance la mode du pull-over à motifs Jacquard ; bouleversées par la version contemporaine signée Jean Cocteau de la légende de *Tristan et Iseult*, les jeunes filles adoptent la longue chevelure de noyée de l'héroïne, Madeleine Sologne.

***L'Éternel Retour*, de Jean Delannoy (1943).**
Le mythe de Tristan et Yseult en version moderne revu par un scénariste et dialoguiste de talent, Jean Cocteau, avec Jean Marais et Madeleine Sologne.

 voir : Carné p. 219 – Clouzot p. 223

Pierre Fresnay et Ginette Leclerc dans *Le Corbeau*, d'Henri-Georges Clouzot (1943).

Certains films provoquent toutefois quelques remous. La noirceur du *Corbeau* de Henri-Georges Clouzot, dans lequel une bourgade de province se retrouve assaillie de lettres anonymes dénonçant ses turpitudes, marque les esprits. De plus, ce film vaudra à son réalisateur de solides inimitiés du côté de la Résistance, qui y a vu une « œuvre de propagande antifrançaise ». Le scénario, de Louis Chavance, avait été écrit en 1932, donc bien avant les pratiques peu ragoûtantes de délation qui se sont répandues pendant l'Occupation. Un autre chef-d'œuvre connaît un destin ambigu dû à la récupération idéologique qu'en fit le régime de Vichy au nom des valeurs familiales : *Le ciel est à vous* de Jean Grémillon, inspiré du destin d'une femme championne d'aviation, est surtout un éloge de la passion, une exaltation du désir de transcender le quotidien.

Quelques films laissent transparaître leur soutien déguisé à la Résistance. Ainsi les spectateurs applaudissent-ils *Pontcarral, colonel d'Empire* de Jean Delannoy, dans lequel Pierre Blanchar incarne un héros qui nargue le régime de Charles X. Et puis il y a cette fameuse image d'un cœur qui bat à la fin de la fresque médiévale de Marcel Carné, *Les Visiteurs du soir*, le cœur des amants pétrifiés en statues par le diable, symbole, pour certains, du cœur de la France opprimée.

Sommet du tandem Carné-Prévert, *Les Enfants du paradis*, cette vaste fresque, en deux parties, inspirée par le destin du mime Deburau, tournée avec beaucoup de difficultés entre août 1943 et juin 1944, sort à Paris le 15 mars 1945 et apparaît comme l'événement cinématographique de la France libérée. Il représente aussi l'apogée d'un cinéma classique arrivé à sa perfection.

***Les Enfants du paradis*, de Marcel Carné (1945), avec Pierre Renoir, Arletty, Marcel Herrand et Fabien Loris.**
Le scénario et les dialogues sont de Jacques Prévert.

EN UNION SOVIÉTIQUE, UN CINÉMA POUR « DES MILLIONS »

En 1928, Staline met fin à la NEP (nouvelle politique économique) et progressivement règne sans partage sur le parti bolchevik. À la fin des années 20, une sérieuse reprise en main idéologique est opérée par le parti : on critique le caractère « bourgeois » des films qui s'inspirent du cinéma étranger et on fustige le cinéma d'avant-garde, taxé de formalisme. On s'interroge sur ce que doit être un « film soviétique » qui ne serait ni élitaire ni décadent. Il y a des révocations, des épurations dans les studios au nom de la « prolétarisation ».

Le cinéma : une industrie inscrite au plan quinquennal

Avec le premier plan quinquennal, le cinéma quitte le ministère de l'Instruction publique et de la Culture et rejoint celui de l'Industrie. Cette réorganisation coïncide avec l'arrivée du cinéma sonore imposé au monde par l'industrie américaine. L'URSS ferme ses frontières aux productions étrangères et développe son cinéma en autarcie, tant au plan des infrastructures (on va s'efforcer d'être autonome dans la production de pellicule, d'appareils) que des sujets et du style.

Le dogme du « réalisme socialiste » s'impose à partir de 1932. À la tête du cinéma soviétique arrive Boris Choumiatski, un idéologue qui admire l'efficacité hollywoodienne et proclame que le but à atteindre est un cinéma « pour des millions », un cinéma de masse. Cette nouvelle orientation correspond au bouleversement social gigantesque dû à l'industrialisation : des centaines de milliers de paysans viennent travailler dans les usines et leur niveau culturel comme leurs habitudes de vie, très différents de ceux des citadins, créent des problèmes de cohésion sociale.

Durant les années 30, les réalisateurs de l'époque du muet continuent de travailler et mettent l'accent sur la dimension réaliste des sujets qu'ils traitent ; ils offrent des « héros positifs » à l'admiration des foules. D'autres débutent, comme Friedrich Ermler, Mikhaïl Romm, Mark Donskoï. La trilogie de Maxime Gorki, écrivain soviétique par excellence – *Enfance*, *En gagnant mon pain*, *Mes universités* – est réalisée par Donskoï. Elle inaugure un réalisme de la « transparence » où la notation psychologique a toute sa place. Entre 1934 et 1938, Gregori Kozintsev et Leonid Trauberg, rompant avec le formalisme, créent, avec leur trilogie de *Maxime*, un nouveau personnage, l'ouvrier bolchevik ordinaire que les circonstances historiques conduisent à devenir exemplaire. Mais le film modèle de la décennie, supplantant *Le Cuirassé Potemkine*, c'est *Tchapaïev* de Sergueï et Gueorgui Vassiliev (1934), un film sonore, épique, centré sur un héros de la guerre civile.

Du genre héroïque au culte de Staline

Le cinéma s'intéresse de plus en plus aux grandes figures historiques. On y inclut bientôt celles du nationalisme et du patriotisme d'avant la révolution : *Pierre le Grand*, *Alexandre Nevski*, *Amiral Nakhimov*, *Souvarov*. L'internationalisme et le contenu de classe sont évacués au profit de la défense du pays que commence à menacer la montée des fascismes en Europe (Allemagne, Italie, Espagne, Grèce, Hongrie, Roumanie) et en Orient (Japon). Au nom de ce nationalisme, les grands hommes de la culture et de la science comme Glinka, Moussorgski, Pirogov, Mitchourine sont à leur tour portraiturés. Le cinéma en vient, logiquement, à privilégier un unique sujet d'admiration – de culte : Staline lui-même ! Cette tendance ne s'épanouira vraiment qu'à partir des années 50 (avec *Le Serment*, *La Chute de Berlin* de Mikhaïl Tchaoureli), alors même que la production atteint son étiage le plus bas avec quelques films seulement produits par année.

Le genre héroïque et le cinéma du culte de Staline qui se met en place coexistent avec des films de moindre importance mais que l'on redécouvre aujourd'hui, souvent dus à des cinéastes de talent écartés des grandes tâches de consécration – qui valaient à leurs auteurs récompenses, décorations et parfois aussi discrédit. Ainsi Boris Barnet, qualifié du bout des lèvres de « cinéaste soviétique » malgré plusieurs films de commande (*Moscou en Octobre*, 1927 ; *Une nuit de septembre*, 1939, *Un été prodigieux*, 1951), tourne-t-il quelques films personnels voire irrévérencieux comme *Okraïna* (1933), *Au bord de la mer bleue* (1936), *Le Vieux Jockey* (1940).

Tchapaïev, **de Gueorgui et Sergueï Vassiliev (1934).**
En 1919, c'est la guerre civile en Oural : les Russes blancs affrontent les partisans de Tchapaïev. Un chef-d'œuvre qui marque l'histoire du cinéma soviétique.

Lev Koulechov, après son remarquable *Grand Consolateur* (1933), en est réduit à des films d'illustration (dont l'un met en scène le personnage de Staline) puis à l'inaction.

Une nouvelle vigueur et une renaissance

La guerre va relativiser toutes ces contraintes : la décentralisation des lieux de production, la nécessité de mobiliser toutes les énergies, le retour au documentaire donnent une vigueur nouvelle au cinéma soviétique. En témoignent *L'Arc-en-ciel* de Donskoï, le retour de Vertov aux Actualités, les films d'agitation antinazis dénonçant la persécution des juifs de Trauberg, *L'Exploit d'un éclaireur* de Barnet. Mais après le conflit mondial, la guerre froide et les tensions internationales balaient ce renouveau, et les quelques films célébrant l'alliance avec les démocraties occidentales sont oubliés. Des cinéastes sont pris directement pour cible dans le cadre des campagnes contre le « cosmopolitisme ». Eisenstein, célébré pour la première partie de son *Ivan le Terrible*, évoquant un tsar impitoyable mais qui a fait l'unité de la Russie, est condamné pour la seconde partie, jugée idéologiquement erronée. Il faut attendre la mort de Staline en 1953 et le relatif « dégel » qui s'ensuit pour assister à une renaissance du cinéma soviétique.

Ce dégel est symbolisé, en 1957, par *Quand passent les cigognes* de Kalatozov, un vétéran du muet.

Okraïna, **de Boris Barnet (1933).**
Pendant la Grande Guerre, dans un village russe, la fille du cordonnier tombe amoureuse d'un prisonnier allemand.

Ce film marque la levée des interdits tant stylistiques (retour au cinéma poétique) qu'idéologiques et moraux (la guerre sert de cadre à une histoire d'amour). Des remakes de films des années 20 comme *La Mère* (Donskoï) et *Le Quarante-et-Unième* (Grigori Tchoukhraï, 1956) réexaminent les préceptes du cinéma « socialiste » en remettant au premier plan les questions individuelles et humaines. Donskoï a commencé sa carrière au début du parlant, mais Tchoukhraï est un jeune cinéaste et il incarnera quelque temps l'espoir d'un renouveau.

voir : L'Union soviétique p.138-139

L'ITALIE FASCISTE

La « marche sur Rome » des Chemises noires, le 27 octobre 1922, conduit Mussolini au pouvoir. Il se fait appeler *il Duce* (le guide), obtient les pleins pouvoirs et établit à partir de 1926 la dictature. Très vite, il gagne la confiance de la bourgeoisie, des milieux industriels, de l'armée et de la police. En 1937, Mussolini rompt avec les démocraties occidentales puis entre dans la guerre aux côtés de l'Allemagne le 10 juin 1940.

Une usine de rêves

Dans les années 30, le cinéma se veut avant tout un divertissement à base de comédies, de mélodrames ou de films d'aventures. Encouragé par des aides gouvernementales efficaces, il véhicule une vision idéale de l'Italie fasciste. Sur les écrans, nulle trace de problème politique, économique ou social. Grâce à une censure efficace, l'ordre moral règne, conduisant les cinéastes à passer sous silence les drames que sont l'adultère, le suicide, la criminalité, la prostitution, la délinquance juvénile. Destiné à un public populaire, ce cinéma est une « usine de rêves », dont l'emblème pourrait être les studios de Cinecitta inaugurés en 1937. Conçu comme un moyen d'évasion, il sera surnommé « cinéma des téléphones blancs », appellation péjorative destinée à des films éloignés de toute préoccupation sociale.

De cette production émergent quelques figures marquantes. Mario Camerini égratigne dans ses comédies le conformisme ambiant (*Les Hommes, quels mufles!* 1932, *Je donnerai un million*, 1935, *Les Grands Magasins*, 1939); Alessandro Blasetti fait de *Vieille Garde* (1935) un film à la gloire du régime, ou met en scène des reconstitutions historiques de prestige (*Ettore Fieramosca*, 1938; *La Couronne de fer*, 1941); Raffaello Matarazzo excelle dans les comédies (*Train populaire*, 1933).

Un regard nouveau

L'entrée en guerre de l'Italie n'empêche pas l'augmentation de la production (cent vingt films en 1942), et le cinéma italien tend à se diversifier. Certains jeunes réalisateurs comme Mario Soldati (*Le Mariage de minuit*, *Malombra*), Luigi Chiarini (*Rue des cinq lunes*), Renato Castellani (*Le Coup de pistolet*) ou Alberto Lattuada (*Jacques l'idéaliste*) se perfectionnent dans la mise en scène, la photographie, les décors et les costumes, soucieux de se détacher de la production courante et d'apporter, dans un apparent détachement à l'égard de la réalité, une approche plus sensible du paysage et de la figure humaine. Ils constituent le mouvement calligraphique.

Cependant, dès le début des années 40, les signes d'une révolution commencent à apparaître. Le mouvement néoréaliste italien, qui va naître au lendemain de la guerre, trouve ses racines dans des films clés, comme *Quatre Pas dans les nuages* en 1942 d'Alessandro Blasetti, *Ossessione* de Luchino Visconti ou en 1944 *Les enfants nous regardent* de Vittorio De Sica. Le cinéma est en pleine mutation: *Ossessione*, en mettant en scène un monde d'amants adultères et assassins, annonce de profonds bouleversements dans le cinéma italien.

Ossessione, de Luchino Visconti (1943).
Visconti tourne une adaptation du roman de James Cain, Le facteur sonne toujours deux fois, *annonçant ainsi le néoréalisme. À la suite du scandale provoqué par le film, il fut interdit par les autorités fascistes locales.*

La Couronne de fer, d'Alessandro Blasetti (1941).
Dès 1930, Blasetti est un cinéaste très apprécié du public. Il est à l'aise aussi bien dans de grandes reconstitutions historiques que dans des comédies ou des films marqués par le régime fasciste.

voir: De Sica p. 227 – Visconti p. 273

LE CINÉMA NAZI

En 1933, à l'avènement de Hitler, Joseph Goebbels est nommé ministre de l'Information et de la *Propagande* et va faire du cinéma l'un des moyens de diffuser l'idéologie nationale-socialiste. Il lit les scénarios, en écrit même quelques-uns (*La vie continue*, de Liebeneiner) et crée la Reichfilmkammer, qui met la firme de production UFA sous contrôle. Grand admirateur d'Eisenstein dont il vantait le montage, l'utilisation des foules et la force de la musique, Goebbels fait projeter ses films à « ses » cinéastes, qu'il appelle professeurs. Certains, comme Fritz Lang, Robert Siodmak, Max Ophuls, soit à cause de leurs origines juives, soit par conviction, s'expatrient. Les autres, pris dans l'engrenage, ruinèrent leur réputation. Le réalisateur G. W. Pabst, qui a quitté l'Allemagne à l'arrivée des nazis, décide d'y retourner au début de la Seconde Guerre mondiale, pour tourner trois films. Une des plus grandes actrices du cinéma allemand, Zarah Leander, choisit l'exil en 1943, alors qu'un acteur de la dimension d'Emil Jannings accepte d'être couvert d'honneurs par le IIIe Reich.

Les Dieux du stade, de Leni Riefenstahl (1936).
Un long métrage documentaire sur les jeux Olympiques de Berlin en 1936. Le talent d'une grande cinéaste mis au service de l'Allemagne nazie.

Documentaires, films éducatifs, divertissements populaires

Le documentaire nazi est révélé par les deux longs métrages de l'actrice et réalisatrice Leni Riefenstahl, qui a mis son talent au service du IIIe Reich. Le premier, *Le Triomphe de la volonté* (1935), est consacré au congrès de Nuremberg ; le deuxième, *Les Dieux du stade* (1936), consacré aux jeux Olympiques de Berlin de 1936, est aussi une véritable exaltation du corps humain. Avec trente caméras et plus de cent vingt techniciens, cette superproduction fait alterner les gros plans et les ordonnancements de foules, dans un montage polyphonique qui tire les personnages et les événements hors de leur propre environnement pour les entraîner dans un étrange espace inconnu.

Des films historiques et des œuvres fanatiques, souvent antisémites, sont réalisés pour l'éducation des jeunes Allemands. Après *Le Jeune Hitlérien Quex*, qui oppose les joies saines des jeunes nazis à l'ivrognerie des communistes, son réalisateur Hans Steinhoff, fidèle à la propagande du IIIe Reich, réalise de nouvelles œuvres édifiantes, comme *Le Président Krüger*. Veit Harlan, cinéaste officiel du régime, utilise en 1940 dans *Le Juif Süss* la belle histoire d'un juif de cour au XVIIIe siècle pour la détourner en une œuvre antisémite particulièrement efficace. Karl Ritter exalte dans ses films le courage des soldats allemands (*Permission sur parole*, *Les Cadets*).

Les divertissements populaires sont les plus nombreux. Ils comprennent des œuvres écologiques inspirées du *Heimatfilm* (films du pays natal) valorisant les sentiments simples et la vie à la campagne (*Une femme sans importance* de Steinhoff ; *La Ville dorée* de Veit Harlan), des films d'espionnage (*Verräter* de Ritter), des fantaisies en couleurs (*Les Aventures fantastiques du baron de Münchhausen* de Joseph von Baky).

En 1945, les studios sont détruits par les Alliés, et l'UFA est démantelée.

L'ANGLETERRE : HITCHCOCK ET L'« EMPIRE KORDA »

Depuis ses débuts, le cinéma anglais a dû lutter contre l'invasion des films hollywoodiens. La faiblesse d'une industrie cinématographique qui n'arrive pas à se développer et la facilité provenant de l'usage d'une même langue – la langue anglaise – expliquent que, jusqu'aux années 20, il n'y a pratiquement pas de création cinématographique.

La comédienne Gracie Fields.

Les *quota quickies*

Pour remédier à la situation catastrophique du cinéma national face à l'hégémonie américaine, le « Quota Act », imposé par le gouvernement en 1927, oblige les directeurs de salles à montrer un certain pourcentage de films britanniques, et les distributeurs à réinvestir une part de leurs revenus dans la production. Fleurit alors un mini-système reproduisant, à échelle réduite, le modèle des studios hollywoodiens (British International Pictures, ABC, Gainsborough, les filiales britanniques de Gaumont, MGM ou Fox). De petits films à maigre budget, surnommés les *quota quickies*, équivalents de la série B, sont fabriqués à la chaîne. L'arrivée du cinéma parlant stimule l'industrie, et l'apparition de comiques populaires prolonge la riche tradition du music-hall : la truculente Gracie Fields, Will Hay, ou George Formby, le « Fernandel anglais », sont les vedettes entraînantes de comédies sans prétention, platement réalisées, mais parsemées d'agréables chansons.

Au sein de ce système, des débutants promis à un brillant avenir comme Michael Powell et Carol Reed font leurs premières armes, et des artisans démontrent leur savoir-faire : Herbert Wilcox dirige en 1937 sa future épouse Anna Neagle dans *La Reine Victoria*, aux décors somptueux ; Anthony Asquith, après des débuts inventifs (*Shooting Stars*, *A Cottage on Dartmoor*), se spécialise dans l'adaptation littéraire (*Pygmalion*, coréalisé par sa vedette Leslie Howard).

Dès la fin des années 20, un jeune réalisateur anglais, Alfred Hitchcock, retient l'attention de la presse avec *The Lodger* (*Les Cheveux d'or*), inspiré par Jack l'Éventreur, et *Chantage*, où il expérimente d'audacieux effets sonores. Son genre de prédilection est déjà le film criminel. Sous l'égide du producteur Michael Balcon, il devient le plus célèbre cinéaste de son pays. Dans ses films, il met en scène des personnages d'Anglais moyens, projetés malgré eux dans un monde de violence et de mystère qui fait d'eux tour à tour des victimes, des enquêteurs et des justiciers : *L'homme qui en savait trop*, *Les Trente-Neuf Marches*, *Jeune et innocent*. À l'attrait du danger s'ajoute un enjeu romanesque qui donne aux films un ton de comédie sophistiquée, tandis que la finesse d'observation psychologique pimente de touches satiriques ces récits-poursuites. Sa virtuosité technique assure à Hitchcock le respect des critiques et des gens de la profession. Son départ pour Hollywood en 1940, dans un contexte national tourmenté, est ressenti comme une trahison.

Alexander Korda, un producteur prestigieux

Le plus célèbre de tous les producteurs britanniques, Alexander Korda, né en Hongrie en 1893, a démarré par une carrière cosmopolite, partagée entre l'Europe et l'Amérique. Après un passage en France où il a mis en scène en 1931 le *Marius* de Pagnol, il fonde en Angleterre la compagnie London Film Productions, avec la fameuse image de Big Ben au générique. Le triomphe de *La Vie privée d'Henri VIII* en 1933, film pour lequel Charles Laughton obtient l'Oscar du meilleur acteur, change la face du cinéma anglais et marque le début d'un véritable « empire Korda ». En 1935, il se lance dans son entreprise la plus folle, la construction des gigantesques studios de Denham, un gouffre financier. Cela ne l'empêche pas de mettre en chantier des films ambitieux en décors naturels, en Inde (*Elephant Boy*) ou au Soudan (*Quatre Plumes blanches*), ni de solliciter l'aide financière ou logistique de Hollywood (*Le Voleur de Bagdad*). Korda réalise lui-même certains films qu'il produit. Il en confie d'autres à son frère Zoltan, toujours sous la direction artistique du benjamin de la famille, Vincent Korda. Grand dénicheur de talents, il lance un nombre impressionnant de vedettes, parmi lesquelles Merle Oberon (qu'il épouse), Robert Donat, Vivien Leigh ou Laurence Olivier ; il aime faire appel à des metteurs en scène qu'il a côtoyés à l'étranger, comme les Français René Clair pour *Fantôme à vendre* (1935) et Jacques Feyder pour *Chevalier sans armure* (1937).

 voir : Le cinéma documentaire p. 202-205 – Hitchcock p. 239

L'école documentaire, les nouveaux auteurs

En contrepoint de ce cinéma de studio, une école documentaire se développe, sous l'égide des ministères des Postes (GPO), du Commerce (EMB) ou de l'Information (MOI). John Grierson, le premier à lancer le mot de « documentaire », tourne en 1929 *Drifters*, sur la pêche aux harengs en mer du Nord. C'est un immense succès. Autour de Grierson, de jeunes cinéastes, Paul Rotha, Humphrey Jennings, Basil Wright ou Harry Watt, rejoints par le Brésilien Alberto Cavalcanti, réalisent des films qui osent refléter les préoccupations économiques et sociales du Royaume-Uni, en captant la poésie des paysages ruraux ou urbains. Leur démarche enrichit les œuvres de fiction, à un moment où tout le pays est mobilisé par l'effort de guerre. Il en résulte des films de propagande, qui dosent habilement le spectaculaire et le didactique. C'est la période où se constituent les grands tandems qui vont assurer la relève créatrice de l'après-guerre : Noel Coward et David Lean réalisent *Ceux qui servent en mer* (1942) ; Michael Powell et Emeric Pressburger (*49e Parallèle*, 1941) travaillent ensemble pendant plus de quinze ans, Frank Launder et Sidney Gilliat (*Ceux de chez nous*, 1943) cosignent plus d'une vingtaine de longs métrages.

***Les Trente-Neuf Marches*, d'Alfred Hitchcock (1935), avec Robert Donat et Madeleine Carroll.**
Un couple innocent est plongé malgré lui dans une intrigue criminelle : l'étude des rapports humains face à l'adversité, l'humour comme remède à la menace, la réflexion sur la culpabilité resteront la marque du grand réalisateur.

***La Vie privée d'Henri VIII*, d'Alexander Korda (1933), avec Charles Laughton.**
Dans une vision de l'Histoire « par le petit bout de la lorgnette », qui ne craint ni l'intimisme, ni l'irrespect, Korda célèbre la grandeur de son pays d'adoption, dans une mise en scène d'un classicisme irréprochable.

L'INDE, LA CHINE ET LE JAPON, LA RÉVOLUTION DU PARLANT

L'accueil triomphal fait au cinéma parlant en Inde

L'Inde est de tous les pays celui qui a le mieux accueilli la nouveauté du parlant. En 1931, le premier film parlant indien, *Alam Ara*, est un énorme succès : avec lui commence réellement l'histoire du cinéma indien et de son incroyable développement. Très vite, les normes qui déterminent un bon film commercial sont fixées : il doit durer trois heures, être accompagné de chants et de danses, et, quel que soit le genre du film – histoire, aventure, vie des saints, mythologie –, il est avant tout musical. À cette époque, les rôles sont tenus par des chanteurs professionnels, enregistrés en direct et en studio ; la présence du micro explique la raideur des scènes filmées en plan fixe. Le public connaît alors toutes les chansons, largement diffusées par la radio. À partir de 1936, les studios utilisent le play-back (toujours en vigueur aujourd'hui), et des chanteurs professionnels, reconnus comme des vedettes, doublent les stars ainsi libérées des contraintes techniques.
Le cinéma parlant se développe d'abord à Bombay, où naissent de nombreuses compagnies, la plus importante étant la Prabhat, fondée par une coopérative de cinéastes où s'illustre Vanadruke Shantaram, auteur du classique *Flamme éternelle* (1936) et de *L'Inattendu* (1937). Grâce à la New Theatre et au réalisateur Debaki Bose, Calcutta se spécialise dans la production de films sur la vie des saints (*Chandidas*, 1932, *Le Dévot*, 1933, *Vidyapathi*, 1937) appelés « devotional films ». Il s'agit de films à caractère religieux, qui retracent la vie exemplaire de saints, accompagnés de poèmes et de cantiques chantés. Le succès attire, dans les années 40, de nouveaux producteurs, provoquant l'effondrement du système des studios tandis qu'apparaissent de jeunes réalisateurs comme Guru Dutt, un des pères du renouveau du cinéma musical indien, ou Raj Kapoor, acteur comique mais aussi réalisateur de films inspirés de Chaplin et d'un cinéma populaire et social de qualité.

La Chine et le cinéma politique

En 1931, la Chine est en guerre avec le Japon, qui a envahi la Mandchourie. Les premiers bombardements japonais sur Shanghai provoquent un sursaut patriotique et les écrivains communistes rejoignent, en tant que scénaristes, les principaux studios (Mingxing, Lianhua, Tianyi). C'est la même année que le cinéma parlant est introduit en Chine. Le bouleversement est tel qu'il met fin aux films d'arts martiaux traditionnellement tournés à Shanghai au temps du muet ; ce genre sera repris et amplifié par la suite à Hong Kong. La production courante est très influencée par le cinéma américain (*Le Chant de minuit* de Maxu Weibang en 1937 est inspiré du *Fantôme de l'opéra*) et reste dominée par des mélodrames comme *Les Deux Sœurs* (1933) et *La Divine* (1934), dans lesquels les stars féminines Ruan Lingyu et Hu Die se partagent la vedette.

***Les Anges du boulevard*, de Yuan Muzhi (1936).**

 voir : Mizoguchi p. 253 – Ozu p. 257

Il était un père, de Yasujiro Ozu (1942).

Un cinéma à caractère social fait son apparition en 1934 avec *La Route* de Sun Yu, où le mythe du héros disparaît au profit d'un collectif de travailleurs, tandis que Yuan Muzhi réalise *Les Anges du boulevard*, une histoire située dans les bas-fonds de Shanghai qui raconte comment un jeune trompettiste et ses amis arrachent une prostituée à la pègre ; cette bouleversante ode à la solidarité entre pauvres révèle un ton et un style qu'on ne retrouvera pas dans le cinéma chinois après 1949. Avec l'occupation japonaise de Shanghai en 1938, certains cinéastes, dont Yuan Muzhi, rejoignent la ville d'Hankou et travaillent pour le Studio central du gouvernement national. D'autres, comme Cai Chusheng, le réalisateur du *Chant des pêcheurs* (1934), s'exilent à Hong Kong, victime à son tour de l'occupation japonaise de 1941 à 1945. Restent les cinéastes chinois (Maxu Weibang, Li Pingqian, Zhu Shilin) qui acceptent de travailler sous le contrôle des Japonais puis, à l'issue de la Seconde Guerre mondiale, au moment du conflit qui oppose le Guomindang – fondé en 1911 par Sun Yat-sen, le chef du parti nationaliste – aux communistes, se réfugièrent à Hong Kong.

Le Japon, un cinéma de propagande

Le Japon rejette le cinéma parlant, les *benshis* imposant leur loi et retardant son arrivée jusqu'au milieu des années 30. Pourtant, c'est avec le parlant (*L'Élégie de Naniwa* et *Les Sœurs de Gion*, 1936) que Kenji Mizoguchi impose son univers, celui de la prostitution, emblème du monde de l'échange et du commerce, et qu'il opte pour un style fait de longs plans fixes et de lents travellings. À partir de 1937, année de l'occupation de la Chine, le gouvernement exerce un réel contrôle sur le cinéma, lui imposant des sujets favorables à la politique nationale, et promulguant, en 1939, une nouvelle loi calquée sur celle de Goebbels appliquée en Allemagne nazie.

Face à cette propagande militaire, Mizoguchi, pour échapper aux contraintes politiques, réalise des portraits de femmes ou met en scène des artistes obsédés par leur art, à l'image de l'acteur de kabuki des *Contes des chrysanthèmes tardifs* (1939). Entre le retard du passage au parlant et le contrôle exercé sur les films, les cinéastes se sentent à l'étroit et même l'œuvre d'Ozu, qui trouve son inspiration dans l'intimité de la famille ou le monde des employés de bureau, s'en ressent dans *Frère et sœur de Toda* (1941) et *Il était un père* (1942). Ces années agitées permettent pourtant l'éclosion d'une étoile filante : Sadao Yamanaka, un scénariste de films historiques, dont le premier film parlant, *Chuji Kunisada* (1935), est considéré comme le film d'histoire le plus important de l'époque. Avant d'être mobilisé en Chine en 1938 où il meurt à vingt-neuf ans, il signe *Pauvres humains et ballons de papier*, un chef-d'œuvre inspiré d'une pièce de kabuki, portrait d'un héros du peuple qui, malgré sa révolte contre les guerriers et les nobles, accepte son destin tragique avec résignation.

Le néoréalisme et ses prolongements

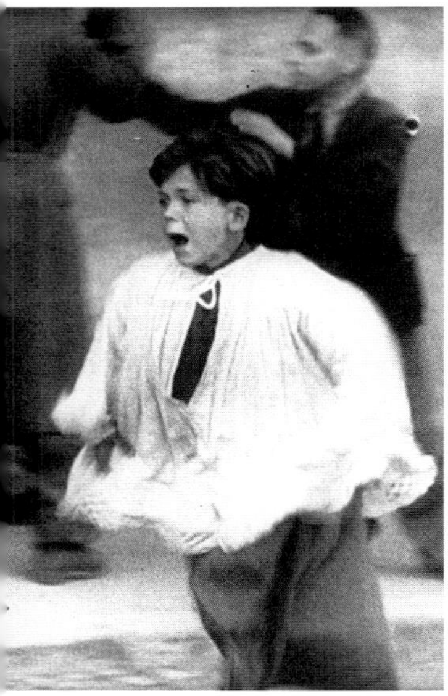

Rome ville ouverte,
de Roberto Rossellini (1945).
Le film est un témoignage bouleversant sur les derniers drames de la Résistance à Rome. Réalisé avec des acteurs pour la plupart non professionnels, en décor naturel, il est un des premiers manifestes du mouvement néoréaliste.

La sortie en 1945 de *Jours de gloire*, un documentaire associant Mario Serandrei, Giuseppe De Santis, Luchino Visconti, Marcello Pagliero, et de *Rome ville ouverte* de Roberto Rossellini marque la naissance du mouvement néoréaliste. Très vite et sans qu'il y ait de véritable concertation, presque tous les grands cinéastes s'engagent dans cette approche nouvelle de la réalité afin de porter un témoignage sur le moment présent et le proche passé, sur la guerre qui a ravagé le pays et sur les difficultés de la reconstruction.

Pour définir le néoréalisme

En réaction contre les studios qui avaient favorisé le développement des comédies sophistiquées et des drames stéréotypés de la période précédente, les films néoréalistes vont être tournés dans des décors naturels, ceux des villes et des campagnes de l'Italie. Par opposition aux récits conventionnels nés de l'imagination de scénaristes ou de cinéastes à court d'idées, ou trop soucieux de ne pas s'attirer les foudres de la censure, ces films trouvent leur sujet dans le quotidien, les faits divers et le monde du travail. Cesare Zavattini invente la « filature », qui consiste à observer un individu banal et à faire de cette banalité, enregistrée avec un regard neutre, la matière même du film. Ces tranches de vie représentées dans les lieux réels de leur déroulement sont interprétées par des acteurs non professionnels, choisis pour leur ressemblance physique et psychologique avec les personnages du récit, et non par des stars ou des acteurs, qui pourraient trop facilement créer un état de connivence avec le public ou dénaturer le caractère du propos.

Roberto Rossellini, Vittorio De Sica, Luchino Visconti et Giuseppe De Santis sont les figures dominantes de ce qu'André Bazin a appelé, dans un article d'*Esprit* en janvier 1948, « l'école italienne de la Libération ». Rossellini dénonce les horreurs de la guerre avec trois films, *Rome ville ouverte* (1945), Paisà (1947), *Allemagne année zéro* (1948). Cette trilogie montre l'occupation nazie à Rome, la torture subie par les résistants ou les exécutions sommaires ; elle évoque aussi la guerre de libération contre les oppresseurs nazis et fascistes au cours de six épisodes qui se déroulent de la Sicile à la basse vallée du Pô ; enfin, elle décrit le traumatisme d'une Allemagne vaincue, qui sombre dans le désastre matériel et moral après la chute du IIIe Reich.

Associé à Cesare Zavattini qui écrit les scénarios, Vittorio De Sica s'affirme dans les années d'après-guerre comme le cinéaste le plus cohérent, le plus soucieux d'approfondir son discours critique. Malgré les difficultés, souvent de nature économique, De Sica tourne successivement entre 1946 et 1952 *Sciuscià*, *Le Voleur de bicyclette*, *Miracle à Milan*, *Umberto D.* Ces quatre films constituent un portrait sans complaisance de l'Italie d'après-guerre avec sa jeunesse délinquante, ses chômeurs, ses marginaux, ses retraités misérables. Pour compléter ce tableau, le cinéaste avait projeté de tourner un film sur la prostitution enfantine à Naples ; la censure l'en empêcha.

Luchino Visconti, qui a jeté les bases du mouvement en 1942 avec *Ossessione*, ne tourne qu'un seul film vraiment néoréaliste, mais il s'agit d'une œuvre capitale : *La terre tremble* (1948). À l'origine, le projet prévoyait trois volets consacrés respectivement aux pêcheurs, aux paysans, aux mineurs ; sous la pression économique, seul « L'Épisode de la mer » vit le jour. Visconti est attentif à la misère des hommes et montre leur difficulté à changer le monde : l'échec des pêcheurs d'Aci Trezza exploités comme des bêtes de somme par les mareyeurs renvoie à la victoire impossible du

voir : Antonioni p. 212 – De Sica p. 227 – Fellini p. 232 – Rossellini p. 265 – Visconti p. 273

Le Voleur de bicyclette, de Vittorio De Sica (1948).
Un portrait juste et vibrant de l'Italie d'après-guerre touchée par le chômage et la misère.

La Terre tremble, de Luchino Visconti (1948).
Visconti évoque la vie des pêcheurs d'un village de Sicile. Acteurs du film, ces derniers s'expriment dans le dialecte de la région.

prolétariat, si la lutte de toute une population ne remplace pas le combat de l'individu isolé.

Giuseppe De Santis décrit avec *Chasse tragique*, en 1947, la volonté des anciens partisans de mettre en valeur la terre qui leur est confiée. *Riz amer* et *Pâques sanglantes*, par le biais d'histoires d'amour à forte charge romanesque, mettent en évidence les problèmes du monde rural. *Onze heures sonnaient*, en 1952, part d'un fait divers authentique que le cinéaste transforme en radiographie d'une société malade. Nourri par une conscience révolutionnaire aiguë, très sensible aux rapports de classe, De Santis dépasse le simple naturalisme, tantôt par son enracinement documentaire, tantôt par son sens du mythe et de la stylisation gestuelle.

Le néoréalisme a été soutenu par une cohorte de cinéastes qui ont réalisé, entre 1945 et 1952, leurs meilleurs films. Citons Alberto Lattuada et sa merveilleuse adaptation du *Manteau* de Gogol, Luigi Zampa et sa défense du droit au logement dans *L'Honorable Angelina*, Pietro Germi et sa description de l'émigration italienne dans *Le Chemin de l'espérance*. Autre exemple, Renato Castellani est couronné à Cannes, en 1952, pour *Deux Sous d'espoir*, un film qui raconte la lutte d'un jeune couple pour se débarrasser des pressions familiales et affronter courageusement les difficultés de l'existence. Ainsi, du nord au sud, l'Italie, devenue un vaste champ d'investigation, se révèle déchirée par les souffrances de la guerre, les luttes de la Résistance, l'exploitation des travailleurs, la difficulté à se loger, le chômage, la délinquance. Dans les villes et les campagnes, les films décrivent l'univers sans issue de petits-bourgeois démunis, d'employés de bureaux sous-payés, d'artisans sans travail ou de marginaux guettés par le banditisme. Ils décrivent aussi un pays encore rural avec ses paysans sans terre et ses pêcheurs exploités, des hommes qui rêvent d'émigrer vers des mondes meilleurs. Cependant, dans ce kaléidoscope social, l'usine n'est pas représentée et la figure de l'ouvrier n'est pratiquement jamais évoquée. Malgré l'engagement politique de beaucoup de cinéastes, les films hésitent entre le reflet d'un univers petit-bourgeois et celui d'un univers prolétarien dont les problèmes sont plus difficiles à résoudre.

Par sa dimension artistique et intellectuelle, le néoréalisme est un épisode fondamental de la culture italienne, étroitement lié à l'expérience de la Résistance et de la lutte antifasciste. Sur la base de critères aussi exigeants – vérité des décors, spontanéité des personnages, authenticité des intrigues, regard documentaire –, peu de films peuvent être considérés comme totalement conformes au modèle idéal. De surcroît, face à la réaction des spectateurs, qui n'apprécient guère ce genre de films renvoyant l'image d'un pays misérable, mais aussi des producteurs et des hommes politiques que ces sujets « dérangent », les cinéastes sont progressivement muselés. Le mouvement néoréaliste se transforme au début des années 50, il évolue vers des formes édulcorées et laisse le champ libre au développement des genres populaires.

Les années 50 : du péplum à la comédie

Avec l'éloignement de la guerre, le cinéma italien prend un spectaculaire essor. À la quantité de films produits correspond une fréquentation record. À partir de 1951, la production dépasse la centaine de films par an et la fréquentation des salles est exceptionnelle : 706 millions de spectateurs en 1951, 819 millions en 1955, un record absolu ! Les genres populaires et les films à grand spectacle destinés à concurrencer les produits hollywoodiens triomphent : ce sont des comédies – avec le succès de Totò et aussi d'Ugo Tognazzi, Alberto Sordi, Nino Manfredi –, des mélodrames – avec le couple mythique Amedeo Nazzari et Yvonne Sanson –, des films de cape et d'épée et surtout des péplums, qui redeviennent une des spécialités du cinéma italien.

Avec en toile de fond une Antiquité de fantaisie ou une mythologie grecque et latine revisitée très librement, le péplum a ses héros légendaires. Hercule triomphe dans *Les Travaux d'Hercule* (1958) ; Maciste, l'esclave fidèle, gloire du cinéma muet, repart à l'aventure dans des décors inattendus ou des contrées imaginaires. Mario Camerini s'essaie au genre avec un remarquable Ulysse interprété par Kirk Douglas, et Sergio Leone y fait ses débuts avec *Le Colosse de Rhodes*. Vittorio Cottafavi (*Les Légions de Cléopâtre*, *Messaline*) et Riccardo Freda (*Spartacus*, *Théodora*) s'y expriment avec une grande invention. Genre spectaculaire par excellence, le péplum s'épanouit jusqu'au début de années 60 avant de disparaître, brutalement remplacé par le « western spaghetti ».

Le Pigeon, de Mario Monicelli (1958).
De petits cambrioleurs sans envergure (Vittorio Gassman, Marcello Mastroianni) percent un mur qui n'est pas le bon. Une grande réussite portée par des acteurs de talent.

Certains genres populaires comme le mélodrame et la comédie de mœurs conservent le souci, dans une perspective néoréaliste, de rendre compte de la réalité italienne. Le « mélo » s'enracine dans la société avec les films de Raffaello Matarazzo ou de Vittorio Cottafavi : leurs œuvres sont moins anodines qu'il n'y paraît. Par exemple, *Fille d'amour* (1953), de Cottafavi, transpose dans le monde contemporain l'histoire de la Dame aux camélias et montre de manière éclairante la soumission d'une société à la tyrannie de l'argent.

La comédie de mœurs, parfois qualifiée de « néoréalisme rose », recueille une partie de l'héritage néoréaliste tout en évoluant vers ce qui va devenir un des modes d'expression les plus originaux du cinéma italien, la « comédie à l'italienne ». Le tournant se dessine par étapes avec des œuvres de Luciano Emmer (*Dimanche d'août*), Eduardo De Filippo (*Naples millionnaire*), Steno et Monicelli (*Gendarmes et voleurs*), Luigi Comencini (*Pain, amour et fantaisie*), Dino Risi (*Pauvres mais beaux*). En 1958, *Le Pigeon* de Mario Monicelli marque le premier triomphe de la comédie « à l'italienne » avec un habile dosage d'humour dévastateur et de satire sociale.

Deux géants du cinéma italien

Au cours des années 50, tandis que les grands noms de la génération précédente tournent toujours des films de référence (*Senso* de Luchino Visconti, *Voyage en Italie* de Roberto Rossellini, *L'Or de Naples* de Vittorio De Sica), apparaissent deux cinéastes qui vont dominer l'histoire du cinéma italien : Michelangelo Antonioni et Federico Fellini. Venu du court métrage, Antonioni met très

authentique, il nous conduit à une réalité recréée et enrichie par le rêve et la fantaisie.

À la fin des années 50, le cinéma italien est appelé à un avenir exceptionnel. Il est riche de très nombreux cinéastes appartenant à des générations successives et aussi inspirés dans le cinéma d'auteur que dans le cinéma commercial. Il est l'œuvre de solides équipes créatives (scénaristes, chefs opérateurs, décorateurs, costumiers, monteurs, musiciens), et en connivence avec le public grâce à des acteurs – Marcello Mastroianni, Vittorio Gassman, Anna Magnani, Gina Lollobrigida, Sophia Loren – dont la célébrité dépasse les frontières. Le cinéma italien, pourtant, s'apprête à vivre, autour de 1960, une révolution culturelle comparable à celle de l'immédiat après-guerre.

***Le Cri*, de Michelangelo Antonioni (1957), avec Steve Cochran et Alida Valli.**
Antonioni s'interroge sur l'impossibilité de communiquer, la solitude et la mort. Ces thèmes traverseront toute son œuvre.

***La Strada*, de Roberto Fellini (1954).**
La vie difficile et misérable des forains en compagnie de Gelsomina (Giulietta Masina), clown désespéré et fragile, et de Zampano (Anthony Quinn), un brutal hercule de foire.

vite en place un style épuré où se dessinent déjà, à travers un grand dépouillement de la mise en scène, une analyse pénétrante de la difficulté des rapports amoureux ainsi qu'un sens aigu de la solitude. Dès les années 50, Antonioni tourne les œuvres magistrales que sont *Chronique d'un amour*, *Femmes entre elles* ou *Le Cri*. En 1960, *L'Avventura* couronne cette démarche. Quant à Fellini, après *Les Feux du music-hall* cosignés avec Alberto Lattuada en 1950 et *Courrier du cœur*, il s'épanouit complètement entre 1953 et 1957 avec *Les Vitelloni*, *La Strada*, *Il Bidone*, *Les Nuits de Cabiria*. Grâce à l'étonnante interprétation de Giulietta Masina, il donne notamment avec *La Strada* une vision franciscaine des simples et des laissés-pour-compte. Fellini a assimilé les leçons du néoréalisme et les a nourries du pouvoir visionnaire de son imagination : d'une réalité saisie dans ce qu'elle a de plus

Entre comique et film noir : le bon goût français

À la Libération, beaucoup espèrent que plus rien ne sera comme avant, pour le cinéma aussi. Le film collectif *La Libération de Paris*, réalisé en dix jours pendant les événements, en août 1944, par des opérateurs et des réalisateurs qui participaient également au combat, semble ouvrir la voie à un mouvement comparable au néoréalisme italien. Ce que confirme *La Bataille du rail*, sur la résistance des cheminots, qui sont leurs propres interprètes. Son réalisateur René Clément, après avoir vu les images des camps d'extermination nazis, explique : « On ne peut plus faire des films mièvres. Combien de films actuels ne sentent pas le studio, l'éclairage ou le maquillage ? » Cette volonté réaliste va rester lettre morte, à quelques exceptions près, dont *Farrebique*, cas unique dans le cinéma français : Georges Rouquier a passé un an dans une ferme du Rouergue pour filmer, au rythme des saisons, la vie quotidienne d'une famille de paysans. Chronique familiale, provinciale et romantique d'amours adolescentes, *Les Dernières Vacances* sont également un film d'exception, puisque son réalisateur, le documentariste Roger Leenhardt, ne reviendra au long métrage qu'une seule fois, en 1962.

Page de droite, en bas :
***Jeux interdits*, de René Clément (1952).**
Deux enfants, témoins de la guerre (Brigitte Fossey et Georges Poujouly) imitent les jeux des adultes. L'interprétation des deux jeunes acteurs, leur grâce et leur inconscience, ainsi que la musique jouée à la guitare par Narciso Yepes, ont fait la gloire de ce film.

Du réalisme noir au refus des conventions sociales

Le public n'a guère envie de se pencher sur les difficultés du passé proche, en particulier sur la collaboration, ni sur celles du présent. Les films qui traitent de la guerre immédiatement après la Libération, souvent sincères et généreux, le font sur le mode héroïque, comme *Jéricho* de Henri Calef. Le héros du *Père tranquille* de René Clément, un petit-bourgeois de province apparemment indifférent aux événements, se révèle chef d'un réseau de résistance.

Progressivement, le cinéma français, soucieux de prolonger « l'âge d'or » économique que furent les années d'Occupation, revient au studio et à des sujets moins en prise sur la vie contemporaine. L'organisation mise en place par le gouvernement de Vichy est maintenue avec la création du CNC (Centre national de la cinématographie). L'accès à la profession demeure très fermé : ainsi, un nouveau réalisateur ne tournera son premier film qu'après de longues années de bons et loyaux services comme assistant. La solidarité des professionnels se manifeste tout particulièrement face aux accords Blum-Byrnes, signés à Washington en 1946, qui accordent une part trop belle à l'importation des films américains, dont le public français, qui en a été privé pendant quatre ans, est pourtant friand.

Après l'énorme succès des *Enfants du paradis*, Marcel Carné, de nouveau sur un scénario de Jacques Prévert, réalise *Les Portes de la nuit*. Mais Jean Gabin et Marlene Dietrich sont remplacés par deux débutants au jeu encore hésitant, Yves Montand et Nathalie Nattier, la reconstitution du métro Barbès-Rochechouart aux studios de Joinville, très coûteuse, est jugée scandaleuse en ces temps de restrictions, et la description de la France de l'après-guerre se conjugue difficilement avec les lourds symboles hérités du réalisme poétique d'avant-guerre. Le public rejette le film et, du même coup, le réalisme poétique, qui vire au « réalisme noir ». La dimension poétique est abandonnée, laissant la place au pessimisme avec *Dédée d'Anvers* (interprétée par Simone Signoret), *Une si jolie petite plage* et *Les Orgueilleux* d'Yves Allégret, *Quai des orfèvres*, *Manon* ou *Les Diaboliques* d'Henri-Georges Clouzot. Dans *Panique* de Julien Duvivier, d'après Georges Simenon, un Michel Simon misanthrope et une foule odieuse et déchaînée soulèvent un égal dégoût.

La carrière des grands anciens décline progressivement. Marcel Carné alterne des films perdus dans un monde légendaire, comme

Voir : Becker p. 213 – Bresson p. 216 – Carné p. 219 – Clair p. 223 – Clouzot p. 223 – Ophuls p. 255 – Tati p. 269

Juliette ou la Clé des songes, et des œuvres plus en prise sur le monde contemporain mais toujours surchargées de personnages symboliques, comme *Les Tricheurs* ou *Terrain vague*, qui montre pourtant la violence générée par les grands ensembles construits peu à peu autour de Paris.

Cependant, René Clair, qui était parti aux États-Unis, renoue avec le succès en réaffirmant son goût pour le « vieux cinéma français » : *Le silence est d'or*, avec Maurice Chevalier, fait revivre le monde du cinéma muet. Dans *Les Belles de nuit*, Gérard Philipe incarne un pianiste qui n'a de cesse de dormir pour retrouver, dans diverses époques, des créatures de rêve.

Claude Autant-Lara se veut moins distant des réalités sociales et plus dérangeant. Dès 1946, avec l'adaptation d'un roman célèbre de Raymond Radiguet, *Le Diable au corps*, qui avait déjà fait scandale en 1920, il bouscule les bonnes consciences en opposant la force de l'amour et de la passion aux valeurs destructrices de la guerre, à travers la liaison entre un lycéen (Gérard Philipe) et une femme mariée (Micheline Presle) dont l'époux est au front. Ce refus des conventions se retrouve dans *L'Auberge rouge*, joyeusement anticlérical, et surtout dans *La Traversée de Paris*, où le tonitruant Jean Gabin et le froussard Bourvil transportent dans la capitale occupée un cochon fraîchement découpé par un charcutier survolté (Louis de Funès). C'est un des rares films de cette période qui aborde ouvertement des sujets tabous comme le marché noir, la lâcheté et la complaisance de certains Français pendant l'Occupation ; c'est aussi le film le plus personnel de ce cinéaste anticonformiste qui opposera, en 1957, Brigitte Bardot à Jean Gabin dans une œuvre fustigeant l'hypocrisie bourgeoise, *En cas de malheur*.

Les hésitations de René Clément sont significatives de la dérive progressive du cinéma français. D'une part, il poursuit sa quête de réalisme en tournant en Italie selon les méthodes du néoréalisme *Au-delà des grilles*, et en filmant dans les rues de Londres la majeure partie de *Monsieur Ripois* ; mais d'autre part, il s'enferme dans les studios pour y reconstituer l'intérieur d'un sous-marin (*Les Maudits*) ou le Paris populaire du XIXe siècle

***Les Orgueilleux*,**
d'Yves Allégret (1953).
Remarquable portrait d'un médecin déchu, sur un scénario de Jean-Paul Sartre, avec Michèle Morgan.

Ci-dessus :
***L'Auberge rouge*,**
de Claude Autant-Lara (1951).
Des aubergistes dévalisent les voyageurs descendus dans leur hôtel. À partir de ce fait divers authentique, le film est une véritable farce, avec des interprètes remarquables, dont Françoise Rosay, Julien Carette et surtout Fernandel en moine poltron.

***Casque d'or*, de Jacques Becker (1952).**
Éblouissante Simone Signoret, dans un de ses plus beaux rôles aux côtés de Serge Reggiani.

(*Gervaise*, d'après Zola). Réputé « meilleur technicien du cinéma français » mais d'un style assez impersonnel, il a réalisé pourtant, en 1952, un film sensible, *Jeux interdits*. Cette histoire de deux enfants perdus dans la guerre, qui opposent l'imagination et l'amitié à l'étroitesse d'esprit des « grands », connaît un succès international.

Le film policier retrouve les faveurs du public

À travers les Maigret, d'après Simenon, Jean Gabin peaufine son nouveau personnage bourru aux tempes grises et aux colères spectaculaires (*Maigret tend un piège*, 1957 ; *Maigret et l'affaire Saint-Fiacre*, 1959...). Mais l'apparition de la « Série noire », collection dirigée par Marcel Duhamel, renouvelle le genre en y apportant une pointe d'humour. Décontracté, flegmatique et irônique, Eddie Constantine, authentique Californien d'origine russe (!), incarne le héros inventé par l'Anglais Peter Cheney, Lemmy Caution – que résume une de ses chansons, « Cigarette et whisky, et p'tites pépées » – dans *Cet homme est dangereux*, *Les femmes s'en balancent*, *Ça va barder* ou *Je suis un sentimental*... Face au « goût américain », le cinéma français contre-attaque avec deux œuvres majeures. L'une, *Du rififi chez les hommes*, inspirée d'Auguste Le Breton, réalisée par Jules Dassin, décrit par le menu le mécanisme d'un hold-up. Dans l'autre, *Touchez pas au grisbi*, Jacques Becker emprunte à Albert Simonin l'humanité et la faiblesse de personnages authentiquement français, qui échappent aux clichés du film de truands à la française. Becker réalise ainsi en 1952, après le superbe *Casque d'or*, un de ses plus beaux films.

***La Chartreuse de Parme*, de Christian-Jaque (1948).**
La duchesse Sanseverina (Maria Casarès) est secrètement amoureuse de son neveu, le beau Fabrice del Dongo (Gérard Philipe).

Une garantie de succès, l'adaptation littéraire

Adapter des œuvres célèbres d'André Gide (*La Symphonie pastorale* de Jean Delannoy), de Stendhal (*La Chartreuse de Parme* de Christian-Jaque ; *Le Rouge et le Noir* de Claude Autant-Lara), de Victor Hugo (*Notre-Dame de Paris* de Jean Delannoy), sans oublier Colette, Zola et surtout Simenon, déjà cités, est une garantie de succès. Ces films de prestige à gros budget utilisent progressivement la couleur et l'écran large pour lutter contre le développement de la télévision, et sont soutenus par des accords de coproduction entre la France et l'Italie pour faire face à la concurrence américaine. L'œuvre littéraire demeurant une valeur sûre, les scénaristes et les dialoguistes (Jean Aurenche et Pierre Bost, Charles Spaak,

 voir : Le polar français p. 98-99

Henri Jeanson) jouent désormais un rôle essentiel. Débordant du cadre de la seule adaptation littéraire, et renouant avec la tradition française du « réalisme psychologique », ces scénaristes affectionnent les études de caractère dans la tradition du théâtre et du roman français. Et les réalisateurs ne sont plus que des illustrateurs. Cette tendance touche aussi bien le cinéma de divertissement, comme *Fanfan la Tulipe* de Christian-Jaque, le plus grand succès de Gérard Philipe, que les films de l'ancien avocat André Cayatte (*Justice est faite*, *Nous sommes tous des assassins*...), relevant plus de la plaidoirie que du cinéma.

Les *Cahiers du cinéma* : un vent de révolte

C'est cette « tradition de la qualité » que quelques jeunes critiques, groupés autour de la revue *Cahiers du cinéma*, et qui formeront l'essentiel de la Nouvelle Vague, attaquent avec violence, surtout à partir de 1954, leur opposant à la fois le naturel du cinéma américain – qui fait plus confiance au jeu et aux gestes des acteurs qu'au dialogue et à la psychologie des personnages – et ce que Truffaut appelle les « auteurs ».

Ces auteurs échappent à toute classification. C'est aussi bien Jean Cocteau qui, après *La Belle et la Bête* en 1946, réalise *Orphée* et *Le Testament d'Orphée*, relevant plus de l'univers de l'écrivain et du poète que d'une quelconque tradition du cinéma français. Distributeurs et exploitants ne croient ni à *Jour de fête* ni aux *Vacances de M. Hulot* : qu'importe, le public sera sensible au comique de Jacques Tati, prolongé avec *Mon oncle* en 1958, qui puise dans la tradition burlesque tout en portant un regard critique, vrai et chaleureux sur les mœurs des Français. Robert Bresson suit, entre 1951 et 1959, un chemin personnel et austère, avec *Journal d'un curé de campagne*, d'après Bernanos, *Un condamné à mort s'est échappé*, qui recueille une large adhésion populaire, et *Pickpocket*. Max Ophuls tourne en France l'une des plus belles adaptations de Maupassant, *Le Plaisir*, mais son film le plus novateur, *Lola Montès*, est boudé par le public et massacré par les producteurs. Après avoir réalisé en 1949 *Le Silence de la mer*, sans autorisation légale et avec un budget dérisoire, Jean-Pierre Melville poursuit une carrière de franc-tireur du cinéma français en réalisant deux films policiers (*Bob le Flambeur*, *Deux Hommes dans Manhattan*), aussi éloignés du polar à la française que du film noir américain.

Pendant ce temps, une force économique monte en puissance : la jeunesse. Une nouvelle génération d'acteurs et surtout d'actrices s'impose, et d'abord Brigitte Bardot, dont les robes légères et bon marché, la coiffure, le style décontracté deviennent des modèles pour toute une génération. L'indépendance qu'elle affiche à l'écran comme dans sa vie suscite indignation ou adhésion, comme son jeu, entre naturel et sophistication. Avec elle, dans *Et Dieu créa la femme*, Roger Vadim apporte, en 1956, un ton nouveau, libre et pleinement contemporain. *Les Mauvaises Rencontres*, d'Alexandre Astruc, transposent dans le cinéma français les leçons d'Orson Welles, et Louis Malle, après le brillant *Ascenseur pour l'échafaud*, réalise un film audacieux, *Les Amants*, qualifié par François Truffaut de « première nuit d'amour du cinéma ». La Nouvelle Vague peut déferler...

***Mon oncle*, de Jacques Tati (1958).**
M. Hulot, distrait et légèrement excentrique, promène sa longue silhouette dans un monde moderne encombré d'inutiles gadgets.

LE POLAR FRANÇAIS À L'ÉCRAN

L'histoire du film policier français commence avec les débuts du cinéma : une bande très courte, de vingt mètres, tournée par Méliès en 1899 et intitulée *Pickpocket et policeman*, en est l'ancêtre. Suivent dans la foulée Ferdinand Zecca avec *L'Histoire d'un crime* ; puis Victorin Jasset qui invente, dès 1908, le film à épisodes à la française, avec *Les Aventures de Nick Carter*, dont le succès est immédiat ; Louis Feuillade enfin, qui s'impose, entre 1913 et 1919, avec des séries, de *Fantômas* aux *Vampires* et de *Judex* à *Barabbas*.

Le commissaire Maigret fait un tabac

Il faut attendre les années 30 et le parlant pour voir apparaître de nouveaux héros, dont le fameux commissaire Maigret de l'écrivain Georges Simenon (*La Nuit du carrefour* de Jean Renoir et *La Tête d'un homme* de Julien Duvivier). Les plus intéressantes peintures de la pègre sont signées Maurice Tourneur, revenu en France en 1928 après un long séjour à Hollywood (*Justin de Marseille*) et Julien Duvivier (*Pépé le Moko*, avec Jean Gabin). Enfin, juste avant la guerre, Pierre Chenal réalise *Le Dernier Tournant*, la première adaptation d'un roman de James Cain, jugé très sulfureux à l'époque, *Le facteur sonne toujours deux fois*.

Sous l'Occupation, les intrigues policières – qui permettent d'échapper à la censure – fleurissent, puisant leurs sujets chez les meilleurs romanciers du polar. Henri-Georges Clouzot écrit le scénario des *Inconnus dans la maison* d'après Simenon, réalisé par Henri Decoin, puis il tourne lui-même *L'assassin habite au 21*, d'après S.-A. Steeman, et une œuvre d'une magistrale noirceur, *Le Corbeau*. C'est également Clouzot qui donne après la guerre le plus grand film policier du moment, *Quai des Orfèvres*, avec un Louis Jouvet en flic intègre révélant les ombres d'une société immuable et sans illusion. Le film noir français oscille alors entre pessimisme aigu et psychologie criminelle (de *Dédée d'Anvers* et *Une si jolie petite plage* d'Yves Allégret jusqu'aux *Diaboliques* encore de Clouzot). À ce tableau délibérément sombre s'oppose, à partir de 1953, la série des Lemmy Caution, héros incarné par Eddie Constantine, dans des films de série B adaptés des romans de Peter Cheney publiés dans la « Série noire ». Autre série, celle du *Gorille*, qui prend les traits de Lino Ventura ou de Roger Hanin.

voir : La France : p. 46-49 ; p. 94-97 – Chabrol p. 221 – Clouzot p. 223 – Godard p. 236 – Renoir p. 261 – Truffaut p. 270

La « Série noire », une mine d'or

Avec les années 50, les auteurs de la « Série noire », créée par Marcel Duhamel, sont adaptés avec bonheur pour le cinéma. Jacques Becker réalise, en 1953, *Touchez pas au grisbi*, d'après Albert Simonin, avec un Gabin qui fait là un grand retour sur les écrans après une éclipse due à la guerre. Jules Dassin tourne *Du rififi chez les hommes*, et Henri Decoin *Razzia sur la chnouf*, tous deux d'après Auguste Le Breton. Ce dernier offre au même moment la matière du premier film policier de Jean-Pierre Melville, *Bob le Flambeur*, qui annonce l'œuvre personnelle et brillante d'un cinéaste fasciné par l'Amérique (*Le Doulos*, *Le Samouraï*). Quant à la psychologie criminelle, elle trouve en 1959 sa meilleure illustration dans *Plein Soleil* de René Clément, d'après Patricia Highsmith, avec Alain Delon et Maurice Ronet.

L'année charnière 1959-1960 est celle de l'entrée en force de la Nouvelle Vague dans le cinéma et précisément dans l'univers du film noir. Chacun à sa manière, Jean-Luc Godard (*À bout de souffle*), François Truffaut (*Tirez sur le pianiste*) et Claude Chabrol (*À double tour*) marquent de leur style ce territoire où ils reviendront avec plus ou moins de succès, le troisième faisant de la bourgeoisie sa cible de choix. Un nouveau venu de la « Série noire », José Giovanni, redonne au polar une dimension tragique et va lui-même passer à la réalisation (*La Loi du survivant*, *Dernier Domicile connu*).

Des polars politisés

Après Mai 68, le polar, en littérature comme au cinéma, se politise en traquant les rapports entre police et pouvoir. Yves Boisset scandalise avec *Un condé*, Jean-Pierre Mocky poursuit son travail artisanal parfois percutant avec *Solo*, Jean Marbœuf fait preuve d'originalité avec le portrait d'un commissaire « ripou », *Monsieur Balboss*, et Alain Corneau, de *France société anonyme*, en 1975, jusqu'au *Choix des armes* en 1981, construit une œuvre personnelle marquée par ses maîtres américains.

Avec les années 80, entre des films complaisants et ambigus se glissent magistralement Jean-Luc Godard (*Détective*) et François Truffaut (*Vivement dimanche*), mais aussi Jacques Bral (*Polar*) et Claude Miller (*Mortelle Randonnée*), qui signent des œuvres insolites, quasi oniriques. Aujourd'hui, le genre a pratiquement déserté le grand écran. Le polar vit une seconde vie… à la télévision dans des séries à succès : *Maigret*, *Navarro*, *Commissaire Moulin* ou *Nestor Burma*.

Page de gauche :
***Quai des Orfèvres*, de Henri-Georges Clouzot (1947).**
Louis Jouvet, un Antoine inoubliable, et Suzy Delair.

***Touchez pas au grisbi*, de Jacques Becker (1954), avec René Dary, Jean Gabin et Lino Ventura.**

***Le Samouraï*, de Jean-Pierre Melville (1967).**
Catherine Jourdan, François Perrier et Alain Delon dans un de ses plus beaux rôles, le tueur Jef Costello.

DE LA COMÉDIE À L'ANGLAISE AU *FREE CINEMA*

Après la Seconde Guerre mondiale, la concurrence avec Hollywood devient un véritable duel économique. Apparaît la « comédie à l'anglaise », où se côtoient l'humour noir, la psychologie, le réalisme. Le film de prestige est réhabilité et puise souvent son inspiration dans la littérature. D'excellents cinéastes se révèlent, mais les contraintes commerciales restent menaçantes. Une jeune génération se rebellera contre le conformisme ambiant, renouant, à la fin des années 50, avec le courant réaliste du cinéma anglais.

Deux tandems pour une production de qualité

Pendant la guerre et l'immédiat après-guerre, le public anglais, qui a besoin de rêve et d'évasion, se réfugie dans les salles de cinéma. Dès 1943, sous la houlette d'Arthur Rank, des producteurs indépendants se battent pour un cinéma de qualité à la portée d'un large public. C'est ainsi que le cinéaste Michael Powell et le scénariste hongrois Emeric Pressburger créent, en 1943, la société de production Archers. Leurs films allient un goût de la stylisation parfois poussé jusqu'au fantastique et une réelle dimension psychologique dans les portraits des personnages. Dans *Colonel Blimp*, la satire des traditions anglaises n'empêche pas l'attachement aux racines culturelles du Royaume-Uni. *Une question de vie ou de mort* (1946) aborde les relations de couple et les doutes de l'après-guerre, avec David Niven dans le rôle d'un officier anglais luttant sur une table d'opération entre la vie (un passé en Technicolor) et la mort (un au-delà onirique représenté en noir et blanc). *Le Narcisse noir* (1947), avec Deborah Kerr, qui conte l'aventure malheureuse d'un groupe de nonnes troublées par l'exotisme d'un séjour au Népal, est entièrement tourné en studio, avec des décors saisissants. Chatoyants plaidoyers pour l'artifice, *Les Chaussons rouges* (1948) et *Les Contes d'Hoffmann* (1951, d'après l'opéra d'Offenbach) expriment, à travers la musique et la couleur, la cruauté d'un univers gouverné par la passion amoureuse et par l'angoisse de la création artistique. Cette cruauté paraîtra au grand jour en 1960 dans *Le Voyeur*, portrait d'un psychopathe sexuel filmant la terreur des femmes qu'il tue avec une caméra-épée : le film provoque un scandale qui mettra presque un terme à la carrière de Michael Powell.

Autre tandem fameux, le réalisateur David Lean et le scénariste Noel Coward, qui fondent leur brillante réussite sur l'observation minutieuse et ironique de la bourgeoisie anglaise : les couples amoureux amusent ou émeuvent sans se départir du « bon goût », qu'il s'agisse des fantômes de *L'esprit s'amuse* (1945) ou des êtres déchirés de *Brève Rencontre* (1946). David Lean adapte également les textes de Dickens, où la précision de sa composition, la justesse de son regard et son talent de directeur d'acteurs font merveille : *Les Grandes Espérances* (1946) révèlent la toute jeune Jean Simmons, et *Oliver Twist* (1948) donne à Alec Guinness le premier de ses rôles « à transformation ». Fasciné par les grands destins tragiques, Lean mettra plus tard son lyrisme au service d'épopées politiques et romanesques, qui entretiendront sa renommée mondiale : *Le Pont de la rivière Kwaï* (d'après Pierre Boulle), *Lawrence d'Arabie*.

 voir : Lean p. 244 - Frankenstein et Dracula p. 194-195

Humour, crime et horreur

La comédie à l'anglaise, celle qui fleurit entre 1946 et 1960, a été définie ainsi : « Un arrière-plan réaliste, une situation anormale poussée à l'absurde, la description d'une petite communauté, enfin, une bonne dose d'humour "pince-sans-rire" » (Philippe Pilard, 1996). En réalité, certains films réalisés par Alfred Hitchcock ou Carol Reed durant les années 30 répondaient déjà à cette définition.

Mais Reed fait désormais des films « sérieux », où le comique ne figure plus qu'en aparté, comme dans *Huit Heures de sursis* (1947), cavale désespérée d'un membre de l'IRA traqué par la police à la suite d'un hold-up manqué. Plus tard, il excelle dans des films où sont habilement dosés le suspense, l'étude des personnages, l'ironie et le sarcasme : *Première Désillusion*, *Le Troisième Homme* – son film le plus célèbre, grâce à la musique d'Anton Karas, aux apparitions d'Orson Welles et à la perfection de son écriture cinématographique –, *L'Homme de Berlin* en 1953.

Hitchcock, lui, a émigré à Hollywood en 1940. Son ancien producteur, Michael Balcon, reprend pour la compagnie Ealing ce cocktail explosif d'humour et de suspense qui constitue l'une des armes maîtresses de la comédie d'après-guerre : des gamins viennent à bout d'une bande de gangsters dans *À cor et à cri* de Charles Crichton, un héritier se débarrasse froidement de tous ses rivaux dans *Noblesse oblige* de Robert Hamer (1949), des truands maladroits préparent le casse du siècle dans *De l'or en barres* (Crichton, 1951), ou se font héberger par une innocente vieille dame, avant de s'entre-tuer, dans *Tueurs de dames* d'Alexander Mackendrick.

La satire sociale n'est jamais absente de ces comédies. Elle est plus apparente encore dans des films qui prennent directement pour cible les valeurs traditionnelles de la société anglaise. Mackendrick, en particulier, dose savamment l'irrévérence et le sourire : les habitants d'une île en Écosse pratiquent la contrebande à la barbe de l'armée anglaise (*Whisky à gogo*), un inventeur met au point un tissu inusable qui provoque une crise socio-économique (*L'Homme au complet blanc*). La satire est quelquefois aimablement politique : un quartier de Londres proclame son autonomie (*Passeport pour Pimlico*, Henry Cornelius en 1949), dix ans plus tard un grand-duché déclare la guerre aux États-Unis (*La souris qui rugissait*, Jack Arnold).

Cependant, au cours des années 50, le comique perd de sa vigueur. On s'amuse encore d'une course de tacots conduits par des couples farfelus (*Geneviève*, Cornelius), des mésaventures d'un jeune médecin (*Doctor in the House*, Ralph Thomas), ou des frasques d'une troupe de collégiennes délurées (*The Belles of St Trinian's*, Frank Launder et Sidney Gilliat), mais de suites ineptes en remakes laborieux (*Les Trente-Neuf Marches*, R. Thomas en 1959), le filon s'épuise.

C'est alors que le film fantastique est sur le point de conquérir la faveur du public et des cinéphiles. Grâce à une petite compagnie de production, Hammer Films, dirigée par Michael Carreras, le cinéaste alors inconnu Terence Fisher accepte de tourner des thrillers à petit budget. Quelques années plus tard, le triomphe commercial aidant, épaulé par ses vedettes Peter Cushing et Christopher Lee, il est devenu l'un des maîtres du film d'horreur, « le restaurateur de monstres ». Il renouvelle à partir de 1957 les grands mythes du fantastique par son inventivité narrative, son humour, ses décors flamboyants (*Frankenstein s'est échappé*, *La Revanche de Frankenstein*, *Le Cauchemar de Dracula*...).

***Le Troisième Homme*, de Carol Reed (1949).**
Le scénario original de Graham Greene, la musique d'Anton Karas, la performance de l'acteur Joseph Cotten rôdant dans les rues de Vienne et la prestation mémorable d'Orson Welles ont fait de ce film un succès international.

Page de gauche :
***Oliver Twist*, de David Lean (1948).**
Un des chefs de file du cinéma anglais, Lean excelle dans les adaptations de Dickens.

Page de droite :
Noblesse oblige, de Robert Hamer (1949).
De gauche à droite : Alec Guinness, Valérie Hobson, Alec Guinness, Alec Guinness, Alec Guinness, Alec Guinness et Alec Guinness. L'acteur, célèbre pour son art de la transformation, ne compose pas moins de huit personnages.

La Nuit du chasseur, de Charles Laughton (1955).
Un Robert Mitchum exceptionnel, parfaite incarnation du Mal, pour le seul film réalisé par le grand acteur britannique.

Henry V, de et avec Laurence Olivier (1944).
Le légendaire comédien contribue à populariser Shakespeare, dans des adaptations à la fois classiques et fort personnelles.

Stars de la scène et de l'écran

Les films de genre comme les films d'auteur ont su puiser dans l'extraordinaire vivier des comédiens britanniques, formés pour la plupart à l'Académie royale d'art dramatique, puis rodés sur les planches des théâtres de Londres. Beaucoup de ces grands comédiens seront rapidement tentés par Hollywood. La blonde Deborah Kerr, égérie de Michael Powell, signe un contrat avec la MGM et devient l'une des beautés « classiques » du cinéma américain ; Vivien Leigh, qui démarre en Angleterre une carrière fulgurante au théâtre puis au cinéma, remporte l'Oscar de la meilleure actrice en 1939 dans *Autant en emporte le vent* ; Jean Simmons rejoint Hollywood en 1950 ; Audrey Hepburn y triomphe en 1953 dans *Vacances romaines*. En revanche, l'élégante et drôle Kay Kendall ou la charmante et piquante Joan Greenwood apportent leur vivacité aux joyaux de la comédie britannique d'après-guerre.

D'immenses acteurs partagent leur carrière entre la scène et l'écran. Charles Laughton poursuit une carrière exceptionnelle : acteur aux mille facettes, il mêle dans son jeu humour et cynisme (*Chaussure à son pied*, David Lean, 1954) ; en 1956, il réalise à Hollywood *La Nuit du chasseur*, un inoubliable film poétique et fantastique. Margaret Rutherford est aussi célèbre par ses nombreuses incarnations de miss Marple, la détective d'Agatha Christie (*Il importe d'être constant*, Anthony Asquith, 1952). D'autres acteurs, véritables caméléons, brillent volontiers grâce à des déguisements inattendus : Alec Guinness interprète huit personnages dans *Noblesse oblige*, préparant le terrain à Peter Sellers (le futur inspecteur Clouseau de *La Panthère rose* et interprète de trois personnages dans *Docteur Folamour*). Ce dernier se fait connaître aux côtés de Guinness dans *Tueurs de dames*, puis campe un irrésistible leader travailliste dans *Après moi le déluge* (*I'm All Right Jack*, John Boulting, 1959). Les héros romanesques masculins conjuguent l'intelligence et le sens de l'action, le professionnalisme et l'instinct, ils sont aussi à l'aise dans un boudoir que sur un champ de bataille (John Mills, James Mason, Dirk Bogarde).

Laurence Olivier est un des monstres sacrés du théâtre britannique avec John Gielgud et Michael Redgrave ; inoubliable dans ses interprétations de Shakespeare, il est aussi le comédien anglais le plus populaire du cinéma des années 30 à 70. Dans *Les Hauts de Hurlevent* (William Wyler, 1939) ou *Rebecca* (Alfred Hitchcock, 1940), il apparaît à Hollywood comme le symbole de l'acteur romantique et ténébreux. En 1944, il passe à la réalisation, avec une adaptation un peu guindée, mais joliment colorée, d'*Henry V* de Shakespeare. Il est lui-même le fringant interprète de tous les films qu'il met en scène, dont un *Hamlet* impassible et introverti, et en 1956 un souverain succombant aux charmes de Marilyn Monroe dans *Le Prince et la Danseuse*.

Esprits rebelles et *Free Cinema*

Dès 1946, le jeune étudiant Lindsay Anderson est cofondateur de la revue de cinéma *Sequence*, qui fustige l'académisme et le manque de réalisme du cinéma anglais. Le futur réalisateur d'*If*... (1968) publie un article intitulé « Stand up ! Stand up ! », un appel à la création d'un cinéma libre et personnel. Des « jeunes gens en colère » vont bientôt secouer le milieu artistique anglais, pour déboucher sur le (bref) mouvement du *Free Cinema* de la fin des années 50.

Anderson fait ses premières armes dans le court métrage avec ses camarades Karel Reisz et Tony Richardson, qui, le premier, réalise un long métrage, avec l'adaptation d'une pièce contemporaine de John Osborne, *Les Corps sauvages* (1959). Une révolte à l'idéologie floue, mais suffisamment dénonciatrice, fait de ce film une étape importante pour l'expression de cette génération et son regard neuf sur la société. Une liberté de ton fiévreuse, un récit ancré dans un contexte social réaliste, des protagonistes en proie à une rage existentielle inédite deviennent les emblèmes de la modernité. Ces jeunes réalisateurs vont intégrer le cinéma britannique à un mouvement de contestation plus vaste, quoique disparate, qui englobe la Nouvelle Vague française et anticipe les grands bouleversements culturels de la fin des années 60.

***Les Corps sauvages*, de Tony Richardson (1959), avec Richard Burton.**
Adaptation d'une pièce avant-gardiste de John Osborne que Richardson avait déjà montée au théâtre, ce film est animé par l'intensité du malaise social.

LES PAYS DE L'EST, UNE ÉTONNANTE VITALITÉ

En 1945, la partie de l'Europe dite « de l'Est » regroupe l'ensemble des pays qui appartiennent à la sphère d'influence soviétique suivant les accords de Yalta entre Staline, Roosevelt et Churchill. Hormis la Yougoslavie, la Pologne et la Tchécoslovaquie, ces pays avaient connu avant la guerre des régimes fascistes ou autoritaires et, soit s'étaient alliés aux nazis, soit leur avaient fourni de gré ou de force des troupes. Leur adhésion aux idéaux socialistes est donc très inégale, et la place occupée par les communistes dans le champ politique parfois inexistante. Mais ils demeurent sous l'autorité de l'URSS, qui intervient constamment dans leur politique, quitte à les amener à la rupture (Yougoslavie). Au sortir de la guerre la situation du cinéma est très variable d'un pays à l'autre, car leurs passés sont très différents.

***La Barricade muette*, d'Otakar Vávra (1948).** *Auteur de documentaires et de courts métrages, le Tchèque Vávra tourne ses premiers longs métrages en 1937, et adapte avec talent les grands noms de la littérature tchécoslovaque. La ville de Prague fut occupée par les Allemands le 15 mars 1939. Le film raconte le soulèvement de 1942 qui tenta de s'opposer à l'envahisseur. Prague fut libérée le 9 mai 1945 par les troupes soviétiques.*

La guerre, une expérience historique

En 1919, le cinéma hongrois a été nationalisé lors de la révolution socialiste et a développé une production abondante pendant la brève existence de la République des Conseils. Mais le fascisme et la dictature ont contraint les créateurs à l'exil. La Pologne a connu avant la guerre une production de qualité mais restreinte. Seule la Tchécoslovaquie offre une situation florissante. Ses liens avec l'industrie du cinéma allemande l'avaient dotée d'une infrastructure remarquable, mise après la guerre au service des pays voisins, y compris l'URSS. Dans ce pays où le parti communiste et le parti socialiste sont majoritaires en 1945, les cinéastes réclament la nationalisation du cinéma avant même la fin de la guerre. En Allemagne de l'Est, l'héritage du cinéma allemand est en lambeaux, la plupart des grands cinéastes ayant émigré après l'arrivée d'Hitler au pouvoir. Cependant, les studios berlinois ont repris rapidement leur activité et accueillent, jusqu'en 1961, des réalisateurs de l'Ouest.

Entre 1945 et 1948, l'industrie cinématographique est nationalisée (production, distribution, exploitation), et tous les pays de l'Est entreprennent de se doter de studios et d'écoles de formation pour les metteurs en scène, les techniciens et les acteurs. Le but est de créer des cinémas nationaux ancrés dans les traditions culturelles propres à chacun et inspirés par l'idéologie socialiste. Ceux qui sont dans la situation la plus favorable (la Pologne, la Tchécoslovaquie, la République démocratique allemande) produisent des films importants, lucides, diversifiés, généralement liés à l'expérience historique de la guerre : le Polonais Aleksander Ford, cinéaste engagé des années 30 réfugié en URSS pendant la guerre, dépeint les combats désespérés du ghetto de Varsovie dans *La vérité n'a pas de frontière* ; le Tchèque Otakar Vávra retrace le soulèvement de Prague contre les nazis dans *La Barricade muette* ; le Yougoslave France Stiglic raconte les luttes de libération en Slovénie dans *Sur son propre sol* ; la Polonaise Wanda Jakubowska, dans *La Dernière Étape*, évoque avec force l'horreur des camps de concentration allemands où elle fut elle-même déportée ; l'Allemand Wolfgang Staudte, dans *Les assassins sont parmi nous*, dénonce les complicités du génocide nazi. En Hongrie Géza Radványi s'impose au plan international avec *Quelque part en Europe*, consacré aux enfants abandonnés de l'après-guerre. Ces films appartiennent à des courants esthétiques allant de l'expressionnisme au « réalisme poé-

 voir : Le cinéma d'animation p. 198-201

***La Dernière Étape*, de Wanda Jakubowska (1948).** *Collaboratrice d'Aleksander Ford pour* Le Réveil *en 1934, la Polonaise Wanda Jakubowska tourne un premier long métrage en 1939. Elle est arrêtée par les Allemands et déportée à Auschwitz puis à Rabensbrück. Le film est un des premiers documents polonais sur les camps de concentration. Il a fait le tour du monde.*

tique » et au néoréalisme, et c'est cette diversité même qui sera critiquée par la suite par les idéologues du « réalisme socialiste ».

Le « réalisme socialiste », une entrave à la création

La guerre froide et le durcissement idéologique et politique en URSS avec son cortège de répression, procès, relégations créent une situation paradoxale : avec une industrie du cinéma nationalisée, des moyens de formation et de production sur lesquels ne pèse pas le diktat de la rentabilité commerciale, avec aussi des cinéastes et des artistes souvent d'avant-garde, engagés, toutes les conditions semblent réunies pour donner un essor à des cinématographies nationales. L'exemple un peu marginal du cinéma d'animation est là pour le démontrer : dès l'après-guerre, une « école » du cinéma de marionnettes, avec comme chef de file Jiri Trnka, voit le jour en Tchécoslovaquie, accompagnée d'autres tendances allant du dessin animé au collage, aux ombres chinoises ou aux objets et matières animés. Cette effervescence liant le cinéma au graphisme moderne, à l'illustration populaire et à l'art contemporain gagne les pays voisins, offrant une brillante et rare alternative à l'hégémonie de Disney, qui impose partout ses rassurantes rondeurs et son état d'esprit lénifiant.

S'agissant du cinéma de fiction, après quelques années pendant lesquelles se mettent en place les institutions, le dogmatisme politique entrave son développement et parfois le dénature en imposant un « réalisme socialiste » à la soviétique, totalement stérilisant. Les cinéastes tentent de transformer l'organisation de ce système de production par la création de collectifs, de groupes autonomes de production où les réalisateurs aient une part de responsabilité décisive. À l'exception de la Yougoslavie, où la doctrine autogestionnaire introduit au début des années 50 des organismes indépendants voire concurrents, cette revendication est restée jusqu'en 1989 celle des créateurs soviétiques et des pays de l'Est.

Néanmoins les bases matérielles sont là, les forces spirituelles également, et l'histoire de ces cinémas est faite de contradictions, de lueurs d'espoir, de percées et d'entraves ou d'interdictions conduisant à l'émergence de courants novateurs, en particulier en Pologne, Hongrie, Yougoslavie, Tchécoslovaquie, et à des réussites moins nombreuses mais significatives en RDA, Bulgarie et Roumanie.

Les bouleversements politiques qui marquent les années suivant la mort de Staline (1953) et l'ère du « dégel » khrouchtchévien en URSS et en Europe de l'Est sont souvent précédés et toujours suivis d'éclosions dans le domaine du cinéma, tant les potentialités qui y sont contenues n'attendent que l'occasion de s'exprimer.

***Professeur Hannibál,* de Zoltán Fábri (1956).** *Dans le Budapest des années 20, Fábri aborde sur un mode humoristique la montée du fascisme en Hongrie ; Erno Szabo, son interprète, a souvent été comparé à Chaplin.*

La Hongrie

Ainsi en Hongrie, peu après la nationalisation du cinéma, un optimisme de rigueur avait confiné la production à l'insignifiance (*La vie est belle en chantant*, de Keleti), à l'exaltation du travail en usine, dans les chantiers ou dans les champs (*À toute vapeur*, de Máriássy) ou à l'illustration édifiante. Après la mort de Staline, les cinéastes reprennent le combat pour un cinéma qui ne travestisse pas la réalité. L'année 1956, où un mouvement insurrectionnel et populaire vise à renverser le pouvoir prosoviétique, est bien sûr une date clé dans l'histoire du pays. L'onde de choc se propagea dans le cinéma jusque dans les années 70. L'écrasement du mouvement par les troupes soviétiques aboutit à l'exil de dizaines de milliers de personnes, à des emprisonnements, des destitutions, des exécutions, et l'Union des cinéastes est dissoute.

L'année précédente, quelques films laissent pressentir les prémices d'une révolte. *Printemps à Budapest* et *Un petit bock de blonde* de Félix Máriássy, *Un petit carrousel de fête* et *Professeur Hannibál* de Zoltán Fábri brisent les clichés sur la représentation du peuple, les conditions de la Libération et la vie dans une coopérative agricole. Fábri et Máriássy, artisans de cette renaissance du cinéma hongrois, sont des vétérans mais Károly Makk appartient à la nouvelle génération et inaugure, avec *Salle n° 9*, un cinéma proche du néoréalisme italien, décrivant sans fard la vie quotidienne des Hongrois.

Fin 1959, le pouvoir politique ébauche une libéralisation idéologique. Celle-ci va favoriser l'émergence d'un courant de films qui interrogent les fondements mêmes du régime socio-économique du pays, la place de l'individu dans la communauté, le sens des « événements » de 1956. Ce courant va se développer au cours des années 60 avec Jancso, Kosa, Gaal, Szabo.

La Pologne et l'école de cinéma de Lodz

En Pologne, une crise éclate également en 1956, accompagnée d'une grève générale, de manifestations, batailles de rues et menaces d'intervention armée de l'armée soviétique. Cependant la situation se stabilise et l'étau de la censure idéologique se desserre. Condamné à l'inactivité depuis sept ans, Antoni Bohdziewicz, qui avait filmé en 1944 l'insurrection de Varsovie, est de nouveau autorisé à travailler. Plus largement, se développe ce que l'on va appeler « l'école polonaise ». La première « nouvelle vague » européenne est inaugurée avec Andrzej Munk, Andrzej Wajda et Jerzy Kawalerowicz, qui ont débuté tous les trois en 1954, bientôt suivis de Wojciech Has et Kazimierz Kutz, Tadeusz Konwicki puis Roman Polanski, Jerzy Skolimowsky. Tandis que le vétéran Aleksander Ford s'enlise quelque peu dans les superproductions (*Les Chevaliers teutoniques*), ces jeunes réalisateurs, qui sont passés par l'école de cinéma de Lodz, conjuguent une recherche passionnée du point de vue subjectif, parfois teintée de romantisme (comme chez Wajda), et une peinture renouvelée de la société et de l'his-

 voir : Polanski p. 259 – Wajda p. 274

***Les Chevaliers teutoniques,* d'Aleksander Ford (1960).**
Grande figure du cinéma polonais dès les années 30, Ford se réfugie en URSS pendant la guerre. De retour à Varsovie, il dirige l'entreprise d'État Film Polski. Il réalise alors ses films les plus marquants, ainsi que de grandes fresques historiques dont Les Chevaliers teutoniques.

toire polonaises, une « nouvelle objectivité ». Tout est remis en cause : l'héroïsme, la place de l'individu dans le collectif, les conflits entre les générations. La plupart de ces films sont adaptés d'œuvres littéraires et s'approprient de ce fait des procédés narratifs neufs dans ce cinéma, en particulier le retour en arrière, le monologue intérieur, l'ellipse.

La Tchécoslovaquie, la Bulgarie, la République démocratique allemande

En Tchécoslovaquie, en 1950, *Ghetto Terezin* d'Alfred Radok évoque sur un mode allégorique la relation, sous l'occupation nazie, entre un jeune garçon et une jeune fille juive. Le film est accusé d'« existentialisme ». Par la suite les directives politiques assignant au cinéma une fonction édifiante aboutissent à l'appauvrissement de la création, confinée à des biographies de grands hommes et à des récits pesants comme *Choisir son camp* d'Otakar Vávra (1953). Le « dégel » intervient un peu plus tard qu'en Pologne et en Hongrie, mais 1956 marque, là aussi, le début d'un processus qui aboutit, en deux étapes, à l'éclosion du nouveau cinéma tchèque, annonciateur du « Printemps de Prague ». Vojtech Jasny, Ján Kadár et Zbynek Brynych se détachent de cette génération avant que les Forman, Passer, Chytilova, Schorm, Nemec, Menzel ne s'imposent.

En Bulgarie et en RDA, on observe, après 1956, quelques signes très ténus de renouvellement. *Sur la petite île* de Ranguel Valtchanov (1958) évoque les rapports entre des prisonniers politiques détenus sur une île inhabitée de la mer Noire. Mais le film est accusé de pessimisme, de « freudisme », etc. Ce même réalisateur participe ensuite à une coproduction RDA-Bulgarie sous la direction de Konrad Wolf, *Étoiles*. C'est dans les années 70 qu'on assiste à un renouveau du cinéma bulgare.

En RDA, la situation est différente. Il existe des réalisateurs de talent, ainsi qu'une tradition, celle du cinéma prolétarien des années 30, illustré par un Slatan Dudow. Le cinéma privilégie l'évocation de la tradition antifasciste (guerre d'Espagne, lutte antinazie) ainsi que la dénonciation de la discrimination raciale et religieuse de l'hitlérisme. Les responsables de la culture jugent en effet qu'il s'agit de donner une légitimité à un État né de la division de l'ancien Reich, dont les habitants se sont fatalement compromis avec l'idéologie nazie. Malheureusement les directives administratives minent dans tous les domaines les efforts des créateurs, fussent-ils aussi talentueux que les Brecht, Eisler ou Bloch. Beaucoup d'entre eux sont ainsi poussés à l'exil en Allemagne fédérale. Le documentaire, en revanche, connaît un constant développement et c'est sans doute dans ce genre que se concentrent les meilleurs travaux.

***Étoiles,* de Konrad Wolf (1958).**
Dans ce film remarquable, le réalisateur évoque la rencontre d'une jeune déportée juive et du gardien du camp d'internement.

Le Japon de l'après-guerre : une impressionnante vitalité

***Contes de la lune vague après la pluie*, de Kenji Mizoguchi (1953).**
« Le plus beau film du monde », selon le cinéaste Alexandre Astruc, est aussi une critique du système féodal dont il reste des traces dans le Japon du XXe siècle.

Le 6 août 1945, la ville d'Hiroshima est totalement détruite par la première bombe atomique lancée par les Américains ; trois jours plus tard, le 9 août, une deuxième bombe détruit la ville de Nagasaki. Le Japon est obligé de capituler : l'armistice est signée le 2 septembre.

L'histoire d'une reconstruction

À la fin de la Seconde Guerre mondiale, après la défaite, la plupart des salles sont détruites. Jusqu'en 1950, la reconstruction va être contrôlée par les Américains, sous la haute autorité du SCAP (Supreme Command Allied Powers). Ce dernier interdit toute propagande nationaliste et militaire, écartant ainsi de la production les films de samouraïs ou de combats, qui exaltent l'héroïsme guerrier, un genre né après l'arrivée au pouvoir de l'empereur Hirohito en 1927. Le SCAP établit la liste des criminels de guerre, dont font partie les dirigeants des grands studios et presque tous les professionnels du cinéma (acteurs, réalisateurs, techniciens). Cette liste est si longue que l'industrie cinématographique risque d'être décimée. On fait marche arrière et la plupart des suspects sont réhabilités. En même temps, la Toho, la seule grande compagnie mise hors de cause, est secouée en 1948 par une importante grève qui l'affaiblit et provoque la désertion des cinéastes, dont Kurosawa. Au cours de cette période agitée, Yasujiro Ozu prend ses distances. Entre 1942 et 1947, il ne tourne aucun film, puis au cours des quinze années suivantes il réalise quinze films, adoptant la couleur à partir de *Fleurs d'équinoxe* (1958), dont l'usage singulier va enrichir la toile de fond de ses tableaux de famille. De son côté, Mikio Naruse revient avec des comédies légères et des œuvres divertissantes. Il signe alors ses films majeurs, tragédies ordinaires de la vie de couple, comme *Le Repas* (1951), avec Setsuko Hara et Ken Uehara, *Le Grondement de la montagne* (1954, d'après Kawabata), son chef-d'œuvre, ainsi que *Nuages flottants* (1955), inspiré par Fumiko Hayashi, sa romancière de prédilection.

Intransigeant sur l'idéologie, le SCAP se montre plus laxiste sur les mœurs. Profitant de la vogue des films érotiques et des « *Pan-pan mono* » (films sur les prostituées), Mizoguchi réalise *Cinq Femmes autour d'Utamaro* (1946), sur le grand maître de l'estampe, et *Femmes de la nuit* (1948), influencé par *Rome, ville ouverte* de Rossellini, sur la condition des prostituées dans les ruines de l'après-guerre. Viennent ensuite une sublime adaptation d'un roman de Tanizaki (*Mademoiselle Oyu*, 1951) puis les *Contes de la lune vague après la pluie* (1953), d'après deux nouvelles fantastiques d'Akinari Ueda, qui racontent l'histoire d'un paysan devenu samouraï et d'un potier ensorcelé par une princesse qui se révèle être un fantôme, et *Les Amants crucifiés* (1954), inspirés, d'une pièce de bunraku du célèbre Monzaemon Chikamatsu. Mizoguchi dénonce l'esclavage (*L'Intendant Sansho*, 1954) et s'intéresse aux sanglantes périodes de transition du Japon (*Le Héros sacrilège* en 1955, d'après le *Heike monogatari*, célèbre récit épique du XIIe siècle), tout en montrant la misère sociale du Japon moderne dans *La Rue de la honte* (1956), qui raconte, sans complaisance, le quotidien d'une maison close.

Entre 1945 et 1950, le jeune Akira Kurosawa, contraint par le SCAP de tourner des sujets contemporains, opte pour des chroniques intimistes marquées par le néoréalisme, qui aboutissent à *Vivre* (1952). Son cinéma bascule avec la découverte de l'acteur Toshiro Mifune, qui le séduit par son jeu vif, rappe-

 voir : Kurosawa p. 245 – Mizoguchi p. 253 – Ozu p. 257

***Les Sept Samouraïs*, d'Akira Kurosawa (1954).**
Cette épopée grandiose retrace la défense, par un groupe de samouraïs, des paysans d'un village aux prises avec une bande de pillards. En 1960, les Américains en firent un célèbre remake, Les Sept Mercenaires.

***Godzilla*, d'Insoshiro Honda (1954).**
Le premier grand film de science-fiction japonais met en scène Godzilla, un monstre réveillé par une explosion atomique. Dans un remake de Roland Emmerich (1998), le monstre réapparaît bardé d'effets spéciaux.

lant le jeu du démon dans le théâtre nô. Kurosawa renouvelle le cinéma d'action (*Les Sept Samouraïs* en 1954, dont seule est cohérente la version longue, *La Forteresse cachée*, en 1958) tout en étant attiré par l'Occident. En témoignent son adaptation de Gorki (*Les Bas-fonds*, 1957) et surtout sa version de *Macbeth*, *Le Château de l'araignée* (1957), magistrale rencontre du nô avec le théâtre de Shakespeare.

Un âge d'or économique et artistique

Cet âge d'or s'exprime en quelques chiffres : de 1950 à 1956, la production annuelle passe de 215 à 514 films, dépassant les États-Unis et l'Inde. Par ailleurs, la fréquentation passe de 718 millions d'entrées par an à 1,128 milliard en 1956. Vient alors le temps de la reconnaissance internationale. En 1951, *Rashomon* d'Akira Kurosawa remporte le Lion d'or à Venise. L'année suivante, Kenji Mizoguchi obtient la même récompense avec *La Vie d'Oharu, femme galante*, inspirée d'un célèbre roman de mœurs d'Iharu Saikaku où il a puisé l'essentiel de ses thèmes.

Parallèlement à l'éclosion du cinéma d'auteurs se développe un cinéma de genre : films érotiques, films de gangsters (*yakuza*), films d'arts martiaux ou de sabre (*chambara*). S'y ajoutent les séries sur les monstres (*kaju-eiga*), inaugurées par *Godzilla* (1954) d'Inoshiro Honda, la science-fiction, dont *Le Satellite mystérieux* (1956) de Koji Somai, propagande pour le réarmement du Japon, et les films de fantômes (*bake-mono*). *Le Fantôme de Yotsuya* (1949) de Keisuke Kinoshita, d'après l'illustre pièce de kabuki de Nanboku Tsuruya écrite en 1825, est l'objet de nombreux remakes, dont celui réalisé en 1959 par le spécialiste du genre, Nobuo Nakagawa : *Histoires de fantômes japonais* ; cela prouve que le cinéma d'après-guerre recèle de nombreux trésors et une énorme vitalité, aujourd'hui disparue.

Deux dates symbolisent la transition avec la nouvelle vague : la mort brutale de Mizoguchi, emporté par une leucémie en 1956, suivie de celle d'Ozu en 1963, à l'âge de soixante ans. Avec eux disparaît une génération qui a grandi dans le système des studios, les majors japonais ayant permis aux cinéastes de se livrer aux expériences artistiques les plus exigeantes et de bâtir une œuvre à la cohérence exemplaire.

En Amérique, l'ère du soupçon et du changement

En 1939, à la veille d'un conflit mondial que l'Amérique ne rejoindra que deux ans plus tard, *Autant en emporte le vent*, la gigantesque production de David O. Selznick, affirme le dynamisme conquérant du cinéma hollywoodien et la confiance en une stabilité économique. Ce n'est pas la fin d'un âge d'or. Au contraire, la guerre ne fait que renforcer la santé du cinéma américain. Le pays en ressort prospère et se prépare à une décennie de grande consommation, dans la joie et la paix retrouvée du foyer. Cependant le cinéma des années 40 et 50 porte la marque des grands bouleversements de l'après-guerre, la mise en place du « rideau de fer », le développement de l'arme nucléaire en URSS, le succès de la révolution chinoise. Moins que l'indécise guerre de Corée, ce sont la guerre froide et la hantise du communisme qui troublent une époque où cohabitent, dans l'histoire du cinéma américain, les genres traditionnels et de fructueuses ruptures.

La « chasse aux sorcières »

Dès les années 30, des intellectuels d'Hollywood avaient manifesté des sympathies pour le communisme. Pendant des années, le FBI a engrangé des informations sur les sympathisants ou les membres du parti communiste dans le milieu hollywoodien. La paranoïa éclate en 1947, elle sera relayée à la fin de cette décennie par le sénateur McCarthy. Dans le cadre des enquêtes du Congrès, Hollywood devient le terrain d'une « chasse aux sorcières », marquée par une série d'auditions de témoins, d'accusations déguisées, de délations. Adolphe Menjou ou Leo McCarey se déclarent prêts à dénoncer des sympathisants. Gary Cooper, Ronald Reagan, Robert Taylor, inquiets du caractère gauchisant de certains scénarios, se montrent prêts à coopérer. La peur des « rouges » pousse aux attitudes les plus extrêmes, les plus incohérentes : l'acharnement de Cecil B. DeMille contre Joseph L. Mankiewicz et les cinéastes d'origine étrangère, la dénonciation par Elia Kazan ou Edward G. Robinson des anciens compagnons. Certains témoins assignés à comparaître se montrent au contraire peu coopératifs, arguant du droit à la liberté d'expression garanti par le premier amendement de la Constitution. Parmi eux, Dalton Trumbo, Herbert Biberman, Adrian Scott ou Edward Dmytryk sont accusés d'outrage au Congrès, brièvement emprisonnés, puis mis sur la « liste noire », ce qui les prive de travail durant des années. Joseph Losey et Jules Dassin, inscrits sur la même liste, échappent au chômage en émigrant. C'est seulement en 1960 qu'Otto Preminger mentionne officiellement Dalton Trumbo comme scénariste d'*Exodus*, puis Kirk Douglas le propose à Stanley Kubrick pour le scénario de *Spartacus*. La liste noire perd alors de son impact, mais seul un dixième de ses victimes reprendra une carrière normale.

Au début des années 50, le cinéma américain tâche de conjurer cette peur du communisme dans le film de science-fiction. La menace extraterrestre symbolise l'invasion communiste (*La Guerre des mondes* de Byron Haskin ; *Le Météore de la nuit* de Jack Arnold). S'y ajoute une réflexion sur les dangers du nucléaire et ses conséquences : l'extraterrestre du *Jour où la terre s'arrêta* (Robert Wise, p. 196) est venu prévenir les humains. Les conflits des *Survivants de l'infini* (Joseph Newman) font écho aux guerres humaines. Deux films se distinguent par la richesse de leur réflexion,

***Planète interdite*, de Fred McLeod Wilcox (1956).**
Les nombreux trucages (appelés aujourd'hui effets spéciaux) et les espaces intersidéraux d'une planète lointaine servent de cadre aux aventures du docteur Morbius et du robot, Roby.

 voir : Le western p. 180-183 – Le film criminel p. 184-187 – La science-fiction p. 196-197 - Les stars p. 64-73 – DeMille p. 226 – Ford p. 234 – Hawks p. 238 –

Planète interdite de Fred McLeod Wilcox, libre transposition de *La Tempête* de Shakespeare, et surtout l'extraordinaire *20 000 Lieues sous les mers* de Richard Fleischer.

L'affaiblissement du système des studios et les nouvelles techniques

Malgré la prospérité économique, les recettes du cinéma déclinent à partir de 1946. En dix ans, elles vont diminuer de moitié, entraînant même la disparition d'une firme, la RKO, rachetée par le milliardaire Howard Hughes, puis abandonnée. Cet affaiblissement s'explique d'abord par le démantèlement partiel du système hollywoodien. Dès les années 10, la politique des grands studios – leurs ambitions, leur mainmise sur la production, la distribution et l'exploitation – et la puissance des trusts avaient suscité la méfiance du gouvernement. En 1948, la Cour suprême déclare que les grandes compagnies sont coupables de pratiques illégales au regard de la loi antitrust. Elles doivent se défaire de leurs circuits de salles. Cette décision donne à quelques compagnies l'accès aux grandes salles, leur permet de produire quelques superproductions (la Columbia tourne ainsi *Tant qu'il y aura des hommes* de Fred Zinnemann) et encourage la naissance des indépendants, même si, dans l'ensemble, le passage par les grands studios reste plus ou moins obligé.

La télévision commence à envahir les foyers et vole au cinéma une partie de son public. La classe moyenne s'installe dans la banlieue des grandes villes. Lorsqu'elle va au cinéma, il lui faut se déplacer : le film doit le mériter, attirer ce public avec des images spectaculaires ; la couleur (utilisée depuis 1935) s'impose vraiment, quel qu'en soit le coût, avec les années 40 et 50. À la richesse du Technicolor flamboyant s'ajoutent l'Eastmancolor, puis le DeLuxe de la Fox, plus terne. Malheureusement, ces procédés restent très fragiles et, assez rapidement, les teintes virent ou s'affadissent.

La grande innovation reste l'écran large. En 1953, la Fox distribue *La Tunique* (Henry

***20 000 Lieues sous les mers*, de Richard Fleischer (1954).**
Une excellente et fidèle adaptation de Jules Verne.

Hitchcock p. 239 – Kazan p. 241 – Lang p. 246 – Minnelli p. 252 – Wilder p. 278

***La Tunique*, d'Henry Koster (1953).**
Le premier film en CinémaScope.

Koster), le premier film en CinémaScope. La Paramount, à partir de 1956, utilise la VistaVision un format intermédiaire avec défilement horizontal de la pellicule (*Les Dix Commandements* de Cecil B. DeMille, *Guerre et Paix* de King Vidor, *Sueurs froides* d'Alfred Hitchcock) – le format de l'écran large est 1,33 x 1 ; celui du CinémaScope 2,35 x 1 ; celui du VistaVision 1,75 x 1. Système à trois projecteurs, le Cinérama est utilisé en 1952 pour un documentaire, et en 1962 pour *La Conquête de l'Ouest* (John Ford et Henry Hathaway ainsi que George Marshall). En même temps, Hollywood multiplie les nouvelles techniques (son stéréophonique, films en relief) pour retrouver son public.

Des films grandioses

Dans une escalade qui débouchera en 1963 sur le gouffre historique de *Cléopâtre* (Joseph L. Mankiewicz), les productions gigantesques se succèdent, rassemblant toujours plus de stars, plus de figurants. Un nouvel âge d'or se dessine pour le film d'action, le film en costumes, le film épique. Avec *Les Trois Mousquetaires* ou *Scaramouche*, George Sidney règle avec brio de grandes scènes de duel. Richard Thorpe donne une version pittoresque d'*Ivanhoe*, Fritz Lang réalise *Les Contrebandiers de Moonfleet*.

Toute une génération de cinéastes, qui est née avec le muet et s'y est épanouie, jette ses derniers feux, souvent magnifiques, dans les années 50. Ils semblent se retrouver dans le genre du film biblique, où ils livrent souvent une œuvre somme, ou testamentaire : Cecil B. DeMille avec *Les Dix Commandements*, Frank Borzage avec *Simon le pêcheur*, William Wyler avec *Ben Hur*, Raoul Walsh avec *Esther et le roi*, Nicholas Ray avec *Le Roi des rois*.

De même, les grands genres des années 20 et 30 font l'objet d'une réflexion psychologique approfondie, ou bien d'une exaspération formelle. Si le western demeure bien le genre du nationalisme conquérant, il s'ouvre à des territoires nouveaux. Dans l'œuvre de John Ford se croisent l'éloge de la tradition et une mélancolie croissante. Ford élabore des mythes triomphants mais pour en montrer la construction douloureuse et les fêlures. *Le Massacre de Fort Apache* ou *Rio Grande* articulent une vision harmonieuse de l'espace et des groupes humains avec une conscience aiguë de la mort et du prix à payer pour bâtir la légende. Pilier du western et de l'œuvre de Ford, *La Prisonnière dù désert* est emblématique d'un genre qui s'interroge sur les fondements des légendes qu'il véhicule.

Le western se fait alors pacifiste, défend la noblesse de l'Indien (*La Flèche brisée* ou *La Dernière Caravane*, tous deux de Delmer Daves), devient monumental et méditatif (*L'Homme des vallées perdues* de George Stevens). Anthony Mann remplace les héros mythiques par de simples individus torturés, confrontés à un environnement physiquement hostile, puissant, traité avec la violence d'un film noir (*Les Affameurs*, *L'Appât*). Peu à peu, les héros n'ont plus rien d'héroïque : cyniques, ils ne font plus que s'entre-tuer. L'œuvre d'un Sam Peckinpah représente bien cette agonie du genre (*Coups de feu dans la Sierra*, *La Horde sauvage*).

Mélodrames et comédies

Lyrique, contemplatif ou social dans les années 30, le mélodrame des années 50 devient flamboyant. Traité en couleurs et en écran large, il souligne de manière opulente, sensuelle, survoltée, les passions les plus

destructrices. Universal se spécialise dans le mélodrame avec les films de Douglas Sirk (*Le Secret magnifique*, *Écrit sur du vent*, *Mirage de la vie*). Sirk exploite la gamme infinie des couleurs, tantôt délirantes, tantôt funèbres, pour explorer les hypocrisies, les idéaux, les pulsions d'une société américaine obsédée par l'innocence, en un style exigeant, hanté par les miroirs et les reflets. Assez proches de ceux de Sirk par leur exubérance, les mélodrames de Vincente Minnelli sont enrichis par les chorégraphies du musical (*Comme un torrent*, *Les Quatre Cavaliers de l'Apocalypse*), dans un style pictural et raffiné.

George Cukor (*Madame porte la culotte*) continue la tradition de la comédie conjugale, tout comme Howard Hawks celle de la comédie loufoque (*Allez coucher ailleurs*, *Chérie je me sens rajeunir*). Une veine plus acerbe, plus satirique encore, se développe avec Billy Wilder (*Sept Ans de réflexion*, *Certains l'aiment chaud*), nourrie par l'affaiblissement de la censure. Le gag, le burlesque le plus échevelé retrouvent une place avec Frank Tashlin (*La Blonde et moi*), Blake Edwards (*La Panthère rose*, consacrée par Peter Sellers) ou Richard Quine (*Comment tuer votre femme*). Jerry Lewis et Dean Martin forment un des couples comiques les plus populaires de l'époque. Ils tournent ensemble l'excellent *Un pitre au pensionnat* (Norman Taurog). Le tandem se sépare définitivement en 1956, et Jerry Lewis aborde son rôle de comique avec une dimension nouvelle : *Le Délinquant involontaire* cache sous le rire une réelle émotion. Un de ses chefs-d'œuvre, *Le Tombeur de ces dames* raconte les aventures d'un célibataire timide enfermé dans une pension de dames.

La Metro-Goldwyn-Mayer prend la première place dans la production de films musicals, qui abordent des thèmes d'une grande variété : biographie d'une vedette ou d'un compositeur (*Au fond de mon cœur* de Stanley Donen) ; mise en scène d'un spectacle (*Tous en scène*, de Vincente Minnelli) ; intrigue originale (*Brigadoon* de Vincente Minnelli). Sous l'égide du dynamique producteur Arthur Freed, la MGM donne un second souffle à la

***Les Dix Commandements*, de Cecil B. DeMille (1956).**
Remake grandiose de la version muette de 1923 de Cecil B.DeMille, ce film à grand spectacle, qui nécessita pas moins de 15 000 figurants, est interprété par Charlton Heston dans le rôle de Moïse, et Yul Brynner dans celui du pharaon Ramsès.

Gilda, de Charles Vidor (1946).
Un film ambigu, jouant sur de complexes rapports de séduction, et construit sur mesure pour l'éblouissante Rita Hayworth. La scène dans laquelle elle enlève ses longs gants de satin noir en chantant « Put the Blame on Mame » est un chef-d'œuvre de volupté et de sensualité.

carrière de Fred Astaire, lance Gene Kelly, Judy Garland, Cyd Charisse, Esther Williams et ses ballets nautiques. Commencé en 1939 avec *Le Magicien d'Oz* (Victor Fleming), l'âge d'or du genre culmine avec *Chantons sous la pluie* (Kelly et Donen), éblouissant hommage au muet, au parlant et à Broadway. Outre les films sur le rock'n'roll, les autres firmes tentent de nouvelles formules : *West Side Story* (Robert Wise et Jerome Robbins) ; *La Mélodie du Bonheur* (Robert Wise).

Un peu d'inquiétude et beaucoup de noirceur

Au film de gangsters des années 30 succède le film noir des années 40. Il cristallise les angoisses, les doutes d'une époque en mutation – masqués en surface par un patriotisme sincère et triomphant –, les remises en cause des valeurs. Dans un univers privé de repères, le héros solitaire et cynique, détective privé ou *loser* tragique, déambule dans d'étranges décors tantôt enfumés et tantôt ténébreux, où il rencontre des créatures douteuses : escroc veule, femme fatale, etc. Le genre immortalise les figures de Humphrey Bogart et Lauren Bacall (*Le Grand Sommeil* de Howard Hawks), de Rita Hayworth (*Gilda* de Charles Vidor) ou Gene Tierney (*Laura* d'Otto Preminger). Influencé par les contrastes et les décors expressionnistes, le film noir multiplie les intrigues complexes, les récits éclatés, les flash-back (*Les mains qui tuent* et *Les Tueurs* de Robert Siodmak ; *Sunset Boulevard* de Billy Wilder).

Aux frontières du film noir, Fritz Lang traque dans les réseaux de la société américaine les traces du mal qui habite tout individu, du bon citoyen au criminel psychopathe (*Désirs humains*, *La Cinquième Victime*). Tandis qu'Alfred Hitchcock, prodigieux créateur de formes, ne cesse de réinventer les cadres du film policier (*L'Inconnu du Nord-Express*), du film d'espionnage (*La Mort aux trousses*), du film de terreur criminelle (*Psychose*), sans parler de films hors normes qui lui appartiennent totalement, comme *Sueurs froides*, rêverie funèbre et romantique sur l'image de la femme idéale et insaisissable.

Aux figures mythiques, aux stars des années 30 (Greta Garbo, Clark Gable, Marlene Dietrich) succède un nouveau type d'acteurs. Cette nouvelle génération n'échappe pas au phénomène de la star (Marilyn Monroe, James Dean), mais l'acteur s'y fait plus souple, plus introverti, se prête davantage aux changements de personnalité d'un film à l'autre : Marlon Brando, Montgomery Clift. À ces acteurs cor-

***Sueurs froides*, d'Alfred Hitchcock (1958).**
Sur un scénario adapté du roman D'entre les morts, *de Boileau et Narcejac,* Vertigo *(en anglais) avec Kim Novak et James Stewart, est un film fascinant, qui laisse le spectateur comme le héros au bord du vide.*

***Un tramway nommé désir*, d'Elia Kazan (1951).**
En 1947, Elia Kazan fait de Marlon Brando une vedette dans la pièce de Tennessee Williams, Un tramway nommé désir. *Quatre ans plus tard, il s'impose dans le film aux côtés de Vivian Leigh et de Kim Hunter.*

respond une approche plus moderne de la mise en scène, qui « casse » les moules classiques : Elia Kazan et ses drames lyriques et brutaux (*Un tramway nommé désir*, *À l'est d'Eden*), Arthur Penn et ses accès de violence (*Le Gaucher*, *Bonnie and Clyde*), Sydney Pollack et son mélange de nostalgie romantique (*Propriété interdite*) et de douleur (*On achève bien les chevaux*). Nicholas Ray filme, en 1955, le désarroi d'une jeunesse rebelle, à l'exigence romantique (*La Fureur de vivre*, avec James Dean, p. 179), aussi bien que le délire d'un professeur victime des effets de la cortisone (*Derrière le miroir*, avec James Mason).

Les maîtres du muet se retirent peu à peu. Figure clé des années 40, pour avoir affirmé un style fort et revendiqué le statut d'auteur, Orson Welles, réalisateur de *Citizen Kane*, connaît des conflits constants avec Hollywood, s'exile, revient puis repart. Entre adhésion, concession et révolte, une nouvelle génération s'est imposée : John Huston, Joseph Mankiewicz, Nicholas Ray, Richard Brooks, Samuel Fuller, qui sont souvent passés de l'écriture à la mise en scène. Au moment où disparaissent les anciennes gloires – Tyrone Power, Humphrey Bogart, Errol Flynn, Clark Gable, Gary Cooper –, alors que le film de Huston *Les Désaxés* sonne mélancoliquement, en 1961, le glas d'une époque, avec pour la dernière fois à l'écran Clark Gable, Marilyn Monroe et Montgomery Clift, le début des années 60 annonce la chute de l'empire hollywoodien.

***Les Désaxés*, de John Huston (1961).**
Connu aussi sous son nom d'origine, The Misfits, *ce film écrit par Arthur Miller apparaît comme le chant du cygne de ces stars, personnages minés par l'alcool, réunis, une dernière fois, à la croisée de leurs destins.*

LA FRANCE : ENTRE LA TRADITION ET LE CINÉMA D'AUTEUR

***Les Quatre Cents Coups*, de François Truffaut (1959), avec Jean-Pierre Léaud.**

***Le Beau Serge*, de Claude Chabrol (1959).** *Tourné à l'écart des studios parisiens, avec des acteurs inconnus – Bernadette Lafont, Jean-Claude Brialy et Gérard Blain – et un budget très réduit, ce film annonce le renouveau du cinéma français et donne le coup d'envoi de la Nouvelle Vague.*

Un vent de fraîcheur

« La nouvelle vague arrive ! » titre l'hebdomadaire *L'Express* en décembre 1957. Il ne s'agit alors que d'une enquête sur les jeunes Français de dix-huit à trente ans, commentée par la journaliste Françoise Giroud. Cependant, un an plus tard, le terme de Nouvelle Vague ne s'applique plus qu'au cinéma et se trouve consacré avec la sortie et le succès, au début de l'année 1959, des deux premiers longs métrages de Claude Chabrol, *Le Beau Serge* et *Les Cousins*, suivis de deux autres premiers films qui font l'événement du Festival de Cannes : *Les Quatre Cents Coups*, de François Truffaut, et *Hiroshima mon amour*, d'Alain Resnais.

De jeunes auteurs secouent la vieille garde

Ce sont de jeunes cinéastes – la plupart ont moins de trente ans – qui vont revendiquer le statut d'« auteur », défini dès 1954 par François Truffaut et les *Cahiers du cinéma*, et pratiquer un cinéma « à la première personne ». Une prime attribuée à des films offrant « des perspectives nouvelles à l'art cinématographique » est instaurée en 1955 pour lutter contre l'immobilisme et le vieillissement inquiétants du cinéma de « la qualité à la française », qui a connu son apogée dans les années 30. Grâce à elle, les producteurs vont faire plus facilement confiance à des nouveaux venus, d'autant que l'enquête de *L'Express* souligne le réel intérêt de la jeunesse pour un cinéma plus proche de ses préoccupations, s'exprimant avec « une franchise inédite et rafraîchissante ». De plus, les nouveautés techniques (des pellicules très sensibles, des caméras légères et des magnétophones portables) permettent de tourner hors des studios, trop chers, et d'alléger l'équipe technique. Le refus ou l'impossibilité de payer les cachets exorbitants des vedettes entraîne l'apparition d'une nouvelle génération d'acteurs : Jean-Paul Belmondo, Anna Karina, Anouk Aimée, Jean-Pierre Léaud, Jean-Louis Trintignant, Maurice Ronet, Jeanne Moreau, Alain Delon...

Claude Chabrol démontre alors, avec *Le Beau Serge*, qu'il est possible de limiter les risques financiers en investissant seulement le tiers du budget moyen de l'époque. *Le Beau Serge* est entièrement tourné en décor naturel, à Sardent, village de la Creuse où Chabrol a passé son enfance, et les acteurs sont peu nombreux et presque inconnus.

Le cinéma français retrouve alors un naturel, une liberté de ton et une spontanéité qu'il avait depuis longtemps oubliés, et le public fait un triomphe aux *Quatre Cents Coups* de François Truffaut. Si ce film, en partie inspiré par la vie du cinéaste, apparaît d'une grande sincérité dans son évocation de

 voir : Le cinéma documentaire p. 202-205 – Chabrol p. 221 – Demy p. 226 – Godard p. 236 – Resnais p. 262 – Rohmer p. 263 – Tavernier p. 270 – Truffaut p. 270

l'enfance délinquante, c'est que le jeune Jean-Pierre Léaud n'est pas un « singe savant » qui se coule dans un personnage de roman. Truffaut trouve dans la personnalité de son jeune acteur, dans sa gouaille et son énergie butée, le vrai personnage d'Antoine Doinel. Quatre autres films suivront, où l'on verra le jeune Doinel grandir en même temps que son interprète, Jean-Pierre Léaud.

En 1962, Jacques Rozier dans *Adieu Philippine* se laisse porter avec la même fraîcheur par l'improvisation, pour restituer la fragilité du temps qui passe, alors que le héros attend sa feuille de route pour l'Algérie. Jacques Rivette commence en 1958 le tournage de son premier long métrage, *Paris nous appartient*, achevé en 1961. Dans ce film, il mêle improvisation et mise en scène, fiction et documentaire, complots et représentations théâtrales. Dans *Le Signe du Lion*, Eric Rohmer demande au spectateur si l'errance de son héros dans le Paris du mois d'août est le fruit du hasard ou bien est déterminée par les astres.

Le hasard et les coïncidences nourrissent aussi l'œuvre de Jacques Demy. Dans *Lola*, les personnages se croisent sans jamais se rencontrer ; puis, sur des dialogues mis en musique par Michel Legrand, il mélange enchantement et désenchantement dans *Les Parapluies de Cherbourg*, Palme d'Or à Cannes en 1964.

C'est moins la justesse du jeu de Jean-Paul Belmondo et de Jean Seberg qui frappe dans *À bout de souffle* (1959), de Jean-Luc Godard, véritable manifeste esthétique de la Nouvelle Vague, que la liberté du cinéaste, qui se traduit surtout dans sa mise en scène ne respectant aucune des règles traditionnelles de la grammaire cinématographique. Avec *Le Mépris*, cinq ans plus tard, il démontre qu'on peut tourner avec une star comme Brigitte Bardot sans abdiquer sa personnalité d'auteur, après quoi il tend un miroir exaltant et tragique au public cinéphile et romantique de 1965 avec *Pierrot le Fou*, interprété par Jean-Paul Belmondo et Anna Karina.

Ces jeunes cinéastes portent sur les relations amoureuses un regard nouveau qui choque parfois une partie du public. Le marivaudage caractérise les premiers films de Jacques Doniol-Valcroze (*L'Eau à la bouche*) et Pierre Kast (*Le Bel Âge*). François Truffaut suggère que, dans le tourbillon de la vie, une femme (Jeanne Moreau) peut aimer deux hommes, *Jules et Jim*.

***Les Parapluies de Cherbourg*, de Jacques Demy (1964).**
Une histoire triste, sur fond de guerre d'Algérie, interprétée par Catherine Deneuve et Nino Castelnuovo. Tous les dialogues sont chantés et mis en musique par Michel Legrand ; les décors raffinés et superbement colorés de Bernard Évein contribuent à l'enchantement du film.

Ci-dessus, à gauche : ***Pierrot le Fou*, de Jean-Luc Godard (1965).**

Le cinéma-vérité

À côté des cinéastes de la Nouvelle Vague issus des *Cahiers du cinéma* se développe un « cinéma-vérité », qui s'impose avec l'ethnologue et explorateur Jean Rouch. Il a fondé en 1953, au sein du musée de l'Homme, le Comité du film ethnographique et réalise l'année suivante un documentaire, *Les Maîtres fous*, sur les rites de possession au Niger, accompagné d'un commentaire précis. Attiré par l'Afrique noire, il poursuit son travail de cinéaste en mêlant reportage et fiction dans *Moi, un Noir*, et tourne un psychodrame au

Page de droite, en haut :
***Un homme et une femme*, de Claude Lelouch (1966).**
Anouk Aimée et Jean-Louis Trintignant sont les héros d'une histoire sentimentale et ingénue.

cœur d'un lycée d'Abidjan, *La Pyramide humaine*. C'est en sociologue qu'il se promène dans Paris, la caméra à la main, pour réaliser en 1960 *Chronique d'un été*.

Très vite, une partie de la critique, groupée notamment autour de la revue *Positif*, rivale des *Cahiers du cinéma*, reproche à cette Nouvelle Vague son apolitisme et son silence sur la guerre d'Algérie, lui préférant les cinéastes de la « rive gauche », marqués par la jeune littérature moderne et la lutte politique. La plupart d'entre eux viennent du court métrage (le groupe des Trente, fondé en 1953), comme Alain Resnais qui, avec *Hiroshima mon amour*, réalise un des films les plus novateurs de la période, mêlant époques et lieux dans l'évocation de deux événements insupportables : la Seconde Guerre mondiale et la bombe atomique sur Hiroshima qui y mit fin. Chris Marker, auteur de films engagés, parcourt le monde, puis tourne en 1962 *Le Joli Mai*, où des Parisiens réagissent à la guerre d'Algérie ; il interroge surtout la « vérité » des images documentaires, en montrant à quel point on peut les manipuler par le commentaire (*Lettre de Sibérie*). D'abord photographe, Agnès Varda, après un premier film à très petit budget réalisé en 1955, *La Pointe courte*, décrit dans *Cléo de cinq à sept* (1962) quelques heures de la vie et de l'angoisse d'une femme qui craint d'être atteinte d'un cancer. Réalisateur de courts métrages corrosifs (*Le Sang des bêtes*, *Hôtel des Invalides*), Georges Franju dirige *La Tête contre les murs* (1959), film initialement préparé par un jeune acteur, Jean-Pierre Mocky. Une troublante poésie de l'horreur hante son œuvre solitaire (*Les Yeux sans visage*, 1960 ; *Judex*, 1964). *Les Dragueurs* (1959) classent Mocky dans la Nouvelle Vague, mais, jusqu'en 1968, d'*Un drôle de paroissien* à *La Grande Lessive*, il développe une œuvre totalement personnelle, abondante, férocement caricaturale, s'insurgeant contre l'esprit bourgeois, l'hypocrisie, l'Église et l'armée.

***Hiroshima mon amour*, d'Alain Resnais (1959), avec Emmanuèle Riva et Eiji Okada.**
La voix douloureuse d'Emmanuèle Riva scande le texte écrit par Marguerite Duras pour le premier long métrage d'Alain Resnais.

Le « film-kleenex »

Dès 1962, la Nouvelle Vague connaît un reflux. Après *Les Bonnes Femmes*, Claude Chabrol, toujours provocateur, se voit rejeté par le public avec *Ophélia* et accepte des besognes alimentaires. Le public ne retrouve pas la « sincérité » de Truffaut dans *Tirez sur le pianiste*, adapté d'un polar de David Goodis. *Le Petit Soldat*, de Godard, est interdit pour ses allusions à l'Algérie et à la torture, et *Les Carabiniers* se jouent dans des salles désertes. Rivette tourne en 1966 son second long métrage, *Suzanne Simonin, la religieuse de Diderot*, un temps interdit par la censure. Pourtant, la même année, un jeune cinéaste, Claude Lelouch, est couronné par le public et le Festival de Cannes avec *Un homme et une femme*, son cinquième long métrage. Le film s'articule autour d'une histoire naïve et limpide que le titre résume bien ; il met en avant un certain style de reportage et une grande variété d'effets visuels ou musicaux (le célèbre « chabadabada » de Francis Lai et Pierre Barouh), plus séduisants pour le public que les recherches esthétiques d'un Godard, la complexité du récit d'un Resnais ou l'ironie subversive d'un Mocky. *Un homme et une femme* inaugure une nouvelle catégorie, le « film-kleenex », vite consommé, vite jeté : c'est le cinéma de la « société de consommation » que s'apprête justement à contester violemment le mouvement de Mai 68.

politique dans la Grèce des colonels et poursuit avec *L'Aveu* (1970), sur les procès staliniens. En 1973, avec plus de manichéisme, Yves Boisset aborde la guerre d'Algérie dans *R.A.S*, puis le racisme ordinaire avec *Dupont-Lajoie*, et la collusion entre le milieu et l'extrême droite avec *Le Juge Fayard, dit « le Shérif »*. Abandonnant un temps le rire destructeur, Jean-Pierre Mocky se lance également dans des films policiers à tendance anarchiste (*Solo*, *L'Albatros*, *Un linceul n'a pas de poches*). En 1971, un film documentaire, refusé par la télévision, secoue les esprits, *Le Chagrin et la pitié*, de Marcel Ophuls, qui montre enfin la France de Vichy et la collaboration sous leur vrai jour.

Les secousses de Mai 68

En mai 1968, la France est paralysée par une grève générale. C'est aussi le mois du Festival de Cannes. Dans cette France en état de « révolution », le festival est remis en question par des cinéastes, dont Jean-Luc Godard et François Truffaut. Le 18 mai, après des débats houleux, face au public en smoking qui réclame des projections, ils se suspendent au rideau de la grande salle pour l'empêcher de s'ouvrir sur *Peppermint frappé*, avec le soutien du réalisateur Carlos Saura et de l'actrice Géraldine Chaplin. Le festival est arrêté.
Godard, réagissant très vite, renonce au statut d'auteur pour se fondre dans le travail collectif du groupe Dziga Vertov (nom choisi en hommage au cinéaste soviétique des années 20). Jusqu'en 1972, année de son retour sur le devant de la scène avec *Tout va bien*, il est l'inspirateur de films marginaux (*Pravda*, *Vent d'Est*) qui s'interrogent sur la fonction politique du cinéma : reflète-t-il ou manipule-t-il la vérité ? D'autres, comme Marin Karmitz, ne cherchent pas à faire « politiquement du cinéma » mais à faire du cinéma politique : *Coup pour coup*, en 1972, reconstitue une grève qui témoigne de la prise de conscience des ouvrières. En 1977, Chris Marker propose, avec *Le fond de l'air est rouge*, une vaste réflexion sur les mouvements révolutionnaires et sur le rôle du cinéma dans un mythe comme celui que représente la révolution. Costa-Gavras vise un public plus large en utilisant les ressorts du spectacle à l'américaine pour donner une réelle dimension dramatique aux droits de l'homme bafoués : *Z* (1969) montre l'opiniâtreté d'un jeune juge (Jean-Louis Trintignant) face à un assassinat

L'Aveu, de Costa-Gavras (1970). *Jorge Semprun signe le scénario du film, s'inspirant de l'histoire d'Arthur London, ancien ministre des Affaires étrangères de Tchécoslovaquie, victime du procès de Prague en 1952. Pour l'acteur Yves Montand, la rencontre en 1965 avec Costa-Gavras fut décisive.*

Après Mai 68

La libération de la censure permet, dès 1974, le déferlement du film pornographique ; l'érotisme soft d'*Emmanuelle*, de Just Jaeckin, caracole en tête des recettes ! Deux ans plus tard, la taxation des films classés « X » ralentira la vague des films porno. Mais à un autre niveau, plus ambitieux, certains cinéastes choquent le public par un recours volontairement provocant à la sexualité : Bernardo Bertolucci avec *Dernier Tango à Paris* (1972), Marco Ferreri avec *La Grande Bouffe* (1973) et Bertrand Blier avec *Les Valseuses* (1974).

***L'Histoire d'Adèle H.*, de François Truffaut (1975), avec Isabelle Adjani.**

***Les Valseuses*, de Bertrand Blier (1974), avec Patrick Dewaere et Gérard Depardieu.**

Sandrine Bonnaire dans *Sans toit ni loi*, d'Agnès Varda (1985).

Dans ces années 70, un grand nombre de femmes accèdent à la réalisation. Tandis qu'Agnès Varda réalise en 1976 *L'une chante, l'autre pas*, un film-manifeste militant mais joyeux, *Pourquoi pas?* de Coline Serreau, ou *L'Amour violé*, de Yannick Bellon, fustigent la mentalité masculine.

François Truffaut, à cette même époque, évolue entre intimisme (*L'Enfant sauvage*) et lyrisme romantique (*Adèle H.*), Chabrol connaît une de ses plus fécondes périodes (*Que la bête meure*, *Le Boucher*), Jacques Rivette poursuit une démarche exigeante, mêlant théâtre, vie et cinéma, dans *L'Amour fou*, réalisé en 1969, et *Out One*, en 1974 ; la même année, avec *Céline et Julie vont en bateau*, il filme la magie de ses jeunes interprètes Juliet Berto et Bulle Ogier, laissant s'exprimer son monde imaginaire et fantastique. Avec la série des « Six contes moraux », puis avec le cycle des « Comédies et proverbes », aux personnages de plus en plus jeunes, l'univers moral intransigeant mais ironique de Rohmer s'impose à un public fidèle. De son côté, avec *Providence* (1976), Resnais poursuit une œuvre austère autour de la mort, tout en s'attachant un public de plus en plus large, jusqu'à sa récente comédie amère, *On connaît la chanson* (1997).

Mais à côté des « Anciens » de la Nouvelle Vague, le cinéma français révèle ou confirme des cinéastes qui trouvent leur voie hors des écoles et des tendances. C'est le cas d'un Bertrand Tavernier qui, à l'occasion de son premier film, *L'Horloger de Saint-Paul* (1973), fait appel au tandem de scénaristes Aurenche et Bost pour adapter le roman de Georges Simenon. *Que la fête commence* et *Une semaine de vacances* confirment que Tavernier marie habilement la tradition d'un cinéma romanesque porté par des acteurs solides (particulièrement Philippe Noiret) avec

Juliet Berto dans *Céline et Julie vont en bateau*, de Jacques Rivette (1974).

Philippe Noiret dans *L'Horloger de Saint-Paul*, de Bertrand Tavernier (1973).

***Les Choses de la vie*, de Claude Sautet (1970).**
Romy Schneider, qui a définitivement abandonné le personnage de Sissi, contribue, avec Michel Piccoli, au succès du film.

Ci-dessous : **Gérard Depardieu et Sophie Marceau dans *Police*, de Maurice Pialat (1985).**

les acquis du cinéma moderne. Claude Sautet, de son côté, dessine peu à peu une fresque de la bourgeoisie française mûrissante, entre stress, chômage et désenchantement, dont les héros sont Michel Piccoli et Romy Schneider (*César et Rosalie*, *Les Choses de la vie*, *Vincent, François, Paul et les autres...*). Dans la veine de ce nouveau classicisme s'illustrent des auteurs comme Claude Miller, de *La Meilleure Façon de marcher* à *L'Effrontée*, Alain Corneau, de *Série noire* à *Tous les matins du monde*, le Louis Malle de *Lacombe Lucien*, malgré un sujet sulfureux et ambigu (la carrière d'un milicien durant l'Occupation).

Le cinéma d'auteur

Le cinéma d'auteur revient en force avec Jean Eustache, dont *La Maman et la putain*, en 1973, fait le portrait sans fard de la jeunesse intellectuelle d'après 68 et du féminisme. Il se suicidera en 1981. L'œuvre de Maurice Pialat, commencée en 1969 avec *L'Enfance nue*, doit également beaucoup à l'esprit de la Nouvelle Vague dans sa façon, parfois brutale, de saisir des moments de vérité. Pialat devient bientôt un auteur incontestable, un des plus importants de ces dernières années, exprimant avec une rare lucidité les douloureuses relations à l'intérieur d'une famille avec *À nos amours* (1983), ou abordant un magnifique portrait de peintre, intime et flamboyant, avec *Van Gogh* (1991). À partir de 1974, Jacques Doillon commence une œuvre intimiste dans laquelle il analyse les difficultés sociales (*Les Doigts dans la tête*), psychologiques (*La Drôlesse*, 1979) et familiales (*Ponette*, 1997) de personnages marqués par l'immaturité, filmés au plus près, sans aucune afféterie esthétique. Mère, père, enfant sont au centre de l'œuvre d'abord austère de Philippe Garrel, plus ouverte aujourd'hui avec *La Naissance de l'amour* (1993). André Téchiné place égale-

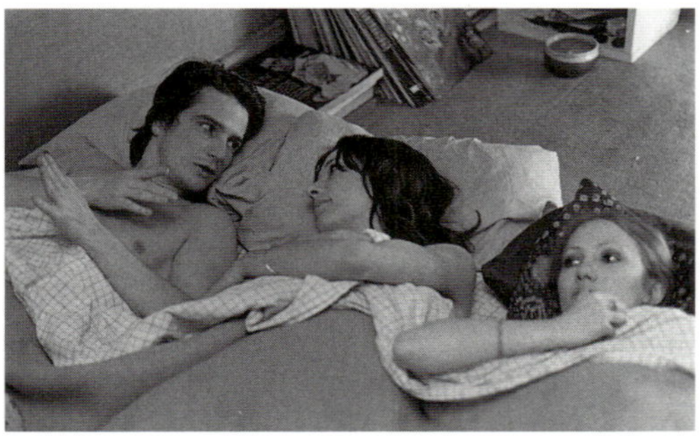

Ci-contre : **Jean-Pierre Léaud, Bernadette Lafont et Françoise Lebrun dans *La Maman et la putain*, de Jean Eustache (1973).**

À droite : ***Ponette*, de Jacques Doillon (1997), avec Xavier Beauvois et Victoire Thivisol.**

Marius et Jeannette, de Robert Guédiguian (1997). *Gérard Meylan et Ariane Ascaride, fidèles interprètes des films de Guédiguian.*

ment le noyau familial au centre de son œuvre dans *Ma saison préférée* (1993), même si c'est pour le fuir (*J'embrasse pas*, 1991), tout en alternant films romantiques (*Les Sœurs Brontë*, 1979), voire romanesques (*Le Lieu du crime*, 1986), et intimistes (*Les Roseaux sauvages*, 1994). Robert Guédiguian est révélé au grand public en 1997, avec *Marius et Jeannette*. Cinéaste du portrait, individuel ou de groupe, Guédiguian allie une conviction inébranlable à un sens aigu du vrai cinéma populaire.

Le cinéma du « look »

C'est contre ce réalisme psychologique que s'affirment, au début des années 80, de jeunes cinéastes nourris par la bande dessinée, les spots publicitaires, les clips vidéo, la science-fiction et les effets spéciaux. Avec *Diva* puis *La Lune dans le caniveau*, Jean-Jacques Beineix travaille les décors artificiels, les couleurs vives et les sentiments excessifs et élémentaires (*37°2 le matin*). Après *Subway*, puis *Le Grand Bleu* en 1988, Luc Besson oppose au monde réel, sensuel, sexué – celui de Rosanna Arquette – un monde magique et irréel, où le héros et avec lui le spectateur se perdent, comme sous l'effet d'une drogue, dans l'infini des profondeurs marines. *Nikita* et *Le Cinquième Élément* confirment ce cinéma du « look », fasciné par un monde où l'humain n'a plus cours, laissant la place au virtuel et aux nouvelles images ; Caro et Jeunet dans *Delicatessen* jouent aussi sur un look très sophistiqué. Leos Carax marie la volonté d'être un « auteur » à part entière et le culte de l'image dans *Les Amants du Pont-Neuf*, avec des acteurs (Denis Lavant et Juliette Binoche) en total déséquilibre entre la chute et l'envol.

C'est au cours des années 80 que la fréquentation des salles baisse sensiblement, tandis que le cinéma américain se taille la part du lion avec largement plus de 50 % du marché. À l'évidence, un Besson a les yeux fixés sur l'Amérique. En 1994, il y a tourné *Léon*, en anglais, tandis que Jean-Pierre Jeunet a dirigé à Hollywood la dernière version d'*Alien, la résurrection*. Pour lutter contre le cinéma américain, des productions européennes et internationales à gros budget se développent ; elles sont tournées directement en anglais, et le meilleur représentant en est Jean-Jacques Annaud, avec *Le Nom de la rose*, *L'Ours* ou *L'Amant*.

La Lune dans le caniveau, de Jean-Jacques Beinex (1983), avec Nastassja Kinski.

***Le Cinquième Élément,* de Luc Besson (1997).**

Le comique prend un coup de jeune

Depuis les années 30, Fernandel enchaîne film sur film. Excellent dans ceux de Marcel Pagnol, la série des Don Camillo lui assure une énorme popularité. Henri Verneuil fait un triomphe en 1959 avec *La Vache et le Prisonnier*. Après avoir tourné plus de cent films, Louis de Funès s'impose, à partir de 1964, en tandem avec Bourvil (*Le Corniaud* puis *La Grande Vadrouille* de Gérard Oury), et c'est sous la direction du même réalisateur qu'il confimera sa place de comique numéro un : *La Folie des grandeurs*, *Les Aventures de Rabbi Jacob*.

Louis de Funès dans *La Folie des grandeurs*, de Gérard Oury (1971).

Les Bronzés, de Patrice Leconte (1978). Gérard Jugnot, Michel Blanc et Thierry Lhermitte entament, au « Club Med », une carrière à succès.

Disparu en 1983, il n'est toujours pas remplacé. L'école du café-théâtre – le Café de la gare (Coluche, Miou-Miou, Patrick Dewaere, Gérard Depardieu...) et le Splendid (Michel Blanc, Gérard Jugnot, Thierry Lhermitte, Josiane Balasco, Christian Clavier...) – va apporter un ton nouveau, anticonformiste, à des comédies comme *Les Bronzés*, dirigés par Patrice Leconte. Michel Blanc réalise avec succès *Marche à l'ombre* (1984) et Gérard Jugnot *Une époque formidable* (1991). En 1993, *Les Visiteurs* de Jean-Marie Poiré, avec Christian Clavier et Jean Reno, arrivent tout droit du Moyen Âge pour secouer la torpeur de la province, et remporter un succès phénoménal avec plus de 14 millions de spectateurs.

La relève des jeunes auteurs

Dès la fin des années 80 se dessine une relève du « jeune cinéma », avec les premiers films d'Éric Rochant (*Un monde sans pitié*), Christian Vincent (*La Discrète*), bientôt suivis de Cyrille Collard, dont le seul long métrage, *Les Nuits fauves*, devient un film culte pour la jeunesse. De jeunes réalisatrices font parler d'elles, comme Laurence Ferreira Barbosa (*Les gens normaux n'ont rien d'exceptionnel*), Pascale Ferran (*Petits Arrangements avec les morts*, *L'Âge des possibles*) ou Sandrine Veysset (*Y aura-t-il de la neige à Noël?*)... Un « cinéma beur » émerge avec *Le Thé au harem d'Archimède*, de Mehdi Charef, ou *Hexagone*, de Malik Chibane. En 1995, avec *La Haine*, Mathieu Kassovitz filme la banlieue, en noir et blanc, des images chocs et un langage qui reflète assez justement le comportement de ses héros. Aujourd'hui, les jeunes cinéastes sortent pour la plupart des écoles de cinéma – Idhec autrefois, Fémis aujourd'hui –, avec un talent surprenant : le cinéma français retrouve son dynamisme et son invention. Il a d'autant plus de chances de s'imposer qu'il opte de plus en plus souvent pour une comédie qui mêle amertume et autodérision, comme le prouvent Arnaud Desplechin évoluant de la morbide et froide *Sentinelle* à *Comment je me suis disputé... (ma vie sexuelle)*, Danielle Dubroux avec *Journal d'un séducteur*, Cédric Klapisch avec *Chacun cherche son chat* ou Bruno Podalydès avec *Dieu seul me voit*.

Un monde sans pitié, d'Éric Rochant (1989), avec Hippolyte Girardot.

La Haine, de Mathieu Kassovitz (1995) : un portrait violent de la jeunesse des banlieues.

LE CINÉMA « FRANCOPHONE »

Le cinéma des pays francophones a dû attendre le début des années 60 pour s'affirmer. Si les raisons de cet élan tardif sont différentes en Belgique, en Suisse ou au Québec, l'arrivée de ces films en langue française modifie les habitudes des spectateurs, renouvelle les sujets traités et peuple l'écran d'interprètes jusqu'alors peu connus.

En Belgique, un regard nouveau

Des mutations importantes commencent à apparaître dans le cinéma belge au cours des années 50. Les réalisateurs sont alors connus surtout par des documentaires, des essais et des films sur l'art. En 1960, le film de Paul Meyer *Déjà s'envole la fleur maigre* est unanimement considéré comme une œuvre d'importance, même s'il ne connaît qu'une diffusion restreinte à sa sortie et qu'il demeure le seul long métrage signé par ce réalisateur. C'est alors que l'État accorde des subventions au cinéma et que des possibilités nouvelles sont offertes pour rendre viables des projets plus ambitieux. De jeunes cinéastes vont s'affirmer et connaître bientôt, par le biais des festivals internationaux, une estime et une reconnaissance plus affirmées à l'étranger que dans leur propre pays. André Delvaux réalise en 1966 *L'Homme au crâne rasé*, une histoire d'amour où se mêlent le rêve et la réalité. Toujours imprécise, cette frontière entre l'imaginaire et le mystère, le présent et le passé, reste la trame de nombre de ses films (*Un soir un train*, 1968 ; *Belle*, 1973). Chantal Akerman suit pendant trois jours, à la manière d'un film documentaire, la vie d'une ménagère, avec *Jeanne Dielman, 23 quai du Commerce, 1080 Bruxelles* (1975). Thierry Zeno ou Boris Lehman mènent une œuvre exigeante et parfois hermétique. Par ailleurs des films tels *Le Maître de musique* (1988) de Gérard Corbiau, avec José Van Dam, ou *Toto le héros* (1991) de Jaco Van Dormael sont de grands succès hors de Belgique. La proximité de la France attire à elle des acteurs, des techniciens et des cinéastes (Jacques Feyder, Charles Spaak, Fernand Ledoux), privant ainsi le cinéma belge de ses meilleurs éléments.

***Toto le héros*, de Jaco Van Dormael (1991).** *L'histoire insolite d'un vieil homme, interprété par Michel Bouquet, à la recherche de ses souvenirs d'enfant.*

La Suisse, un cinéma vivant

La Suisse, fractionnée en trois régions linguistiques, n'a pas eu de véritable cinématographie nationale jusqu'au début des années 60. La production prend alors deux directions bien différentes : le court métrage en Suisse alémanique, la fiction en Suisse romande. Grâce aux ciné-clubs et à la télévision, une génération de cinéphiles apparaît. Rapidement, ces jeunes gens tournent des reportages souvent incisifs et parfois provocateurs pour la télévision romande, et obtiennent son soutien. Ils constituent alors le « groupe des Cinq », dont font partie Alain Tanner, Michel Soutter, Claude Goretta, puis Yves Yersin. L'alliance avec la télévision, qui fournit la moitié du budget de chaque film, va permettre la réalisation de projets personnels. Les films mêlent un ton anarchisant à un réel très esthétique, et donnent une vision nouvelle de la vie de leurs contemporains. Alain Tanner avec *Charles mort ou vif* (1969) ou *La Salamandre* (1971), interprétée par Bulle Ogier, rencontre un succès international. En 1978, Yves Yersin réalise *Les Petites Fugues*, une

***La Salamandre*, d'Alain Tanner (1971).**
Tourné en Suisse, avec des moyens réduits, ce film reste l'emblème d'un pays et d'une époque, les années 60. Bulle Ogier est magnifique dans son rôle de marginale indomptable.

chronique poétique, tournée avec l'attention du documentaire, sur la vie d'un village suisse. En 1979, Jean-Luc Godard, qui travaillait en France depuis une vingtaine d'années, revient dans son pays d'origine, à Rolle, pour y continuer ses expériences vidéo comme ses films les plus personnels.

Le Québec, la reconnaissance d'une identité

Au Canada, la communauté francophone est, largement minoritaire et ses membres se trouvent principalement au Québec. L'histoire du cinéma québécois s'inscrit dans la lutte de ce pays pour affirmer son identité face à la prédominance anglaise. L'arrivée de l'Office du film national à Montréal en 1956 encourage la création d'une nouvelle culture autonome de langue française, identifiée comme telle par une partie importante de la population. Les films documentaires vont imposer un style nouveau, celui du cinéma direct, qui cherche l'objectivité en jetant sur la réalité filmée un regard sans a priori. Pierre Perrault et Michel Brault, dans *Pour la suite du monde* (1963), suivent le parcours de la famille Tremblay, avec un ton et une volonté de faire connaître et de faire bouger les choses. La plupart des réalisateurs à l'exception de Pierre Perrault vont passer à la fiction, dans laquelle ils tenteront, le plus souvent avec succès, d'insuffler l'esprit de ces documentaires. De 1965 à 1975, le cinéma québécois connaît l'abondance et la diversité. Outre une école documentaire mondialement connue, chaque année une vingtaine de longs métrages de fiction sont tournés. Gilles Carle, contestataire et militant, défend avec humour l'identité du Québec dès *La Vraie Nature de Bernadette* (1972) puis *La Mort d'un bûcheron* (1973), avec la pétillante Carole Laure, jusqu'aux *Plouffe* (1981), chronique d'une famille québécoise. Denys Arcand impose un regard politique et sociologique sur les travailleurs du textile, dans *On est au coton* (1969), tandis que *Le Déclin de l'empire américain* remporte un succès international en 1986.

***Fantastica*, de Gilles Carle (1980).**
Une comédie musicale pleine de poésie avec Carole Laure, l'actrice préférée du réalisateur.

L'ITALIE, DE L'ÂGE D'OR AU DÉCLIN

La Grande Bouffe, **de Marco Ferreri (1973).** *Une remise en cause violente de la société de consommation.*

La date de 1960 apparaît comme une charnière décisive, peut-être aussi importante que celle de 1945. De fait, en quelques années, de nombreux cinéastes font leurs débuts et apportent leur énergie à une production déjà riche de nombreux créateurs. « L'ouverture à gauche », qui voit la démocratie chrétienne appeler les socialistes à gouverner avec elle, indique, après le climat répressif des années 50, une évolution vers plus de liberté.

Ainsi, une nouvelle génération de cinéastes va participer à la richesse et à la diversité de la cinématographie transalpine : Valerio Zurlini, Francesco Rosi, Ermanno Olmi, Pier Paolo Pasolini, Bernardo Bertolucci, Paolo et Vittorio Taviani, Elio Petri, Marco Ferreri, puis, un peu plus tard, Ettore Scola et Marco Bellocchio.

Les Camarades, **de Mario Monicelli (1963).**
La première grève ouvrière à Turin à la fin du siècle dernier.

Le miracle économique

Le pays entre dans les années 60 avec l'impression euphorique que le miracle économique est en train de balayer tous les obstacles. L'Italie devient un extraordinaire laboratoire social où cohabitent des mentalités, des traditions culturelles et morales profondément différentes. La fracture entre le Nord et le Sud tend encore à se creuser. Ainsi, dans les facettes d'une société aux mille visages, les auteurs de films – fidèles à la tradition réaliste – peuvent trouver tous les « matériaux humains » dont ils ont besoin pour construire leurs œuvres. La richesse du cinéma italien se mesure alors à sa diversité et à l'équilibre relativement harmonieux entre un cinéma d'auteur et un cinéma de genre, entre des films politiquement engagés et des œuvres de pur divertissement destinées à un public qui n'a pas encore délaissé les salles de cinéma pour le petit écran de la télévision. Ce n'est pas par hasard que se développe, au début des années 60, la comédie « à l'italienne », avec des œuvres inoubliables. Dans *La Grande Pagaille*, Luigi Comencini évoque la confusion qui règne en Italie en 1943, à un moment de transition entre la chute du fascisme et la naissance de la Résistance à l'oppression nazie ; avec *Une vie difficile*, *La Marche sur Rome*, *Les Monstres*, Dino Risi évoque le passé fasciste de l'Italie, la difficile reconstruction morale du pays et la vaine folie du boom économique ; avec *La Grande Guerre* et *Les Camarades*, Mario Monicelli se penche en termes comiques sur les luttes ouvrières du siècle dernier et sur la terrible épreuve de la Première Guerre mondiale ; enfin, avec *Divorce à l'italienne*, Pietro Germi dénonce les aberrations du code pénal italien, qui permet à un mari trompé d'assassiner sa femme sans encourir autre chose qu'une légère peine de prison, tandis qu'avec *Ces messieurs-dames* (Palme d'or à Cannes en 1966), il fait une description au vitriol de la bonne société d'une ville de Vénétie.

voir : Antonioni p. 212 – De Sica p. 227 – Fellini p. 232 – Moretti p. 254 – Pasolini p. 257 – Rosi p. 264 – Rossellini p. 265 – Visconti p. 273

La puissance économique, fondée en partie sur les coproductions réalisées avec la France, est bien réelle et, jusqu'au milieu des années 70, la production dépasse les deux cents films par an – en 1964, elle atteint même trois cent quinze films. De surcroît, les films italiens connaissent un grand succès international.

***Mariage à l'italienne*, de Vittorio De Sica (1964), avec Sophia Loren et Marcello Mastroianni.**

Les maîtres au travail dans les années 60 et 70

***Mort à Venise*, de Luchino Visconti (1971).** *Dirk Bogarde et Björn Andresen : la rencontre à Venise d'un homosexuel vieillissant et d'un jeune garçon, d'après une nouvelle de Thomas Mann, sur la musique de Gustav Mahler.*

***La Dolce Vita*, de Federico Fellini (1960), avec Marcello Mastroianni et Anita Ekberg.** *Les milieux mondains et intellectuels dans la Rome décadente des années 60, vus par un réalisateur à la fois satirique et poétique.*

À cette époque, des auteurs prestigieux, qui avaient parfois connu des difficultés, signent à nouveau des œuvres en harmonie avec leur passé. Roberto Rossellini revient aux sujets liés à la guerre avec *Le Général Della Rovere* et *Les Évadés de la nuit*, avant de mettre en scène, en 1961, deux films historiques, *Viva l'Italia* et *Vanina Vanini*. Vittorio De Sica retrouve une veine féconde avec *La Ciociara* d'après le roman de Moravia, *Le Jugement dernier*, *Mariage à l'italienne*, *Le Jardin des Finzi Contini* en 1970. Giuseppe De Santis donne en 1964 toute la mesure de son lyrisme avec une œuvre sur les troupes italiennes en Russie pendant la Seconde Guerre mondiale, *Italiani brava gente*, devenu pour l'exploitation française, amputé de vingt minutes, *Marcher ou mourir...* Luchino Visconti, au sommet de son art, tourne dans des registres divers à la fois une œuvre proche de son passé néoréaliste comme *Rocco et ses frères*, des œuvres intimistes comme *Sandra*, *Mort à Venise* ou *Violence et passion*, ainsi que de grandes fresques historiques dans lesquelles il excelle, tels *Le Guépard*, *Les Damnés*, *Louis II de Bavière*.

Révélations des années 50, Antonioni et Fellini poursuivent une œuvre exceptionnelle. Après la trilogie *L'Avventura*, *La Nuit*, *L'Éclipse*, Michelangelo Antonioni diversifie son point de vue aussi bien dans la représentation des personnages que dans leur insertion dans des lieux géographiques nouveaux qu'il découvre en parcourant le monde, de la Ravenne du *Désert rouge* (1964) à l'Amérique et à l'Afrique, avec même une escale en Chine pour y réaliser un documentaire de long métrage, *Chung kuo* (1972). Plus casanier, Federico Fellini arpente à Cinecittà une Italie

Salo ou les Cent Vingt Journées de Sodome, **de Pier Paolo Pasolini (1975).**
Ce film, le dernier de Pasolini, mêle l'univers du marquis de Sade à la république fasciste de Salo (1943-1945). Cruauté, sadisme et violence : le film fait scandale.

née de ses fantasmes, une Italie comprise entre Rome et Rimini (*La Dolce Vita, Huit et demi, Roma, Amarcord, La Cité des femmes*) ; il se lance aussi dans des reconstitutions historiques où il étale un univers plastique né d'une fantaisie débridée (*Satyricon, Casanova, Et vogue le navire*) ; enfin, il aime tourner des films plus liés à des expériences personnelles, comme *Les Clowns* (1970) ou *Répétition d'orchestre* (1978).

Dans ce panorama, il faut réserver une place à part à l'un des artistes et des intellectuels qui ont le plus marqué la culture italienne contemporaine, Pier Paolo Pasolini. Au cœur des débats les plus vifs, s'exprimant aussi bien par le roman qu'au moyen d'essais, du théâtre ou du journalisme, Pasolini est animé par une boulimie de travail et une capacité de créer absolument exceptionnelles. Dans ce qui apparaît avec le recul comme une prémonition de la mort qui le frappera en pleine activité et ne lui laissera pas le temps de tout exprimer – il a été assassiné en 1975 –, Pasolini réalise en moins de quinze ans une œuvre cinématographique considérable : douze longs métrages – d'*Accattone* à *Salo* en passant par *Théorème* et *Médée* –, cinq films-enquêtes, ainsi que quatre courts métrages de fiction dont les admirables *La Ricotta* (1963) et *Que sont les nuages ?* (1968).

Les liens étroits de la politique et du cinéma

Le cinéma politique, ou plutôt d'engagement et de témoignage civique, connaît à partir du début des années 60 un grand épanouissement avec les films de Francesco Rosi et d'Elio Petri, deux cinéastes qui ont été assistants, le premier, de Luchino Visconti, le second, de Giuseppe De Santis, poursuivant ainsi dans leurs mises en scène les enseignements du néoréalisme. L'Italie offre un terrain d'observation exceptionnel des problèmes politiques et sociaux. L'instabilité gouvernementale et l'omniprésence de la démocratie chrétienne bloquent les institutions démocratiques ; mais surtout, après le premier attentat à la bombe en décembre 1969 à la Banque de l'agriculture à Milan, la tension ne cesse de monter et la violence atteint son paroxysme, en août 1980, avec l'explosion d'une bombe dans la gare de Bologne, qui coûta la vie à quatre-vingt-cinq personnes. L'action terroriste des Brigades rouges et les menées subversives des services secrets, qui participent à la déstabilisation de l'État et cherchent à provoquer l'arrivée au pouvoir de l'extrême droite, tissent la toile de fond du paysage politique. Il faut y ajouter la puissance du crime organisé : on découvrira plus tard les liens de la mafia avec certains hommes politiques au sein même du gouvernement.

Francesco Rosi, avec *Le Défi*, aborde pour la première fois, en 1958, le problème de la camorra napolitaine et s'impose comme le représentant le plus cohérent de ce cinéma qui dénonce le mauvais fonctionnement de la société. Avec *Salvatore Giuliano*, il donne une représentation magistrale de la mafia, dont il montrera, en 1973, les ramifications internationales avec *Lucky Luciano* ; il analyse aussi les ravages de la spéculation immobilière dans *Main basse sur la ville* (1963), avant de s'interroger sur le pouvoir personnel dans *L'Affaire Mattei* (1972), puis sur la survie d'un État de droit dans *Cadavres exquis* (1976). Elio Petri, de son côté, enrichit le discours sur la mafia avec *À chacun son dû* (1967), avant de proposer l'analyse des abus du pouvoir policier avec *Enquête sur un citoyen au-dessus de tout soupçon* (1970) puis de cerner l'enfer

que constitue le travail en usine dans un système capitaliste avec *La classe ouvrière va au paradis* (1971). Enfin, *Todo modo* (1976) dresse un portrait apocalyptique et prémonitoire de la dégénérescence du pouvoir démocrate-chrétien. Signe des temps: Petri et Rosi se partagent la Palme d'or à Cannes en 1972. La réflexion sur les dysfonctionnements de la société italienne est prolongée par Ettore Scola, qui radiographie le devenir du pays dans *Nous nous sommes tant aimés*, en 1974, et *La Terrasse*. Le cinéma des frères Taviani entre également dans le domaine de la réflexion politique, même si la dimension métaphorique de leurs films les range dans une perspective moins directement liée à la représentation des situations contemporaines. *Un homme à brûler* (1962), *Padre padrone* (Palme d'or à Cannes en 1977), *La Nuit de San Lorenzo* (1982), *Kaos* (1984) marquent un profond enracinement régional, en Sicile, en Sardaigne, en Toscane.

Salvatore Giuliano, de Francesco Rosi (1963).
Une approche « objective » de la réalité politique et sociale, et la reconstitution, en décors naturels et avec des acteurs non professionnels, de l'ascension et de la chute du bandit sicilien. La Mafia est vraiment présente pour la première fois sur les écrans.

La Terrasse, d'Ettore Scola (1980).
Des intellectuels, gagnés par l'ennui et la nostalgie, se retrouvent régulièrement au cours d'interminables soirées et se regardent vieillir.

Padre padrone, de Vittorio et Paolo Taviani (1977).
D'après l'autobiographie du romancier Gavino Ledda, la vie d'un jeune berger sarde, qui refuse l'autorité paternelle et devient écrivain.

Le déclin du cinéma italien (1980-1998)

À partir de la fin des années 70, la concurrence de la télévision devient de plus en plus rude : en 1976 la Cour constitutionnelle a donné le feu vert aux chaînes privées, et Silvio Berlusconi va peu à peu construire son empire et obliger les chaînes d'État à se lancer dans une course effrénée à l'audience. La RAI

***Journal intime*, de Nanni Moretti (1994).**
Cinéaste, producteur et acteur, Nanni Moretti, à l'aube des années 80, représente à lui seul le renouveau du cinéma italien.

(Radio-télévision italienne), qui avait financé des films difficiles comme *Padre padrone* des frères Taviani ou *L'Arbre aux sabots* d'Ermanno Olmi, adopte une politique d'investissements dont la rentabilité doit être immédiate. La baisse de fréquentation s'accélère et de nombreuses salles de cinéma, dans les petites villes comme dans les périphéries des grands centres urbains, ferment leurs portes.

Les grands créateurs vieillissent sans qu'une nouvelle génération de cinéastes n'arrive à prendre la relève. Les films politiques, gloire du cinéma italien, marquent le pas ou s'essoufflent, et ne parviennent pas à affronter de façon convaincante le problème du terrorisme. La comédie perd de son mordant, incapable de cerner les nouveaux travers de la société italienne ; quant au western, qui avait pris le relais du péplum, il disparaît sans être remplacé dans le domaine des genres populaires.

Entre une création incertaine et des difficultés économiques croissantes, le cinéma italien est ainsi gravement en crise. De plus, en une vingtaine d'années, de 1974 à 1997, de nombreux cinéastes ont disparu, privant le 7ᵉ art de quelques-uns de ses noms les plus prestigieux : Vittorio De Sica, Pier Paolo Pasolini, Luchino Visconti, Roberto Rossellini, Elio Petri, Federico Fellini et Marco Ferreri – la liste est longue, à laquelle on pourrait ajouter celle d'acteurs capitaux, Ugo Tognazzi, Gian Maria Volonté, Marcello Mastroianni…

Pendant cette période, on ne relève qu'une seule véritable révélation : Nanni Moretti. Il appparaît en 1976 avec *Je suis un autarcique*, un film à tout petit budget tourné en super 8 et qui, gonflé en 16 mm, circule avec succès en Italie puis à l'étranger. Par la suite, Moretti a confirmé l'originalité de son talent avec, en particulier, *La Messe est finie*, *Journal intime*, puis *Aprile* en 1998.

Entre enlisement et renouveau

Malgré la crise, le cinéma italien ne s'est pas complètement effondré. Certes la production, qui était de plus de deux cents films par an en 1976, n'est plus que d'une centaine par an. Régulièrement de nombreux premiers films sont mis en chantier. Les révélations sont rares, mais on peut citer d'innombrables « nouveaux cinéastes ». Les spectateurs italiens se détournent peu à peu de leurs propres films, ce qui laisse la porte grande ouverte à la concurrence : les films en provenance des États-Unis représentent environ 80 % du box office. Ainsi, en dehors de quelques œuvres exceptionnelles et des films de Noël – des comédies souvent vulgaires et d'une grande platitude auxquelles les Italiens réservent un bon accueil pendant la période des fêtes –, les salles se remplissent avec les grandes machines hollywoodiennes et se vident avec les modestes films italiens.

La comédie, une chance de survie

Seul le cinéma comique, souvent peu connu hors d'Italie, continue de remporter un franc succès. L'auteur le plus créatif et le plus drôle est sans conteste le Toscan Roberto Benigni, à la fois cinéaste et comédien. Son premier film, *Le Petit Diable*, en 1988, est un énorme succès et *Le Monstre*, en 1994, s'impose devant les films américains : l'acteur, accumulant les gags et les quiproquos, parvient avec une histoire d'obsédé sexuel à déclencher d'énormes fous rires. En 1998, il force l'émotion quand il raconte, dans *La vie est belle*, l'histoire d'un père juif déporté avec son jeune fils dans un camp de concentration. Dans la même veine, mais avec un comique aux effets moins appuyés, le Napolitain Massimo Troisi séduit les spectateurs avec des comédies au dialecte incompréhensible. En 1994, malade, il demande à l'Anglais Michael Radford de mettre en scène *Le Facteur* : le film triomphe dans le monde entier. Décédé à la fin du tournage, en juin 1994, Troisi laisse un grand vide dans le cinéma italien. Dans ce panorama des auteurs-acteurs de comédies, il faut encore mentionner deux autres Toscans, Francesco Nuti et Leonardo Pieraccioni (ce dernier est la nouvelle merveille

Francesca Archibugi, sans oublier *Portes ouvertes* et *Lamerica*, œuvres majeures d'un cinéaste parvenu à la pleine maturité, Gianni Amelio. Le terrorisme et la « stratégie de la tension » arrivent enfin sur les écrans dans des films comme *La Seconda Volta* de Mimmo Caloprest ou *Le Mani forti* de Franco Bernini. Les cinéastes italiens s'intéressent aussi aux pays de l'ancien bloc communiste, comme en témoignent notamment *Le Taureau* de Carlo Mazzacurati, tourné en Hongrie, ou *Lamerica* de Gianni Amelio, réalisé en Albanie.

Les difficultés économiques ont, par ailleurs, favorisé les initiatives régionales. Le cinéma ne se conçoit plus seulement à Rome, des structures ont vu le jour à Milan, Turin, Naples, Palerme. À Naples, les films de Mario Martone, *Mort d'un mathématicien napolitain* ou *L'Amour meurtri*, constituent la meilleure approche d'un univers culturel singulier.

Ainsi, le cinéma italien ne s'exporte plus qu'à dose homéopathique. Il n'est plus qu'un iceberg dont on ne distingue que la partie émergée. Même les grands cinéastes ne font plus recette, comme l'ont démontré les derniers films des frères Taviani (*Les Affinités électives*), d'Ettore Scola (*Le Roman d'un jeune homme pauvre*), de Marco Ferreri (*Journal d'un vice*), ou de Francesco Rosi (*La Trêve*). Le cinéma italien doit aujourd'hui reconstruire son identité économique et culturelle au regard de la distribution internationale.

Le Petit Diable, de Roberto Benigni (1988).
Avec ce premier film, cet acteur et cinéaste devient très populaire en Italie.

Portes ouvertes, de Gianni Amelio (1990).
Un langage cinématographique très rigoureux et original.

du box-office italien, avec *Le Cyclone* en 1996 et *Feux d'artifice* en 1997), le Romain Carlo Verdone – cinéaste prolifique dont l'œuvre souvent savoureuse est, comme celle de Nuti et de Pieraccioni, totalement inédite en France –, le Milanais Maurizio Nichetti, découvert en 1979 avec *Ratataplan* et dont les œuvres s'exportent un peu mieux (*Le Voleur de savonnettes*, *L'Amour avec des gants*).

La production dramatique, quant à elle, tente de témoigner d'une époque difficile marquée par le terrorisme, la criminalité organisée, la corruption de la classe politique. Certains cinéastes se présentent comme les héritiers lointains d'un néoréalisme auquel ils continuent à se référer. Les chefs de file de cette tendance pourraient être Marco Risi, le fils de Dino (*Mery pour toujours*, *Les Garçons de la rue*), et Ricky Tognazzi, le fils d'Ugo (*L'Escorte*, *Le Jour du chien*). Il subsiste donc, en Italie, un cinéma témoin de la vie sociale et politique, certes parfois maladroit, mais qui n'en a pas moins donné de nombreuses films de qualité. Citons *Secrets secrets* de Giuseppe Bertolucci – le frère cadet de Bernardo –, *Le Porteur de serviette* de Daniele Luchetti, *Nuit italienne* de Carlo Mazzacurati, *La Grande Citrouille* de

L'ANGLETERRE ENTRE CRISES ET « RENAISSANCE »

Comme toute l'histoire du cinéma britannique, la période qui va des années 60 à aujourd'hui est marquée par les mêmes phénomènes : d'une part, la présence dominante et obsédante du cinéma américain ; d'autre part, une série de crises et de « renaissances ». S'y ajoutent l'essor de la télévision et la chute vertigineuse de la fréquentation des salles de cinéma : au début des années 60, on compte plus de 400 millions d'entrées par an. En 1996, elles sont évaluées à 120 millions, grâce à un net redressement dû à l'installation des « multiplex » dans les années 90. Cependant les films américains occupent toujours 90 % du marché.
De 1960 à 1970, grâce à des financements venus d'outre-Atlantique, le cinéma britannique vit un moment assez faste. Le retrait de ces investissements et la crise pétrolière de 1973 raréfient les financements : la production de films pour le cinéma semble condamnée. C'est alors que Hugh Hudson reçoit en 1981 un oscar à Hollywood pour son premier film, *Chariots de feu*, produit par David Puttman. L'année suivante, Richard Attenborough est à son tour couvert d'oscars pour *Gandhi*, et d'autres productions, comme *La Forêt d'émeraude* (1985) de John Boorman, connaissent un succès international. Cependant en 1986 la société de production Goldcrest fait faillite, et, en 1989, le nombre de films produits tombe à 30. Les chaînes de télévision investissent alors dans le cinéma, puis un système d'aide à la production est mis en place par les pouvoirs publics grâce aux bénéfices de la loterie nationale : la fin des années 90 est marquée par une nouvelle « renaissance ».

Music Lovers, de Ken Russell (1970).

Les années 60 et le *Swinging London*

Les années du baby boom apportent une « culture jeune » avec ses mouvements contestataires tantôt superficiels, tantôt profonds. Littérature, théâtre, mode vestimentaire, cinéma et musique pop : tout est marqué par ce mouvement, et par l'apparition d'un nouveau marché. Après les *Angry Young Men*, et le *Free Cinema*, c'est l'époque de Carnaby Street, des Beatles et des Rolling Stones. Le *Swinging London* donne le ton au monde entier. Quelques films en témoignent : *Blow up* de l'Italien Michelangelo Antonioni ; *A Hard Day's Night* ou *Help !* de Richard Lester, l'Américain « in » avec en vedette les Beatles. On les retrouve en 1968 dans un long métrage, *The Yellow Submarine*, réalisé par le canadien George Dunning, dont la richesse d'invention fait une des grandes réussites du cinéma d'animation. Les Rolling Stones, ou plutôt Mick Jagger, apparaissent un peu plus tard dans un psychédélique *Performance* de Nicholas Roeg. La musique omniprésente, l'anticonformisme et le rythme rapide du récit caractérisent ce nouveau cinéma.
Ken Russell est l'enfant terrible du cinéma britannique. Il réalise pour la BBC plusieurs biographies de musiciens où il donne libre cours à son goût de la provocation. Au cinéma, il poursuit dans cette voie avec *Music Lovers*, évocation débridée de la vie de Tchaïkovski, interprété par Richard Chamberlain et Glenda

 voir : Kubrick p. 244 – Lean p. 248 – Loach p. 249 – Losey p. 250 – Polanski p. 259

Jackson, puis *Mahler* en 1974 ou *Tommy*, un opéra rock composé par le groupe des Who, qui reste sans doute son meilleur film.

La tradition réaliste

Après le *Free Cinema*, qui a su mettre en évidence les préoccupations sociales de la fin des années 50, les réalisateurs sont passés au long métrage : Karel Reisz, avec *Samedi soir, dimanche matin*, trace le portrait d'un ouvrier, interprété par Albert Finney, qui se réfugie dans le sexe et l'alcool ; Tony Richardson tourne en 1962 *La Solitude du coureur de fond* ; Lindsay Anderson réalise *Le Prix d'un homme* avec Richard Harris, l'histoire d'un mineur qui connaît quelques heures de gloire comme champion de rugby. La contestation culmine en 1968 dans l'explosif *If...* d'Anderson, où le réalisateur dénonce les « Public schools » et remporte la Palme d'or à Cannes.

Un autre jeune cinéaste de télévision, Ken Loach, a fait parler de lui, en 1966, à la BBC, avec *Cathy Come Home*, qui décrit le drame des mal-logés. Il n'a pas fini de déranger. *Kes*, puis *Family Life* le font connaître à l'échelle internationale. Vingt ans plus tard, Loach maintient son cap, et avec *Raining Stones*, *Land and Freedom*, ou *My Name is Joe* en 1998, il continue à peindre les problèmes et les espoirs des « petites gens ». Peter Watkins, à la télévision puis au cinéma, ébranle la bonne conscience du temps avec ses pseudo-documentaires, comme *La Bombe* (1965), où il dénonce le péril nucléaire.

***If...*, de Lindsay Anderson (1968).**
La contestation scolaire interprétée par Malcolm McDowell et de jeunes acteurs peu connus mais excellents.

Les adaptations littéraires

D'autres cinéastes on trouvé leur style dans l'adaptation d'œuvres littéraires, romanesques ou théâtrales. C'est le cas de David Lean, sans doute le plus prestigieux dans ce domaine. Il signe en 1957 un immense succès, *Le Pont de la rivière Kwaï* d'après le roman de Pierre Boulle, puis *Lawrence d'Arabie* avec Peter

***Lawrence d'Arabie*, de David Lean (1962).**
Peter O'Toole, venu du théâtre, incarne le mystérieux colonel Lawrence, un agent britannique très actif au Moyen-Orient.

***James Bond 007 contre Dr No*, de Terence Young (1962).**
Ursula Andress, aux côtés de Sean Connery, participe au succès inattendu de ce premier James Bond *bourré d'inventions, de catastrophes et de gadgets jamais vus.*

O'Toole, le *Docteur Jivago* d'après Boris Pasternak ; il termine sa carrière avec *La Route des Indes* d'après E. M. Forster.

En 1961, Jack Clayton met en scène *Les Innocents* d'après Henry James, avec Deborah Kerr. Adaptation littéraire très réussie pour John Schlesinger avec *Loin de la foule déchaînée* (1967) d'après Thomas Hardy, ou pour Ronald Neame avec *Les Belles Années de miss Brodie* (1969), d'après un livre de Muriel Spark. Le *Tom Jones* (1963) de Richardson, devenu un succès international, est adapté du roman d'Henry Fielding, un des classiques de la littérature anglaise du XVIIIe siècle.

Cette tradition du « travail bien fait » prenant appui sur la littérature, on la retrouve dans les productions du cinéaste américain James Ivory, imprégné de culture européenne, qui adapte à partir de 1985 avec succès plusieurs romans de E. M. Forster : *Chambre avec vue*, *Maurice*, *Howard's End*. Kenneth Branagh, lui, s'attaque aux œuvres de Shakespeare : *Henry V*, *Beaucoup de bruit pour rien*, *Hamlet*.

Des cinéastes venus de l'étranger

Stanley Kubrick s'installe à Londres et signe en 1962 *Lolita*, puis *Docteur Folamour*, un opéra de l'espace avec *2001, l'Odyssée de l'espace*, mais aussi des sujets plus ancrés dans la civilisation anglo-saxonne comme *Orange mécanique* ou *Barry Lyndon*.

Joseph Losey, Américain lui aussi, fuit la « chasse aux sorcières » du sénateur McCarthy au début des années 50. Sa nouvelle carrière débute en 1957 par des thrillers : *Temps sans pitié*, *Eva*. Il collabore avec le dramaturge Harold Pinter et des acteurs comme Dirk Bogarde et Stanley Baker pour ses meilleurs films « anglais » : *The Servant*, *Le Messager*.

Roman Polanski nourrit en Grande-Bretagne son goût du bizarre : *Répulsion* avec Catherine Deneuve, ou le désopilant *Bal des vampires* en 1967. Un peu plus tard, il réalise un *Macbeth* inattendu. En 1979, Polanski paie sa dette à la tradition littéraire en portant à l'écran *Tess*, d'après Thomas Hardy, avec Nastasia Kinski.

En 1971, Alfred Hitchcock, qui est presque devenu un étranger, revient à Londres et tourne *Frenzy*.

James Bond 007, l'agent secret

Une des réussites commerciales les plus étonnantes du cinéma britannique est bien le film de Terence Young, *James Bond 007 contre Dr No*, d'après le roman de Ian Fleming, interprété par le jeune Sean Connery, qui incarnera six fois James Bond (*Bons Baisers de Russie*, *Goldfinger*). En deux douzaines de films, l'increvable 007 va se réincarner grâce à Roger Moore (*Vivre et laisser mourir*) puis, récemment, grâce à Pierce Brosnan (*Goldeneye*, 1995). En mélangeant des scènes d'action, de l'érotisme standardisé, des effets spéciaux et des gadgets en tout genre, 007 n'en finit pas de captiver les foules, ravies de toutes ces surprises… sans surprise. James Bond a, depuis des années, son studio particulier à Pinewood. Les studios britanniques ont d'ailleurs une excellente réputation internationale, puisque c'est là que se tournent *Superman*, *Batman* et autres *Aliens*.

Quelques indépendants et beaucoup d'humour

Le cinéma britannique peut s'enorgueillir de compter quelques cinéastes indépendants : bricoleurs ou excentriques, en marge du système commercial, ils travaillent avec des budgets modestes (parfois avec l'appui du British Film Institute) et parviennent à créer une œuvre originale. C'est le cas de Kevin Brownlow qui, en 1975, signe *Winstanley*, étonnant film historique, qui évoque la République de Cromwell ; de Jack Hazan et David Mingay qui, avec *Rude Boy*, tracent un tableau acide des premières années Thatcher ; ou encore de Bill Douglas, dont la bouleversante trilogie s'ouvre par un petit chef-d'œuvre tourné en 16 mm : *My Childhood* (1971). Sur le même thème autobiographique, Terence Davies donne *Distant Voices, Still Lives* (1987) et *The Long Day Closes* (1991), films émouvants et profondément personnels.

Deux peintres venus au cinéma sortent eux aussi des sentiers battus : Derek Jarman, avec *The Tempest* (1979), ou *Edward II* (1992) ; et le surprenant Peter Greenaway, qui se fait connaître en 1982 avec *Meurtre dans un jar-*

En haut : ***Le Cuisinier, le voleur, sa femme et son amant*, de Peter Greenaway (1989).**

Ci-dessus : ***Les Virtuoses*, de Mark Herman (1996).** *Des mineurs de Grimley, une petite ville du Nord, vont bientôt se retrouver au chômage ; à travers les pérégrinations de sa fanfare, se ressoude une communauté solidaire et chaleureuse.*

din anglais, puis réalise d'insolites chefs-d'œuvre tels *Le Cuisinier, le voleur, sa femme et son amant* ou encore *Prospero's Books*, superbe adaptation de *La Tempête* de Shakespeare, avec l'admirable John Gielgud.

L'humour est un produit d'exportation britannique, et le cinéma y a sa part. Avec les années 70 paraît un groupe d'humoristes venu de la télévision, qui va marquer son temps : les Monty Python (John Cleese, Michael Palin, Terry Jones, Graham Chapman, Eric Idle, auxquels se joint l'Américain Terry Gilliam). Avec *Monty Python, sacré Graal* ou *Le Sens de la vie*, réalisés par Terry Jones, ils conjuguent les vertus de l'humour traditionnel, du *nonsens*, dans des reconstitutions historiques détournées par leur maîtrise de l'absurde, de la dérision, du gag désopilant. Le vétéran Charles Crichton réalise en 1988 un film délirant, *Un poisson nommé Wanda*, couronné de succès. Le cinéma britannique a su faire le lien entre la tradition humoristique des célèbres studios Ealing des années 50 et les Monty Python.

La comédie sert encore : on l'a vu dans *Local Hero* (1983), de Bill Forsyth, en 1996 dans *Les Virtuoses*, de Mark Herman ou, l'année suivante, dans *The Full Monty*, de Peter Cataneo.

Une bonne école : la télévision

« Le cinéma britannique est bien portant... à la télévision ! » Ce slogan ironique a souvent été entendu pendant les années 70. En Grande-Bretagne, la télévision est un vrai phénomène social. BBC 1 commence à diffuser dès 1946, la chaîne privée ITV est mise en place en 1955, BBC 2 est créée en 1964, et Channel 4 en 1982. Ce développement, relayé par le câble, le satellite et la vidéo, joue à l'évidence un rôle décisif dans la désaffection du public britannique pour le cinéma.

Cependant, dans les années 60-70, c'est à la télévision que se forment nombre de cinéastes : Ken Loach, Peter Watkins, John Schlesinger ou Ken Russell, mais aussi Mike Leigh, Stephen Frears ou Roland Joffe. En 1985, un film à petit budget tourné pour la télévision soulève l'enthousiasme du Festival du film d'Edimbourg : *My Beautiful Laundrette*, mis en scène par Stephen Frears, qui mène ensuite une brillante carrière aux États-Unis et en Irlande, où il tourne *The Snapper* (1991) et *The Van*.

Quant à Mike Leigh, quand il est enfin reconnu au Festival de Cannes en 1993 avec *Naked* puis *Secrets et mensonges*, en 1996, on découvre qu'il a derrière lui une longue carrière de cinéaste... à la télévision. Son premier long métrage en 1971, *Bleak Moments* en 1996, était déjà remarquable.

La télévision, toujours elle, continue de servir de tremplin à de nouveaux talents comiques : le dernier en date, Rowan Atkinson, est connu du monde entier sous le nom de Mr. Bean. Et le succès international de films comme *Quatre Mariages et un enterrement* (1993, de Mike Newell), *Le Patient anglais* (1996, d'Anthony Minghella), *Trainspotting* (1996, de Dany Boyle) donne un espoir nouveau à tous les gens de cinéma. Aujourd'hui presque tous ces films portent au générique le sigle de la BBC ou de Channel 4.

***Naked*, de Mike Leigh (1993).** *Un portrait de la société britannique d'aujourd'hui.*

L'ALLEMAGNE DIVISÉE, LA RECONSTRUCTION

En 1945, le cinéma allemand est anéanti. Les studios sont détruits, les grands cinéastes d'avant-guerre sont morts ou devenus citoyens américains. La production reprend sous le contrôle des Alliés : Wolfgang Staudte, en 1946, montre la criminalité nazie dans *Les assassins sont parmi nous.* Après la division de l'Allemagne en 1949, la production est réorganisée aussi bien à l'ouest par la RFA (République fédérale allemande) libérale, qu'à l'est par la RDA (République démocratique allemande) communiste.

La RFA : une dynamique vigoureuse

Dans les années 50, le cinéma allemand est en pleine expansion économique. Les films sont volontiers des drames mondains, des idylles romantiques ou des comédies légères et musicales, sans grande originalité, et réalisés entre autres par des vétérans qui ne se sont pas trop compromis avec le régime nazi. Wolfgang Liebeneiner signe par exemple les célèbres *Famille Trapp*. De nombreuses œuvres cependant dénotent un réel souci d'analyse du passé : ce sont les « Trümmerfilme » (films de ruines). Helmut Kautner, avec *Le Dernier Pont*, tente de restituer les valeurs morales ; Bernhard Wicki, en 1959, réalise *Le Pont*, une histoire de guerre où de jeunes Allemands résistent à l'avance des ennemis.

En 1962, lors du Festival d'Oberhausen, un groupe de jeunes cinéastes révoltés, inspirés par la Nouvelle Vague française, publient un manifeste célèbre qui commence par ces mots : « L'effondrement du cinéma allemand conventionnel prive enfin de ses ressources économiques une attitude intellectuelle que nous rejetons. Cela donne au nouveau cinéma la chance de devenir vivant. » C'est l'acte de naissance de ce qu'on a appelé le « nouveau cinéma allemand » et le début d'une grande aventure cinématographique.

Jusqu'à la fin des années 80, une explosion de nouveaux talents, de nouvelles productions, de festivals et de revues a permis à une pléiade de cinéastes de donner au cinéma des œuvres brûlantes qui bouleversent les genres, les styles, en prenant des positions morales et politiques aussi subversives que déterminées.

Volker Schlöndorff révèle le jeune cinéma allemand à Cannes, en 1966, avec *Les Désarrois de l'élève Tœrless* ; *Le Tambour*, adapté du roman de Günter Grass, remporte la Palme d'or à Cannes en 1979. Alexander Kluge, un des rédacteurs les plus respectés du manifeste de 1962, réalise en 1979 *La Patriote*, une œuvre lucide, au montage complexe. Edgar Reitz est

 voir : Les pays de l'Est p. 140-143 – Fassbinder p. 232 – Wenders p. 276

Ci-contre, à gauche :
***Le Tambour*, de Volker Schlöndorff (1979).**
Fidèle au roman de Günter Grass, le film remporte un énorme succès et la Palme d'or au Festival de Cannes. Le petit garçon joueur de tambour (David Bennent) refuse de grandir.

l'auteur d'un film monument, *Heimat*, dont les deux volets (1984 et 1992) retracent une histoire de l'Allemagne. Werner Herzog, cinéaste visionnaire, donne la démesure de ses héros solitaires ou marginaux dans *Aguirre, la colère de Dieu* (1972). Werner Schrœter, fasciné par la beauté et passionné par l'opéra, réalise en 1971 *La Mort de Maria Malibran*, l'histoire d'une cantatrice morte d'avoir trop chanté ; *Le Règne de Naples* (1978) donne une vision très personnelle de Napolitains misérables filmés dans leur quotidien. Rainer Werner Fassbinder, intense dans sa vie comme dans ses films, influencé par la Nouvelle Vague française et surtout par le mélodrame américain, réalise des films qui ont secoué le cinéma européen (*Le Mariage de Maria Braun*, 1978 ; *Lili Marleen*, 1981). Wim Wenders, cinéaste de l'errance, promène ses héros aux quatre coins du monde occidental (*Alice dans les villes*, 1973 ; *Paris Texas*, 1984).

***Alice dans les villes*, de Wim Wenders (1973).**
La petite fille (Yellä Rottländer) rencontre par hasard un journaliste et parcourt avec lui les villes d'Allemagne.

Ci-contre, à gauche :
***Lili Marleen*, de Rainer Werner Fassbinder (1980).**
Au début des années 70, Hanna Schygulla, l'interprète du film, se définit comme « la Marilyn des faubourgs ». Elle est l'actrice préférée de Fassbinder, qui en fait une des grandes stars du cinéma allemand.

La RDA : une production très contrôlée

En RDA, en revanche, la société de production DEFA (Deutsche Film Aktien Gesellschaft), fondée en 1946, est contrôlée par les autorités soviétiques avant de devenir, en 1952, « entreprise du peuple » sous tutelle du ministère de la Culture. Une quinzaine de films sont produits chaque année, et quelques cinéastes réussissent à exprimer leur talent malgré les directives du parti communiste. Konrad Wolf notamment échappe aux contraintes du réalisme socialiste dans les années 50, et poursuivra une démarche personnelle et novatrice : *Solo Sunny* (1979) dépeint la jeune génération à travers le portrait d'une chanteuse.

Beaucoup de ces cinéastes n'ont pas pu donner le mesure de leur univers sensible et vibrant à cause des contraintes et interdits de ce régime totalitaire.

Après la chute du mur de Berlin en 1989 : l'Allemagne unifiée

Le cinéma allemand semble s'installer dans une lente banalisation ; il reste néanmoins le second cinéma européen, avec quelques perles rares, produisant des comédies naturalistes à l'insolence réjouissante (*Robby, Kalle et Paul* de Dany Levy, 1990), de plaisantes histoires policières, et des films historiques à grand spectacle imprégnés d'un sens rare du tragique quotidien (*Stalingrad* de Joseph Vilsmaier, 1992).

Décentralisé puisque divisé en Länder (États), l'État allemand a développé une politique cinématographique très ouverte, mais aussi très complexe. Il existe, au niveau fédéral, des aides du ministère de l'Économie, la FFA, qui ne statuent que sur des critères purement économiques et de sécurité publique (d'où l'incroyable liberté morale et esthétique du cinéma allemand) ; des aides à des « projets de films sans référence antérieure » (d'où l'émergence de nouveaux talents) ; le « Curatorium du jeune cinéma allemand » dépendant du ministère de l'Intérieur, à l'origine de la carrière de tous les grands depuis 1964 ; l'implication des Länder par des systèmes d'avance et d'aide particuliers à chacun.

Cinq villes peuvent être considérées comme des capitales du cinéma : Berlin et son Festival international, Hambourg et son cinéma expérimental, Cologne et sa très forte télévision, Francfort et ses audacieuses productions, et surtout Munich, berceau du renouveau des années 60-70, la ville de Fassbinder, Herzog, Wenders, Schlöndorff, des grosses productions, des puissantes distributions, et des studios Bavavia, les plus importants d'Europe.

L'UNION SOVIÉTIQUE DU « DÉGEL » À LA PERESTROÏKA

***Quand passent les cigognes*, de Mikhaïl Kalatozov (1957).**
Un événement cinématographique par la nouveauté des cadrages et des mouvements de caméra; une histoire d'amour, romantique et sentimentale, qui a révélé deux grands comédiens, Tatiana Samoïlova et Alekseï Batalov.

***Andreï Roublev*, d'Andreï Tarkovski (1966).**
La vie d'un moine célèbre, le peintre d'icônes Andreï Roublev, dans la Russie de 1400 à 1426.

Le Quarante et Unième de Gregori Tchoukhraï et, surtout, *Quand passent les cigognes* du vétéran Mikhaïl Kalatozov, réalisés tous deux entre 1956 et 1957, marquent la levée des interdits tant stylistiques que thématiques, et le renouveau du cinéma soviétique. Palme d'or à Cannes, *Quand passent les cigognes* renoue avec les recherches formelles du muet et transfigure le film de guerre en un poème d'amour lyrique.

Si Andreï Tarkovski, dont l'inspiration est certes religieuse mais aussi très liée à la vieille culture russe, parvient non sans mal à réaliser ses films (*L'Enfance d'Ivan*, *Andreï Roublev*), il n'en va pas de même de son camarade de promotion Andreï Mikhalkov-Kontchalovski, ni de Marlen Khoutsiev. Ce dernier, avec *J'ai vingt ans*, où il suit, en 1964, trois jeunes Moscovites dans leur vie quotidienne, inaugure, mieux que Gueorgui Daniela dans *Je m'balade dans Moscou*, un cinéma sans structure narrative précise, entre fiction et « direct », captant l'air du temps et surtout le temps présent. Mais, alors que Khoutsiev est promu étendard d'un cinéma sans héros, son film est nommément critiqué par Nikita Khrouchtchev, interdit puis remonté par un cinéaste de l'ancienne génération, Sergueï Guerassimov. Dès lors les jeunes réalisateurs doivent se tourner vers le passé (films historiques), les adaptations littéraires, ou aller travailler dans les républiques lointaines de l'Union, les « provinces », sous peine d'être condamnés au silence. C'est seulement vingt ans plus tard que l'on prendra la mesure de ces blocages, tout d'abord en redécouvrant l'œuvre de Khoutsiev, mais aussi celle d'une émigrée roumaine, Kira Mouratova (*Brèves Rencontres*, 1967 et *Les Longs Adieux*, 1971), d'Alexseï Guerman ou encore celle d'Alexandre Sokourov (*Un dégradé*, *La Voix solitaire de l'homme*, 1978) dont les films étaient tournés et interdits, ou dont les projets avaient été refusés ou dénaturés. Ces quatre auteurs avaient tracé dans des directions différentes de nouvelles voies pour le cinéma russe.

 voir : Tarkovski p. 268

Le Premier Maître,
d'Andreï Mikhalkov-Kontchalovski (1965).
Un soldat de l'Armée rouge est devenu instituteur dans une petite ville de Kirghizie en 1923.
Ce film marque la naissance d'une nouvelle vague soviétique.

Loin de Moscou

C'est en Kirghizie que Mikhalkov-Kontchalovski put réaliser, en 1965, un premier film décapant, *Le Premier Maître*, démystifiant l'arrivée du bolchevisme dans les contrées reculées de l'Asie soviétique, alors que son *Bonheur d'Assia* (1966), situé dans un kolkhoze russe, fut interdit jusqu'en 1988. Il adopte dès lors une attitude conciliante avec les autorités et se borne à des adaptations de classiques et des superproductions acceptables (*Sibériade*). En revanche, dans les républiques non russes de l'URSS, tant en Asie centrale (Ouzbékistan, Tadjikistan, Kirghizie, Turkménistan) que dans le Caucase (Arménie et Géorgie) et dans les pays Baltes (Lituanie, Estonie, Lettonie), l'essor est remarquable. La valorisation de l'héritage national, des coutumes et des langues vernaculaires, qui inspire la politique culturelle de ces républiques, s'exprime brillamment au cinéma, et de nombreux cinéastes, souvent formés au VGIK, l'école de cinéma de Moscou, émergent dans ce contexte, dont Otar Iosseliani (Géorgie), Sergueï Paradjanov (Arménie), Ali Khamraiev (Tadjikistan), ou Iouri Ilienko (Ukraine), etc. Ce cinéma se charge d'une dimension presque « ethnographique ». *Les Chevaux de feu* de Sergueï Paradjanov, réalisés en 1964, auraient été auparavant condamnés pour « déviation nationaliste » ou régression traditionaliste. Ainsi la République de Russie, où s'était longtemps concentré la production cinématographique, se trouva, dans les trente dernières années, en décalage par rapport aux autres républiques.

Cependant des films comme *Le Miroir* de Tarkovski, le plus marquant de la période, exercent une influence souterraine ou ont valeur d'exemple. Vassili Choukchine, Gleb Panfilov, Alexandre Mitta, d'autres plus conformistes, comme Nikita Mikhalkov, se distinguent de la grisaille. Quand, parvenu à la tête du parti et de l'État, Mikhaïl Gorbatchev encourage, en 1987, un aggiornamento dans les institutions cinématographiques, les forces de renouveau sont là et accèdent d'emblée aux studios. La période de la perestroïka (restructuration de l'économie et des institutions politiques) voit une floraison de films et l'émergence de jeunes cinéastes, notamment Kira Mouratova (*Le Syndrome asthénique*, *Le Milicien amoureux*), Alexeï Guerman (*Mon Ami Ivan Lapchine*) et Alexandre Sokourov (*Insensibilité chagrine*, *Le Deuxième Cercle*). L'embellie est de courte durée puisque la fin de l'URSS marque l'effondrement complet d'une industrie d'État, le démantèlement d'un système comprenant à la fois la production, la distribution, les salles, les ciné-clubs, les revues et les écoles, désormais livré aux lois du marché et dès lors ruiné en quelques années. De jeunes cinéastes, qui vont du documentaire à la fable, du naturalisme à l'allégorie, cherchent à émigrer et le plus souvent disparaissent.

Le Syndrome asthénique, **de Kira Mouratova (1989).**
Une vision décapante de la société soviétique.

LES PAYS DE L'EST, LE VIVIER DES ÉCOLES

La libéralisation des régimes socialistes, après l'arrivée au pouvoir de Khrouchtchev en URSS, produit des effets différents selon les pays. En Pologne et en Hongrie, le mouvement novateur du milieu des années 50 va s'accentuer et se développer, il va naître en Tchécoslovaquie. Tous les pays vont participer pleinement au mouvement « nouveaux cinémas » et aux « nouvelles vagues » qui touchent les pays européens, comme l'Afrique et les Amériques. L'étonnante vitalité de petits pays comme la Pologne, la Hongrie, la Tchécoslovaquie s'explique par l'organisation d'État d'une industrie non soumise à des critères de rentabilité commerciale, par un système de formation performant (les écoles de cinéma), et par le fait que la plupart des réalisateurs se sont formés dans le documentaire, et comme assistants de leurs aînés. À cela s'ajoutent les échanges fructueux entre littérature, théâtre et cinéma.

La Hongrie : un cinéma épique

Au début des années 60, le cinéma hongrois parvient à surmonter le traumatisme de 1956 qu'ont représenté la révolte de Budapest et sa répression par l'armée soviétique. C'est alors qu'une nouvelle génération apparaît. Ce renouveau tient d'abord en un recentrage sur la subjectivité, les rapports psychologiques, où l'histoire et la société tiennent une forte place : ainsi chez Istvan Szabo ou de Marta Meszaros. Mais le phénomène le plus significatif du cinéma hongrois de cette époque est sans doute l'émergence d'un cinéma épique d'un nouveau type. Miklos Jancso, Ferenc Kosa et Andras Kovacs inventent un cinéma historique et sociologique, refusant toute identification entre les personnages et le spectateur, et développant un discours politique. Jancso en particulier – dont le premier film, *Mon Chemin*, date de 1963 – revisite l'histoire de son pays, de 1848 à 1956, congédiant le vraisemblable au profit de l'abstraction et parfois de l'allégorie. *Les Sans-Espoir*, *Psaume rouge* évoquent des épisodes historiques précis, reconstruits dans une mise en scène chorégraphique, avec une écriture usant d'une caméra en perpétuel mouvement. Dans les années 80, Béla Tarr perpétue cette approche distanciée des réalités sociales dans des films usant de la longue durée et des plans fixes, pour observer la vie d'un kolkhoze ou d'une communauté sociale en train de se démanteler avec la fin du socialisme (*Perdition*).

***Les Sans-Espoir*, de Miklos Jancso (1966).**
Jancso raconte la répression cruelle menée en 1869 par le haut commissaire Radly, un moment important de l'histoire de la Hongrie.

La Tchécoslovaquie : éclairage intime

Avec Milos Forman, les réalisateurs Ivan Passer, Jaromil Jirès et Jiri Menzel représentent, au sein du « nouveau cinéma tchèque », une veine intimiste, attachée aux petits faits et aux petites gens. L'observation du quotidien, à la fois bienveillante et cruelle, est aussi une critique féroce d'un univers mesquin et de ses aspirations petites-bourgeoises. *L'As de pique* (1963), de Forman, dépeint l'atmosphère d'un magasin d'alimentation où un jeune garçon est chargé de surveiller les clients ; avec *Les Amours d'une blonde* (1965), il met face

 voir : Le cinéma d'animation p. 198-201 – Forman p. 235 – Kieslowski p. 243 – Polanski p. 259 – Wajda p. 274

à face, dans une usine de chaussures, de jeunes ouvrières et des réservistes de l'armée. Forman, qui a commencé à filmer des guinguettes, reviendra fréquemment à ce type de divertissement populaire. Passer, scénariste des trois films tchèques de Forman, est peut-être plus encore que ce dernier l'inspirateur de ce regard mélancolique teinté d'humour noir (*Éclairage intime*, 1965). Menzel joue avec l'ironie, la poésie, l'absurdité de certains comportements (*Trains étroitement surveillés*). En revanche, Vera Chytilova (*Quelque chose d'autre*) et Jaromil Jirès (*Le Premier Cri*, *La Plaisanterie*) dessinent une orientation sociale plus rigoureuse et moins complaisante. De leur côté, Jan Nemec (*Les Diamants de la nuit*) et le Slovaque Stephan Uher (*L'Orgue*), rejoints en 1966 par Chytilova et ses détonantes *Petites Marguerites*, explorent une veine « surréaliste », absurde, où l'influence de la littérature tchèque (Franz Kafka, Bohumil Hrabal, Milan Kundera) est évidente. Ce mouvement extrêmement dynamique bouscule les références du monde socialiste et l'arrivée au pouvoir de Dubchek les y encourage. En 1968, l'écrasement du « printemps de Prague » et son cortège d'interdits poussent nombre de réalisateurs à l'exil ou au silence.

La vigueur du dessin animé, des films de marionnettes et des films d'objets ou de matières animées est constante, ce genre étant considéré comme moins susceptible de « dérives idéologiques ». L'œuvre fabuleuse de Jiri Trnka, commencée en 1945 avec le dessin, le papier découpé et le collage, s'épanouit avec ses marionnettes interprétant de vieilles légendes. En 1965, *La Main* est une parabole à la fois tendre et impitoyable de la situation de l'artiste face au pouvoir totalitaire. La référence explicite au nazisme (la main tendue et la répétition de ce geste) n'en constituait pas moins une mise en garde contre l'autoritarisme en matière d'art dans son pays.

La Pologne

Grâce à l'école de Lodz et à une réorganisation de la production cinématographique en groupes autonomes confiés à des cinéastes, l'« école polonaise » prend de l'ampleur. Mais, en raison de la méfiance des autorités politiques face au propos critique de ce cinéma, une période de stagnation s'installe vers 1964. Outre Andrzej Wajda, Andrzej Munk (disparu prématurément en 1961) et Jerzy Kawalerowicz, cette école comprend Tadeuz Konwicki, Kazimierz Kutz, Wojciech Has et Roman Polanski. Ce dernier, d'abord acteur, tourne des courts métrages insolites et cruels, et, en 1962, un film violent, *Le Couteau dans l'eau*, critique de la société socialiste, de ses stratifications, des privilèges matériels accordés à certains, du fossé entre les générations. Après ce film, Polanski quitte la Pologne. Le scénario du *Couteau dans l'eau* avait été écrit avec Jerzy Skolimovski (auparavant collaborateur de Wajda), qui allait se révéler un jeune réalisateur prometteur et insolent. *Signe particulier : néant* et *Walkover* sont des films aussi désespérés que celui de Polanski sur la société et l'avenir qu'elle peut réserver à un jeune homme. En 1967, après *Haut les mains*, satire du stalinisme qui demeura interdit quinze ans, Skolimovski émigre lui aussi en Occident. Pendant que ces « jeunes gens en colère » essuient les foudres des institutions et de la cen-

***Les Petites Marguerites*, de Vera Chytilova (1966).**
Les aventures de Marie I et de Marie II, interprétées par Jitka Cerhova et Ivana Karbanova, qui n'hésitent pas à accumuler les provocations.

***L'Homme de marbre*, d'Andrzej Wajda (1976).**
Une jeune réalisatrice (Krystina Janda) décide de faire un reportage filmé sur un héros du travail, un stakhanoviste oublié après le dégel.

***Trois Couleurs : Rouge*, de Krzysztof Kieslowski (1994).**
Avec les deux autres volets, Bleu *et* Blanc, *réalisés en 1992 et 1993, Kieslowski achève une étonnante trilogie. Irène Jacob, révélée dans* La Double Vie de Véronique, *est l'interprète de* Rouge.

sure, les meilleurs des cinéastes de la génération précédente se réfugient avec talent dans la reconstitution historique (*Faraon* de Kawalerowicz) et le fantastique (*Le Manuscrit trouvé à Saragosse* de Has), l'histoire ouvrière d'avant-guerre (*Le Sel de la terre noire* et *Les Perles de la couronne* de Kazimierz Kutz), ou tournent à l'extérieur du pays.

Au cours des années 70, de jeunes réalisateurs comme Andrzej Zulawski, Krzysztof Zanussi et Krzysztof Kieslowski donnent un nouvel essor au cinéma polonais. Les deux derniers dominent sans conteste les décennies suivantes : à l'interrogation historique et politique, ils préfèrent une réflexion morale progressivement dominée par leurs convictions catholiques (*Illumination*, *La Spirale*, de Zanussi ; *Le Profane*, *Décalogue*, de Kieslowski). Parallèlement, Wajda, de plus en plus prolifique et inégal, poursuit son investigation historique – avec *La Terre de la grande promesse* – et politique – avec *L'Homme de fer*, vigoureuse mise en cause du socialisme bureaucratique et de la propagande. Le cinéaste accompagne alors l'action du mouvement syndical de résistance « Solidarnosc » jusqu'à la proclamation de l'état d'urgence du général Jaruzelski, qui le conduit à partir tourner à l'étranger.

Le cinéma documentaire et le cinéma d'animation occupent une place importante en Pologne. Walerian Borowczyk et Jan Lenica, venus des Beaux-Arts, introduisent dans leurs films le collage et un type de dessin proche de la gravure, à l'humour grinçant, dévastateur. Borowczyk s'installe en France en 1966, où il tourne des films très singuliers ainsi qu'un long métrage d'animation dans la lignée d'*Ubu* d'Alfred Jarry, *Théâtre de M. et Mme Kabal*.

Velléités roumaines et fusées bulgares

La Roumanie, dont la « déstalinisation » intervient à contretemps des pays voisins en raison de la longévité de son « chef » historique, Gheorghe Ghorghiu-Dej, mort en 1965, s'était « émancipée » plus que d'autres de la tutelle soviétique, mais son indépendance eut pour revers un nationalisme farouche. Chargée par le régime de cultiver une série de mythes ethniques et patriotiques – l'origine latine des Daces, la lutte contre l'envahisseur ottoman, le folklore de la riche culture populaire paysanne –, la production se cantonne dans des films d'aventures avec bandits chevaleresques, cavalcades et duels à l'épée. Les rares réussites d'une industrie du cinéma corsetée – et pourtant tout à fait performante au plan des installations techniques puisqu'on vient y tourner de l'étranger – tiennent à quelques cinéastes et à quelques titres : Liviu Ciulei (*La Forêt des pendus*, drame moral d'un combattant de la Première Guerre mondiale), Lucian Pintilie (*La Reconstitution*, fable noire sur la lâcheté sociale), tous deux hommes de théâtre et tous deux contraints à l'exil en 1972. Parmi les jeunes cinéastes, Radu Gabrea réalise, en 1970, *Trop petit pour une si grande guerre* puis s'exile après son troisième film, tandis que Mircea Veroiu et Dan Pita tournent un film remarquable de sobriété et d'âpreté, *Noces de pierre*, resté, malheureusement, sans postérité. Durant la période où Nicolae Ceaucescu libéralisa quelque peu son régime, Manole Marcus signe *Le Pouvoir et la vérité*, adaptation d'une pièce de théâtre de Titus Popovici stigmatisant la dérive autoritaire, le bureaucratisme que le précédent secrétaire du parti avait laissé s'installer dans le pays.

En revanche, dans la docile Bulgarie, de loin en loin, des œuvres estimables voient le jour en dépit d'une politique de production en dents de scie et d'une censure stérilisante. À la fin des années 60, deux chefs-d'œuvre, deux fresques puisant dans l'histoire de la lutte contre l'occupation ottomane, voient le jour : *Iconostase* de Todor Dinov et Christo Christov, et *La Corne de chèvre* de Metodi Andonov. Malgré quelques comédies d'Edouard Zakhariev qui dénoncent les travers bureaucratiques du pays (*Le Recensement des lapins de garenne*) et les comédies acides de Gueorgui Doulguerov (*Avantage*), le cinéma bulgare demeure enfermé dans les tracasseries bureaucratiques et les interdictions.

Un cas à part, la Yougoslavie

Mise au ban des pays du « camp » socialiste en 1948, la Yougoslavie n'eut pas à subir les mêmes contraintes que ses voisins et bénéficia d'une relative liberté, que la structure fédérale du pays, les disparités culturelles, linguistiques et religieuses entre les républiques, accrurent encore. C'est grâce au cinéma documentaire et surtout au cinéma d'animation – le talent de Dusan Vukovic est reconnu dans le monde entier – que le cinéma yougoslave s'impose. La fiction, en revanche, demeure vouée presque exclusivement à narrer les exploits des partisans de Tito durant la Seconde Guerre mondiale et la libération du pays. Alexandar Petrovic et Bostjan Khladnik inaugurent, au début des années 60, un cinéma « antihéroïque » qui rencontre bien des obstacles, avant que n'éclate un mouvement plus ample, plus radical dont émerge Dusan Makavejev. Son premier film de fiction, *L'Homme n'est pas un oiseau*, procède de sa familiarité avec le documentaire et donne une vision décapante de la société yougoslave, sous l'angle de la sexualité. Recourant volontiers au collage et à la parodie, Makavejev devient de plus en plus provoquant jusqu'à *W.R. ou les Mystères de l'organisme* où il confronte la mythologie révolutionnaire à la théorie de l'orgasme selon Wilhelm Reich. Après son départ pour l'étranger, les thèmes historiques et politiques (la guerre, le « stalinisme ») sont traités avec plus de sagesse. Avec *Papa est en voyage d'affaires*, Emir Kusturica, en 1985, décrit ainsi comment le titisme réprime un partisan supposé de Staline... Kusturica, formé à Prague, développe une veine burlesque, baroque, onirique dans *Underground* (1996) où il prend la mesure de l'effondrement de son pays en proie aux guerres civiles, aux destructions, aux exodes.

***Un été inoubliable*,**
de Lucian Pintilie
(1994).

***Underground*,**
d'Emir Kusturica (1995).
Après Papa est en voyage d'affaires, *qui remporte la Palme d'or à Cannes en 1985, Kusturica reçoit une deuxième Palme d'or en 1995 pour* Underground.

LE CINÉMA SCANDINAVE : DE BERGMAN AUX FRÈRES KAURISMÄKI

Le cinéma scandinave d'après-guerre est dominé par deux géants dont la renommée contribua à masquer la modestie du reste de la production nordique : Carl Dreyer au Danemark et Ingmar Bergman en Suède.

***Le Septième Sceau*, d'Ingmar Bergman (1957).**
Un chevalier revenu des croisades (Max von Sydow) joue aux échecs avec la Mort (Bengt Ekerot) dans la Suède du Moyen Âge. Les images magnifiques, la dimension spirituelle et religieuse du scénario, le jeu des acteurs font de ce film un chef-d'œuvre.

Le cinéma suédois, figure de proue de l'Europe du Nord

En 1942, Carl Anders Dymling prend la tête de la Svensk Filmindustri, la principale compagnie de production suédoise, embauche de nouveaux talents et s'assure la collaboration d'anciens grands, comme Victor Sjöström. Un jeune scénariste s'impose : Ingmar Bergman, qui fournit des scénarios à Alf Sjöberg et Gustav Molander, et réalise ses premiers films dès 1945. Le cinéma suédois commence alors à conquérir les festivals et les marchés étrangers : en 1951, *Mademoiselle Julie* d'Alf Sjöberg, d'après Strindberg, remporte le Grand Prix à Cannes, tandis que *Elle n'a dansé qu'un seul été* d'Arne Mattsson propose la vision d'un cinéma érotiquement « libéré » (pour l'époque...), qui célèbre le bonheur éphémère de l'été suédois. Bergman choisit cette saison pour ses *Jeux d'été*, et reçoit en 1955, à Cannes, une consécration internationale avec une comédie sarcastique, *Sourires d'une nuit d'été*. Suivent deux œuvres où le réel et l'imaginaire se mêlent à une réflexion philosophique sur la mort qui vont marquer durablement le cinéma moderne : *Les Fraises sauvages* et *Le Septième Sceau* ; à Hollywood, il obtient deux oscars pour *La Source* et *À travers le miroir*. Bergman est devenu une « institution ».

Au début des années 60, le cinéma suédois traverse une crise, qu'accentuent l'instauration d'une taxe sur les spectacles et l'apparition de la télévision. Le gouvernement fonde alors l'Institut suédois du film pour encourager la production, et de jeunes cinéastes amorcent une « nouvelle vague », où s'expriment la révolte politique et la libération sexuelle. Jörn Donner trace des portraits corrosifs de la société suédoise dans *Un dimanche de septembre* et *Aimer*, avant de retourner dans son pays natal, la Finlande ; Bo Widerberg montre un couple d'amants en butte à la répression morale (*Elvira Madigan*), thème que l'on retrouve dans sa saisissante évocation d'une grève ouvrière (*Adalen 31*) ; Vilgot Sjöman remporte un succès teinté de scandale avec *Je suis curieuse*. Plus classique, Jan Troell se fait connaître, en 1971, par un ambitieux film en deux parties, *Les Émigrants* et *Le Nouveau Monde* ; cette saga d'un couple partant tenter sa chance aux États-Unis au XIXe siècle est interprétée par deux vedettes chères à Bergman : Liv Ullmann et Max von Sydow. L'ombre du maître ne cesse de planer sur le cinéma, qu'il continue d'enrichir par des scénarios confiés à divers « disciples », tels le Danois Bille August (*Les Meilleurs Intentions*, 1992), son propre fils Daniel Bergman (*L'Enfant du dimanche*, 1993) ou la comédienne Liv Ullmann (*Entretiens privés*, 1997).

 voir : Bergman p. 214 – Dreyer p. 229

Le Danemark, la patrie de Dreyer

Cinéaste cosmopolite, longtemps sous-estimé dans son pays, Carl Dreyer reviendra cependant au Danemark pour tourner trois chefs-d'œuvre, entre 1943 et 1964 (un par décennie) : *Jour de colère*, *Ordet* et *Gertrud*. Henning Carlsen, un des cinéastes les plus prometteurs des années 60, adapte *La Faim*, portrait cauchemardesque d'un écrivain marginal (Per Oscarsson), coproduit avec la Suède et la Norvège d'après le roman de Knut Hamsun ; il réalise par la suite l'excellent *Comment faire partie de l'orchestre*. C'est avec une actrice française, Stéphane Audran, que le vétéran Gabriel Axel tourne, en 1987, le plus grand succès commercial du cinéma danois, *Le Festin de Babette*, qui remporte l'Oscar du meilleur film étranger à Hollywood. Quant à Bille August, révélé par des chroniques adolescentes pleines de sensibilité (*Twist and Shout*), il est le seul cinéaste scandinave à obtenir deux fois la Palme d'or au Festival de Cannes, pour *Pelle le Conquérant* en 1988, délicat portrait d'un enfant et de son père (Max von Sydow), dans le dénuement du monde rural au siècle dernier, puis pour *Les Meilleures Intentions*, d'après le scénario d'Ingmar Bergman sur la jeunesse de ses parents.

Lars von Trier, volontiers provocateur, mêle policier et mélodrame. En 1995, il étonne avec *Breaking the Waves* et fonde Dogme, un collectif de jeunes cinéastes. *Les Idiots* (1998) sont un plaidoyer en faveur de l'anormalité.

La Norvège et la fascinante Liv Ullmann

Éclipsé par le prestige de la Suède, et malgré l'aide persistante de l'État, le cinéma norvégien a toujours eu du mal à s'imposer. Arne Skouen fait exception avec, en 1957, *Neuf Vies*, racontant l'évasion d'un résistant pendant la guerre, dans de magnifiques paysages de neige. *Le Passeur* de Nils Gaup, réalisé en 1987, photogénique transposition des légendes lapones, est le plus célèbre film norvégien.

Ci-dessus, de gauche à droite :
***Neuf Vies*, d'Arne Skouen (1957).**
Avant de devenir réalisateur dans son pays, la Norvège, Skouen a été marin, journaliste puis romancier.

***Le Festin de Babette*, de Gabriel Axel (1987).**
Adaptation d'une nouvelle de Karen Blixen. Un somptueux repas se déroule dans un petit village danois.

***Leningrad Cowboys Go America*, d'Aki Kaurismäki (1989).**

Mais la principale contribution de ce pays au cinéma mondial reste le talent de l'actrice Liv Ullmann, même si elle a mené l'essentiel de sa carrière en Suède comme actrice fétiche de Bergman, et aux États-Unis ; elle est revenue dans son pays en 1995 pour réaliser le médiéval *Kristin Lavrandstatter*, remarquable adaptation du roman fleuve de la Norvégienne Sigrid Undset.

La Finlande, un regard nouveau

Il faut attendre les années 80 pour que la Finlande gagne le devant de la scène cinématographique avec le travail des frères Kaurismäki, qui a ravivé l'intérêt pour le cinéma scandinave. Mika, l'aîné des deux, trouve son style dans les *road-movies* célébrant la marginalité sociale (*Helsinki-Napoli*). Aki, ayant débuté comme assistant, coproducteur et scénariste de son frère, devient l'un des cinéastes cultes des années 80-90 (*Ariel*, *Leningrad Cowboys Go America*). Le ton de ses films oscille entre désespoir et burlesque dans le « petit monde » des paumés, personnifié par les comédiens Matti Pellonpää (mort en 1995) et Kati Outinen. Après avoir tourné en France *J'ai engagé un tueur* et *La Vie de bohème*, il fait sensation au Festival de Cannes en 1996 avec sa chronique insolite d'un couple de chômeurs se lançant dans la libre entreprise, *Au loin s'en vont les nuages*.

Les États-Unis : bouleversements et nouvelle sensibilité

Le système des studios mis en place avant même l'avènement du cinéma parlant s'effondre. Après avoir connu durant la guerre une affluence exceptionnelle – autour de 80 millions de spectateurs par semaine –, l'industrie du cinéma est en chute libre : la fréquentation hebdomadaire s'établit autour de 20 millions à partir de 1963 et dépasse à peine ce chiffre depuis lors. La concurrence de la télévision et les goûts nouveaux du public – la musique est le premier objet de consommation culturelle des jeunes – expliquent cette désaffection.

sans partage des studios ; le cinéma et la télévision, qui emploie ses scénaristes, ses réalisateurs et ses acteurs, sont désormais étroitement liés. En revanche, sont apparues de multiples compagnies de production, plus légères, comme Carolco, Orion, Cannon, qui favorisent l'adaptation des produits aux attentes de la clientèle. Certaines sont dirigées par des cinéastes : Malpaso par Clint Eastwood, Zoetrope par Francis Ford Coppola, Amblin par Steven Spielberg. Hollywood n'en reste pas moins attaché à son ambition, celle de distraire le plus vaste public possible.

***Le Parrain*, de Francis Ford Coppola, détail de l'affiche (1972).**
Réalisé d'après le roman de Mario Puzzo, ce film consacre Coppola comme un des grands cinéastes des années 70.

De nouvelles stratégies

Les conséquences de ces changements sont considérables. D'abord, le cinéma américain va chercher à conquérir les marchés étrangers, en développant des superproductions « universelles » consacrées par la religion, l'histoire, la littérature, ou inspirées par la bande dessinée. Ensuite, les studios hollywoodiens, perdant leur toute-puissance, favorisent les tournages à l'étranger : naguère négligeable, cette activité délocalisée concerne, dès 1960, le tiers de leur production. Enfin, les films sont de plus en plus considérés comme des « produits » : il arrive que le budget de leur promotion publicitaire dépasse celui de leur fabrication, et souvent ils servent de support à la commercialisation (marchandising) d'objets dérivés les plus divers (disques, livres, jouets...) Parallèlement s'est développée, à une échelle plus modeste, une production indépendante, si bien qu'à partir de 1970 les grands studios produisent moins de la moitié des films présentés aux États-Unis. Dans le même temps la distribution des films passe aux mains de puissants groupes financiers extérieurs au cinéma.
Sur le plan économique, Hollywood a perdu l'indépendance que lui assurait la domination

Comment regagner la confiance du public

Au cours des années 60, la couleur se généralise et l'utilisation du noir et blanc n'est plus qu'un choix esthétique délibéré. Recherche d'une certaine sobriété, qui convient bien aux sujets graves comme la politique (*Tempête à Washington* d'Otto Preminger). Volonté d'accentuer le réalisme (*De sang froid* de Richard Brooks), marque d'une production marginale (*Shadows* de John Cassavetes), qui annonce l'émergence d'un nouveau cinéma new-yorkais. Par ailleurs, le refus de la couleur suggère la nostalgie (*Manhattan* de Woody Allen, 1979) ou connote une période historique (*Raging Bull* de Martin Scorsese, 1979 ; *La Liste de Schindler* de Steven Spielberg, 1993).
Envisagés comme un moyen de lutter contre la télévision, les procédés d'écran large n'ont pas tous connu la même fortune. Le Technirama ou le Todd-Ao ne répondent qu'aux besoins de rares superproductions, la Panavision supplante le CinémaScope vers 1965, le format 1,85 x 1 devenant le plus répandu. En revanche les perfectionnements du son, depuis vingt ans, sont plus décisifs : ils soutiennent les musiques puissantes de John Williams ou de John Barry, mais autorisent aussi chez des cinéastes comme Coppola (*Conversation secrète*,

1974) des bandes sonores d'une complexité et d'un éclat nouveaux.

L'ordinateur enfin intervient de plus en plus dans la fabrication des images. Si *Toy Story* (John Lassieter) est, en 1995, le premier film entièrement réalisé par des procédés électroniques, les trucages bénéficient depuis longtemps de la précision informatique : dès 1983, *Rusty James* (Coppola) présente des touches de couleur dans des images en noir et blanc ; *Zelig* (Woody Allen) incruste un personnage fictif dans de vieilles actualités ; *Qui veut la peau de Roger Rabbit ?* (Robert Zemeckis) mêle acteurs et personnages de dessin animé (voir p. 200).

Les grandes stars avaient créé avec leur public des liens durables et passionnés. En dehors de figures musclées comme Sylvester Stallone et Arnold Schwartzenegger, la célébrité d'acteurs de renom n'atteint plus cet éclat mythique. De plus, ce sont surtout des hommes : Clint Eastwood, Dustin Hoffman, Robert Redford, Jack Nicholson, Robert De Niro, Al Pacino. Dans un pays où la revendication féministe prend une importance accrue, ce déséquilibre est aussi notable que l'absence presque totale de femmes metteurs en scène.

Pour s'assurer la fidélité du public, les producteurs comptent sur le principe des « suites ». À partir des années 70, un succès s'exploite désormais comme un filon. Tel sera le cas du *Parrain* (Coppola), de *L'Exorciste* (William Friedkin), des *Dents de la mer* (Spielberg), de *La Planète des singes* (Franklin J. Schaffner), des *Aventuriers de l'Arche perdue* (Spielberg). Des rééditions, en version élargie et modifiée, peuvent aussi s'avérer fructueuses, comme *Édition spéciale des rencontres du troisième type*, de Spielberg (1980) ou la trilogie de *La Guerre des étoiles* (George Lucas). Les remakes, misant sur le conservatisme du public appartiennent à la même stratégie rassurante.

***De sang froid*, de Richard Brooks (1967).**
D'après le livre de Truman Capote, ce film reconstitue l'histoire vraie d'un meurtre jusqu'à l'exécution des deux assassins. L'image en noir et blanc renforce l'intensité du drame.

***Rencontres du troisième type*, de Steven Spielberg (1977).**
Des extraterrestres, après une visite sur la terre, repartent, emmenant un homme avec eux. Un savant français, interprété par François Truffaut, tente d'éclaircir ce mystère.

La modification des genres : de *Cléopâtre* à *Titanic*

Jusqu'aux années 60, la grande tradition du cinéma américain reposait sur des genres bien déterminés (western, comédie, film noir, film fantastique...). Les genres existent toujours, mais ce ne sont plus tout à fait les mêmes.

Grand spectacle, catastrophes et aventures

Si la superproduction historique brille de tous ses feux dans *Le Cid* (Anthony Mann) et connaît en 1963, avec *Cléopâtre* (Joseph Mankiewicz), un échec retentissant mais immérité, la loi du spectaculaire s'impose de plus en plus à d'autres genres. La comédie musicale reprend, avec de gros moyens, les succès de Broadway : *West Side Story* (Robert Wise et Jerome Robbins), adaptation moderne de *Roméo et Juliette* ; *My Fair Lady* (George Cukor) ; *Cabaret* (Bob Fosse) ; *Hair* (Milos Forman). Et même si *The Sound of Music* (Robert Wise) connaît un énorme succès, la grande tradition hollywoodienne du *musical* a disparu.

En 1970, la mode des films catastrophe, destinés à un très vaste public, est lancée avec *Airport* (George Seaton). Alors que dans le film d'aventures traditionnel un groupe organisé affronte délibérément un danger venu de l'extérieur, ce sont désormais des gens ordinaires, rassemblés par hasard, qui subissent un péril engendré par l'incurie ou la folie humaine (*Juggernaut*, Richard Lester ; *Titanic*, James Cameron). La formule repose sur de prestigieuses parades de vedettes et emploie des effets spéciaux dernier cri. Cette nouvelle dimension du danger se manifeste aussi dans les films d'aventures : dès 1967, Robert Aldrich (*Les Douze Salopards*) insistait sur la nécessité d'un Mal, que Boorman débusque en pleine nature (*Délivrance*).

Le spectaculaire domine aussi la science-fiction. Mais les amples décors futuristes de *2001, l'Odyssée de l'espace* (Stanley Kubrick) abritent une réflexion inquiète sur le destin de l'humanité. Visant un public plus jeune, des mondes hétéroclites servent de cadre à des fantaisies dans *La Guerre des étoiles* (George Lucas) ; *Rencontres du troisième type* (Steven Spielberg) mêle l'émotion religieuse et le bric-à-brac technologique, en donnant à la visite des extraterrestres la forme d'une révélation ; un même délabrement envahit chez Ridley Scott l'astronef infesté d'*Alien*, et la ville lugubre de l'avenir dans *Blade Runner*. En 1996, Tim Burton parodie tout cela dans *Mars Attacks !*

De la peur aux rires

Envahi par la couleur, le film noir (ou film criminel) accentue son réalisme et sa brutalité. Richard Fleischer étudie avec minutie le cas pathologique de *L'Étrangleur de Boston* (1968) bien avant que le meurtrier en série ne devienne un « type », qui trouve son aboutissement en 1991 dans l'impressionnant *Silence des agneaux* (Jonathan Demme). Abel Ferrara pousse la noirceur jusqu'à l'outrance avec *Bad Lieutenant*, histoire d'un policier

***Titanic*, de James Cameron (1998).**
De la salle des machines aux suites des premières classes d'un raffinement inouï, le Titanic *revit grâce au travail de Cameron ; la catastrophe, vécue en temps réel, a des allures d'apocalypse lorsque le bateau sombre dans la nuit.*

***2001 : l'Odyssée de l'espace*, de Stanley Kubrick (1968).**

voir : La comédie musicale p. 188-191 – La science-fiction p. 196-197 – Kubrick p. 244 – Polanski p. 259 – Spielberg p. 266

***Le Silence des agneaux*, de Jonathan Demme (1991).**
D'après le roman de Thomas Harris, avec Jodie Foster et Anthony Hopkins. Le suspense et l'angoisse tiennent le spectateur en haleine, dans un climat ambigu et fantastique.

dépravé et drogué. Les frères Joel et Ethan Coen, David Lynch ou Quentin Tarantino atteignent un grotesque étudié où les personnages sont frustes et les règles narratives bizarres. Dans *Seven* (David Fincher), l'assassin élimine des personnages qui incarnent à ses yeux les sept péchés capitaux.

Doom : ce terme religieux, cher à la culture populaire américaine, suggère une prédestination diabolique, un enchantement maléfique, l'horreur du Jugement dernier. Il résume tout un pan du cinéma de ces trente dernières années. Robert Aldrich ouvre, en 1962, avec *Qu'est-il arrivé à Baby Jane?* une nouvelle voie au film d'angoisse. Dans *Rosemary's Baby* (Roman Polanski), les forces démoniaques ne se présentent plus sous le demi-jour du fantastique, elles sont bien présentes dans le quotidien d'une jeune femme qui va accoucher du diable.

Le film « gore » triomphe en 1968 avec *La Nuit des morts vivants* (George Romero) et s'épanouit toutes tripes au vent dans les six *Freddy* qui font suite aux *Griffes de la nuit* (Wes Craven). La mystérieuse menace peut prendre aussi bien une forme mécanique, celle d'un camion poursuivant un automobiliste (*Duel*, Spielberg, 1971), qu'une apparence humaine (*La Veuve noire*, Bob Rafelson, 1987) ou animale (*Les Dents de la mer*, Spielberg, 1975) : elle demeure toujours inexplicable.

Par ailleurs, les grandes comédies sont devenues rares. Jim Abrams et les frères Zucker donnent en 1980 une version délirante d'une catastrophe aérienne dans *Y a-t-il un pilote dans l'avion?* Dans les années 70, Mel Brooks, à partir de gags énormes, ridiculise le mythe de Frankenstein (*Frankenstein Junior*) ou le western (*Le shérif est en prison*).

Les acteurs noirs parviennent enfin à se tailler une place sur l'écran : tandis que des vedettes comme Eddy Murphy et Whoopi Goldberg dominent la comédie la plus populaire, des interprètes sobres et nuancés comme Denzel Washington et Forest Whitaker participent à l'émergence d'un cinéma consacré aux conditions de vie de la communauté black : des metteurs en scène comme Spike Lee d'abord, mais aussi Bill Duke, Carl Franklin ou John Singleton accèdent à des budgets qu'on leur eût refusés en 1980, et s'expriment volontiers dans un style cru et vif, utilisant aussi bien l'humour que la violence.

***Les Griffes de la nuit*, de Wes Craven (1984).**

Marty Feldman dans *Frankenstein Junior*, de Mel Brooks (1974).

L'approche d'une nouvelle sensibilité

Vers 1970, les flous subjectifs, les angles bizarres, le montage survolté ont souvent tenu lieu de style. Puis ces effets ont été supplantés par les explosions, les poursuites automobiles et les cascades vertigineuses. Mais le bouleversement le plus profond est celui de la représentation dramatique elle-même. Les censures et les interdits qui pesaient sur les jurons et les injures ont été levés, le dialogue exprimant désormais l'affectivité brute. Alors que la tradition exigeait que ce dialogue serve à traduire la fonction narrative du personnage, ce dernier désormais n'intéresse que dans la mesure où il vit les passions les plus violentes. Les personnages explosent ou se taisent, ils ne parviennent pas toujours à définir leurs sentiments. La folie, individuelle ou collective, devient un thème fondamental. Désormais les scènes peuvent être interrompues par des silences, les dénouements peuvent être ambigus, le fil de l'intrigue a perdu de son évidence.

L'Épouvantail, de Jerry Schatzberg (1973), avec Gene Hackman et Al Pacino.

La Fièvre dans le sang (Elia Kazan, 1961) compte parmi les premiers chefs-d'œuvre de cette dramaturgie nouvelle, qui ne concerne évidemment pas la production la plus banale. Mike Nichols défie les convenances bourgeoises (*Le Lauréat*, 1967), Bob Rafelson se plaît à détailler une des séquences les plus érotiques du cinéma américain (*Le facteur sonne toujours deux fois*, 1981). Après le succès en 1969 d'*Easy Rider* (Denis Hopper) et de ses hippies, qui découvrent les plaisirs de la drogue et les joies de la moto, le *road movie* (fondé sur le voyage, ses rencontres et ses aléas) exploite le thème de l'errance. *L'Épouvantail* de Jerry Schatzberg trace le portrait de déshérités, de marginaux, sur un scénario qui semble s'effacer devant le naturel des deux acteurs, Gene Hackman et Al Pacino. *Les Moissons du ciel* de Terence Malick allient un rythme contemplatif et un sentiment profond de la nature, qui donnent de la vie paysanne une image singulière et d'un grand laconisme.

Les derniers classiques

Sur des sujets moins neufs et dans des genres connus, quelques cinéastes hollywoodiens élaborent une œuvre enrichie par cette nouvelle sensibilité, tout en demeurant fidèles aux principes d'élégante efficacité qu'illustrent encore Don Siegel et John Huston. Sidney Pollack, une des révélations du cinéma des années 60, donne du western (*Jeremiah Johnson*, 1972), du mélodrame (*Bobby Deerfield*, 1977) et de la comédie romanesque (*Tootsie*, 1982) des versions remarquablement inventives. Devenu réalisateur, Clint Eastwood, qui avait longtemps incarné la violence à l'écran, donne à ses films une tournure plus délicate et plus critique, qu'il mette en scène, en 1985, le justicier mélancolique de *Pale Rider*, le saxophoniste et compositeur de jazz, brisé par la vie, Charlie Parker (*Bird*), ou l'aventurier vieilli et réticent d'un de ses très beaux westerns, *Impitoyable*.

Dans un climat étrange et terrifiant, les jumeaux de Robert Mulligan (*L'Autre*, 1972) représentent l'un le bien et l'autre le mal, sans que l'on sache, après la mort de l'un des deux, si c'est le bien ou le mal qui a survécu. L'énigme insoluble est la matière même des films d'Alan Pakula, portés par des images splendides et mystérieuses (*Klute*, 1971). Arthur Penn mélange les genres, manifeste sa compréhension pour les deux célèbres

 voir : Allen p. 210 – Altman p. 210 – Cassavetes p. 220 – Coppola p. 224 – Kazan p. 241 – Kubrick p. 244 – Scorsese p. 266 – Spielberg p. 266

meurtriers de *Bonnie and Clyde* (1967), affectionne le désordre des générations nouvelles (*Georgia*, 1982). Michael Cimino ne peut se passer d'Hollywood mais ne se lasse pas de le défier : une ample théâtralité, un goût enthousiaste du spectaculaire et un rythme qui bouscule les conventions animent ses œuvres les plus réussies, *Voyage au bout de l'enfer* (1978), *La Porte du paradis* (1980), *L'Année du dragon* (1985).

***Impitoyable*, de Clint Eastwood (1992).**

***Bonnie et Clyde*, d'Arthur Penn (1967), avec Faye Dunaway et Warren Beatty.**

L'indépendance : une nouvelle génération

Une nouvelle génération éprise d'indépendance, en marge des grandes compagnies de production (majors), s'éloigne de la tradition hollywoodienne. John Cassavetes fait du rapport entre l'acteur et la caméra le centre de son œuvre. Dans ses films le pathétique dépend moins de l'argument dramatique que de l'attention aux éclats et aux déchirements de la vie et de ses passions (*Une femme sous influence*, 1975). Le morcellement du récit sert à approfondir l'univers psychologique d'un film grave, *Portrait d'une enfant déchue* (1970) de Jerry Schatzberg, dont *Panique à Needle Park* (1971) confirmera l'acuité.

Mettant tour à tour l'accent sur la composition morcelée d'un tableau de l'Amérique en crise (*Nashville*, 1975) et sur la subjectivité de la vision (*Trois Femmes*, 1977), Robert Altman utilise des constructions complexes et volontairement incertaines, non sans jouer avec les règles des genres traditionnels. Sa hardiesse et son goût des personnages paradoxaux l'éloignent un temps d'Hollywood, mais ne l'empêchent pas de mener à bien une carrière éclectique et féconde. Bob Rafelson, dans *Five Easy Pieces* (1970), s'attache à des personnages

***Une femme sous influence*, de John Cassavetes (1974), avec Gena Rowlands, la femme et l'inspiratrice du réalisateur.**

Annie Hall, **de Woody Allen (1977), avec Diane Keaton et Woody Allen.**

aventureux dont il épouse l'insolence et la sensibilité blessée. Venu de Tchécoslovaquie, Milos Forman a conservé son goût de la contestation, voire du désordre, mais aussi de la justice dans *Vol au-dessus d'un nid de coucou* (1975); *Amadeus*, tourné à Prague en 1984, trace un éblouissant portrait de Mozart. Enfin, chez Woody Allen, l'humour détaché ou le pessimisme servent à dénoncer une illusion: rien, pas même la psychanalyse, ne peut venir à bout de l'obscurité des passions (*Annie Hall*, 1977).

Des cinéastes cinéphiles

Par ailleurs, la recherche de l'image forte, appuyée sur les réminiscences les plus diverses, nourrit l'œuvre de cinéastes cinéphiles et cultivés. L'ampleur des décors, le jeu très travaillé sur la couleur, les relations formelles entre les images établissent une puissance expressive neuve. Alliée à une minutieuse composition dramatique, elle est présente chez Stanley Kubrick: elle prend d'abord la forme de la satire à la fois débridée et maîtrisée de *Docteur Folamour*, avant de s'appliquer, en 1971, aux fables futuriste (*Orange mécanique*) ou historique (*Barry Lyndon*), puis à l'univers de la folie (*Shining*). Francis Ford Coppola donne à cette vision grandiose une valeur romanesque, en renouvelant le mythe du gangster avec *Le Parrain*, *Le Parrain II* et *Le Parrain III*, tandis que la médiocrité des personnages (*Coup de cœur*), la démence de toute une armée dans *Apocalypse Now* (1979) accentuent une grandiloquence volontaire. En 1982, Steven Spielberg entreprend de restaurer le plaisir enfantin du cinéma (*E. T.*); il sait aussi se mettre au service de grandes causes (*La Liste de Schindler*) et recycler les valeurs du feuilleton (*Les Aventuriers de l'Arche perdue*). Brian De Palma imite délibérément la manière d'Alfred Hitchcock (*Obsession*, 1976) et se mesure à Michelangelo Antonioni (*Blow Out*, 1981) ou à Howard Hawks (*Scarface*, 1983) pour mettre en scène le voyeurisme, le double, le fantastique, dans la fureur et le sang. Chez Martin Scorsese, un sentiment anxieux de l'existence bouscule les schémas classiques de la biographie d'artistes et du monde du spectacle (*New York, New York*, 1977), du film de

Les Aventuriers de l'Arche perdue, **de Steven Spielberg (1981).**

boxe (*Raging Bull*, 1979), mais s'exprime aussi dans une comédie liée au cauchemar urbain (*After Hours*, 1985). Dans ses films, l'élégance de la mise en scène, la maîtrise de l'image et des couleurs contredisent la violence des passions. Paul Schrader, qui écrivit plusieurs scénarios pour Scorsese, prolonge dans ses propres films une âpre réflexion sur la corruption et l'immoralité de la vie moderne (*Hardcore*, 1979). Spike Lee reprend à son compte la splendeur de l'image hollywoodienne pour décrire la vie (*Do the Right Thing*, 1989) et l'histoire (*Malcolm X*, 1992) de la communauté noire. Le cinéaste s'approprie ainsi l'héritage américain en lui donnant une vitalité nouvelle, celle de la culture noire.

La magie évocatrice de l'image et la gratuité du conte animent l'œuvre très personnelle de David Lynch, depuis le saisissant *Eraserhead* en 1976 jusqu'à la féerie perverse de *Sailor et Lula* en 1990, ou à l'univers inquiétant des monstres de foire d'*Elephant Man*, pour aboutir en 1996 au monde fantastique de *Lost Highway*. La fantaisie inquiète de Tim Burton s'exprime dans des genres plus classiques, avec une excellente version de *Batman*, en 1989, prolongée par *Batman, le défi* (1992), et donne lieu à une méditation attristée sur la démocratie (*Edward aux mains d'argent*, 1990).

Tous ces cinéastes entretiennent une relation à la fois fascinée et critique à l'égard de l'image hollywoodienne, y compris la plus ratée, celle du réalisateur Ed Wood, évoquée par Burton en 1994. Un goût contemporain du jeu s'exprime franchement chez Quentin Tarantino, qui porte une nouveau regard sur le film noir et obtient avec *Pulp Fiction* la Palme d'or au Festival de Cannes en 1994. La même année, Brian Singer construit le suspens de *Usual Suspects* avec une extraordinaire virtuosité. Tous deux jouent sur le goût de l'excès, la confusion entre le genre et sa parodie, entre l'affectivité et l'humour. Les frères Coen donnent en 1990, dans une imitation raffinée, une vision ironique du film de gangsters (*Miller's Crossing*), peignent aussi bien le grotesque d'Hollywood (*Barton Fink*) que la violence imbécile de deux truands minables, chargés d'enlever la femme d'un marchand de voitures (*Fargo*).

Certains cinéastes cinéphiles s'inspirent du cinéma européen dans la peinture de la société urbaine moderne, à la façon de Sidney Lumet, dont *Un après-midi de chien* (1975) corrige les poncifs du film policier avec un sens aigu des réalités contemporaines, en particulier du rôle des médias. Dans *Willie et Phil* (1979), Paul Mazursky évoque *Jules et Jim* de Truffaut et observe avec sympathie les mœurs de l'Amérique d'avant Reagan. Les modèles de la Nouvelle Vague inspirent Hal Hartley (*Trust*, 1991), tandis que Jim Jarmusch en 1985 (*Down By Law*) se rapproche du tempo méditatif de Wim Wenders. Steven Soderbergh se souvient de Rohmer et de ses personnages maniaques et philosophes dans *Sexe, mensonge et vidéo* (1989).

Si l'Amérique accueille ainsi les artistes et les modèles étrangers, c'est souvent pour les assimiler, pour s'en nourrir, mais aussi pour mieux s'opposer aux importations culturelles. Le melting-pot intellectuel n'admet guère la diversité du monde : il n'a d'autre fonction que d'accroître la richesse de la civilisation américaine.

***Pulp Fiction*, de Quentin Tarantino (1994).**
Le titre Pulp Fiction *fait référence aux brochures américaines bon marché ; le film, lui, obtient la Palme d'or à Cannes en 1994.*

***Batman, le défi*, de Tim Burton (1992).**
Excellente suite aux aventures de Batman, *où Burton a su créer des ambiances nouvelles et des personnages étonnants.*

L'AMÉRIQUE LATINE : TANGO ET CINÉMAS NOUVEAUX

Le cinéma est marqué d'abord par l'influence de l'Europe, puis par l'écrasante domination d'Hollywood qui est remise en cause depuis quelques années par le succès des feuilletons de télévision brésiliens et mexicains, exportés partout. La production du cinéma muet reste confinée à la routine des actualités et à quelques films de fiction. Cependant, l'Argentin José Agustin Ferreyra sait transposer à l'écran la mythologie populiste du tango et assure la réputation de l'actrice Libertad Lamarque ; le Brésilien Humberto Mauro est doué d'une réelle sensibilité lyrique pour raconter sa province condamnée par l'urbanisation.

Dolores Del Río dans *María Candelaria*, d'Emilio Fernández (1943).
Le film, présenté au Festival de Cannes en 1947, fut une révélation pour le public français. Beauté exotique, Dolores Del Río a commencé sa carrière à Hollywood.

L'arrivée du parlant

L'avènement du parlant suscite d'autant plus d'espoir que les producteurs d'Hollywood sont désarçonnés : ils misent pendant plusieurs années sur les films américains tournés en espagnol. Grâce à cette expérience, de nombreux Latino-Américains et Espagnols immigrés travaillent dans les studios américains. Buenos Aires, puis Mexico bâtissent une véritable industrie du cinéma. Les films reposent sur leur propre star-system : la Mexicaine Dolores Del Río, consacrée à Hollywood, entame ainsi une seconde carrière. L'expérience plus tardive et éphémère des studios de la Vera Cruz, à São Paulo (*O cangaceiro*, Vitor Lima Barreto, 1953), s'inspire du même modèle industriel. Le mélodrame d'origine européenne, passé dans le moule hollywoodien, s'enracine dans la culture locale et dans une musique populaire en plein essor, le tango et le boléro. La religiosité latine s'accommode d'une certaine ambiguïté morale, dont profitent notamment la star María Félix, la danseuse Ninón Sevilla et le cinéaste Luis Buñuel. Le haut de gamme de la production mexicaine est représenté par le réalisateur Emilio Fernández, dit « El Indio », servi par la plasticité du photographe Gabriel Figueroa. Il passe des films exaltant le pays et les indigènes (*María Candelaria*, 1943 ; *Enamorada*, 1946) aux *Bas-Fonds de Mexico*, en 1948. La comédie musicale regorge de rythmes mais ses chorégraphies restent pauvres. Cependant, les comiques établissent avec le public une indéniable complicité : parmi eux il faut citer l'Argentine Niní Marshall, les Mexicains Cantinflas et Tin Tan, les Brésiliens Oscarito et Grande Otelo.

L'effervescence des cinémas « nouveaux »

Après la Seconde Guerre mondiale, le cinéma est influencé par le néoréalisme italien et la critique française, de nombreux professionnels se forment dans les écoles de cinéma européennes. L'Argentin Leopoldo Torre-Nilsson (*La Maison de l'ange*, 1957) précède une nouvelle génération de cinéastes plus intellectuelle, plus cultivée, capable de concilier l'inquiétude formelle et la sensibilité sociale. Le *Cinema Novo* brésilien, le *Nuevo Cine* argentin et le cinéma révolutionnaire cubain donnent le *la* pendant les années 60. L'effervescence gagne alors l'ensemble de l'Amérique latine, malgré le poids des dictatures, les aléas des protectionnismes officiels

***Tangos, l'exil de Gardel*, de Fernando Solanas (1985).**
Porté par la musique des tangos argentins, ce film baroque et nostalgique parle d'exil politique ; avec Carlos Gardel, célèbre chanteur et compositeur de tangos.

et les limitations du marché. Les cinéastes latino-américains se font connaître désormais dans les festivals, où l'on découvre un cinéma d'auteur dont l'initiative revient au réalisateur-producteur : *La Parole donnée* du Brésilien Anselmo Duarte obtient la Palme d'or à Cannes en 1962.

Le *Cinema Novo* est particulièrement vivace. Nelson Pereira dos Santos évolue du néoréalisme au classicisme (*Sécheresse*, 1963 ; *Mémoires de prison*, 1984). Le bouillonnant Glauber Rocha, disparu prématurément en 1981, intègre les influences les plus hétérogènes selon une alchimie baroque, suprême triomphe de la mise en scène (*Le Dieu noir et le Diable blond*, 1963 ; *Antonio das Mortes*, 1969). Le cinéma brésilien compte des personnalités très éclectiques : Joaquim Pedro de Andrade, engagé dans un dialogue fructueux avec la littérature brésilienne (*Macunaima*, 1969), Ruy Guerra (*Les Fusils*, 1963 ; *Opera do Malandro*, 1986), Carlos Diegues (*Xica da Silva*, 1976), et l'Argentin naturalisé brésilien Hector Babenco, destiné à une carrière internationale (*Le Baiser de la femme-araignée*, 1985).

En Argentine, les cinéastes, dont Fernando Solanas ou Maria Luisa Bemberg, doivent surmonter les obstacles d'une situation politique et sociale tragique. Solanas est l'auteur d'un documentaire fleuve, *L'Heure des brasiers* (1968), qui tient à la fois de l'agit-prop péroniste et de l'essai sociologique, et révèle un indéniable talent novateur. Son passage à la fiction est étayé par une formation musicale, un sens de la dramatique, un engagement envers sa culture jamais démenti et une courageuse implication personnelle (*Tangos, l'exil de Gardel*, 1985 ; *Le Sud*, 1988). Bemberg réussit à créer des personnages féminins éperdus de passion (*Yo la peor de todas*, 1991).

Sur le cinéma cubain pèse l'hypothèque idéologique. Tomás Gutiérrez Alea la lève avec lucidité dans une superbe déambulation intellectuelle conjuguée à la première personne, pleine d'ironie, *Mémoires du sous-développement* (1968). Il signe également une plaidoirie pour la tolérance, en confrontant un homosexuel et un militant dans *Fraise et chocolat* (1993). De *La mort d'un bureaucrate* (1966) à son testament *Guantanamera* (1995), Gutiérrez Alea ne cesse de fustiger la bureaucratie, maladie sénile du socialisme. D'autres Cubains partagent un goût du risque certain, dont Humberto Solás, avec *Lucía* (1968), un magnifique triptyque autour de l'éternel défi de l'émancipation féminine.

Le Mexique met plus de temps à s'engager dans la rénovation des vieilles structures et des mentalités. Arturo Ripstein incarne le dialogue conflictuel mais fertile avec la tradition. Sans complaisance vis-à-vis des misères humaines et affectives, Ripstein traverse le miroir du mélodrame tout en reflétant l'évolution des mœurs, l'éclatement de la famille et la crise des identités sexuelles : *Principio y fin* (1993), *Carmin profond* (1996) révèlent un cinéaste au sommet de son art.

***Le Dieu noir et le Diable blond*, de Glauber Rocha (1963).**
Le film-manifeste du Cinema Novo brésilien où se mêlent folklore, cangaceiros *et marxisme, rythmé par la musique d'Heitor Villa-Lobos.*

L'ESPAGNE ET LE PORTUGAL

Marcelino, pain et vin, **de Ladislao Vajda (1955).** *Le film fit un triomphe lors de sa sortie.*

Cría Cuervos, **de Carlos Saura (1975).** *Une plongée dans l'univers d'une fillette de huit ans, entre le rêve et la réalité, dans une atmosphère étouffante, où la mort est sans cesse présente.*

L'Espagne

À Madrid en 1896, l'opérateur Promio organise la première projection du célèbre Cinématographe Lumière. Très vite, un des pionniers du cinéma, Segundo de Chomon, rivalise d'ingéniosité avec Georges Méliès. Partagé entre Barcelone et Madrid, le cinéma muet s'intéresse au folklore et à la *zarzuela*, genre de drame récité et chanté, unique en Espagne. L'arrivée du parlant, qui coïncide à peu près avec l'avènement de la République espagnole, déclenche une effervescence que le soulèvement de Franco en 1936 brisera. Luis Buñuel travaille aussi bien en Espagne qu'en France ; en 1932, il réalise *Terre sans pain*, un documentaire interdit par le gouvernement, puis il collabore à la compagnie de production Filmófono.

À cette époque, Benito Perojo représente l'aspiration à la modernité, stimulée par l'exemple d'Hollywood et l'influence de l'Europe. Son adaptation de la célèbre zarzuela *La verbena de la Paloma* (1935) démontre une aisance et une inspiration admirables dans le rythme et la mise en scène. Florian Rey, dont la carrière est liée à la star la plus populaire de l'époque, Imperio Argentina, symbolise l'attachement au terroir, à la tradition et à la religiosité hispaniques : *La aldea maldita* (1929), sommet du muet, sera suivi d'autres preuves d'invention, telle *Nobleza baturra* (1935).

La guerre civile soumet la production à la pression de la propagande de chaque camp, et même de chaque parti politique. Le régime de Franco mise sur le cinéma pour prolonger le conflit sur le terrain idéologique, puis pour panser les blessures de la guerre. Un système complexe, à la fois protectionniste et empêtré dans les multiples tabous de la censure, favorise l'essor de la production, tout en la maintenant sous tutelle. Le cinéma se déploie sur plusieurs registres. Au sommet, selon les hiérarchies du régime, on trouve le film religieux et le film historique. Franco écrit lui-même le scénario de *Raza* (José Luis Saenz de Heredia, 1941), avec un mélange de pieuse naïveté et d'emportement épique. Le ton belliqueux devient moralisateur et n'hésite pas, dans un des plus grands succès de l'époque, *Marcelino, pain et vin* (1955) de Ladislao Vajda, à imaginer un dialogue morbide entre le petit Pablito Calvo et le Christ.

Des brèches s'ouvrent dans ce système grâce à l'esprit libertaire et l'humour noir de Luis García Berlanga (*Bienvenue Mr. Marshall*, 1952), le réalisme contestataire de Juan Antonio Bardem (*Mort d'un cycliste*, 1955) et l'inclassable comédien et réalisateur Fernando Fernán Gómez (*El extraño viaje*, 1964). Dans les années 60, Carlos Saura fait la transition entre la résistance intellectuelle antifranquiste et l'apparition d'une nouvelle génération de cinéastes. À partir de *La Chasse* (1965), Saura élabore un langage métaphorique susceptible de faire le lien entre l'oppression au sein de la famille ou du couple et l'étouffement de la société, et capable de nous entraîner, sans solution de continuité, de l'évocation du passé à la mise en scène du présent, du réel à l'imaginaire. Ce langage singulièrement moderne, destiné à déjouer les pièges de la censure, inspire notamment *Le Jardin des délices* (1970), *Ana et les loups* (1972), *Cría Cuervos* (1975). Après la mort de Franco en 1975, Saura explore d'autres voies (*Noces de sang*, 1981) sans pour autant oublier la guerre civile (*Ay Carmela !* 1991).

Le *Nuevo Cine* espagnol des années 60 et l'école de Barcelone (plus expérimentale) ont ouvert la porte aux générations postfranquistes : Mario Camus (*Les Saints Innocents*, 1984), Manuel Gutiérrez Aragón (*Démons dans le jardin*, 1982), puis Pedro Almodóvar, le nouvel enfant terrible de l'Espagne démocratique. Entre-temps, on a assisté au retour remarqué de Luis Buñuel au pays, avec *Viridiana* (1961) et *Tristana* (1970). Le plus rare de tous ces cinéastes est sans doute Victor Erice (*L'Esprit de la ruche*, 1972 ; *le Songe de la lumière*, 1992). Il travaille sur la mémoire, long-

 voir : Buñuel p. 216

***Le Songe de la lumière* (1992), de Victor Erice.**
Ce témoignage sur le peintre Antonio Lopez reçoit le Prix du jury à Cannes.

***Tristana*, de Luis Buñuel (1970).**
Soumise à l'autorité d'un vieillard despotique (Fernando Rey), une jeune infirme, interprétée avec une extraordinaire intensité par Catherine Deneuve, finit par se laisser mourir.

temps le sujet par excellence du cinéma espagnol, mais il ramène à la surface les réminiscences enfouies et intimes de l'enfance ou de l'adolescence, avec une écriture sobre, pudique, épurée, frémissante de suggestions poétiques.
Almodóvar devient le symbole d'une joyeuse postmodernité, évoluant entre le jeu de massacre de *Qu'est-ce que j'ai fait pour mériter ça!* (1984), le mélodrame remis au goût du jour de *La Fleur de mon secret* (1995), la passion homosexuelle de *La Loi du désir* (1986), la comédie sophistiquée avec *Femmes au bord de la crise de nerfs* (1988) et un décapant *Talons aiguilles* (1991). Almodóvar excelle à mêler les rythmes et les emprunts à la culture populaire, avec un regard irrévérencieux porté sur la société espagnole contemporaine. Avec lui, dont la réputation est aujourd'hui internationale, l'Espagne s'affirme dans une Europe qui cherche à défendre son expression cinématographique face à l'hégémonie américaine.

Le Portugal

Le cinéma a été longtemps conditionné par les pesanteurs du régime totalitaire de Salazar. Le pionnier José Leitão de Barros met en scène à la fois des comédies populaires (*Marie Coquelicot*, 1937) et des films historiques (*Camões*, 1946). La « révolution des Œillets », en 1974, favorise l'émergence d'un courant engagé et d'un cinéma d'auteur, souvent très littéraire. La carrière du vétéran Manoel de Oliveira connaît enfin un second souffle, d'une inspiration singulièrement hétéroclite. Il débute par le documentaire poétique (*Douro, Faina Fluvial*, 1931) et tourne un premier long métrage, *Aniki-Bobó* (1941), néoréaliste avant la lettre. Mais son œuvre ne s'épanouit vraiment qu'avec *Amour de perdition* (1978). Oliveira tourne des adaptations très libres d'Augustina Bessa Luís (*Francisca*, 1981) ou de Claudel (*Le Soulier de satin*, 1985), s'attaque aux mythes portugais, historiques ou contemporains (*Non ou la vaine gloire de commander*, 1990), explore toute la palette expressive du cinéma, dont il devient l'espiègle doyen (*Les Cannibales*, 1988; *Le Couvent*, 1995). Parmi les cinéastes portugais plus jeunes, Paulo Rocha et João César Monteiro méritent une attention particulière. Du premier on retiendra la somptueuse évocation d'un écrivain fasciné par l'Extrême-Orient (*L'Île des amours*, 1982); du second, l'humour provocateur, la limpidité de l'écriture, l'impudeur de son propos (*La Comédie de Dieu*, 1995).

***La Comédie de Dieu*, de João César Monteiro (1995).**

LE CINÉMA DU MONDE ARABE

Mélo et comédies à Hollywood-sur-Nil

Jusqu'au début des années 60, l'Égypte est le seul pays du monde arabe à posséder une véritable industrie cinématographique. Organisé sur le modèle de « l'usine à rêves » d'Hollywood, le cinéma égyptien est structuré en studios où se tournent des films de genre, avec une prédilection pour le mélo et la comédie musicale. Ces productions mettent fréquemment en vedette des stars de la chanson, populaires de Rabat à Bagdad grâce à la radio du Caire et aux disques. Pour la plupart, ces films ne visent qu'au divertissement et sont peu soucieux de réalisme social, mais quelques cinéastes comme Kamal Sélim (*La Volonté*, 1940), Salah Abou Seif (*La Sangsue*, 1956) ou Tewfik Saleh (*La Ruelle des fous*, 1955) arrivent de temps à autre à déjouer une censure pesante et à offrir une vision moins convenue et plus proche du quotidien du peuple égyptien.

Au cours des années 60, avec l'accession à l'indépendance des pays du Maghreb, d'autres cinématographies arabes vont émerger. Sans vraiment ébranler le grand frère égyptien et sa position dominante, elles vont cependant élargir le panorama en empruntant d'autres routes que celle de la production commerciale en série, et en explorant des sujets et des modes d'écriture nouveaux, parfois dans le sillon de la nouvelle vague française et de ses variantes internationales.

***Jeunesse d'une femme, la Sangsue,* de Salah Abou Seif (1956), avec Choukri Sarlan.**
Porté par le souci du réalisme, Abou Seif est un des réalisateurs marquants du renouveau du cinéma égyptien au début des années 50.

Un cinéma pour défendre des identités nationales

Dans un premier temps, le thème de la lutte nationale va être abondamment servi sur les écrans des pays du Maghreb en pleine affirmation de leur identité. En Algérie, *L'Opium et le bâton* (1969) d'Ahmed Rachedi, *Le Vent des Aurès* (1966) et *Chronique des années de braise* (1975) de Mohamed Lakhdar Hamina, ou, en Tunisie, *Sejnane* (1974) de Abdellatif Ben Ammar, évoquent, chacun dans un genre différent, des moments douloureux de la période coloniale et célèbrent l'héroïsme populaire. En 1983, l'Algérien Mahmoud Zemmouri donne, dans *Les Folles Années du twist*, une image moins idéalisée de la guerre d'indépendance, et raconte le courage mais aussi l'opportunisme des habitants d'un village. De son côté, le Libanais Borhane Alouié reconstitue avec sobriété, dans *Kafr Kassem* (1974), le massacre d'un village palestinien en 1956 par l'armée israélienne. Pour nombre de réalisateurs, entre 1960 et 1980, le cinéma doit contribuer à changer les mentalités et apporter des solutions aux problèmes sociaux auxquels sont confrontés ces pays en plein développement.

L'émancipation féminine, très présente dans les questions de l'enseignement ou du divorce, est abordée aussi bien par l'Algérien Sid Ali Mazif, dans *Leïla et les autres* (1979), par l'Égyptien Saïd Marzouq dans *Je veux une solution* (1975) ou encore par le Marocain Moumen Smihi, dans *El Chergui* (1976). La situation des paysans et leur place dans des sociétés déboussolées sous le choc des changements économiques et culturels constituent un autre thème fort. Il est au cœur de films comme *Le Charbonnier* (1972) de Mohamed Bouamari, en Algérie, *Les Assoiffés* (1972) de Mohamed Choucri Jamil, dans un village du Sud de l'Irak, ou encore *La Mer cruelle* (1971) du Koweïtien Khaled Siddiq, sur la vie difficile de pêcheurs d'éponges du Golfe.

La corruption des classes dirigeantes est dénoncée dans *Soleil des hyènes* (1977) du

 voir : Youssef Chahine p. 217

***Chronique des années de braise*, de Mohamed Lakhdar Hamina (1975).**
Palme d'or à Cannes, ce film retrace cent vingt-cinq ans de l'histoire de l'Algérie française vue à travers l'histoire d'une famille arabe.

***Halfaouine, l'enfant des terrasses*, de Ferid Boughedir (1990).**

Tunisien Ridha Behi, dans *Les Mille et Une Mains* (1972) du Marocain Souheil Ben Barka, ou dans *Les Gens de la haute* (1981) de l'Égyptien Ali Badrakhan, satire de l'arrivisme dans certains milieux du Caire.

Des cinéastes réussissent à imposer un ton plus personnel et une écriture moderne tout en portant un regard critique sur la société. L'Égyptien Youssef Chahine, à qui l'on doit *La Terre* (1968), une évocation du monde rural conciliant poésie et réalisme, ou *Alexandrie pourquoi?* (1978), fresque passionnée de la ville dans les années 40, est sûrement le plus connu en Europe. Il n'est pas le seul: dans le registre de la comédie, Merzak Allouache dépeint un quartier d'Alger avec *Omar Gatlato* (1976); le Tunisien Nouri Bouzid s'attaque à plusieurs sujets tabous, comme l'homosexualité et le viol, dans *L'Homme de cendres* (1985); avec l'audacieux *Mercédès* (1993), Yousri Nasrallah s'impose comme l'un des plus remarquables représentants de la modernité égyptienne; et dans *Les Baliseurs du désert* (1984), le Tunisien Nacer Khémir choisit le conte et l'onirisme.

Depuis la fin des années 80, faute de soutiens économiques, le déclin de ces cinématographies ne fait que s'accentuer, y compris en Égypte où la production fléchit tout en restant fidèle à ses choix commerciaux initiaux, sans nostalgie pour l'éphémère « Groupe du cinéma nouveau » et ses velléités d'innovation au tout début des années 70. Ce pays représente toutefois l'un des principaux pourvoyeurs de fictions télévisées du monde arabe. Le démantèlement des organismes étatiques de production en Algérie et en Tunisie a encore réduit les possibilités de tourner, d'autant que le secteur privé reste embryonnaire. Pour permettre à leur film de voir le jour, les réalisateurs doivent trouver un financement complémentaire à l'étranger, souvent en France. C'est le cas du Tunisien Ferid Boughedir, qui réalise en 1990 *Halfaouine, l'enfant des terrasses*, où, dans un quartier populaire de Tunis, un adolescent découvre le monde des adultes. La censure et les lobbies intégristes sont aussi un frein à la libre expression, comme en témoignent les démêlés juridiques de Youssef Chahine après *L'Émigré* (1994), fable biblique sur l'intolérance.

***L'Émigré*, de Youssef Chahine (1994).**

L'Afrique, à la recherche d'une identité

Le cinéma africain, c'est-à-dire celui réalisé par des autochtones de l'Afrique noire, naît dans les années 60 après que les États viennent d'acquérir leur indépendance. Avant l'émergence de ce cinéma, de nombreux documentaires et quelques films de fiction sont tournés en Afrique. À quelques exceptions près (*La Croisière noire*, de Léon Poirier en 1926 et *Le Voyage au Congo*, de Marc Allégret en 1927), tous ces films ont pour but essentiel de mettre en valeur un exotisme de pacotille avec les bons (voire les mauvais) sauvages, de faire fantasmer ou frémir sur nos lointaines colonies.
Dans le même temps, des ethnologues commencent à étudier en profondeur la culture de ces pays à tradition orale, et plus particulièrement Marcel Griaule dont les travaux sur les Dogons du Mali suscitent bien des vocations de chercheur. C'est pourquoi dès les années 50 apparaissent des documentaires, qui tentent d'expliquer un monde différent du nôtre. Jean Rouch, ethnologue et disciple de Griaule, est la figure de proue de cette nouvelle approche : *Moi un Noir* (1958) ou *La Chasse au lion à l'arc* (1965) demeurent des références pour la compréhension de la culture africaine. Aujourd'hui le cinéma africain est devenu adulte : l'œuvre d'Ousmane Sembène ou celle de Souleymane Cissé en témoignent.

Le Sénégal

Les premiers films réalisés par des Africains sont dus à des Sénégalais. Leur chef de file, Ousmane Sembène, qui est également romancier, a suivi des cours de cinéma au Studio Gorki de Moscou. Ses films lui permettent de transmettre la tradition orale des griots. En 1962, il réalise *Borom Sarret*, puis *La Noire de...* (1966), son premier long métrage qui traite de la condition féminine, *Le Mandat* (1968), féroce critique de la bureaucratie, *Xala* (1974), satire de la nouvelle bourgeoise, *Ceddo* (1977), montrant l'affrontement de l'islam et du christianisme au XVIIe siècle.
Mahama Traoré (dit Johnson Traoré) a suivi une formation de cinéaste à Paris. Revenu au Sénégal en 1968, il réalise *La Femme* (1970), qui montre une épouse abusée par les promesses de son mari, *Lambaaye* (1972), traitant de la corruption, et *N'Diangana* (1975), qui fait le procès de l'enseignement coranique. Djibril Diop-Mambety, connu pour son humour grinçant, réalise *Touki Bouki* (*Le Voyage de l'hyène*, 1973) et *Hyènes* (1991).
Les thèmes privilégiés du cinéma sénégalais, comme d'ailleurs de toute l'Afrique noire à cette époque, ne sauraient surprendre.
Il s'agit de montrer l'adaptation de la société traditionnelle à la modernisation, la lutte entre l'ancien et le nouveau à travers tous ses aspects (économiques, sociaux, politiques), avec le souci majeur de dénoncer les nouvelles formes d'exploitation et de corruption héritées du colonialisme.

Le Burkina Faso

S'il était logique que le cinéma africain naisse dans le pays économiquement le plus développés, rien en revanche ne destinait le Burkina, un des états les plus pauvres d'Afrique de l'Ouest, à jouer un rôle de premier plan. La création en 1969 du Festival panafricain du cinéma (Fespaco) à Ouagadougou a donné à cet État les impulsions créatrices nécessaires, et lui a fait prendre conscience de l'importance d'obtenir les moyens de construire un cinéma national. Idrissa Ouedraogo a été formé à l'Institut africain d'études cinématographiques, puis à l'Idhec à Paris. Dans son premier long métrage, *Le Choix* (1987), une famille de paysans est chassée du Sahel par la sécheresse ; dans *Yaaba* (1988) et *Tilaï* (1989), Ouedraogo met en relief les aspects

 voir : La France, entre la tradition et le cinéma d'auteur p. 116-123 – Le cinéma documentaire p. 202-205

***Tilaï*, d'Idrissa Ouedraogo (1990).**
La tragédie grecque classique est transportée sur le continent africain par la magie de la caméra d'Ouedraogo.

magiques et mythologiques de la société traditionnelle. S'il ne perd jamais de vue la réalité sociale et économique, il s'éloigne avec bonheur du didactisme pesant dans lequel tombent parfois certains de ses collègues.

Le Mali

C'est au Mali que vit l'un des plus grands cinéastes africains, Souleymane Cissé. Après des études à Dakar, Cissé part travailler pendant cinq ans à Moscou. Il revient à Bamako pour réaliser *Cinq Jours d'une vie* (1972), puis *La Jeune Fille* (1975), premier long métrage en langue bambara, qui est interdit. Après *Le Vent* (1982), Cissé retrace le parcours initiatique d'une jeune homme à la recherche des pouvoirs magiques de son père avec *Yeelen* (1987) ; il laisse libre cours à son inspiration poétique et arrive à faire revivre le merveilleux de la culture africaine. En 1995, *Waati* aborde, pour la première fois dans le cinéma africain, le problème de l'apartheid à travers l'histoire d'une jeune Sud-Africaine qui, après avoir fui son pays soumis à la répression, arrive à reconstruire son identité de femme africaine.

La Côte-d'Ivoire et le Niger

En Côte-d'Ivoire, l'activité cinématographique est très réduite, et seul émerge le cinéaste Désiré Ecaré. Il réalise en 1985 un des plus jolis films africains, à la fois lyrique et sensuel, *Visages de femmes*, qui sera interdit dans son pays d'origine à cause d'une superbe séquence érotique montrant des amours adultérines.

Au Niger, qui fut le terrain d'étude privilégié de Jean Rouch, Oumarou Ganda laisse une œuvre dont on retiendra surtout *Cabasco* (1986), *Le Wazzou polygame* (1970) et *Saitane* (1972). Moustapha Alassane, auteur de courts métrages d'animation, réalise les premiers dessins animés d'Afrique noire avec, entre autres, *Le Retour d'un aventurier* (1966), ainsi que des films parodiques et satiriques parmi lesquels *Touala ou le Génie des eaux* (1977), qui attire l'attention sur le problème de la sécheresse en Afrique.

***Yeelen*, de Souleymane Cissé (1987).**
Avec son talent de conteur, Cissé porte un regard critique sur son pays, le Mali. Il reçoit le Prix du jury au Festival de Cannes et remporte un succès international.

LES TROIS CINÉMAS CHINOIS

Adieu ma concubine, **de Chen Kaige (1992).** *Le destin de deux comédiens en Chine, de 1924 à la fin de la Révolution culturelle, avec Gong Li dans le rôle du célèbre peintre Pan Yuliang.*

En Chine, la « cinquième génération »

En 1949, Mao Zedong proclame la République populaire de Chine et installe le pouvoir central à Pékin. Pendant la période qui va de 1949 au début de la Révolution culturelle en 1966, le « cinéma révolutionnaire » va produire jusqu'à cent films par an. Réorganisé selon la ligne idéologique du Parti et de son leader, le cinéma devient ainsi une activité socialiste d'État. En 1966, l'épouse de Mao Zedong, Jiang Qing, ancienne comédienne, prend le contrôle de l'ensemble de la vie culturelle. Considérée comme « embourgeoisée », la production est totalement arrêtée de 1969 à 1972, à l'exception de films documentaires et de ballets filmés, uniquement destinés à la propagande. À partir de 1972, quelques vétérans peuvent reprendre leur activité, comme Xie Jin, Xie Tieli, en se pliant aux règles de la Révolution culturelle.

Après la mort de Mao en 1976 le cinéma est exsangue et tout est à reconstruire.

La production redémarre lentement et les studios retrouvent une relative autonomie, une diffusion qui leur permet de toucher une partie des 25 milliards de spectateurs, et des moyens pour relancer la production. À partir de 1983, une nouvelle génération de cinéastes est conduite par Wu Tianmin, réalisateur (*Le Fleuve sans balise*), puis producteur et directeur de studio. C'est leur formation commune au cours de l'après-Révolution culturelle et leur présence dans une même école qui valent à ces cinéastes et techniciens l'appellation de « cinquième génération » – les quatre générations précédentes sont celles qui vont du muet jusqu'à la fin de la Révolution culturelle. Les cinéastes affirment leur indépendance, le modèle unique est toujours en vigueur, mais il va désormais être utilisé autrement. Cette identité sociale et économique nouvelle que cherchent les artistes et les metteurs en scène s'accompagne d'une relecture du passé ; il s'agit pour eux de modifier la vision officielle de l'histoire récente, notamment celle de la Révolution culturelle, et d'échapper aux contraintes d'un système encore très lourd en rompant avec le style et les genres de leurs prédécesseurs.

C'est ainsi que le mélodrame tel que le pratiquait, même magnifiquement, Xie Jin dans *Sœurs de scène* (1964) est désormais rejeté. Mais une autre forme narrative voit le jour dans les films de Chen Kaige avec *Adieu, ma concubine* (1992). Une attention nouvelle est portée au monde rural, autrefois passé sous silence : Chen Kaige, à qui l'on doit un des premiers films marquants de la nouvelle génération (*Terre jaune*, 1983 ; *La vie sur un fil*, 1991), a fait comme bien d'autres ses classes en exil à la campagne.

Si la ville est toujours au centre de nombreux films, le regard sur les institutions a changé, qu'il s'agisse de la bureaucratie avec *L'Affaire du canon noir* (1985), de Huang Jianxin, qui connaît quelques déboires avec la censure, ou

***Qiu Ju, une femme chinoise*, de Zhang Yimou (1992).**
Réalisateur depuis 1987, Zhang Yimou donne dans tous ses films jusqu'en 1995 la vedette à Gong Li, son actrice préférée. Elle est sans conteste une grande star du cinéma.

de l'armée avec *La Grande Parade* (1986), de Chen Kaige, et *Ronde de flics à Pékin* (1995), de Ning Ying.

Les femmes sont dorénavant les interprètes d'une dynamique sociale et se retrouvent souvent les héroïnes des films auxquels elles participent, comme le montrent Zhang Yimou dans *Ju Dou* (1990), *Épouses et concubines* (1991), *Qiu Ju, une femme chinoise* (1992), tous interprétés par Gong Li, son actrice favorite. La sexualité devient un élément constitutif des personnages: *Le Sorgho rouge* (1987), de Zhang Yimou ou *Adieu, ma concubine*, de Chen Kaige.

La cinquième génération n'est ni une école, ni un mouvement se réclamant d'un quelconque programme; mais elle répond au désir de faire du cinéma autrement, en s'inscrivant dans une évolution politique, sociale, économique, radicalement différente. Chen Kaige et Zhang Yimou sont ainsi devenus les chefs de file de cette génération.

À Hong Kong et Taïwan, la nouvelle vague

À Hong Kong, dès le début des années 60, triomphe un cinéma ouvertement commercial sous l'égide des Shaw Brothers, puis de la Golden Harvest. Des comédies, des films de cape et d'épées suivis d'œuvres kung-fu triomphent dans toute l'Asie et font de Bruce Lee une star internationale. Mais de grands réalisateurs comme King Hu et Li Hanxiang transcendent les genres et grâce à leur culture artistique signent quelques chefs-d'œuvre comme *A Touch of Zen* du premier. Ils établissent aussi des ponts avec Taïwan, où ils viennent volontiers travailler.

Pendant longtemps inexistant, le cinéma taïwanais prend son essor dans les années 80, avec la reconnaissance de l'étranger qui salue très vite Hou Hsiao-Hsien (*Un été chez grand-père*, *La Cité des douleurs*, *Le Maître de marionnettes*) et Edward Yang (*A Brighter Summer Day*) et, dans les années 90, Tsai Ming-Liang (*Vive l'amour*, *La Rivière*). Ces œuvres témoignent d'une recherche formelle très sophistiquée et d'une interrogation sur l'histoire et le présent de Taïwan.

Parallèlement, une nouvelle vague se dessine aussi à Hong Kong avec des metteurs en scène comme Ann Hui et surtout Wong Kar-wai, brillant adepte de la modernité, avec ses films au rythme syncopé et hallucinatoire comme *Happy Together* en 1977.

***Le Maître de marionnettes*, de Hou Hsiao-Hsien (1993).**
En s'inspirant de la vie du marionnettiste Li Tianlu, Hou Hsiao-Hsien remporte le prix du jury au Festival de Cannes en 1993.

AU JAPON, L'« EMPEREUR » ET L'ANTHROPOLOGUE

L'émergence, au seuil des années 60, d'une nouvelle vague influencée par le modèle français, doit beaucoup à une situation économique favorable. L'effondrement brutal du système des studios, en raison du développement de la télévision, entraîne une baisse spectaculaire de la production, qui passe de 547 films en 1960 à 357 films en 1962, avant que l'arrivée des compagnies indépendantes – la plus célèbre étant l'ATG (Art Theater Guild), fer de lance de la nouvelle vague – donne un nouvel élan. En 1960, un rééquilibrage entre les grandes compagnies et les indépendants permet à l'industrie cinématographique de se maintenir à plus de 400 films par an jusqu'aux années 70, bien que la fréquentation ne suive pas cette évolution : d'un milliard d'entrées par an jusqu'en 1960, elle chute à 360 millions en 1965.

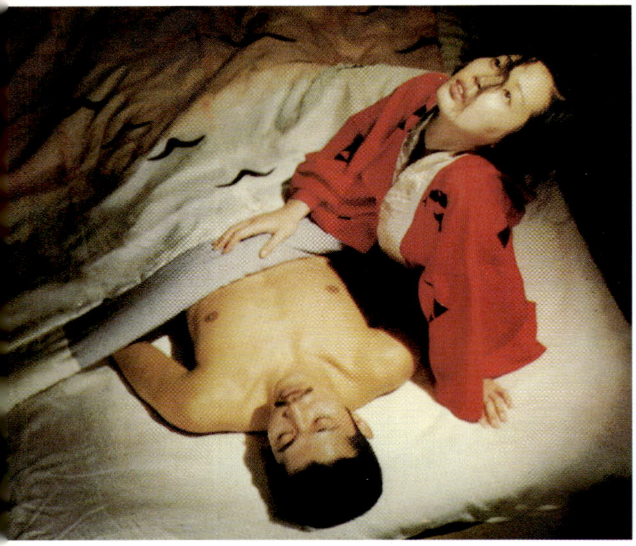

***L'Empire des sens*, de Nagisa Oshima (1975).** *Succès international,* L'Empire des sens, *d'abord interdit au Japon, est « le grand film de l'érotisme japonais ».*

Un nouveau cinéma de genre

L'arrivée de la télévision, en détournant des salles un public populaire et familial, incite les responsables des studios à développer un cinéma d'action en faveur des jeunes, qui passe d'une forme classique, soucieuse d'exactitude dans les reconstitutions historiques (*Les Sept Samouraïs* de Kurosawa), à une expression plus stylisée, plus maniérée, comme dans *Yojimbo* (1961) du même Kurosawa. Le film de sabre en costumes (*chambara*) connaît un rapide essor, grâce au *Passage du grand Bouddha* de Tomu Uchida, en trois parties (1957-1959), et aux films de Kenji Misumi, auteur du premier volet de la saga du héros Zatoichi, le samouraï aveugle (*Histoire de Zatoichi*, 1962), et inspirateur de la série des « Baby Cart », commencée en 1972 et tirée d'un *manga*. Parallèlement, le film de gangsters (*yakuza*) trouve en Seijun Suzuki un maître du genre avec *Élégie de la bagarre* (1966) et *La Marque du tueur* (1967). Pour conjurer la crise, les studios relancent les films érotiques (cinéma *Pink*, roman porno) où s'illustrent Seijun Suzuki (*La Barrière de la chair*, 1964), ainsi que Noboru Tanaka avec *La Véritable Histoire d'Abe Sada* (1975), d'après le fait divers à l'origine de *L'Empire des sens* (1976) de Nagisa Oshima.

La nouvelle vague et après…

La nouvelle vague impose une nouvelle génération, qui n'a pas connu la guerre, et qui est en rupture avec celle qui précède. Cette liberté d'esprit est incarnée par Shohei Imamura dans *Cochons et cuirassés* (1961), film trivial et carnavalesque sur la présence militaire américaine au Japon. Quant au style, qui rompt avec la fluidité d'Ozu et de Naruse, il se veut plus physique, soucieux de faire corps avec les personnages. Ce nouveau registre est inauguré par *Contes cruels de la jeunesse* (1960), de Nagisha Oshima. Son film suivant *Nuit et brouillard au Japon* (1960), sur

***Cochons et cuirassés*, de Shohei Imamura (1961).** *Intitulé aussi* Filles et Gangsters, *ce film porte un regard nouveau sur le Japon de l'après-guerre.*

 voir : Kurosawa p. 246 – Oshima p. 256

l'histoire du mouvement révolutionnaire, provoque un scandale et est immédiatement retiré de l'affiche. Oshima et les futurs cinéastes de la nouvelle vague prennent alors leurs distances avec les studios.

À travers la violence et l'érotisme, cette génération se livre à une insurrection permanente contre l'ordre et les mœurs qui régissent le Japon, à l'image de *Premier Amour, version infernale* (1969) de Susumu Hani. De son côté, Kiju Yoshida, très marqué par le cinéma d'Antonioni, Godard et Resnais, réalise *Eros + Massacre* (1969), portrait d'un anarchiste du début du siècle, ainsi que *Coup d'État* (1973), avant de retrouver un ton plus classique dans *Promesse* (1986), sur l'exclusion des personnes âgées de la société japonaise. De son côté, Hiroshi Teshigahara signe *La Femme des sables* (1964) d'après Kobo Abe, grandiose poème lyrique sur la folie engendrée par la lutte contre l'enlisement.

Mais la nouvelle vague s'essouffle. Si Shuji Terayama, issu du théâtre d'avant-garde, réalise un film-tract avec *Jetons les livres et sortons dans la rue* (1972), la crise s'accentue, symbolisée par le silence d'Oshima depuis *Max mon amour* (1986). Aujourd'hui, la production s'oriente vers des films d'adolescents, très prisés du jeune public. Sur un autre registre, Mitsuo Yanagimachi se distingue avec *Les Feux d'Himatsuri* (1985), tandis que Takeshi Kitano, par petites touches impressionnistes, renouvelle en profondeur le genre *yakuza* dans *Sonatine* (1993) et s'impose à l'échelle internationale avec *Hana-bi*, Lion d'or au festival de Venise en 1997.

L'« Empereur » et l'anthropologue

Akira Kurosawa, après avoir réalisé pour les grandes compagnies vingt-trois films entre 1943 et 1963, n'en totalise que cinq de 1965 à 1985. Dans *Barberousse*, il décrit un superbe affrontement entre un vieux médecin (Toshiro Mifune) et un jeune aux méthodes différentes puis, dans *Dodes'kaden*, il s'attache au quotidien d'un bidonville où se croisent le réel et l'imaginaire. La peinture apocalyptique des guerres de clans qui déchirent le Japon féodal dans *Kagemusha* se prolonge en 1985 dans *Ran*, transposition du *Roi Lear* de Shakespeare. Obsédé par le chaos, Kurosawa décrit un monde peuplé de revenants (*Rêves*) et toujours hanté par le spectre de la bombe atomique (*Rhapsodie en août*, 1992).

À côté de Kurosawa, surnommé « l'Empereur », Shohei Imamura s'impose avec sa passion pour les mœurs de la société japonaise – une démarche d'entomologiste et d'anthropologue, enrichie d'une dimension grotesque et carnavalesque très subversive. En quelques films comme *Le Pornographe* (1965), il devient l'observateur désabusé et caustique d'un pays dont il exacerbe les plaies (*Pluie noire*, 1989, sur les désastres de la bombe atomique). Couronné d'une Palme d'or à Cannes en 1983 avec *La Ballade de Narayama*, sur le dernier « voyage » des vieillards portés dans la montagne pour y mourir, il en reçoit une seconde en 1997 avec *L'Anguille*, récit d'un homme qui, après le meurtre de sa femme, s'éprend en prison d'une anguille. Cette allégorie autour d'une déviance est caractéristique de l'univers singulier d'Imamura.

***Barberousse*, d'Akira Kurosawa (1965),**
ou la vie d'un médecin des pauvres.

***La Ballade de Narayama*, de Shohei Imamura (1983).**
Un fils transporte sa vieille mère sur son dos pour qu'elle puisse, selon la tradition, mourir dans la montagne.

TARDIVE AUSTRALIE

La première projection de cinéma a lieu le 22 août 1896 à Sydney, et le premier film australien, *Bateau à vapeur de Sydney*, est tourné en octobre de la même année par Marius Sestier, représentant des frères Lumière. Ce film inaugure la tradition documentaire d'une production qui, en grande partie, va se consacrer à des films ethnographiques produits par le département de l'Agriculture, ou l'Armée du salut, comme *Soldiers of the Cross*. En 1901, *The Inauguration of Australian Commonwealth*, de Joseph Perry, est le premier film de l'époque à durer 30 minutes.

Une implantation du cinéma tous azimuts

En 1900, les structures industrielles sont relativement bien en place. Les productions américaines et européennes disposent d'agents pour les représenter, les lieux de travail se constituent peu à peu, et les projets d'exploitation se développent. Comme dans le reste du monde, les circuits d'exploitation existent et les journaux font de la publicité pour les salles, même si le cinéma itinérant est encore très présent dans les zones rurales. Les classes sociales inférieures, qui ont été les premiers clients du cinéma, se sont élargies et on croise, dans les cinémas de Melbourne et Sydney, des bourgeois qui commencent à se risquer dans les salles. Il est vrai qu'avec le Censorship of Films Act (1926), le cinéma est désormais contrôlé, non par le gouvernement mais par les États de ce pays fédéral. Il a acquis sa respectabilité, sous l'influence des lobbies moralistes, religieux, éducatifs très vite concernés par les films. C'est devenu une distraction familiale peu onéreuse.

Les Australiens sont d'assez bons consommateurs de films importés des États-Unis, et très peu d'Europe (2,5 millions de tickets vendus pour 6 millions d'habitants, en 1927). La production australienne, quant à elle, se résume à un ou deux films par an jusqu'à la fin des années 60. Ces films racontent l'immensité des terres australiennes avec *The Story of the Kelly Gang* (1906), qui emporte un réel succès, et utilisent les ressources du pays dans *A Girl in the Bush* (1921). Raymond Longford, une des personnalités du cinéma muet, s'intéresse à l'évolution des classes sociales (*The Sentimental Bloke*, 1919). *Lovers and Luggers* (1937), de Ken G. Hall, exploite un thème récurrent du cinéma australien, le travestissement. Enfin, l'intérêt pour les populations aborigènes – les premiers habitants de l'Australie – reste au cœur de la production (*Jedda*, 1955, de Charles Chauvel). À la fin des années 60 apparaissent les films sur le surf, puis les films d'aventures au sein d'une Australie inconnue, inhospitalière et dangereuse.

Une renaissance bien soutenue

Le gouvernement va s'appuyer sur la naissance d'une culture nationaliste, la stabilité sociale, le désir de consommation généralisé, pour mettre en place des aides en faveur du cinéma à travers l'Australian Council for the Arts (1968) et son conseil, le Film Committee, ainsi qu'une banque spécialisée (AFDC). Grâce à ces aides, un véritable cinéma australien peut échapper à la dépendance de l'industrie américaine.

Les personnages de ces films sont des pionniers, confrontés aux problèmes de l'enfance et de l'adolescence. Ce n'est plus la conquête du territoire ou sa connaissance qui est en jeu, mais l'aventure personnelle et la connaissance des autres, d'où la multiplication des films sur les aborigènes. Parfois généreux, ces films sont le plus souvent pleins de stéréotypes et de condescendance. L'Anglais Nicolas Roeg est le premier, en 1971, à aborder ce thème avec *La Randonnée*, où deux enfants australiens partent chez les aborigènes. Suivront *La Dernière Vague* de Peter Weir, et surtout

***Mad Max*,**
de George Miller (1980).
Mel Gibson, en justicier, est révélé par ce film où les affrontements entre automobilistes et motards sont d'une rare violence.

Le Chant de Jimmie Blacksmith de Fred Schepisi. De nouveaux thèmes apparaissent: l'interrogation sur le passé (*Breaker Morant* de Bruce Beresford; *Gallipoli* de Weir), la nostalgie (*Pique-nique à Hanging Rock* de Weir), la jeunesse (*The Devil's Playground* de Schepisi). Avec *Mad Max* en 1980, suivi de *Mad Max II* et de *Mad Max III, sous le dôme du tonnerre*, George Miller crée, sans aide gouvernementale, les premiers films d'action du cinéma australien, dont la brutalité et la violence font sensation dans le monde entier.

Cette nouvelle vague ne dédaigne pas pour autant les films sur la culture rurale et la mythologie, comme *L'Homme de la rivière d'argent*, réalisé par un homonyme de George Miller et qui rencontre lui aussi un succès considérable.

En 1986, *Crocodile Dundee* de Paul Hogan, fable du bon sauvage chez les Nord-Américains, est un nouveau succès mondial. Il marque la fin d'une période et établit un bilan très ironique sur les rapports entre l'Australie et les États-Unis. À la fin des années 80 apparaît une nouvelle génération de cinéastes – Jocelyn Moorhouse avec *Proof*, Baz Luhrman qui triomphe avec *Strictly Ballroom* mais quitte l'Australie – et on voit s'affirmer la carrière d'un Philip Noyce. Le succès international de *Calme blanc* (1989), au suspense bien mené, le conduira à Hollywood.

Cette jeune génération, qui défend un cinéma intégrant les nouvelles technologies et moins ancré dans l'histoire de sa propre culture, se retrouve face à l'éternel dilemme : continuer en Australie à faire ses propres films et défendre son originalité, ou adopter les codes du cinéma américain dominant. Fred Schepisi a choisi de revenir de temps à autre tourner dans son pays; George Miller, lui, utilise sur place les possibilités de financements américains que sa notoriété lui apporte. Ils sont les artisans de ce qui a été la tardive naissance du cinéma australien.

Née en Nouvelle-Zélande, Jane Campion travaille en Australie. Elle reçoit la Palme d'or à Cannes en 1993 pour *La Leçon de piano*. Dans ses films, la nature a une vraie présence et les comédiens, poussés dans leurs retranchements, révèlent les pulsions de leurs personnages.

Page de gauche :
***La Randonnée*,**
de Nicholas Roeg (1971).
Deux enfants vont vivre au cœur de l'Australie, avec les aborigènes.

***Crocodile Dundee* de Paul Hogan (1986).**
Un gentil sauvage dans la jungle des villes américaines.

***La Leçon de piano*, de Jane Campion (1993).**

l'usine

à rêves

Les stars de la MGM autour de leur *big boss* Louis B. Mayer.
Née en 1924, la Metro-Goldwyn-Mayer va devenir la plus prestigieuse des majors d'Hollywood, celle qui comptera « plus d'étoiles qu'il n'y en a dans le ciel ».

LES STARS

LE MYTHE D'HOLLYWOOD

Qu'est-ce qu'une star ? En anglais, le mot *star* signifie étoile. L'étoile brille dans la nuit, le cinéma est un art de l'obscurité : stars et cinéma ne pouvaient manquer de se rencontrer.

La première star au monde est sans doute la Danoise Asta Nielsen, révélée dès 1910 dans *L'Abîme* d'Urban Gad. Typée, nerveuse, inquiète, Asta Nielsen impose sa singularité. La première, elle eut l'intuition qu'une actrice de cinéma de sa trempe pouvait choisir ses rôles et même les susciter. D'un film à l'autre, même quand elle change de registre (comédie, mélodrame ou tragédie), elle impose son image. Cependant, malgré le succès international de l'actrice danoise, nul en Europe ne se doutait du potentiel économique dont le phénomène naissant était porteur. Les Américains, eux, ont assez vite pressenti qu'une véritable relation pouvait naître entre l'interprète et les spectateurs. C'est la « Biograph Girl » qui va jouer le rôle de la première star du cinéma américain. Chaque semaine, un public d'admirateurs fidèles retrouve sur les écrans la blonde et ronde, mais anonyme, vedette des productions Biograph. En 1910, le producteur Carl Laemmle, futur fondateur du studio Universal, décide d'attirer la populaire Biograph Girl et met au point, avec le publicitaire Harry Reichenbach, une savante mise en scène. Il fait courir le bruit que la jeune femme est morte dans un accident, puis quelques jours plus tard dévoile la supercherie et annonce que Florence Lawrence – il a alors l'idée géniale de révéler son nom – apparaîtra désormais dans ses productions. Ce nom s'étale à la une des journaux. Le public s'en empare. La première star est née.

Trouver un nom, s'inventer une vie de star

Choisir un nom approprié et marquant sera la première étape de la « fabrication » d'une star. Les premières stars féminines vont trouver leur nom dans des synonymes du mot « charmant » : elles s'appellent Louise Lovely, Arline Pretty ou Blanche Sweet. Les hommes, eux, pour beaucoup venus du western, donnent à leur nom la simplicité un peu rébarbative du nom complet avec une initial intermédiaire (William S. Hart), la familiarité du surnom (« Hoot » Gibson, « Bronco Billy » Anderson) ou le raccourci de deux syllabes juxtaposées (Tom Mix). Puis le choix s'élargit, en jouant sur l'exotisme tantôt latin (Nita Naldi), tantôt slave (Valeska Surratt). Pour d'autres, il s'agit de trouver des consonances poétiques. Greta Gustafsson se transforme en Greta Garbo avec ces quatre syllabes musicales ; Maria Magdalena von Losch devient Marlene Dietrich – Jean Cocteau dira que ce nom commence comme une caresse pour se terminer comme un claquement de cravache. Norma Jean Baker Mortenson prend le nom de Marylin Monroe, assurant ainsi la célébrité aux initiales « M M ». Beaucoup vont choisir de changer la totalité de leur nom – Archibald Alexander Leach se fera appeler Cary Grant et Margarita Carmen Cansino sera Rita Hayworth. Aujourd'hui ce souci de trouver un patronyme à tendance à disparaître au profit des noms d'origine : qui aurait pensé, ne serait-ce qu'il y a vingt ans, qu'une star pouvait s'appeler Arnold Schwartzenegger ?

Avec le nom, la star doit avoir une biographie qui prolonge ses rôles à l'écran. Son existence de star en dépend : la cohésion entre les rôles qu'elle joue et l'image qu'elle offre lui assure sa crédibilité et lui donne le statut de star. La jeune actrice Theodosia Goodman, fille d'un tailleur de Cincinnati, choisit, aux environs de 1915, de s'appeler Theda Bara : en jouant sur l'anagramme du nom *Arab Death* (mort arabe), elle s'invente une origine arabe, elle est née dans le désert du Sahara de l'union entre un artiste français et une princesse égyptienne.

Par définition, les stars ont une vie exceptionnelle. Des idylles sont donc créées de toutes pièces, des mariages mis sur pied, des aventures inventées. Lorsque Marlene Dietrich joue pour la première fois le rôle d'une mère, dans *Blonde Vénus* (1932) de Josef von Sternberg, une rumeur de menaces d'enlèvement de sa fille se répand. Rumeur probablement lancée

Asta Nielsen (1881-1972).
Première star du cinéma révélée en 1910, Asta Nielsen est appelée à Berlin par le producteur Pol Davidson. Son succès et sa popularité sont immenses, mais après la guerre son étoile pâlit et l'arrivée du parlant met fin à sa carrière allemande. Elle rentre au Danemark en 1936.

par le service publicité de la Paramount.
Pour que l'image de la star soit en harmonie avec les rôles qu'elle joue, des événements concernant sa vraie vie privée sont à l'inverse dissimulés. Mary Pickford, la « petite fiancée de l'Amérique », entretient sa popularité en donnant l'image d'une épouse modèle et fidèle à son époux Douglas Fairbanks, également star de cinéma. Le premier mariage de l'actrice est passé sous silence, et elle attendra une baisse de popularité pour divorcer et convoler une troisième fois, avec un homme plus jeune qu'elle.
Le mystère peut aussi aider à la popularité. Dans les années 20, Greta Garbo avait su se plier aux exigences du studio : photos publicitaires, idylle avec son romantique partenaire à l'écran, John Gilbert. À partir de 1930, elle refuse toute publicité sur sa personne privée, interdit les visiteurs sur ses tournages : le mythe de la star s'est imposé.
Le gros plan sera dans le film l'outil privilégié du rayonnement de la star : le regard du spectateur est attiré par un visage immense, lissé par la lumière, rendu magnétique. On évalue alors la célébrité d'une star au nombre de gros plans qu'on lui consacre. Si le nombre diminue, c'est le signe presque certain d'une popularité qui décline.

Loin d'Hollywood

Même si Hollywood semble être le lieu privilégié de résidence des stars, le phénomène n'est pas strictement américain. L'Italie est le royaume des *dive*. Ces actrices mondialement adulées, apparues aux alentours de 1914, sont souvent de plantureuses jeunes femmes aux attitudes exagérées jouant les grandes amoureuses du répertoire théâtral et littéraire : la Dame aux camélias, la Tosca, Fedora, etc. La première, Lyda Borelli, est spécialisée dans les emplois de femme fatale ; elle se retira en pleine gloire, en 1917, pour épouser un aristocrate. Francesca Bertini est jugée à l'époque, par certains, comme la plus belle femme au monde. C'est en plus une actrice très complète, tour à tour fatale, touchante, fière. S'inspirant de l'art lyrique, ces *dive* imposent la lenteur calculée du geste, l'importance souveraine de l'accessoire vestimentaire, le geste d'abandon. Le monde entier tombe sous leur charme et de nombreux films tentent d'en reproduire le mystère. Les stars n'oublieront pas la leçon des dive et plus d'une fois elles offriront au spectateur ces instants de grâce : dans *La Reine Christine* (1933) de Rouben Mamoulian, Greta Garbo, après une nuit d'amour, caresse les objets de la chambre pour pouvoir les garder en mémoire.
Les Français aiment les séducteurs exotiques, comme Ivan Mosjoukine venu de Russie en 1920, les jeunes filles idéales comme Suzanne Grandais ou Suzanne Bianchetti, ou encore les grandes bourgeoises comme Huguette Duflos. Dans les années 30, les stars sont la vamp Viviane Romance, les jeunes filles Micheline Presle ou Michèle Morgan, la grande dame Edwige Feuillère. Et, bien sûr, Danielle Darrieux, débutant à quatorze ans dans *Le Bal* de Wilhelm Thiele, dont le succès dura de nombreuses décennies.

Marlene Dietrich (1901-1992)
Élégante silhouette aux jambes interminables, mystérieuse, sophistiquée, elle incarne la « femme fatale ».
L'Ange bleu (Joseph von Sternberg, 1930)
Shanghai Express (Joseph von Sternberg, 1932)
La Scandaleuse de Berlin (Billy Wilder, 1948)

Humphrey Bogart (1899-1957)
Il est le détective privé, le gangster des films noirs. Un regard qui jauge, une incroyable présence qui dégage une sourde violence.
Le Faucon maltais (John Huston, 1941)
Casablanca (Michael Curtis, 1943)
Key Largo (John Huston, 1948)

▼ Gary Cooper (1901-1961)
Nonchalant et sincère, tranquille et généreux, le regard rêveur, la silhouette élégante, il interprète aussi bien le beau jeune premier que l'aventurier de l'Ouest.
L'Extravagant Mr. Deeds (Frank Capra, 1936)
Le train sifflera trois fois (Fred Zinnemann, 1952)
L'Homme de l'Ouest (Anthony Mann, 1958)

▲ Clark Gable (1901-1960)
Surnommé le « Roi », il s'impose par son charme, sa désinvolture, son irrésistible pouvoir de séduction et sa profonde générosité.
New York-Miami (Frank Capra, 1934)
Autant en emporte le vent (Victor Fleming, 1939)
Les Désaxés (John Huston, 1961)

Cary Grant (1904-1986)
Il incarne l'élégance, la séduction et le charme ; il est aussi à l'aise dans les comédies que dans l'univers trouble des thrillers.
L'Impossible M. Bébé (Howard Hawks, 1938)
Soupçons (Alfred Hitchcock, 1941)
Elle et Lui (Leo McCarey, 1957)

Joan Crawford (1904-1977)
Des yeux immenses, une bouche large, capable de férocité, elle défie le destin par la force de son ambition.
Il faut payer (Sam Wood, 1930)
Le Roman de Mildred Pierce (Michael Curtiz, 1945)
Johnny Guitare (Nicholas Ray, 1954)

Des stars pour les grands studios d'Hollywood

Dans les années 30, chacune des grandes compagnies produit environ cinquante films par an. Il s'agit d'abord des films de série B, à petit budget, qui fidélisent le public d'une semaine à l'autre et assurent la stabilité économique du studio. La série B a ses vedettes. Le public les retrouve régulièrement dans un emploi toujours identique, relevant d'une psychologie sommaire, arborant les mêmes accessoires fétiches. Le jeune John Wayne, par exemple, fait ses premières armes dans des westerns de série B ; devenu star, il exigera, à la fin de sa carrière, de retrouver ses accessoires et tournera toujours avec le même chapeau et le même ceinturon.

Mais il y a aussi la production de prestige, ou série A, qui implique en revanche des risques financiers importants. C'est là que règnent les stars. La Metro-Goldwyn-Mayer (MGM), fondée en 1924, a d'emblée d'immenses ambitions ; elle exige un fini technique irréprochable, une qualité artistique de haut niveau, pour satisfaire un public avide de romanesque dont la star, masculine ou féminine, est le pivot. La MGM bénéficie de moyens financiers sans précédent et d'un directeur de production inspiré, Irving Thalberg, qui n'hésite pas à dépenser tout ce qu'il faut pour obtenir le meilleur. Il épousera lui-même l'une de ses « créations », Norma Shearer. Bientôt le slogan de la MGM s'impose comme une référence absolue : « More Stars Than There Are in Heaven » (Plus d'étoiles qu'il n'y en a au firmament).

Le premier film qui sort en 1924 sous le label MGM est *Larmes de clown* de Victor Seastrom (il s'agit du grand cinéaste suédois Sjöström, qui a américanisé son nom en arrivant aux États-Unis en 1923). La vedette en est Lon Chaney (p. 54), ce fils de parents sourds-muets qui, pour communiquer avec eux, aurait été contraint de développer le langage du corps. Il est déjà célèbre pour son art de la transformation et du maquillage. À la MGM, il va imposer l'originalité de son art et son talent de véritable créateur. Les plus éblouissants de ses maquillages apparaissent à ce moment de sa carrière. En 1928, il est à nouveau la vedette de *Ris donc paillasse*, réalisé par Herbert Brenon. Comme pour parachever la création, la réalité va se mêler de le rejoindre : star du muet, Lon Chaney ne fera qu'un seul film parlant (*Le Club des trois*, 1930, de Jack Conway, remake d'un de ses succès muets) et meurt la même année d'un cancer à la gorge qui l'empêchait de parler.

La création d'un mythe

Peu de temps après Lon Chaney, la jeune Greta Garbo arrive d'Europe à la MGM. L'histoire de celle qui allait devenir la plus grande de toutes les stars est exemplaire (p. 59). C'est en 1925 que la MGM a engagé, à Berlin, le réalisateur suédois Mauritz Stiller, qui accepte à la seule condition d'engager aussi son actrice Greta Garbo. Quand le couple arrive à New York, en juillet, on s'occupe beaucoup du cinéaste et peu de l'actrice, dont le physique encore mal dégrossi ne correspond pas aux

Greta Garbo (1905-1990)
La « Divine », inaccessible, mystérieuse et magnifique, elle a volontairement fixé son image pour l'éternité en cessant de tourner à trente-six ans, au sommet de la gloire.
La Tentatrice
(Mauritz Stiller et Fred Niblo, 1926)
La Reine Christine
(Rouben Mamoulian, 1933)
Ninotchka
(Ernst Lubitsch, 1939)

Katharine Hepburn (1907)
Féministe convaincue, d'une élégance décontractée, le visage anguleux, la voix haut placée, elle offre une image moderne de la star.
Les Quatre Filles du Dr March (George Cukor, 1933)
Indiscrétions (George Cukor, 1940)
African Queen (John Huston, 1951)

▼ Bette Davis (1908-1989)
Sa forte personnalité fait oublier un physique inhabituel. Une comédienne hors du commun, ce qui n'était pas le cas de toutes les stars...
L'Intruse (Alfred E. Green, 1935)
Ève (J. L. Mankiewicz, 1950)
Qu'est-il arrivé à Baby Jane ? (Robert Aldrich, 1962)

▼ Ingrid Bergman (1915-1982)
« La belle étrangère » séduit Hollywood par sa beauté naturelle, son indépendance, sa vitalité.
Les Enchaînés (Alfred Hitchcock, 1946)
Voyage en Italie (Roberto Rossellini, 1950)
Sonate d'automne (Ingmar Bergman, 1978)

James Stewart (1908-1997)
L'homme des causes justes, défenseur des valeurs de la démocratie, il incarne la rigueur et la droiture du héros issu d'un terroir où il puise sa force.
Monsieur Smith au sénat (Frank Capra, 1939)
Fenêtre sur cour (Alfred Hitchcock, 1954)
Autopsie d'un meurtre (Otto Preminger, 1959)

Ava Gardner (1922-1990)
Le « plus bel animal du monde », cette femme de rêve cache un immense besoin de tendresse et une secrète fragilité.
Les Tueurs
(Robert Siodmak, 1946)
La Comtesse aux pieds nus
(J. L. Mankiewicz, 1954)
La Nuit de l'iguane
(John Huston, 1964)

normes de la beauté alors en vogue. Désœuvrée, Garbo finit par se prêter à une série de séances de pose pour le photographe Arnold Genthe, qui décèle très vite son exceptionnelle photogénie. Ces photos, des gros plans de la jeune femme le visage rejeté en arrière et les épaules nues, mettent en évidence la courbe gracieuse de son cou sinueux, la régularité de son profil. Elles captent d'emblée ce que le public allait aimer chez Greta Garbo. La rumeur arrive jusqu'en Californie, où les dirigeants du studio décident de faire tourner la jeune actrice certainement plus prometteuse et plus malléable que le cinéaste, qui se révèle difficile et capricieux. Garbo est alors prise en main, son physique est affiné pour faire disparaître quelques imperfections (des dents irrégulières, quelques kilos superflus) et affirmer certains traits grâce à l'invention d'une coiffure lisse et au lourd maquillage des paupières. Des techniciens créent pour elle des éclairages (William Daniels, chef opérateur de la quasi-totalité de ses films américains), des costumes (Gilbert Adrian, costumier) et des techniques (le drapé, le décolleté) destinés à exalter sa beauté. Avant même que le public ne la voie, son image a été diffusée à des dizaines de milliers d'exemplaires par les *fan magazines* (des magazines qui sont en fait conçus par les services publicitaires des studios).

Mais il n'est pas toujours facile de réussir cette alchimie. Créer une star représente autant de risques que produire un film de prestige. L'investissement peut être considérable et le résultat final s'avérer décevant. Un exemple frappant est celui de la belle et talentueuse Ukrainienne Anna Sten, déjà comédienne en Russie. Le producteur indépendant Samuel Goldwyn s'entiche d'elle et veut en faire la Garbo de sa compagnie. Il dépense beaucoup d'argent pour imposer son image. Pour elle, il met sur pied trois productions dispendieuses (*Nana*, 1933 ; *Résurrection*, 1934 ; *Soir de noces*, 1935), dirigées par des cinéastes de renom (Dorothy Arzner, Rouben Mamoulian, King Vidor). Il lui « offre » des partenaires célèbres (Fredric March, Gary Cooper), des techniciens éprouvés (Gregg Toland, le futur opérateur de *Citizen Kane* et des *Raisins de la colère* à la photo). En vain. Le public ne veut pas d'Anna Sten.

▲ **Rita Hayworth (1918-1987)**
La vamp langoureuse, l'idole des G I. Son effigie ornera la première bombe atomique lancée sur l'île de Bikini.
Seuls les anges ont des ailes (Howard Hawks, 1939)
Gilda (Charles Vidor, 1946)
La Dame de Shanghai (Orson Welles, 1948)

▲ **Marylin Monroe (1926-1962)**
Son corps à la sensualité irrésistible et sa fragilité émouvante en font un personnage unique. La quintessence de la star mythique.
Niagara (Henry Hathaway, 1953)
Les hommes préfèrent les blondes (Howard Hawks, 1953)
Certains l'aiment chaud (Billy Wilder, 1959)

Grace Kelly (1928-1982)
Sa beauté blonde et distinguée, son érotisme retenu furent révélés par Hitchcock avant qu'elle ne devienne princesse de Monaco.
Le crime était presque parfait (Alfred Hitchcock, 1954)
Fenêtre sur cour (Alfred Hitchcock, 1954)
La Main au collet (Alfred Hitchcock, 1955)

Lauren Bacall (1924)
Une voix, une démarche, un regard. Lauren Bacall forme avec Humphrey Bogart un couple mythique.
Le Port de l'angoisse (Howard Hawks, 1944)
Le Grand Sommeil (Howard Hawks, 1946)
La Femme modèle (Vincente Minnelli, 1957)

Marlon Brando (1924)
Un physique exceptionnel et une immense capacité de séduction. L'acteur fait sensation, l'anticonformisme de son jeu influence toute une génération.
Un tramway nommé désir (Elia Kazan, 1952)
Le Parrain I et II (Francis Ford Coppola, 1972 et 1974)
Le Dernier Tango à Paris (Bernardo Bertolucci, 1972)

Gros plan sur les stars

Des photos posées servent à créer et à divulguer l'image de la star. Chaque grande firme a son studio photo qui produit quotidiennement jusqu'à un millier de clichés. Les photographies sont recadrées, retouchées et sévèrement sélectionnées, puis généreusement diffusées dans la presse. L'une des figures imposées est le *cheese cake* shoot, c'est-à-dire la photo en maillot de bain, sur le sable. Les séances de pose sont rendues obligatoires par contrat et certains acteurs, comme Gary Cooper, Joan Crawford ou Marlene Dietrich, offrent généreusement de leur temps et de leur personne aux photographes. Garbo, elle, limite les séances de pose et les réserve à deux de ses photographes préférés : jusqu'en 1930 à la toute jeune Ruth Harriet Louise, qui a su saisir la sensualité et la spontanéité de son modèle ; à partir de 1930 à Clarence Sinclair Bull, dont le style, nacré et moelleux à la fois, impose la Garbo pâle et mélancolique que nous connaissons mieux.

Marilyn Monroe ou James Dean devront une grande part de leur popularité aux photographies de Bert Stern et de Richard Avedon. L'impact de ces photos était capital. Elles imposaient la star au public à travers une icône que les films se devaient de perpétuer. Dans les gros plans des films, on utilisait les mêmes techniques d'éclairage que pour les séances de pose. Josef von Sternberg, réalisateur et Pygmalion de Marlene Dietrich, était également un photographe de génie et il supervisa de près l'image de la star que les photos entendaient créer.

Francesca Bertini était belle. Florence Lawrence était jolie. Asta Nielsen ne l'était pas, du moins selon le goût commun. Mais les stars, au féminin comme au masculin, ne répondent pas toujours aux canons de la beauté classique, voir James Cagney ou Bette Davis. Ce que les Américains appellent la *star quality* n'est pas simplement un physique harmonieux. C'est plutôt une question de personnalité et de photogénie. Une star comme Bette Davis peut s'enlaidir, se vieillir ou jouer les grandes beautés : on y croit. Des femmes « intéressantes » comme Barbara Stanwyck ou Joan Crawford peuvent susciter le même engouement que des beautés sculpturales comme Rita Hayworth ou Ava Gardner. Le physique fripé d'un Humphrey Bogart ou d'un Jean Gabin cohabite, au royaume des stars, avec de plus classiques Adonis comme Rudolph Valentino, Tyrone Power, Alain Delon ou Brad Pitt.

Érotisme et glamour

Dans les années 20, Rudolph Valentino imposait l'exotisme et l'érotisme, avec les mêmes ingrédients que ceux utilisés pour les stars féminines : le costume d'abord, avec cette tenue bariolée de gaucho argentin qui lui assure une popularité quasi instantanée (*Les Quatre Cavaliers de l'Apocalypse*, de Rex Ingram), le turban exotique (*Le Sheik* de George Melford), les bijoux et les pierres précieuses (*The Young Rajah* de Philip Rosen), les fourrures (*L'Aigle noir* de Clarence Brown), les perruques et le maquillage (*Monsieur Beaucaire* de Sidney Olcott). Il devient « l'amant du monde » et suscite un réel engouement par son jeu sensuel et sexy qui dérange profondément la morale établie.

Les critiques fusent devant cette féminisation qui allait mettre en péril la virilité américaine. Il faut attendre Tyrone Power pour retrouver, à un degré bien moindre, cette fièvre érotique. Power était d'un type très latin bien qu'il fût d'origine irlandaise. Il reprit des rôles (*Le Signe de Zorro*, 1940, de Rouben Mamoulian) ou des accessoires (la boucle d'oreille du *Cygne noir*, 1942, d'Henry King) marqués par Valentino.

À partir des années 40, Rita Hayworth hante l'imaginaire masculin et féminin de toute sa charge fantasmatique. Marilyn Monroe apparaît comme le symbole sexuel de l'Amérique prude et conservatrice des années 50 ; sa sexualité affichée se mêle à une nostalgie de pureté enfantine (blondeur et blancheur de plus en plus éblouissantes), à la joie de vivre (le sourire) et à la mélancolie (trémolo de la voix au bord de la cassure).

Puis Marlon Brando, notamment dans *Un tramway nommé désir* (Elia Kazan, 1951), introduit à nouveau l'idée d'un érotisme masculin ainsi qu'une présence physique forte.

James Dean (1931-1955)

Un météore, un mythe. Idole d'une jeunesse inquiète et rebelle, sa mort tragique sur la route de Salinas l'a fait entrer dans la légende. En trois films.

À l'est d'Éden (Elia Kazan, 1955) ; ***La Fureur de vivre*** (Nicholas Ray, 1955) ; ***Géant*** (George Stevens, 1956)

Face au fantasme féminin incarné par Marilyn Monroe, c'est un fantasme masculin assez peu dans la norme qu'imposent Brando et sa suite : James Dean, Burt Lancaster ou Kirk Douglas. Nul doute que l'impact durable qu'il produisit annonçait une nouvelle manière de concevoir la star masculine. Cet impact dépassa largement les États-Unis. Alain Delon ou Jean-Paul Belmondo à leurs débuts dans les années 60, ou Gérard Depardieu, sont tributaires de l'apport de Brando, et de cette « présence » indispensable à la star masculine.

LE WESTERN, UN GENRE SURGI DE L'OUEST

Tom Mix.
Acteur, cow-boy, cascadeur et aussi réalisateur, il est le héros de l'Ouest, le justicier sans reproche.

***Le Cheval de fer* (1924).**
John Ford raconte, en une vaste fresque de 2 h 20, la construction de la voie ferrée qui permit de relier l'Est à l'Ouest.

Henry Fonda dans *La Poursuite infernale*, de John Ford (1946).
Le titre original du film est My Darling Clementine.

Quand naît le cinéma, en 1895, la conquête de l'Ouest vient à peine de s'achever. Presque aussitôt – *Le Vol du rapide* date de 1903 – apparaît le western, qui trouve son nom dans la géographie : l'Ouest, *the West*. L'une de ses principales caractéristiques est sa dimension épique : c'est la chanson de geste héroïque de la naissance d'une nation. Disposant d'un sublime décor naturel, les cinéastes filment les grands espaces, où ils font défiler caravanes et milliers de figurants. Les sentiments simples sont de rigueur, les personnages très typés. D'un côté, il y a le bon (le Blanc), de l'autre, le méchant (l'Indien). Les films racontent l'odyssée du chemin de fer, la lutte contre les Indiens, la ruée vers l'or, l'histoire des grands hors-la-loi (Jesse James, Billy le Kid) ou celle des grandes figures de l'Ouest (Davy Crockett, Buffalo Bill). John Wayne devient le cow-boy le plus célèbre du cinéma. Le western s'impose comme une véritable institution populaire et tous les cinéastes d'Hollywood s'y essaient. Coiffé d'un large sombrero, juché sur son fidèle Tony, Tom Mix devient la première star à cheval. Très vite, les cinéastes du burlesque parodient le genre : Mack Sennett, Buster Keaton (*Ma vache et moi*, 1925), Laurel et Hardy (*Laurel et Hardy au Far West*, 1937), les Marx Brothers (*Chercheurs d'or*, 1940).

***Ma vache et moi* (1925),** *réalisé et interprété par Buster Keaton.*

Le cow-boy, le bandit, l'Indien

Le cow-boy arrive au grand galop sur sa monture, le colt à la ceinture, les éperons scintillants et le lasso en main. Il capture des chevaux sauvages, traque des hors-la-loi en fuite. Le matin, il a marqué au fer rouge un troupeau entier et arrêté des voleurs de bétail ; le soir, il retourne à la ville toucher sa paie et croise l'institutrice (ou la fille du pasteur), avant de s'arrêter au saloon pour démasquer un tricheur au poker…

Le shérif est un personnage capital, et plusieurs acteurs – comme Gary Cooper, dans *Le train sifflera trois fois* – s'illustrent dans ce rôle de gardien de la loi.

À partir de cette imagerie populaire, les films vont explorer un univers plus profond. D'un contexte historique unique, le western s'enrichit de thèmes multiples. Les conflits traditionnels de notre civilisation occidentale (tolérance - racisme ; volonté de puissance - démocratie) réapparaissent dans des intrigues qui opposent cette fois nordistes et sudistes, Indiens et Blancs, shérifs et hors-la-loi, puissants propriétaires et pauvres pionniers... Ces conflits sont magnifiés par l'espace, immense, où se déroulent ces affrontements, et où tout peut arriver. Dans l'Ouest, l'anarchie règne ; les assassins circulent en liberté ; les shérifs couards ou véreux sont légion. Le seul recours est la violence individuelle. Tout concourt à l'explosion d'émotions fortes et de sentiments extrêmes. Le héros doit choisir seul son camp et chaque aventure débouche sur la nécessité d'une morale. De film en film, le western poursuit une réflexion sur la liberté de l'homme. Certains sont épurés comme une tragédie antique.

Gary Cooper et Grace Kelly dans *Le train sifflera trois fois*, de Fred Zinnemann (1952).
Ce western est construit comme une tragédie respectant l'unité de temps et de lieu, avec la musique restée célèbre de Dimitri Tiomkin.

John Ford, le maître incontesté du genre, est le premier à surprendre, dès 1939, par l'économie de ses moyens. Dans *La Chevauchée fantastique*, il retrace un voyage en diligence à travers une région infestée d'Indiens. La diligence représente un monde en réduction, d'où l'on observe le comportement de chaque passager face au danger. Sur le même thème et dans le même décor, John Ford effectue de multiples et brillantes variations dont beaucoup sont des chefs-d'œuvre : *La Poursuite infernale*, *La Charge héroïque*, *Le Convoi des braves*, *Rio Grande*, *La Prisonnière du désert*, *Les Cavaliers*, etc..

Les femmes apportent une riche contribution à la toute-puissance de « l'homme de l'Ouest ». C'est la jolie femme du shérif (Grace Kelly, dans *Le train sifflera trois fois*, de Fred Zinneman), la prostituée au grand cœur (Shelley Winters dans *Winchester 73*, d'Anthony Mann), la femme de tête, si autoritaire qu'on lui parle comme à un homme (Marlene Dietrich, dans *L'Ange des maudits*, de Fritz Lang), la femme libre, qui vit sur un pied d'égalité avec l'homme, monte à cheval et, revolver au poing, tient en respect ses ennemis (Joan Crawford, dans *Johnny Guitare* de Nicholas Ray).

***La Chevauchée fantastique*, de John Ford (1939).**

Rio Bravo,
de Howard Hawks (1959), avec John Wayne, Dean Martin, Dicky Nelson.
La quintessence du western, avec l'impérial John Wayne, rétablissant l'ordre dans une ville tombée sous la coupe de bandits, et l'étonnant Dean Martin en ivrogne repenti.
John Wayne, surnommé le « Duke », a fait une carrière exceptionnelle dans le monde du western : cow-boy ou shérif, redresseur de torts ou officier de cavalerie, il a joué dans 153 films de 1927 à 1976.

Un genre qui évolue

Les géants du western – John Ford, Anthony Mann, Howard Hawks, King Vidor, Raoul Walsh – vont vieillir avec le genre, comme leurs interprètes – John Wayne, James Stewart, Gary Cooper, Henry Fonda… si bien que c'est sur les visages ridés de ceux-ci que se lit cette évolution. Au temps des héros juvéniles va succéder celui de l'homme mûr. Et l'on verra se multiplier, au cours des années 50, les récits d'« apprentissage de l'Ouest », où un homme d'un certain âge, au passé aventureux, est confronté à son fils ou à un jeune cow-boy fougueux : *La Rivière sans retour* (Otto Preminger), *L'Homme qui n'a pas d'étoile* (King Vidor), *Cow-boy* (Delmer Daves), *Rio Bravo* (Howard Hawks).

Coréalisée par John Ford, Henry Hathaway et George Marshall en 1962, *La Conquête de l'Ouest* peut être considérée comme une anthologie de cette époque révolue, un film somme où l'on retrouve tout le folklore de l'Ouest. Le film multiplie à plaisir les morceaux de bravoure, les descentes de rapides, les mouvements de foule spectaculaires ou la chasse aux bisons. John Ford déclare : « Y a-t-il quelque chose de plus beau que le plan général d'un homme sur un cheval, galopant libre à travers une plaine ? »

Mais les centaines de films tournés sur ce modèle reposent en fait sur un énorme mensonge plus ou moins délibéré, une image « fabriquée », légendaire, de l'Ouest. L'Amérique se donne bonne conscience en dissimulant une vérité honteuse : le génocide des Indiens sur lequel repose son existence. Comme on le dit dans *L'homme qui tua Liberty Valence* : « Dans l'Ouest, quand la légende dépasse la vérité, alors, on imprime la légende. »

Au détour des années 60, cette tendance a vécu. Les chevauchées fantastiques se font crépusculaires. À l'épopée flamboyante succède le « nouveau western » et ses antihéros. Venus d'Italie, une série de films laissent

voir : Ford p. 234 – Hawks p. 238 – Leone p. 249 – Walsh p. 275 - Vidor p. 271

entendre que, durant ces années héroïques, les bons ont été moins nombreux que les brutes et les truands. L'Italien Sergio Leone révèle Clint Eastwood dans une trilogie célèbre sur la guerre de Sécession : *Pour une poignée de dollars*, *Et pour quelques dollars de plus*, *Le Bon, la Brute et le Truand*. La sauvagerie effrayante avec laquelle s'est faite la conquête de l'Ouest éclate alors dans toute son horreur. En 1968, avec *Il était une fois dans l'Ouest*, Leone signe un chef-d'œuvre dont la musique (un air d'harmonica d'Ennio Moricone) fait le tour du monde.

C'est l'apogée du « western spaghetti ». Les cinéastes américains ne sont pas en reste. *La Horde sauvage*, de Sam Peckinpah, est un film qui fait date car les séquences de violence, tournées au ralenti, font école. Le cow-boy change d'image. Il devient sale, il avance dans la boue et la neige (*John Mac Cabe* de Robert Altman). Le spleen gagne et le cavalier de rodéo sombre dans la nostalgie en voyant les bulldozers bouleverser les terres paternelles (*Junior Bonner, le dernier bagarreur* de Sam Peckinpah). La bannière étoilée s'effiloche de partout. Le général Custer est montré comme un fou dangereux, responsable d'une abominable boucherie (*Soldat bleu* de Ralph Nelson). La vie légendaire de Buffalo Bill, revisitée par Altman, apparaît pour ce qu'elle était plus ou moins : une suite d'anecdotes insignifiantes, montées en épingle par le battage d'un cirque ambulant (*Buffalo Bill et les Indiens*, 1976).

Le regard sur les Indiens a changé. Le spectateur découvre qu'ils ne sont pas ces sauvages peinturlurés qu'on lui a présentés des décennies durant, mais un peuple, avec sa dignité et sa culture. Déjà dans *La Flèche brisée* (de Delmer Daves, 1950), le héros épousait une princesse apache. Dans *Little Big Man* (d'Arthur Penn, 1970), le héros blanc (Dustin Hoffman) choisit de vivre aux côtés des Cheyennes.

La mythologie des chevauchées épiques prend un ultime coup de vieux quand le plus glorieux de ses interprètes, John Wayne, participe à son tour à sa chute : en 1976, dans *Les Derniers Géants* de Don Siegel, il joue un cow-boy fatigué au visage ridé, condamné par le cancer qui va l'emporter.

***Le Bon, la Brute et le Truand*, de Sergio Leone (1966), avec Clint Eastwood (le Bon), Lee van Cleef (la Brute), Eli Wallach (le Truand, sur la photo).**
Avec ces acteurs venus des séries B américaines, le film fait un triomphe.

La fin d'une époque

Pendant une bonne décennie, le western a disparu des écrans. Le genre est jugé obsolète. Les rares tentatives seront d'autant plus marquantes. En 1991, Kevin Costner tourne *Danse avec les loups*. Cette plongée dans la vie des Sioux est une superbe aventure humaine, doublée d'un hymne à la paix et d'une ode à la nature. Le dernier western digne des grands classiques, c'est *Impitoyable* (1992), formidable film, crépusculaire, où Clint Eastwood conteste magistralement la légende triomphaliste de l'Ouest. Aujourd'hui, on parle de « westerns urbains », où le flic a remplacé le shérif. En attendant une autre renaissance.

***Danse avec les loups*, de Kevin Costner (1991).**
Acteur connu, Costner signe sa première mise en scène, un coup de maître.

LE FILM CRIMINEL, DU GANGSTER AUX « G MEN »

Le premier hold-up de l'histoire du cinéma a lieu en 1903 avec *Le Vol du rapide*, où des hors-la-loi attaquent un train en pleine campagne. Mais la véritable naissance du film policier date de 1912 quand D. W. Griffith réalise *The Musketeers of Pig Alley*, mettant en place les grands thèmes qui feront la trame des films noirs : la guerre des gangs, la police corrompue, la pègre et ses lois, la jeunesse innocente, les lieux sordides… Dès les débuts du 7e art, les cinéastes se sont donc attaqués à un des genres par excellence du cinéma américain, qui donnera pendant son âge d'or des années 40 et 50 quelques-unes des œuvres les plus belles de la mythologie hollywoodienne.

***Le Petit César*, de Mervin LeRoy (1931).**
Edward G. Robinson a créé de toute pièce ce personnage de gangster, brutal et stupide, trouble et fascinant, le caïd Rico Bandello.

La prohibition ou l'ascension du gangster

Célèbre pour ses rôles à transformation, Lon Chaney est un interprète inoubliable de ces grands criminels qui font la une des journaux : « The Buzzard » dans *The Penalty*, de Wallace Worsley, ou chef de gang inquiétant dans *L'Oiseau noir*, de Tod Browning. Mais c'est en 1927, avec *Les Nuits de Chicago* de Joseph von Sternberg, que le policier américain entre dans sa phase adulte. Avec ce film, un des derniers chefs-d'œuvre du cinéma muet, dont le héros est un gangster, apparaît l'image moderne du personnage de truand tragique.

Depuis le vote du dix-huitième amendement de la Constitution, instituant en 1919 la prohibition, c'est-à-dire l'interdiction de fabriquer, de vendre et de transporter de l'alcool, la société américaine connaît un fantastique développement du gangstérisme sur fond de crise économique. À la fin des années 20, avec l'arrivée du parlant, la figure la plus célèbre, celle d'Al Capone, qui fait la loi à Chicago, va inspirer nombre de fictions. Ainsi, en 1930, deux très grands films produits par la Warner racontent l'ascension et la chute d'un caïd : *Le Petit César* de Mervyn Le Roy d'après le roman de Burnett, avec Edgar G. Robinson, et *L'Ennemi public* de William Wellman, avec James Cagney. Leur succès populaire est tel que l'année suivante ce sont une cinquantaine de films policiers, de plus en plus violents, qui sortent sur les écrans malgré les prescriptions du « code de production », l'ancêtre du code

voir : Boorman p. 216– Coppola p. 224 – Hawks p. 238 – Hitchcock p. 239 – Huston p. 240 – Kubrick p. 244 – Lang p. 246 – Polanski p. 259 – Ray p. 260 –

Le privé, les femmes, les gangsters

L'année 1941 marque l'entrée en scène d'un nouveau personnage, le « privé », détective proche du policier par son intégrité, et du gangster par ses méthodes peu orthodoxes. Sam Spade, le héros des romans de Dashiell Hammett, est incarné par Bogart qui s'impose comme une véritable star dans *Le Faucon maltais*. En 1946, Bogart revient sous les traits de Philip Marlowe dans *Le Grand Sommeil*, de Hawks, d'après le premier roman de Raymond Chandler, publié en 1939.

Le privé s'installe définitivement dans la mythologie hollywoodienne. Il poursuivra une longue carrière – interrompue une petite dizaine d'années – sous d'autres identités (Mike Hammer, Harper, Tony Rome, J. J. Gittes...) et d'autres visages (Robert Mitchum, Frank Sinatra, Albert Finney, Elliott Gould...), dans des films souvent magnifiques (*La Griffe du passé* de Jacques Tourneur en 1947, *En quatrième vitesse* d'Aldrich en 1955, *Chinatown* de Roman Polanski en 1974, jusqu'à l'inclassable *Sang pour sang* de Joel Cœn en 1984).

***Scarface*, de Howard Hawks (1932).**
*Paul Muni dans la peau de Tony Camonte, le Balafré (*Scarface*), un gangster largement inspiré d'Al Capone.*

Hays, qui interdit de « montrer en détail les meurtres brutaux ». Le sommet de la violence est atteint en 1932 avec *Scarface*, réalisé par Howards Hawks sur un scénario de Ben Hecht. Distribué avec un avertissement (« Sans Dieu, sans amour, sans cœur, voici *Scarface*, la honte d'une nation »), le film, interprété notamment par Paul Muni, gangster balafré et brutal, est interdit par la censure pendant un an, mais il fera un triomphe et restera comme le modèle du genre.

Après *Scarface*, la morale reprend ses droits et pour quelques années le gangster partage la vedette avec son adversaire, le policier : les « G men », les fameux agents du FBI, luttent contre le crime et la corruption. La prohibition est abolie en 1933, la pègre se réorganise et souhaite maintenant qu'on parle d'elle le moins possible. À l'écran, le criminel, parfois ridiculisé, se repent souvent, et l'on voit même Edgard G. Robinson et James Cagney troquer la tenue de gangster contre celle du défenseur de l'ordre. En 1941, le truand de *La Grande Évasion*, de Raoul Walsh, est un personnage vulnérable et victime de son passé. Interprété par Humphrey Bogart, il ne meurt plus dans une ruelle sombre de la ville mais en pleine montagne. Le cycle du gangster triomphant est clos.

***Le Faucon maltais*, de John Huston (1941).**
Humphrey Bogart, Peter Lorre, Mary Astor, Sydney Greenstreet et le faucon.
Le premier film de John Huston, d'après un roman de Dashiell Hammett, est un coup de maître qui consacre une nouvelle star, Humphrey Bogart, dans le rôle du détective Sam Spade.

Walsh p. 275 – Welles p. 277 – Wilder p. 278

***La Dame de Shanghai,* d'Orson Welles (1948).**
Orson Welles et Rita Hayworth dans un étrange labyrinthe de miroirs.

Les années 40 ne sont pas seulement celles de l'explosion du privé, elles sont aussi celles du changement de statut de la femme. Longtemps confinée dans des rôles secondaires, elle se hisse au rang de personnage principal, qu'elle soit garce ou criminelle (Barbara Stanwyck dans *Assurance sur la mort* de Billy Wilder, Gene Tierney dans *Péché mortel* de John Stahl) ou au contraire créature de rêve chargée d'érotisme (Lauren Bacall avec Bogart dans *Le Grand Sommeil* de Hawks et *Les Passagers de la nuit* de Delmer Daves, Gene Tierney dans *Laura* d'Otto Preminger, Rita Hayworth dans *Gilda* de Charles Vidor et *La Dame de Shanghai* d'Orson Welles).

À la fin des années 40 le gangster revient en force sur les écrans. C'est le cas dans quelques perles signées Robert Siodmak (*Les Tueurs* avec Burt Lancaster, dont c'est le premier film, et Ava Gardner), Raoul Walsh (*L'Enfer est à lui* avec James Cagney qui fait un retour remarqué dans le polar en psychopathe œdipien), Henry Hathaway (*Le Carrefour de la mort* avec Richard Widmark, que l'on retrouve dans *Les Forbans de la nuit* de Jules Dassin). Certains réalisateurs, comme John Huston dans *Quand la ville dort* et Stanley Kubrick dans *L'Ultime Razzia*, en profitent même pour élargir le champ du film criminel en illustrant de manière exemplaire le cambriolage de type artisanal. Et de nouveau, par contrecoup, à l'instar de la période précédente, le cinéma remet en lumière le policier et son travail ingrat dans des films à forte im-

***Le facteur sonne toujours deux fois,* de Tay Garnett (1946), d'après le roman de James Cain, avec Cecil Kellaway, John Garfield et Lana Turner.**
Dans le huis clos d'un café de station-service, la rencontre d'un jeune homme sans attache, d'un mari trop vieux et d'une jeune épouse trop belle.

prégnation documentaire (*La Maison de la 92e rue* et *Appelez Nord 777* d'Hathaway, *La Cité sans voiles* de Dassin). Cependant, à trop vouloir faire du défenseur de l'ordre un être humain comme les autres, capable du pire comme du meilleur, les scénaristes en arrivent à imaginer des policiers plus qu'ambivalents, comme les décrivent alors des films tels que *Mark Dixon détective* de Preminger avec Dana Andrews, ou *Règlement de comptes* de Lang avec Glenn Ford. C'est Orson Welles qui signera quelques années plus tard le chef-d'œuvre du genre, en confrontant deux flics aux méthodes radicalement opposées dans un climat oppressant et poisseux rarement atteint (*La Soif du mal*, 1957, avec Welles lui-même dans le rôle du policier pourri). Ce personnage du flic aux méthodes personnelles contestables réapparaîtra régulièrement jusqu'à nos jours sous les traits, en particulier, de Clint Eastwood qui interprétera le fameux inspecteur Harry, qu'on jugera – un peu vite – « fascisant », avant qu'il soit « réhabilité » (de 1971 à 1984 : *L'Inspecteur Harry*, *L'inspecteur ne renonce jamais*, *Le Retour de l'inspecteur Harry*, *La Dernière Cible*).

Les années 50, de nouvelles tendances

La Femme à abattre, avec Bogart, marque un nouveau tournant lié à l'actualité. Comme en réponse aux conclusions de la commission du comité Kefauver qui préconise de dévoiler les activités de la « Murder Incorporated », le film de Walsh et Windust aborde enfin – il était temps – le thème de l'Organisation criminelle, proche dans son fonctionnement et ses structures du monde des affaires. D'autres cinéastes prendront la même direction, notamment Samuel Fuller avec *Les Bas-Fonds new-yorkais*. Mais curieusement, malgré le nombre de films tournés sur ce thème et dénonçant le syndicat du crime, c'est seulement en 1968 que Martin Ritt, dans *Les Frères siciliens*, osera appeler un chat un chat et désigner nommément la Mafia.

Autre tendance des années 50, la nostalgie du passé, des figures légendaires du temps de la prohibition, comme si le cinéma voulait redonner aux « héros » solitaires toute leur place face à l'Organisation, tentaculaire mais plus abstraite (*L'Ennemi public* de Don Siegel en 1957 avec Mickey Ronney, *Mitraillette Kelly* de Roger Corman en 1957 avec Charles Bronson, et plus tardif, *Bonnie et Clyde* d'Arthur Penn en 1967 avec Faye Dunaway et Warren Beatty).

En 1958, Nicholas Ray signe un grand film noir baroque, *Traquenard*, avec Cyd Charisse belle à couper le souffle, et Alfred Hitchcock quelques-uns de ses plus beaux joyaux du suspense policier. C'est une vraie « décennie prodigieuse » avec successivement *L'Inconnu du Nord-Express*, chef-d'œuvre de construction géométrique et d'inventions visuelles, *Fenêtre sur cour*, mélange subtil de voyeurisme et d'angoisse, *Sueurs froides*, exemple de perfection dans la mise en scène d'une machination, *Psychose*, illustration d'une virtuosité technique au service de l'effroi.

Depuis les années 60, la production américaine de films policiers a semblé marquer le pas et les grandes réussites sont isolées. Francis Ford Coppola plonge au cœur de la Mafia avec sa superbe trilogie du *Parrain* (1972, 1974 et 1991), Martin Scorsese avec un film d'une force exceptionnelle décrit le trajet exemplaire d'un petit mafioso (*Les Affranchis*, 1990), et Stephen Frears décortique les manigances tordues de ses *Arnaqueurs* en jupon (1990). Outre les remakes – *À bout portant* de Don Siegel en 1964 avec Lee Marvin (et Ronald Reagan dans son dernier rôle au cinéma), et *Scarface* de Brian De Palma en 1983 –, ainsi que les tableaux sombres de la fonction policière qui peut conduire jusqu'à l'écœurement et la démission (*Les flics ne dorment pas la nuit* de Richard Fleischer en 1972), le genre oscille entre violence extrême (*Le Point de non-retour* de John Boorman en 1967), nostalgie avec éloge de la police (*Les Incorruptibles* de Brian De Palma en 1987), et portraits de couple en fuite (*Sailor et Lula* de David Lynch en 1990).

Dernières rafales : avec *Reservoir Dogs*, en 1991, Quentin Tarantino a rendu un surprenant hommage décalé aux films noirs de la grande époque ; John Woo, réalisateur chinois de Hong Kong qui poursuit sa carrière aux États-Unis, s'est illustré par son habileté à chorégraphier la violence (*Volte/Face*, 1997).

***Laura*,**
d'Otto Preminger (1944),
avec Gene Tierney, Clifton Webb, Dana Andrews.
« I shall never forget this week-end, the week-end Laura died. » Ainsi commence un des chefs-d'œuvre du film noir, envoûtant et fascinant par la dimension secrète de ses personnages, éblouissant par le jeu des acteurs. En 1950, Gene Tierney et Dana Andrews se retrouveront sous la direction d'Otto Preminger dans Mark Dixon, détective.

LA COMÉDIE MUSICALE

Dans la « comédie musicale », des intermèdes musicaux, chantés et dansés, interrompent, nourrissent ou agrémentent le cours de l'action. L'intrigue s'appuie souvent sur une histoire d'amour ou de carrière professionnelle, aux nombreuses péripéties, mais qui se termine bien. Le rythme est donné par les moments musicaux. « Spectacle total », la comédie musicale (ou le *musical*) est un genre de plaisir. Mais c'est aussi un genre coûteux, qui n'a jamais aussi bien fonctionné que pendant l'âge d'or des studios d'Hollywood, dans les années 30 et 40, lorsque scénaristes, compositeur, chorégraphes, cinéastes et vedettes étaient tous sous contrat.

Fred Astaire, dans *Le Danseur du dessus*, de Mark Sandrich (1935), *vole dans les airs sur une musique d'Irving Berlin.*

Al Johnson dans *Le Chanteur de jazz*, d'Alan Crosland (1927), *premier film parlant de l'histoire du cinéma.*

Les débuts du *musical*

Le cinéma n'a pas attendu d'être parlant pour être musical : de nombreux films muets contiennent des scènes de danse. Mais le genre naît officiellement, en 1927, avec le premier film parlant, *Le Chanteur de jazz* (Alan Crosland), où Al Jolson, le fils d'un rabbin, rompt avec la tradition pour monter sur les planches.
Bientôt, des revues filmées sans réelle histoire envahissent les écrans. De nombreuses vedettes viennent y démontrer qu'elles savent parler, chanter ou danser. À Hollywood, la comédie musicale connaît un développement spectaculaire. La vogue de ces films est telle qu'ils commencent à lasser et des publicités tentent de rassurer le spectateur en annonçant : « Ce film n'est pas une comédie musicale » !
Cependant le genre évolue très vite. En 1929, les coulisses du spectacle servent de toile de fond à l'intrigue dans *The Broadway Melody*, réalisé par Harry Beaumont ; elles seront, par la suite, le lieu privilégié de nombreuses aventures musicales. La même année, King Vidor tourne *Hallelujah !* un drame musical entièrement interprété par des Noirs, Rouben Mamoulian réalise *Applause*, poignante évocation des petits music-halls forains, et Ernst Lubitsch filme sa première opérette, *Parade d'amour* : le mélange d'érotisme raffiné et d'opulence lui assure un immense succès, ainsi qu'à ses interprètes, Maurice Chevalier et Jeanette MacDonald, qui interprèteront plusieurs films ensemble jusqu'en 1934 (*La Veuve joyeuse*).

De Broadway à Hollywood, Busby Berkeley et Fred Astaire

En 1930, le producteur Sam Goldwyn attire à Hollywood un chorégraphe de Broadway, Busby Berkeley. Celui-ci va régler pour la Warner, jusqu'en 1939, des spectacles grandioses, de grands classiques du film de coulisses, comme *42ᵉ Rue*. L'euphorie du spectacle triomphe de la crise économique de 1929, dans *Chercheuses d'or de 1933*, *Prologues*, *Dames*... Par de vastes mouvements et des vues plongeantes, la caméra de Berkeley accompagne la danse de dizaines de girls légèrement vêtues, qui se regroupent en voluptueuses figures géométriques. Il sait recréer un univers onirique, ou même exposer un pamphlet social, à partir de purs mouvements rythmiques.
Également venu de Broadway, Fred Astaire, danseur élégant et virtuose, a été embauché par la RKO en 1933. Son bref duo dans *Carioca*, avec la blonde Ginger Rogers, fait sensation. Aussitôt, ils sont lancés en vedette dans *La Joyeuse Divorcée* (Mark Sandrich), où leur pas de deux amoureux révolutionne le genre. Fred Astaire invente et règle toutes les chorégraphies, même si elles sont signées par d'autres ; la danse s'intègre à la narration et exprime naturellement le sentiment des personnages. Sur des musiques d'Irving Berlin ou de George Gershwin, le charisme inoubliable des deux interprètes, leur complicité, leur talent exceptionnel vont sauver le studio de la faillite, avec des films en noir et blanc réalisés pour la plupart par Sandrich, comme *Le Danseur du dessus*, *Suivons la flotte*, *L'Entreprenant M. Petrov*.

Jeanette MacDonald et Maurice Chevalier dans *Parade d'amour*, d'Ernst Lubitsch (1929).
Le chanteur déjà mûr et la jeune prima donna (que Lubitsch a fait débuter à l'écran) forment l'un des couples les plus populaires des débuts du musical*. Maurice Chevalier a été engagé par la Paramount, en 1929, et tourne très souvent ses meilleurs films en version américaine et en version française. Il reprendra, en France, après 1935, sa brillante carrière de chanteur.*

Le Danseur du dessus, **de Mark Sandrich (1935).**
La danse du scarf whirl *(l'écharpe qui s'enroule) est exécutée sur un immense Lido entrecoupé de canaux où voguent des gondoles agréablement décorées.*

Gene Kelly et Cyd Charisse dans *Chantons sous la pluie* (1952), de Stanley Donen.
Brillante satire des débuts du genre, au moment où le cinéma devenait parlant, chantant et dansant, l'œuvre est construite sur des chansons de Nacio Herb Brown et Arthur Freed, producteur du film et grand découvreur de talents de la Metro-Goldwyn-Mayer.

La MGM et le Technicolor

C'est alors qu'un autre studio, la MGM, engage en 1936 la danseuse de claquettes Eleanor Powell et une jeune chanteuse à la voix vibrante, Judy Garland. Le studio décide d'enrichir sa production, et d'attirer les grands noms et les personnalités majeures de la comédie musicale : au fil des ans, Jeanette MacDonald, Busby Berkeley et Fred Astaire s'y retrouveront. Sous l'influence décisive du producteur Arthur Freed, la MGM réalise alors les grands classiques du genre musical. *Le Magicien d'Oz* (1939) est un conte merveilleux et magique, où Judy Garland, de sa voix limpide et claire, immortalise la chanson *Over the Rainbow*.

Pendant la Seconde Guerre mondiale, le Technicolor (le procédé le plus utilisé à cette époque pour la couleur) accroît encore la popularité du musical, avec le succès des *pin-up girls* que réclament les GI américains : à la Fox, Betty Grable ; à la Columbia, Rita Hayworth avec Gene Kelly comme partenaire dans *La Reine de Broadway* (Charles Vidor). Sous contrat à la MGM, Kelly interprète et coréalise entre 1949 et 1955, avec Stanley Donen, trois œuvres clés, qui traitent avec exubérance du thème de l'amitié et de la rivalité professionnelle : les deux premiers, *Un jour à New York* et *Chantons sous la pluie*, sont d'immenses succès ; le troisième, *Beau fixe sur New York*, plus original, est un échec commercial. Donen tourne, seul, des films pleins d'inventivité chorégraphique : *Mariage royal*

voir : Allen p. 210 – Cukor p. 225 – Lubitsch p. 281 – Minnelli p. 282

***Tous en scène*, de Vincente Minnelli (1953), avec Fred Astaire, Nanette Fabray et Jack Buchanan, dans le célèbre numéro « Triplets ».**

(1951), *Les Sept Femmes de Barberousse* (1954). Au sein du même studio s'épanouissent les cinéastes Charles Walters, qui réunit une dernière fois, en 1949, le tandem Astaire-Rogers (*Entrons dans la danse*), George Sidney, qui met en scène des ballets nautiques somptueux avec Esther Williams (*Le Bal des sirènes*, 1944), et surtout Vincente Minnelli, dont les chefs-d'œuvre avec Judy Garland, Gene Kelly, Fred Astaire, Cyd Charisse ou Leslie Caron enrichissent le genre, par leur raffinement visuel et leurs personnages romanesques, écorchés ou rêveurs (*Le Pirate*, 1948 ; *Un Américain à Paris*, 1951 ; *Tous en scène*, 1953).

Les succès de Broadway, les tentatives de renouveau

Dès les années 30, Hollywood a transposé à l'écran les succès musicaux de Broadway ; au fil des années 50 et 60, cette habitude va devenir prépondérante. Des superproductions de qualité dominent la comédie musicale : *Pique-nique en pyjama* (Donen et George Abbott), *West Side Story* (Robert Wise et Jerome Robbins), *My Fair Lady* (George Cukor). C'est ainsi que Julie Andrews dans *La Mélodie du bonheur* (Wise) et Barbara Streisand dans *Funny* Girl (William Wyler) remportent des triomphes. Cependant, l'échec commercial, en 1968, de films comme *Hello Dolly* (Kelly) témoigne de la lassitude du public.

Dans les années 70, la pop music et le rock occupent le devant de la scène. Même si certains cultivent une insistante nostalgie avec Liza Minnelli dans *Cabaret* (Bob Fosse) et dans *New York, New York* (Martin Scorsese), le succès des films de John Travolta (*La Fièvre du samedi soir*, John Badham ; *Grease*, Randal Kleiser) témoigne de cette mutation. Milos Forman donne une nouvelle actualité à la comédie musicale en adaptant, en 1979, le show contestataire *Hair*, Bob Fosse célèbre la mort du *musical* dans *Que le spectacle commence* et Richard Attenborough filme le légendaire *Chorus Line*. Plus récemment, Gregory Hines incarne un danseur de claquettes moderne dans *Tap Dance* (Nick Castle), Madonna est *Evita* (Alan Parker) et Woody Allen fait chanter ses acteurs en hommage aux films qui l'ont fait rêver, dans *Tout le monde dit I Love You* en 1997.

***West Side Story*, de Robert Wise et Jerome Robbins (1961).**
Transposition musicale et moderne de Roméo et Juliette*, ce grand succès est adapté d'un spectacle phare de Broadway, avec des chansons de Leonard Bernstein et Stephen Sondheim. C'est la seule coréalisation du chorégraphe Jerome Robbins, qui sera couronné par un oscar.*

UNE COMÉDIE AMÉRICAINE : *CERTAINS L'AIMENT CHAUD*

1

Genre à part entière au même titre que le western ou la comédie musicale, la comédie américaine se développe surtout à partir du parlant. Elle puise dans deux types de comique antérieurs. Le burlesque, de Keaton à Chaplin en passant par Laurel et Hardy, met en pièces les valeurs matérielles (voiture, maison…) de l'Amérique. Les comédies de mœurs de Cecil B. DeMille (*Le Fruit défendu*, 1921) ou *L'Opinion publique* de Chaplin (1923), visent, elles, les valeurs morales et abordent des sujets « osés » où l'adultère occupe une place de choix. Mais elles le font à travers des sous-entendus, laissant au spectateur le soin d'imaginer ce que la censure ne permet pas de dire et encore moins de montrer. À partir des années 30, la comédie de mœurs se prolonge dans la comédie sophistiquée, qui se déroule le plus souvent dans des milieux aisés, comme dans *La Huitième Femme de*

2

3

 voir : Capra p. 218 – Chaplin p. 222 – Cukor p. 225 – B. DeMille p. 226 – Hawks p.238 – Keaton p. 241 – Lubitsch p. 251 – Wilder p. 278

Barbe-Bleue, d'Ernst Lubitsch, ou *Indiscrétions* de George Cukor. La comédie loufoque (*screwball comedy*), elle, propose des situations plus physiques : elle est populiste et politique chez Frank Capra (*Monsieur Smith au sénat*), carrément burlesque avec Howard Hawks (*L'Impossible Monsieur Bébé*) ou les Marx Brothers (*La Soupe au canard*). Les deux tendances interfèrent sans cesse : des acteurs tels que Katharine Hepburn ou Cary Grant restent aristocratiques dans les situations les plus extravagantes.

4

Billy Wilder, avec *Certains l'aiment chaud* (1959), joue sur des situations farfelues, loufoques et rocambolesques, entre gangsters et travestis, interprétées par un superbe trio d'acteurs.

Chicago 1929, massacre de la Saint-Valentin. Deux musiciens, Joe (Tony Curtis) et Jerry (Jack Lemmon) en sont les témoins involontaires (1). Pour échapper aux hommes de Colombo, ils se déguisent en femme, et sont alors engagés dans un orchestre féminin en partance pour Miami.
Dans le train (2), coup de foudre de Joe pour la pulpeuse Sugar (Marilyn Monroe).
Sur la plage de Miami (3), Joe, déguisé en riche et séduisant capitaine, invite Sugar sur son yacht.
Mais les gangsters arrivent à Miami, ce qui déclenche course-poursuite, travestissements et meurtres en série. Joe et Jerry passent à travers les mailles du filet (4), récupèrent Sugar, et filent avec, cette fois, le vrai capitaine du yacht. Les perruques tombent, Jerry avoue : « Je ne suis pas blonde, je suis un homme ». « Personne n'est parfait ! » lui lance le capitaine en guise de happy end (5).

Personne n'est parfait!

5

FRANKENSTEIN ET DRACULA : deux fantômes du cinéma fantastique

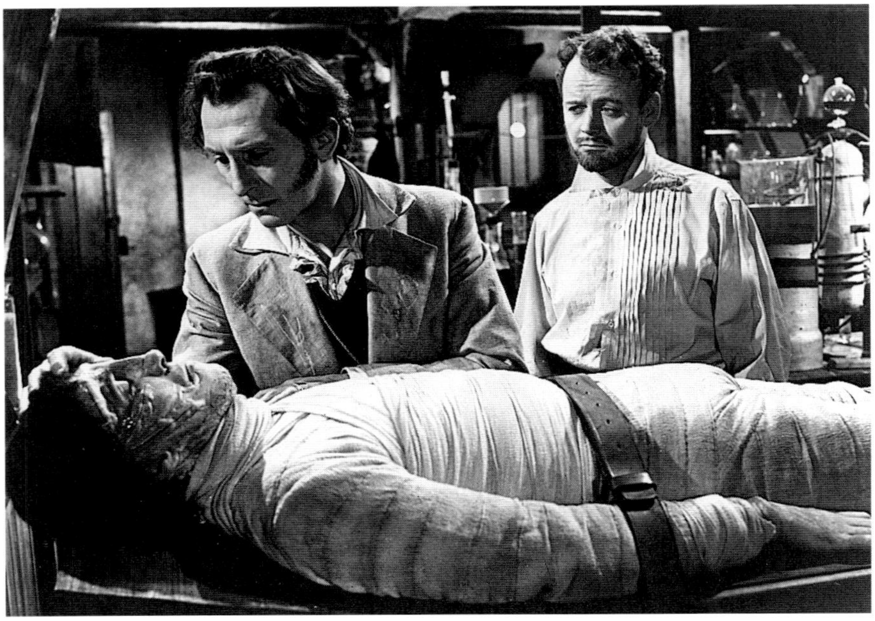

***Frankenstein s'est échappé*, de Terence Fisher (1957).**
Avec ses deux acteurs favoris, Peter Cushing et Christopher Lee, le réalisateur anglais donne un coup de jeune au mythe de Frankenstein et s'impose comme un excellent « restaurateur de monstres ».

Frankenstein, le rêve d'un créateur fou

C'est une jeune Anglaise de vingt ans, Mary Shelley, qui imagine le personnage de Frankenstein, en 1816. Le succès du roman et de son inquiétant héros est retentissant. Victor Frankenstein est un étudiant en médecine qui tente une expérience monstrueuse : fabriquer un être humain à partir de morceaux de cadavres. Très vite la confusion s'installe dans l'esprit du public : le nom de Frankenstein va rester lié à la créature et non au créateur. Le mythe s'installe, le cinéma s'en empare. On n'a retrouvé aucune trace des deux premières versions, tournées en 1910 et en 1915. Mais la troisième, celle de 1917, est décisive. Le réalisateur James Whale fait appel à un comédien obscur, Boris Karloff, cantonné aux films de série B. Son interprétation va marquer à jamais le personnage, qui incarne toute la détresse humaine, avec ses yeux implorants, sa démarche de robot et son maquillage génial laissant apparaître deux vis, de chaque côté du cou.

Ce « monstre » est d'abord une victime. Échappé du laboratoire de son maître, il s'aperçoit qu'il n'inspire aux hommes que de l'effroi. Dans une scène inoubliable, il est surpris de la soudaine gentillesse d'une petite fille, qui s'avère être aveugle. Poursuivi, bafoué, il se retourne contre son créateur et exige une compagne aussi défigurée que lui, qui puisse l'aimer. De défaite en défaite, il devient méchant.

Boris Karloff tourne trois Frankenstein (*Frankenstein*, 1931 ; *La Fiancée de Frankenstein*, 1935 ; *Le Fils de Frankenstein*, 1939). Chaque fois, son visage au masque torturé est un peu plus pathétique. Chaque épisode se termine par sa destruction, chaque nouveau film le voit renaître de ses cendres, dans des images au noir et blanc superbe, qui font naître une vraie poésie de l'épouvante.

Le mythe, hélas, va se dégrader avec une suite de films sans intérêt (*Frankenstein contre le loup-garou*, *Deux Nigauds contre Frankenstein*, etc.), jusqu'à l'arrivée de Terence Fisher, cinéaste d'une petite maison de production anglaise, la Hammer. Il décide alors de rajeunir le héros de Mary Shelley et de redonner la prépondérance au personnage du savant, Victor Frankenstein (remarquablement interprété par Peter Cushing), avec humour, dans des décors aux coloris délicieusement passés. C'est une réussite : *Frankenstein s'est échappé* (1957) inaugure une série de cinq films, qui font le bonheur des amateurs de panique et d'angoisse sourde : *La Revanche de Frankenstein*, *Frankenstein créa la femme*...

Souvent plagié, Terence Fisher ne sera jamais égalé. Tombé en désuétude, le personnage réapparaît en 1973 dans un film projeté en relief, *Chair pour Frankenstein*, de Paul Morissey ; en 1975, Mel Brooks réussit une parodie désopilante, *Frankenstein junior*. Enfin, Robert De Niro, bouleversant, erre au milieu des glaces de l'Antarctique, dans la version signée Kenneth Branagh (1994).

 Voir : L'Angleterre p. 100-103 - Coppola p. 224 - Murnau p. 254 - Polanski p. 259

Klaus Kinski interprète *Nosferatu, fantôme de la nuit,* de Werner Herzog (1978).

En haut, à droite :
***Nosferatu le vampire*, de F.W. Murnau (1922).**
Inspiré du roman de Bram Stoker, ce film est devenu un des classiques du cinéma fantastique. Les décors réels, la lumière naturelle, la simplicité des moyens renforcent l'atmosphère surnaturelle et la présence maléfique de Nosferatu. Max Schrecken en a été le premier interprète : Klaus Kinski, cinquante ans plus tard dans Nosferatu, fantôme de la nuit, *en donne une version saisissante, reprenant à son compte le crâne rasé comme les griffes monstrueuses.*

Dracula, le prince des Carpates

Dracula naît à la fin du XIXe siècle, dans un roman à succès de Bram Stoker, publié en 1897. Dracula est un mort-vivant : le jour, il dort, en général dans un cercueil ; la nuit il sort pour s'abreuver de sang humain. En les mordant dans le cou, il contamine ses victimes, aussitôt frappées de la même malédiction. Face au vampire, il n'y a que trois moyens de défense : la lumière du jour, les gousses d'ail et les crucifix. Et pour guérir un contaminé, il faut lui enfoncer un pieu dans le cœur !

Malgré toutes ces horreurs, Dracula jouit d'un réel pouvoir de séduction et apparaît comme l'incarnation vénéneuse d'un don Juan ténébreux. Avec son teint pâle, sa bouche carmin, sa chevelure abondante, Dracula a le physique d'une star. Les forêts profondes, les sombres châteaux, les sépultures mystérieuses où se déroule l'histoire semblent faits pour le cinéma.

La première adaptation, allemande, est muette. *Nosferatu le vampire*, de Friedrich Wilhelm Murnau (1922), est un chef-d'œuvre, mais le héros, petit et frêle, est différent de celui du roman (Murnau, rusé, a changé les noms et modifié l'histoire afin de ne pas payer de droits d'auteur). L'image, extraordinaire, fait du film un magnifique poème d'amour fou, qui va enthousiasmer les surréalistes.

En 1931 – l'année où le public découvre Boris Karloff en Frankenstein – apparaît Bela Lugosi, dans un Dracula muet de Tod Brownings. Cape noire et cheveux gominés, il impose son image dans le monde entier et la firme Universal remporte le plus gros succès de l'année, qui consacre l'âge d'or du cinéma fantastique américain. Quant à Bela Lugosi, il va si bien se prendre au jeu qu'il finira fou, obsédé par son personnage au point de dormir dans un cercueil (Tim Burton retracera ses derniers jours dans *Ed Wood*, 1994).

Comme Frankenstein, Dracula inspire les cinéastes anglais de la Hammer, à la fin des années 50. Maquillages et effets spéciaux ont progressé : certaines scènes sont d'un réalisme terrifiant. Le Technicolor permet désormais de faire jaillir un sang d'un beau rouge vif. En 1958, *Le Cauchemar de Dracula*, de Terence Fisher, révèle Christopher Lee, qui compose un vampire charmeur, vrai « prince des ténèbres ». Élégant, racé, portant à ravir sa cape noire doublée de soie mauve, il endossera le rôle vingt-quatre fois !

Roman Polanski signe un délirant *Bal des vampires* en 1967 et affuble de canines le lion de la Metro-Goldwyn-Mayer. Werner Herzog rend un très bel hommage à Murnau, avec *Nosferatu, fantôme de la nuit* (1978), où Klaus Kinski séduit Isabelle Adjani. En 1993, Francis Ford Coppola tente l'adaptation la plus fidèle du livre de Bram Stoker ; le comte Dracula, interprété par Gary Oldman, est devenu un vieillard.

Le mythe du vampire inspirera, en 1994, un des plus grands succès de Tom Cruise et Brad Pitt, *Entretien avec un vampire* (Neil Jordan).

LA SCIENCE-FICTION

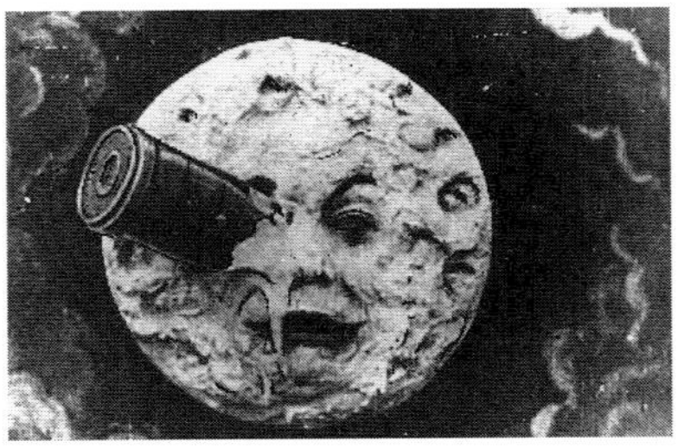

Grâce à la science-fiction, on voyage dans le temps et dans l'espace, au rythme des progrès, bénéfiques ou maléfiques, de la science. À peine inventé, le cinéma s'empare de la science-fiction, prétexte à toutes les fantaisies : en 1902, avec *Le Voyage dans la lune*, Georges Méliès raconte l'expédition farfelue d'une poignée de savants au pays des Sélénites. L'ère du spectacle cinématographique à base de trucages commence...

***Le Voyage dans la lune*, de Georges Méliès (1902).**

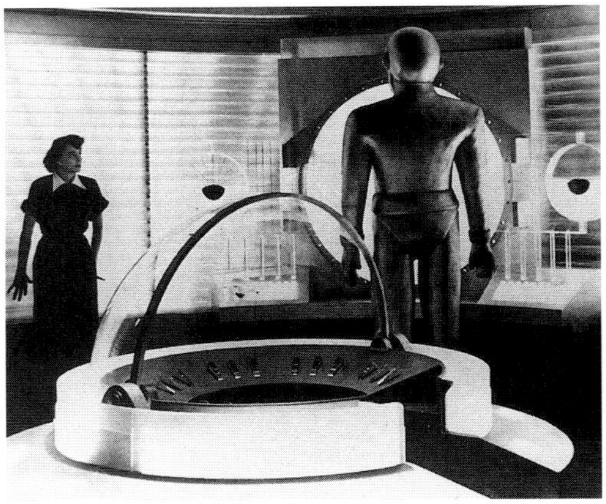

***Le jour où la terre s'arrêta*, de Robert Wise (1951).** *Venu d'une autre galaxie pour prêcher la paix, l'envoyé spécial repart sans avoir pu convaincre les terriens du danger que la guerre représente.*

Les martiens envahissent la terre

Pendant des années, la science-fiction va se confondre avec le fantastique. *Metropolis* ou *La Femme sur la lune*, deux chefs-d'œuvre signés Fritz Lang, sont déjà des films de science-fiction. En Amérique, durant les années 30, on assiste au triomphe des adaptations de bande dessinée à l'écran : Flash Gordon, Dick Tracy... Mais c'est la Seconde Guerre mondiale qui marque un tournant dans l'histoire de la science-fiction. Au cours des années 50 apparaissent en série des films au scénario invariable : de méchants martiens tentent d'envahir la terre. Les États-Unis et l'URSS sont entrés en « guerre froide ». Le monde se divise en deux blocs rivaux, l'Est (communiste) contre l'Ouest (capitaliste), au-dessus desquels plane le spectre d'un effrayant champignon, celui de la bombe atomique tombée sur Hiroshima en 1945.

La science-fiction sert de miroir à cet affrotement. Les monstres venus de l'au-delà, remplis d'intentions malveillantes, fleurissent. C'est un humanoïde congelé dont la folie meurtrière se déchaîne quand on le réveille (*La Chose d'un autre monde*). C'est aussi, en 1953, l'invasion très réaliste de la planète dans *La Guerre des mondes*, inspirée d'un célèbre livre de H. G. Wells. L'envahisseur peut prendre une apparence humaine et la terreur augmenter à mesure que se dévoile sa véritable identité, comme dans *Le Météore de la nuit* (1953) de Jack Arnold. La plus belle réussite reste *L'Invasion des profanateurs de sépulture* (1956) de Don Siegel, où chacun se retrouve flanqué d'un double monstrueux.

Malgré leur technologie avancée, les envahisseurs finissent toujours par être exterminés grâce au génie des terriens. Dans *Le jour où la terre s'arrêta* de Robert Wise, un martien débarque sur la pelouse de la Maison-Blanche pour dénoncer les armes terrifiantes des humains. L'émerveillement devant la technique fait soudain place à une vraie terreur. On assiste au passage de la bonne à la mauvaise conscience. Devant l'état peu reluisant de la planète (surpopulation, injustice, pollution, violence), l'anticipation devient cri d'alarme.

La conquête de l'espace n'est plus un moyen magique de découvrir des mondes nouveaux, elle devient source de réel danger, celui d'en rapporter des virus mortels. Dans les ruines de Los Angeles, après une guerre bactériologique, Charlton Heston, héros du *Survivant* (1971), tente de sauver une poignée de victimes. La même année, *THX 1138*, de George Lucas, se passe dans une ville souterraine, où des lois interdisent toute forme de relation amoureuse.

 voir : La France, les frères Lumière p. 78-81 - L'Amérique, l'ère du soupçon p. 140-145 - Kubrick p. 244 - Lang p. 246 - Spielberg p. 266

Alien, le 8e passager, de Ridley Scott (1979).

La Guerre des étoiles, de George Lucas (1977).

En 1979, dans *Alien* de Ridley Scott, un monstre contamine tous les membres d'un vaisseau spatial. *Alphaville* (1965), de Jean-Luc Godard, montre un monde de plus en plus froid où l'amour, l'amitié, la fantaisie sont bannis, et déplore que la course au progrès s'accompagne d'un tel déclin spirituel.

2001, l'Odyssée de l'espace (1968) de Stanley Kubrick est une étape dans l'histoire de la science-fiction. Le cinéaste s'interroge sur les limites de l'intelligence humaine, sur l'évolution de l'homme depuis le chimpanzé jusqu'à l'Homo sapiens. L'être humain se déshumanise à mesure que la machine, elle, s'humanise, alors qu'un mystérieux monolithe semble veiller sur le destin de l'univers et qu'un astronaute s'affronte à un ordinateur surdoué nommé Hal.

L'écologie est au cœur de la science-fiction avec *Soleil vert* (1973) : la terre a épuisé ses ressources naturelles et les habitants se nourrissent d'un mystérieux « plancton », dont on découvre qu'il est fabriqué à base de chair humaine.

L'aventure et le rêve

Jongler avec l'espace c'est bien, mais avec le temps c'est encore mieux. Dans *La Machine à explorer le temps* (1960) de George Pal, le héros se promène dans l'histoire, une idée exploitée dans les années 80 avec une série à succès : *Retour vers le futur*. Dans *La Planète des singes* (1968) de Franklin Schaffner, le cosmonaute joué par Charlton Heston se croit dans la passé... alors qu'il a deux mille ans d'avance sur le temps. La séquence finale, où il découvre la statue de la Liberté enfouie dans la sable, est restée célèbre.

La Guerre des étoiles, de George Lucas, annonce le triomphe du *space opera*, avec sa belle princesse, ses deux robots rigolos, et un aventurier plein de fougue, Luke Skywalker. L'univers n'est plus peuplé de terribles envahisseurs mais de gentils visiteurs. Lucas poursuit cette saga futuriste avec *L'Empire contre-attaque* et *Le Retour du Jedi*. On voit apparaître d'innocentes créatures angéliques dans les *Rencontres du troisième type*, de Steven Spielberg. Puis, c'est l'arrivée en 1982 du plus adorable des ambassadeurs de l'espace, *E.T.* Réfugié chez un petit Californien, ce sympathique extraterrestre apeuré, sauvé de la mort grâce à la solidarité de tous, séduit la planète entière.

Les effets spéciaux et le développement des images de synthèse apportent des éléments nouveaux au cinéma de science-fiction. Les techniciens rivalisent de savoir-faire pour séduire les foules : c'est *Total Recall* (1989), de Paul Verhoeven, où Arnold Schwarzenegger visite le pays de ses cauchemars et rencontre des mutants monstrueux. En 1991, *Terminator 2*, de James Cameron, stupéfie le public avec d'étonnantes séquences où le « méchant » se liquéfie comme du mercure avant de se reconstituer instantanément. Dans *Independance Day* (1996), de Roland Emmerich, la Maison-Blanche explose, tous les immeubles d'une avenue sont balayés comme des fétus de paille... Les images les plus fantastiques sont devenues possibles. En révélant les peurs et les obsessions des sociétés, la science-fiction reste un excellent thermomètre de l'état mental du monde.

E.T. l'extraterrestre, de Steven Spielberg (1982).

LE CINÉMA D'ANIMATION

BETTY BOOP fut créée en 1932 par Max et Dave Fleischer.

On peut faire remonter les ancêtres du cinéma d'animation aux lanternes magiques du XVIIe siècle. Des images peintes sur des plaques de verre mises en rotation sur un carrousel donnaient une impression de mouvement. L'action se limitait alors à un ou deux changements : un bras qui bouge, des yeux qui s'ouvrent ou se ferment… Un siècle plus tard, les mêmes recherches sur le mouvement feront le succès des séances d'ombres chinoises.

En 1832, après avoir consacré cinq ans de sa vie à l'étude de la persistance rétinienne, Joseph Plateau met au point le phénakistiscope. C'est un disque de carton percé d'un certain nombre de fentes et décoré d'une suite de dessins. En faisant tourner le disque face à un miroir, on peut voir bouger les dessins à travers les ouvertures.

Le 28 octobre 1892, Émile Reynaud, l'inventeur du praxinoscope, présente son « théâtre optique » dans le Cabinet fantastique du musée Grévin. De ravissants dessins, tracés sur de longues bandes de papier, sont projetés sur grand écran par réflexion dans un miroir. Le spectacle fait courir les Parisiens jusqu'en 1900. Au programme, plusieurs « pantomimes lumineuses » : Pauvre Pierrot, Clown et ses chiens, Un bon bock. *Six ans plus tard, en Amérique, Stuart Blackton, journaliste et dessinateur qui créa en 1897 la société de production Vitagraph, découvre le principe de la prise de vue image par image, qui ouvre un champ infini aux trucages d'animation. Il réalise* L'Hôtel hanté *(1906), où l'on voit une maison qui se transforme en orgue, une table servie par des mains invisibles, des meubles qui bougent tout seuls…*

Et le dessin s'anime…

Émile Cohl, un caricaturiste français, a l'idée d'appliquer au dessin les trucages de *L'Hôtel hanté*. Le 17 août 1908, au théâtre du Gymnase, à Paris, il présente *Fantasmagorie*, premier dessin animé de l'histoire du cinéma. Il dure 1 min 57 s ! Pendant dix ans, Cohl va réaliser en solitaire près de cent films, dont plus de la moitié en Amérique, comme *Les Joyeux Microbes* (1910) ou *Les Pieds nickelés* (1918).

Émile Cohl anime *Les Aventures des Pieds Nickelés* d'après Louis Forton (1918).

Encore en Amérique, le dessinateur Winsor McCay, le père de Little Nemo, ce petit garçon qui voyage toutes les nuits au Pays du Sommeil, réalise un film de 12 minutes, *Gertie le Dinosaure* (1909). Lorsqu'il présente cette création au théâtre Hammerstein de New York, il est debout à côté de l'écran, un fouet à la main, et semble dompter l'animal qui, sur l'écran, lui obéit. McCay signera également *Comment les moustiques opèrent* (1912) et *Le Naufrage du Lusitania* (1918). À cette époque, l'auteur dessine seul les centaines, voire les milliers, de dessins nécessaires à son film.

D'autres artistes préfèrent animer des objets divers. En Russie, Ladislas Starevitch, pionnier du film de marionnettes, utilise des insectes morts pour des films scientifiques. Il

 voir : Avery p. 212 – Disney p. 227

Le Roman de Renart, de Starevitch (1928-1931).

reconstitue des combats de lucanes si réalistes que certains spectateurs croient qu'il a dompté les insectes ! Même le tsar Nicolas II est séduit par son travail. Après la révolution, Starevitch se réfugie en France, où, au début des années 30, il réalise une merveille, *Le Roman de Renart*, le premier long métrage réalisé avec des marionnettes, où les ruses de maître Goupil sont animées d'un charme étonnant.
1914 est une date capitale dans l'histoire du dessin animé : l'Américain Earl Hurd a l'idée d'utiliser des cellulos transparents, qui permettent d'isoler les dessins en mouvement du décor restant fixe. Le cartoon prend alors un nouvel essor. Max et Dave Fleischer inventent Koko le clown, qui, dans *Out of the Inkwell* (1916), sort de sa bouteille d'encre pour jouer avec le pinceau de son créateur. Les frères Fleischer mêlent à la perfection animation et prise de vue réelle. Ils inventent une superbe pin-up, Betty Boop, vêtue d'une petite robe noire très sexy, qui laisse apparaître une jarretelle, puis animent un personnage venu de la bande dessinée, Popeye. En 1939, ils signeront le magnifique long métrage *Les Voyages de Gulliver*.

Les Voyages de Gulliver, de Richard et Dave Fleischer (1939).

Les animaux entrent en scène : Félix le Chat, Mickey et compagnie

En 1919 apparaît la première star de l'histoire du cartoon. C'est Félix le Chat (de Pat Sullivan et Otto Messmer), un chat teigneux et moqueur, qui fréquente le monde des humains, dont le succès est si grand qu'il rivalise avec Charlie Chaplin et Buster Keaton ! Dix ans plus tard, il est détrôné par une souris malicieuse, Mickey Mouse, vedette d'un petit film qui enthousiasme les foules : *Steamboat Willie* (1928). On y voit, à la barre d'un vieux rafiot, un souriceau qui siffle et chante en se trémoussant. C'est le premier dessin animé sonore de Walt Disney, qui commence une des plus belles carrières de l'histoire du cinéma.

Mickey laboureur (1929).

Les artistes vont faire preuve de plus en plus d'imagination. En 1933, avec *Une nuit sur le mont chauve*, une interprétation de la musique de Moussorgski, Alexandre Alexeïeff invente une nouvelle technique : l'écran d'épingles. Le principe en est simple : sur une plaque de liège, il plante un million de têtes d'épingles plus ou moins enfoncées, qu'il éclaire en lumière rasante. L'image est obtenue en jouant sur les nuances de superbes clairs-obscurs en noir et blanc, et semble sortir de l'ombre.

Blanche-Neige et les Sept Nains (1937).

Blanche-Neige et les Sept Nains, de Walt Disney, premier dessin animé de long métrage, sort en 1937. Lors de la cérémonie des Academy Awards, Disney reçoit des mains de Shirley Temple un oscar spécial, accompagné de sept petites statuettes. L'inscription dit : « À Walt Disney, pour *Blanche-Neige et les Sept Nains* qui a charmé des millions de spectateurs, marqué une étape capitale dans le domaine du cinéma et ouvert une nouvelle voie au dessin animé. »
Face au géant Disney, les petits studios rivalisent d'ingéniosité pour inventer de nouveaux héros. En 1940, le lapin Bugs Bunny ren-

contre dans *A Wild Hare* le délire d'un animateur surdoué, Tex Avery. Celui-ci ne tarde pas à faire souffler un véritable vent de folie sur le cartoon, en repoussant jusqu'à l'absurde les limites du gag. La même année, *Puss Gets the Boot*, de William Hanna et Jo Barbera, révèle un duo bientôt fameux, Tom le chat et Jerry la souris.

Les années 50 et 60, de Disney aux images de synthèse

***Les Vieilles Légendes tchèques*, de Jiri Trnka (1953).**
Très attaché à ses racines, Trnka réalise un remarquable film de marionnettes.

Quelques contes, des légendes et des fables

En France, le réalisateur Paul Grimault et l'écrivain Jacques Prévert signent un petit chef-d'œuvre inspiré d'un conte d'Andersen : *Le Petit Soldat* (1947). Puis, ils donnent dans *La Bergère et le Ramoneur* (1953) – premier dessin animé français de long métrage – leur vision d'un monde poétique et tendre. Trente ans plus tard, Grimault le remanie pour en faire *Le Roi et l'Oiseau*

Les pays de l'Est imposent leur savoir et leurs talents pour le film de marionnettes. Jiri Trnka donne ses lettres de noblesse au genre avec de purs chefs-d'œuvre : *Le Prince Bayaya* (1950) ou *Les Vieilles légendes tchèques* (1953). Avec *La Main* (1965), il signe un de ses films les plus célèbres. On y assiste au combat symbolique d'un petit potier avec une main géante, celle du pouvoir, qui veut lui imposer sa volonté.

À côté de l'animation sur cellulo et du film de marionnettes, il existe toutes sortes de techniques. Le Canadien Norman McLaren invente le grattage de pellicule et signe une série de films abstraits, légers, rythmés et enjoués, qui sont un enchantement, comme *Blinkity Blank* (1955). Le Français Jean-François Laguionie se révèle un grand maître dans l'art du papier découpé avec *La Demoiselle et le Violoncelliste* (1965). Il réalise ensuite de jolies fables nostalgiques : *Une bombe par hasard* (1969), *La Traversée de l'Atlantique à la rame*, et un long métrage : *Gwen, le livre de sable* (1984).

De Fritz le Chat à l'ordinateur

Au Festival de Cannes en 1972, Ralph Bakshi présente *Fritz the Cat*, le héros du dessinateur underground Robert Crumb, un chat vulgaire, drogué, violent, assassin, en rébellion contre la société américaine. On est loin du divertissement pour enfants. Un an plus tard, le festival remet son Prix du jury à *La Planète sauvage*, de Roland Topor et René Laloux. C'est en 1984 que l'on découvre en France un prodigieux animateur soviétique, Youri Norstein, et ses trois films sublimes : *Le Héron et la Cigogne* (1974) ; *Le Hérisson dans le brouillard* (1975) et *Le Conte des contes*, sacré « meilleur film d'animation de tous les temps » à Los Angeles.

Du Canada arrive un immense dessinateur, passionné par la nature, Frédéric Back. En 1987, il étonne le monde avec *L'Homme qui plantait des arbres*, un superbe film de 30 minutes, inspiré d'une nouvelle de Jean Giono, aussitôt récompensé par un oscar. L'auteur a travaillé cinq ans, avec seulement une assis-

À droite :
***Le Conte des contes*, de Youri Norstein (1979).**

De gauche à droite :
***Fritz le Chat*, de Ralph Bakshi (1972).**

***Qui veut la peau de Roger Rabbit ?* de Robert Zemeckis (1988).**

voir : Les pays de l'Est p. 140-143

tante, pour crayonner en solitaire des milliers de dessins au pastel. Quatre ans plus tard, *Le Fleuve aux grandes eaux* (1991) célèbre le Saint-Laurent tout en dénonçant la pollution qui menace la planète.

Au milieu des années 80, Hayao Myazaki, un des dessinateurs du studio Ghibli, qui réunit une petite équipe de dessinateurs japonais, réalise *Porco Rosso*, l'histoire d'un aviateur au visage de cochon, et remporte un succès faramineux. Son confrère, Isao Takahata, le suit sur les chemins de la gloire avec *Le Tombeau des lucioles* (1990).

Mais voici qu'un détective privé, Bob Hoskins, pénètre dans le monde animé du cartoon. *Qui veut la peau de Roger Rabbit?* (1988), produit par Steven Spielberg, fait le tour du monde. Les séquences animées sont de Richard Williams, un des meilleurs animateurs anglais. Les trucages permettant la cohabitation des comédiens et des toons sont parfaits : l'ordinateur vient de faire son entrée dans le dessin animé. Cette machine permet de nouvelles prouesses, comme les surprenants mouvements de caméra de Tim Burton et Henry Selick dans *L'Étrange Noël de M. Jack* (1993), et son univers macabre de marionnettes animées.

Certains, pourtant, continuent à pratiquer l'artisanat avec de la pâte à modeler animée. Au début des années 90, l'Anglais Nick Park réalise *Creatures Comfort* (*L'Avis des animaux*, 1990), une suite de désopilantes interviews d'animaux sur leurs conditions de vie dans un zoo, et reçoit un premier oscar. Il va en remporter deux de plus avec *A Wrong Trousers* (*Un mauvais pantalon*, 1994) puis *Les Nouvelles Aventures de Wallace et Gromit*. Partout dans le monde, ses personnages, Wallace, le célibataire bricoleur, et Gromit, le chien placide, font un triomphe.

Les Nouvelles Aventures de Wallace et Gromit, de Nick Park (1996).

L'image de synthèse

Considérée comme une technique d'animation depuis son entrée en compétition au Festival d'Annecy 1989, l'image de synthèse (ou animation par ordinateur) opère une véritable révolution dans le monde du dessin animé. Les studios Disney l'utilisent d'abord avec discrétion pour une brève séquence de bal dans *La Belle et la Bête* (1992), puis pour l'animation de la grotte et du tapis magique d'*Aladin* (1993). Depuis, tous les films ont recours à cette technique : *Le Roi Lion* (1994) pour la grande scène du galop des gnous, *Le Bossu de Notre-Dame* (1996) pour le carnaval des fous. En 1993, Steven Spielberg étonne le monde avec ses dinosaures, entièrement créés en images de synthèse (*Jurassic Park*). Et bientôt, *Toy Story*, de John Lasseter (1996), reçoit un oscar d'honneur « pour son exceptionnelle contribution au développement et à la création du premier long métrage jamais réalisé en images de synthèse ». À l'aube de l'an 2000, photo, dessin, animation et image électronique ont fusionné. En matière de trucage, tout est devenu possible. Une nouvelle ère de l'image animée commence.

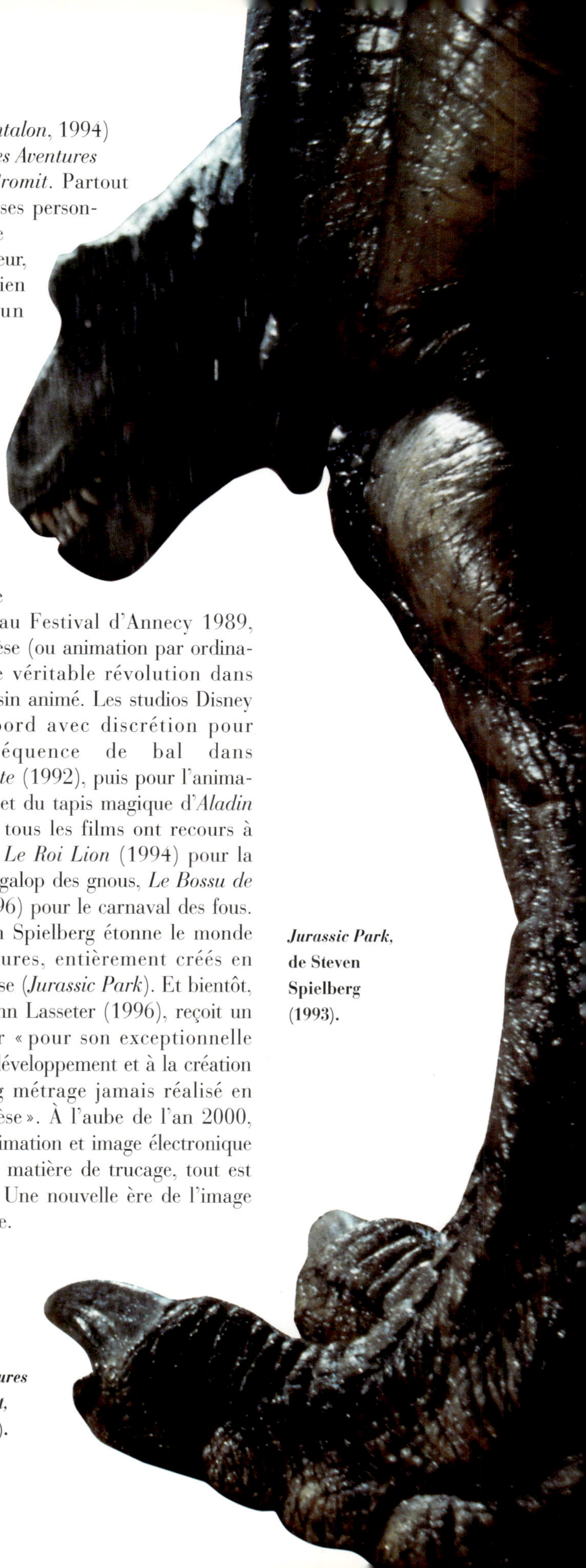

***Jurassic Park*, de Steven Spielberg (1993).**

LE CINÉMA DOCUMENTAIRE

Le cinéma documentaire s'oppose au cinéma dit de fiction par ses objectifs, qui sont de montrer la vie des êtres humains dans leur quotidien et dans ce que l'on considère être la réalité. La fiction, elle, invente des histoires, met en scène des personnages joués par des acteurs. Lorsque Louis Lumière filme *L'Arrivée d'un train en gare de la Ciotat* (1895), il n'a pas d'autre ambition que de collectionner des « vues », en enregistrant fidèlement de courtes scènes de la vie quotidienne. Ce cinéma, qui se veut d'abord scientifique, n'a pas le nom de documentaire. Mais l'apparente neutralité du regard de l'opérateur s'accompagne d'un prodigieux « effet de réalité », qui fit le succès de ces premières bandes. Le train à vapeur semble entrer dans la salle, la reproduction de la vie ordinaire devient extraordinaire : « À ce spectacle, nous restâmes tous bouche bée, frappés de stupeur, surpris au-delà de toute expression », dit Georges Méliès, un des premiers spectateurs de la séance de cinéma du Grand Café, le 28 décembre 1895.

Nanouk l'Esquimau, de Robert Joseph Flaherty (1922).

Nanouk l'Esquimau et John Grierson

Mais la magie de la projection « grandeur nature » des mouvements de la vie ne suffit pas à alimenter l'exigence croissante du public. La plupart des films d'exploration comme *L'Expédition Scott au pôle Sud* (1911), de l'opérateur R. G. Ponting, se contentent d'accumuler les détails pittoresques ou effrayants, sans véritablement impliquer le spectateur.

C'est alors qu'un de ces explorateurs tourne le dos à la conception touristique du documentaire et donne naissance au genre et à son succès commercial : en 1922 le premier documentaire digne de ce nom sort dans les salles, sous le titre de *Nanouk l'Esquimau*. Son auteur, Robert Joseph Flaherty, a passé plus de dix ans à explorer les îles de la baie d'Hudson. Sa méthode est révolutionnaire : pour filmer les Esquimaux, il décide de passer un an avec eux, de les faire participer à toutes les étapes de la fabrication du film, et surtout de choisir l'un d'entre eux pour représenter la vie du peuple inuit, le chasseur Nanouk, avec sa famille et ses chiens. Ce film, qui fit le tour du monde, ouvre à Flaherty la voie du documentaire romancé et du film ethnologique. Et c'est au sujet de son second film, *Moana* (1926), tourné avec les indigènes des îles Samoa, que le critique anglais John Grierson utilisera pour la première fois le substantif de « documentaire » (*documentary*) pour désigner ce type de films d'un genre nouveau.

Ce goût de l'observation directe guidé par un sentiment lyrique de la communion des hommes marque en profondeur le documentaire anglo-saxon. En Grande-Bretagne, John Grierson signe un premier film manifeste, *Drifters* (1929), consacré à la pêche au hareng en mer du Nord. Ce film, comme la plupart des films produits dans l'école de Grierson, la GPO Film Unit, allie l'observation directe et le montage poétique venu d'Union soviétique. *Night Mail* (1936) évoque le périple du train postal Londres-Glasgow, et célèbre les noces de l'homme et de la machine sur une musique de Benjamin Britten et un poème de Wystan Hugh Auden. *Coal Face* (1936) d'Alberto Cavalcanti retrace la vie des mineurs de fond, en mêlant

 voir : La Russie p. 60-61 – Le cinéma nazi p. 85 – L'Angleterre p. 86-87 – Capra p. 218 – Huston p. 240 – Resnais p. 262

musicalement toutes les sources sonores. Ce sont les films d'Humphrey Jennings qui font la synthèse la plus saisissante des canons de l'école anglaise. Stimulant l'effort de guerre britannique, *Listen to Britain* (1941) ou *A Diary for Timothy* (1945) dépassent largement leur visée propagandiste : par une subtile mosaïque de thèmes émotifs, les films de Jennings évoquent la douceur de vivre anglaise, l'héroïsme des humbles, et la grandeur de la patrie en guerre pour la liberté du monde, portant ainsi le documentaire anglais à son apogée.

Du « ciné-œil » au cinéma militant

Parallèlement à l'école anglaise se développe en Europe continentale un courant qui prétend s'opposer aux codes narratifs du cinéma de fiction, et proposer une vision matérialiste de l'homme. En tête se trouvent les expérimentations de l'opérateur soviétique Dziga Vertov, qui produit de 1922 à 1925 la fameuse *Kino Pravda*, supplément filmé au quotidien officiel de la jeune république bolchévique. Vertov y trouve les bases théoriques de son « ciné-œil », qui prétend « saisir la vie à l'improviste » et en réorganiser idéologiquement les fragments par la vertu du montage. Cette conception triomphe en 1929 avec *L'Homme à la caméra*, véritable film-manifeste qui montre, dans un kaléidoscope d'images, à la fois les événements de la vie quotidienne (le matin, le réveil, le travail, le repos), l'opérateur en action (dans les chevrons d'une usine, sur une voie de chemin de fer, au fond d'un bock de bière...), la monteuse au travail (qui coupe, classe, colle les plans mêmes du film) et enfin le public, qui voit sur l'écran les fragments de sa propre vie réassemblés en un ordre poétique. *L'Homme à la caméra*, en poursuivant « la création d'un langage cinématographique absolu, authentiquement international », devient un symbole pour toutes les avant-gardes européennes. L'inspiration de ces essais cinématographiques est essentiellement urbaine, comme le montrent, en France, le film prémonitoire d'Alberto Cavalcanti *Rien que les heures* (1926), ou le sulfureux *À propos de Nice* (1929) de Jean Vigo ; en Allemagne, les exercices de style de Walter Ruttmann, *Berlin, symphonie d'une grande ville* (1927) ; en Hollande, les esquisses plastiques de Joris Ivens, *Le Pont* (1928), *La Pluie* (1929). La montée des périls dans une Europe menacée par le fascisme incite Ivens à s'engager dans la voie d'un cinéma militant, qui n'hésite pas à reconstituer la réalité pour mieux en communiquer la violence au spectateur. Tandis que Luis Buñuel conçoit *Terre sans pain* (1932) pour dénoncer avec une poésie macabre les conditions d'arriération d'une population reculée d'Espagne, Joris Ivens coréalise avec Henri Storck *Misère au borinage*

Ci-dessous, à gauche : ***L'Homme à la caméra*** **de Dziga Vertov (1929).**

Misère au borinage**, de Joris Ivens et Henri Storck (1933).** *Après une formation en Allemagne, un voyage en Union soviétique et des documentaires tournés dans son pays natal, la Hollande, Ivens réalise ce document sur la misère des mineurs dans le sud-ouest de la Belgique.*

(1933), qui tente de rendre présentes les conséquences d'une grève de mineurs. Durant toute sa carrière, Joris Ivens poursuivra un cinéma militant, décrivant les luttes populaires, et la relation profonde qui unit l'homme à son milieu (*Terre d'Espagne*, 1937 ; *Comment Yukong déplaça les montagnes*, 1976).

Le cinéma de propagande

L'entrée en guerre de l'Europe, en 1939, puis du reste du monde en 1941-1942, oriente la production documentaire mondiale vers le cinéma de propagande. En France, Georges Rouquier, profitant du « retour à la terre » prôné par le gouvernement de Vichy, peut filmer à loisir de délicats portraits des vieux métiers (*Le Tonnelier*, *Le Charron*) avant de se consacrer à son grand œuvre qu'est *Farrebique*, chronique d'une famille de paysans au fil des saisons, achevée en 1945. En Allemagne, la cinéaste attitrée d'Hitler, Leni Riefenstahl, qui s'était signalée par ses monuments à la gloire du parti nazi (*Le Triomphe de la volonté*, 1935) et du corps aryen (*Les Dieux du stade*, 1938), a ouvert la voie au cinéma de propagande, où s'illustrent les opérateurs anonymes de la Deutsche Wochenschau dont les reportages de guerre se révèlent d'autant plus mystificateurs qu'ils sont particulièrement efficaces.

Pour répondre à l'intensification de la propagande nazie, les États-Unis confient à de grands metteurs en scène hollywoodiens la tâche d'organiser le War Department's Pictorial Service : Frank Capra y supervise, entre 1942 et 1945, la célèbre série *Pourquoi nous combattons*, qui retrace, sur un ton didactique et humaniste, les différentes étapes du conflit par un montage d'images d'actualités. John Huston filme des témoignages bouleversants comme *Let There Be Light* (1945), qui décrit les traumatismes psychiatriques subis par les G.I. sur les lieux de la guerre.

Un documentaire de plus en plus « artiste »

La guerre et sa barbarie ont atteint une telle dimension dans l'horreur qu'aucun film de fiction ne semble capable d'en reconstituer l'impact dramatique et moral. Cet échec de l'imagination explique en partie que le cinéma de fiction s'inspire, à partir de 1945, des méthodes du documentaire. En Italie, Roberto Rossellini réalise *Rome ville ouverte* dans des conditions de tournage proches de celles des « actualités ». En France, la Nouvelle Vague reprend et amplifie ce mouvement : les acteurs d'*À bout de souffle* (1959), de Jean-Luc Godard, sont suivis par la caméra comme dans un reportage de guerre. Le cinéma documentaire, de son côté, se fait de plus en plus « artiste » et gagne parfois le studio que le cinéma commercial est en passe de délaisser : films industriels, films scientifiques et films d'art révèlent ou confirment de nombreux talents. Jean Painlevé tourne des films d'observation zoologique qui sont de véritables fabliaux (*Le Vampire*, 1945) ; Georges Franju jette un regard fantastique sur la réalité crue de l'abattoir (*Le Sang des bêtes*, 1949) ; Alain Resnais s'empare du film d'art pour évoquer les grandes pages de honte de notre siècle (*Guernica*, 1950 ; *Nuit et brouillard*, 1955). De son côté, Chris Marker, qui collabore avec Alain Resnais, inaugure une voie personnelle et originale, celle du film-essai, où le commentaire propose au spectateur de voyager dans l'espace et le temps, et poursuit une réflexion politique sur le pouvoir des images (*Dimanche à Pékin*, 1956 ; *Lettre de Sibérie*).

***Lettre de Sibérie*, de Chris Marker (1958).**

À gauche :
***Le Charron*, de Georges Rouquier (1943).**
Passionné dès son plus jeune âge par le cinéma, Rouquier réalise en 1929 un premier film sur les vendanges. C'est à partir de 1942 qu'il commence véritablement à filmer la vie des artisans et des paysans de l'époque. Leurs gestes sont magnifiés par la caméra, qui traduit la précision, et la science de ces artisans.

Le cinéma direct et le cinéma-vérité

En 1956, les Anglais Lindsay Anderson et Karel Reisz lancent le *Free Cinema*, un nouveau courant documentaire, qui prétend traiter la réalité sociale en privilégiant l'approche directe des personnages et le respect de leur témoignage. Grâce au perfectionnement des caméras et des magnétophones (matériel léger et synchrone), cette liberté d'approche va se généraliser dans l'ensemble des pays occidentaux. C'est au Canada et aux États-Unis l'émergence du « cinéma direct ». Au Canada, l'opérateur Michel Brault et le réalisateur Pierre Perrault se lancent dans une vaste entreprise de résurrection de la mémoire nationale en faisant reprendre aux habitants de l'Île-aux-Couldres des activités abandonnées par les nouvelles générations : la pêche au marsouin dans *Pour la suite du monde* (1963) ou la construction de goélettes dans *Les Voitures d'eau* (1969). Aux États-Unis, Richard Leacock traque, dans *Primary* (1960), le futur président J.F. Kennedy lors des élections primaires du Wisconsin. Les fondateurs de la Drew Associates, s'inspirant de la tradition du journalisme filmé, se proposent de ne pas interférer avec la réalité filmée pour rester le plus objectif possible. Cet effacement du réalisateur sera poussé à l'extrême par Frédéric Wiseman, lequel s'attache à la critique des grandes institutions américaines (*Law and Order*, 1969). Cette tradition du cinéma direct américain s'est poursuivie avec les films du photographe français Raymond Depardon, dont les enquêtes scrutent avec attention les êtres et leur milieu : la folie dans *Isola San Clemente* (1980), les coulisses de la justice dans *Délits flagrants* (1994).

Parallèlement au cinéma direct se développe en France ce que Jean Rouch a appelé le « cinéma-vérité ». Cinéaste-ethnologue, Rouch laisse aux personnages qu'il filme le soin de narrer leur propre vie, voire de rejouer des épisodes de leur existence (*Moi un Noir*, 1959). C'est désormais autant l'imaginaire du personnage que sa vie sociale qui intéresse le documentaire. Cette tendance, confirmée par des films comme *Chronique d'un été* de Jean Rouch et Edgar Morin (1960) ou *Le Joli Mai* de Chris Marker (1963), continue d'influencer l'évolution du documentaire contemporain. Durant les années 70, il est fortement menacé par la concurrence de la télévision, ce qui entraîna sa disparition des salles de cinéma, à l'exception du film de mémoire sur l'Occupation, *Le Chagrin et la Pitié* (1971), de Marcel Ophuls, dont la sortie fut un événement national. Le documentaire dit de « création » connaît auhourd'hui un renouveau florissant : en 1997, des auteurs comme Claude Lanzmann, Johan Van der Keuken, Amos Gitaï, Nicolas Philibert, Denis Gheerbrant, Claire Simon, ou Dominique Cabrera voient leurs films bénéficier de sorties nationales et d'un large succès, tant auprès du public que de la critique. Devant la complexité des enjeux de la vie contemporaine, le documentaire continue, en nous permettant d'explorer « la fiction des autres », de nous donner le sentiment de partager une même condition humaine.

***Délits flagrants*,**
de Raymond Depardon (1994).

***Maîtres fous*,**
de Jean Rouch (1954).
Un documentaire sur les rites de la secte des Haoukas au Niger.

***Moi un Noir*,**
de Jean Rouch (1959).
L'approche au plus près des individus d'un cinéaste ethnologue animé par le respect des identités ethniques.

LE CINÉMA EXPÉRIMENTAL

Par cinéma expérimental, on peut entendre un cinéma novateur ou contestataire, qui se veut radicalement différent du cinéma commercial, en insistant beaucoup plus sur la forme que sur le sujet. Il s'est manifesté après qu'un certain classicisme est apparu dans l'histoire du cinéma, vers 1915, avec le film de D. W. Griffith, *Naissance d'une nation*. C'est à ce moment que naît, en Italie, en Allemagne et en France, l'avant-garde cinématographique, appelée ainsi à partir de 1918.

Annonce d'un spectacle de Germaine Dulac. *Cinéaste de l'avant-garde française dans les années 20, Germaine Dulac mène avant tout un travail de recherches esthétiques, jouant avec audace sur des flous et des surimpressions. En 1927, elle réalise avec l'écrivain Antonin Artaud* La Coquille et le Clergyman, *qui provoque un véritable scandale.*

Les premières tendances du cinéma d'avant-garde

Dès 1912, quelques précurseurs ouvrent la route. Les peintres Bruno Corra et Arnaldo Gina dessinent directement sur pellicule deux petits films, aujourd'hui perdus, *L'Arc-en-ciel* et *La Danse* ; Leopold Survage peint, entre 1912 et 1914, une centaine d'images abstraites pour un film sur une suite de « rythmes colorés ». Enfin, les Allemands Walter Ruttmann, avec *Opus 1* (1921), et Hans Richter, avec *Rythme 21* (1923), réalisent le premier « film abstrait », dans lequel ce sont les mouvements rythmiques de formes géométriques, et d'autres plus fluides, qui créent l'émotion artistique.

En France, Louis Delluc, Jean Epstein ou Germaine Dulac mènent un travail théorique sur la nature même du cinéma. C'est l'époque où l'on recherche un cinéma pur ou absolu, qui se rapproche d'une certaine forme de poésie dans la mesure où le montage des plans n'intervient pas à des fins didactiques mais purement plastiques. Les principaux films réalisés alors sont : *Le Ballet mécanique* (1924) de Fernand Léger, *Entracte* (1924) de René Clair, *Cinq Minutes de cinéma pur* (1925) d'Henri Chomette, ou encore *Arabesques* (1928) de Germaine Dulac. Ces courants cinématographiques des années 20 se rattachent à des mouvements avant-gardistes comme le futurisme, le dadaïsme ou le surréalisme. Ainsi, à l'exception de ce qu'on a appelé l'école impressionniste française avec les réalisateurs Abel Gance, Marcel L'Herbier, Germaine Dulac, Jean Epstein, la plupart des « membres » de l'avant-garde cinématographique ne sont pas des cinéastes. Man Ray était photographe, Fernand Léger peintre...

Après les deux célèbres films réalisés par le jeune Luis Buñuel avec la collaboration du peintre Salvador Dali, *Un chien andalou* (1928) et *L'Âge d'or* (1930), qui se réclament ouvertement du surréalisme, en accordant une large place à l'onirisme, à la révolte sociale, à l'inconscient, la première avant-garde, dite avant-garde historique, va s'éteindre. Dans les années 30, l'avant-garde survit surtout dans la nouvelle école documentaire et poétique initiée par Jean Vigo dans *À propos de Nice* (1929). On y trouve le Portugais Manoel de Oliveira (*Douro Faina fluvial*, 1931), le Belge Henri Storck (*Histoire du soldat inconnu*, 1932) ou le Hollandais Joris Ivens (*Le Pont*, 1928). Ces films posent un regard nouveau sur le monde et ses implications sociales et politiques.

La naissance de l'underground

En 1943, un court métrage réalisé par une jeune femme, Maya Deren, assistée de son époux le cinéaste Alexander Hammid, *Meshes of the Afternoon*, marque la naissance d'une

 voir : La France p. 116-123 – Buñuel p. 212 – Clair p. 219 – Vigo p. 268

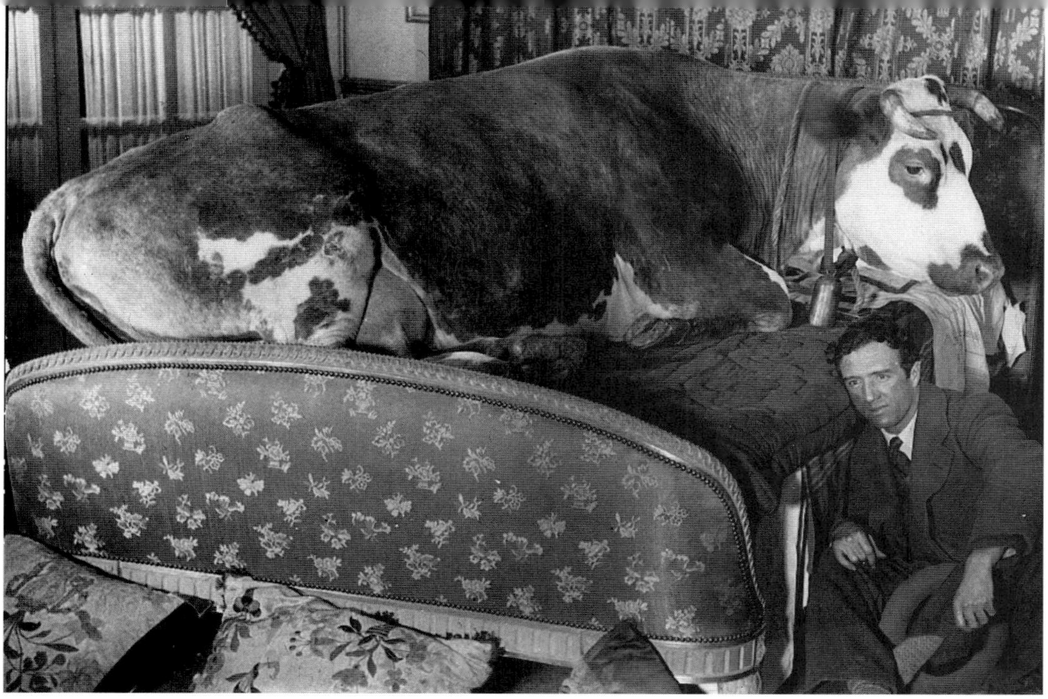

L'Âge d'or,
de Louis Buñuel (1930).
La première représentation publique a eu lieu le 28 novembre 1930 au Studio 28 à Paris (voir p. 35). Subversif et érotique, L'Âge d'or *provoque la colère de l'extrême droite qui, le 3 décembre, saccage la salle. Le film est interdit par la censure.*

The Chelsea Girls,
d'Andy Warhol (1966).
Le film se compose de douze bobines (huit en noir et quatre en couleurs), qui ont toute la même longueur. Chaque acteur fait face à la caméra et doit jouer son rôle jusqu'à ce que la bobine soit terminée.

deuxième avant-garde, qui, cette fois, sera américaine. Toute une génération de cinéastes va trouver dans cette forme de cinéma de nouveaux moyens d'expression. Un des plus célèbres, Kenneth Anger, interprète et réalise *Fireworks* (1947), où il exprime son homosexualité. Malgré l'influence manifeste de Cocteau et des surréalistes, ces auteurs ne se rattachent pas à des courants artistiques : ils ne se veulent que cinéastes, et leurs films seront plus qualifiés d'expérimentaux que d'avant-gardistes.

Dans les années 50, la mise au point d'écritures spécifiques se précise. Bruce Conner réalise *Cosmic Ray* (1961), en utilisant le collage et le montage rythmiques de chutes de films diverses. Stanley Brakhage met au point, à partir d'*Anticipation of the night* (1958), un style visuel très particulier à base de surimpressions multiples et renouvelle par sa production énorme (plus de cent films) le langage du cinéma expérimental. De son côté, Jonas Mekas, émigré lituanien arrivé à New York en 1949, fonde avec son frère Adolfas, en 1955, la revue *Film Culture*, qui va défendre et soutenir le cinéma expérimental. Quelques années plus tard apparaît le mot *underground*, attribué par Mekas à Marcel Duchamp, qui va caractériser tout ce bouillonnement culturel en dissidence avec la société. Mekas filme ses compatriotes, puis ses amis artistes, et monte tout ce matériel dans *Diaries, notes and sketches* (1969), faisant du journal filmé un genre majeur du cinéma expérimental.

Le peintre Andy Warhol s'installe dans un immense atelier à New York, la Factory, où se réunit bientôt toute la faune intellectuelle et marginale du monde de l'art. Grand maître du pop art, il fait un constat froid et distant de la réalité : avec *Sleep* (1963), on voit un homme qui dort pendant six heures ; *Four Stars* (1966-1967), dans sa version originale, dure vingt-cinq heures. *Chelsea Girls* (1966) remporte un énorme succès.

À partir des années 70, les genres et les tendances éclatent. Chacun s'interroge sur des aspects différents du film expérimental (le journal filmé, la longueur du filmage, le cinéma décadent...). La principale innovation est la création de coopératives de diffusion indépendantes calquées sur la Film-Makers' Cooperative de New York fondée en 1962. Ainsi, les cinéastes sont responsables de leur travail du début à la fin de la chaîne.

La vie et l'œuvre de 85 réalisateurs :
un siècle de cinéma

les biograp

nies

surdoué intellectuel et handicapé affectif, qu'on retrouvera dans nombre de ses films, de *Stardust Memories* (1980) à *Deconstructing Harry* (1998).

Sa rencontre avec l'actrice Mia Farrow contrebalance le cynisme de son univers par l'aveu d'une profonde vulnérabilité sentimentale (*Une autre femme*, 1988 ; *Alice*, 1990), doublée d'une réflexion accrue sur sa condition d'artiste (*La Rose pourpre du Caire*, 1985 ; *Maris et femmes*, 1992). *Hannah et ses sœurs* (1986) est un film somme sur ses obsessions favorites, dans un parfait équilibre de drame et d'humour.

Le Woody Allen des années 90 fait preuve d'une sereine maturité créatrice, creusant toujours les mêmes thèmes mais en variant constamment les genres : pastiche expressionniste dans *Ombre et brouillard* (1991), parodie policière dans *Meurtre mystérieux à Manhattan* (1993), hommage au film de gangsters avec *Coups de feu sur Broadway* (1994), ou à la comédie musicale avec *Tout le monde dit «I love you»* (1997). Le soin du détail visuel, la fluidité du récit, la liberté de mouvement des comédiens caractérisent désormais une mise en scène qui multiplie les jeux de miroir entre imaginaire et vie quotidienne, fiction et réalité, spectacle et spectateurs.

voir : Les États-Unis p.146-153

ALLEN
Allen Stewart Konigsberg, dit Woody
New York 1935

Woody Allen a évoqué son enfance modeste à Brooklyn dans *Radio Days* (1987) : d'abord « comique » et musicien de la famille (il pratique toujours la clarinette), à dix-neuf ans il vend ses gags à NBC, puis se produit dans des night-clubs et à la télévision. Pour le cinéma, il réécrit, en 1964, le scénario de *Quoi de neuf, Pussycat ?* réalisé par Clive Donner, où, pour la première fois, il a un (petit) rôle à l'écran. Puis il joue le neveu de James Bond dans une parodie de la série Casino Royale. *Lily la Tigresse* (1966) est le « détournement » d'un film japonais de série B, qu'il remonte différemment, ajoutant dialogues et trucages, inventant un système qu'il réutilisera pour *Tombe les filles et tais-toi* de Herbert Ross, d'après une pièce qu'il a écrite en 1969, et surtout pour la brillante expérience de *Zelig* (1983), où il crée un personnage caméléon qui change d'identité constamment et s'immisce dans des actualités d'époque.

Dans ses films, où il se met en scène, il s'impose par son sens de l'humour, du gag, de la répartie, jouant aussi bien sur ses origines juives que sur le manque d'humanité et les frustrations de la société moderne : *Prends l'oseille et tire-toi* (1969), *Bananas* (1971), *Tout ce que vous avez toujours voulu savoir sur le sexe sans jamais oser le demander* (1972). Son sens de la satire s'enrichit dans *Guerre et Amour* (1975), une parodie de *Guerre et Paix* de Tolstoï, comme dans *Annie Hall* (1977), où Woody Allen réalise un merveilleux portrait de femme, sa compagne et complice Diane Keaton. On la retrouve dans *Intérieurs* (1978), mais, pour la première fois, Allen ne joue pas dans ce film grave où plane l'ombre d'Ingmar Bergman. Elle est aussi la vedette de *Manhattan* (1979), ode à New York magnifiquement filmée en noir et blanc, sur la musique de Gershwin. Il y peaufine son personnage de séducteur au physique ingrat, à la silhouette chétive,

ALTMAN
Robert
Kansas City 1925

Cinéaste américain, Robert Altman fait partie de ces excentriques qui surgissent régulièrement dans le paysage hollywoodien pour le transformer et stimuler ainsi les autres réalisateurs sans pourtant souvent rencontrer eux-mêmes le succès commercial. Né à Kansas City – ville à laquelle il consacrera en 1996 un film du même nom, où se mêlent un kidnapping, une séance de jazz ainsi que le monde des gangsters et de la politique –, il ne vient au cinéma de fiction que tardivement, exerçant divers métiers (dont le tatouage de chiens) et accumulant des expériences à travers toute l'Amérique selon la tradition des artistes bohèmes de son pays. Il se fait la main avec des pièces radiophoniques, des films industriels, des articles de journaux, mais ses premiers films d'auteur, dont un documentaire sur James Dean, ne le font guère remarquer. Ce n'est qu'après les refus d'une douzaine de réalisateurs qu'il hérite de *M*A*S*H**, film qui lui vaudra une Palme d'or inattendue au Festival de Cannes en 1970. Cette satire du milieu médical pendant la guerre de Corée allie l'horreur et la bouffonnerie, dans une fresque aux multiples personnages, servie par un style visuel très sophistiqué.

À quarante-cinq ans, le cinéaste s'impose enfin et réalise une trentaine de films, de la grosse production au film le plus intimiste (*Secret Honor* est interprété par un seul comédien, qui joue un Nixon névrosé et grotesque). Dans la même veine que *M*A*S*H** suivent des tableaux fourmillant de vie où les destins s'entrecroisent, tels *Nashville* (1975) sur le monde de la country music, *Un mariage* (1978), regard sardonique sur la famille américaine, et *Short Cuts* (1993), d'après des nouvelles de Raymond Carver, où il dissèque la société de Los Angeles et qui s'achève par un tremblement de terre. Mais Altman sait aussi être le peintre des gouffres mentaux, comme dans *That Cold Day in the Park* (1969), *Images* (1972) et *Trois Femmes* (1977), où il explore les thèmes de la solitude, de la folie et du fantasme à travers des personnages féminins d'une grande complexité. Cet intérêt pour l'univers psychique le pousse à aborder le fantastique dans une œuvre étrange et ésotérique comme *Quintet* (1979).

Altman est à la fois un des critiques les plus acerbes de son pays, dont il dénonce la corruption et les faux-semblants, et un amoureux de la culture américaine populaire, du jazz au roman policier et à la bande dessinée (il tourne un *Popeye* en 1980). De même, nombre de ses films sont des variations subversives sur les genres cinématographiques – *Le Privé* (1973) et *Nous sommes tous des voleurs* (1974) sur le film criminel, *John McCabe* (1971) et *Buffalo Bill et les Indiens* (1976) sur le western –, qui témoignent d'une réelle connaissance des stéréotypes du cinéma.

Altman est l'une des incarnations les plus créatives de la contre-culture des années 60, qui contestait aussi bien les modes de vie américains que le pouvoir politique. Alors que l'Amérique allait entrer peu à peu dans une ère de conservatisme, et Hollywood avec elle, il n'a cessé de maintenir un esprit rebelle, dans ses moyens d'expression comme dans sa volonté de briser les codes hollywoodiens.

voir : Les États-Unis p.146-153

ANGELOPOULOS
Théodoros
Athènes 1935

Théo Angelopoulos est le plus ambitieux, mais aussi le plus déroutant des cinéastes grecs. D'abord critique de cinéma, il entreprend une grande histoire de la Grèce moderne avec *Jours de 36* (1972), histoire du meurtre mystérieux d'un syndicaliste, qui mena, en 1936, à la dictature du général Metaxás. Trois ans plus tard *Le Voyage des comédiens* décrit le périple d'une troupe de comédiens jouant *Golfo la Bergère*, un drame pastoral du répertoire national grec, qui sert de toile de fond à un récit allant des années de guerre jusqu'aux années 50. *Les Chasseurs* (1977), où réapparaît le cadavre embarrassant d'un maquisard exécuté trente ans plus tôt, achèvent cette grande fresque, qui englobe la dictature du régime dit « des colonels » (1967-1974). Aux antipodes de l'image touristique d'une Grèce souriante et ensoleillée, l'œuvre d'Angelopoulos se nourrit de l'histoire de son pays, bouleversé par les crises politiques et la misère, et des grandes tragédies de l'Antiquité. Une écriture rigoureuse faite de longs plans-séquences et de lents mouvements de caméra sert un cinéma exigeant, chargé de symboles, que confirment *Alexandre le Grand* (1981) et *Le Voyage à Cythère* (1984).

L'*Apiculteur* (1986) et surtout *Paysage dans le brouillard* (1988), qui montre deux enfants errant vers l'Allemagne en quête d'un père mythique, débouchent sur un cinéma plus intime. *Le Pas suspendu de la cigogne* (1991), consacré à un camp de réfugiés politiques, et *Le Regard d'Ulysse* (1995), situé en ex-Yougoslavie, s'interrogent sur la notion de frontière et imaginent un cinéma qui viendrait secourir l'histoire et la politique. Avec *L'Éternité et un jour*, il obtient la Palme d'or à Cannes en 1998.

ANTONIONI
Michelangelo
Ferrare 1912

Après des études de sciences économiques et une première expérience professionnelle dans le journalisme cinématographique, Michelangelo Antonioni arrive à la réalisation par le documentaire. Il tourne, à partir de 1943, sept courts métrages où non seulement il observe attentivement le réel, mais aussi l'organise pour lui donner plus de sens (*Gens du Pô*, *Nettoyage urbain*, *Le Téléphérique du Faloria*...). Formé à l'école du néoréalisme, Antonioni s'en éloigne très vite pour privilégier l'analyse du comportement amoureux. *Chronique d'un amour* (1950), *La Dame sans camélias* (1953), *Femmes entre elles* (1955) abordent les problèmes du couple dans le monde bourgeois. En 1957, *Le Cri* étale la détresse d'individus que leur condition modeste laisse encore plus démunis face aux crises sentimentales ou affectives.

Commence alors une éblouissante période créatrice qui conduit le cinéaste à renouveler son langage cinématographique, dans lequel les silences et les attentes valent plus que l'action elle-même. Le décor n'est plus le signe reconnaissable du monde extérieur mais l'expression des états d'âme, de l'indicible, du mystère même qui entoure l'homme. Avec les chassés-croisés amoureux des couples à la dérive de *L'Avventura* (1960), puis de *La Nuit* (1961) et de *L'Éclipse* (1962), Antonioni réalise une trilogie exemplaire sur la difficulté de communiquer et sur l'impossible rencontre de l'homme et de la femme. En 1964, *Le Désert rouge* apporte une dimension nouvelle à son œuvre en abordant aux rives de la folie et en trouvant pour la première fois, avec un usage inouï de la couleur, une résonance supplémentaire à ses angoisses créatrices.

À la recherche de nouveaux horizons, le cinéaste tourne à Londres *Blow up* (1967), film sur le caractère insaisissable du réel qui lui vaut la Palme d'or au Festival de Cannes ; aux États-Unis, *Zabriskie Point* (1969) ; en Chine, *Chung kuo la Chine* (1972) ; en Afrique et en Espagne, *Profession reporter* (1974). De retour en Italie, il reprend, avec *Identification d'une femme* (1982), son questionnement sur le couple. Frappé par une attaque cérébrale en 1985, qui le laisse à demi paralysé et privé de la parole, il semble perdu pour la création. Il parvient quand même en 1995 à réaliser, grâce au soutien de Wim Wenders, *Par-delà les nuages*. Le film suit les réflexions d'un cinéaste – peut-être le double d'Antonioni – qui observe des instants de vie autour de lui. Quatre récits énigmatiques, presque rêvés, où quatre couples vivent dans une sorte de spiritualité sensuelle, et où les échanges de regards, véritables reflets des mouvements de l'âme, comptent plus que les étreintes des corps. *Par-delà les nuages* révèle la dimension métaphysique d'un créateur que le vieillissement et l'approche de la mort conduisent à ne se préoccuper que de l'essentiel.

voir : L'Italie p. 90-93 – p. 126-131

AVERY
Frederick Bean, dit Tex Avery
Dallas 1908 – Burbank 1980

Né au Texas, Frederick Bean Avery – surnommé « Tex » à cause de son accent d'origine – débute dans le cartoon vers 1930. Il apprend son métier par étapes successives, mais sa personnalité va s'affirmer à la Warner, où, avec Fritz Freleng et Chuck Jones, il participe à la création de Bugs Bunny. En 1942, il entre à la MGM, qui vient de créer son département cartoon. Il va y rester douze ans, douze années de folie pure, durant lesquelles il signe près de soixante-dix courts métrages totalement délirants.

Dans les films de Tex Avery, tout – vraiment tout – peut arriver. Les personnages échappent à tout contrôle, ils se révoltent contre la gentillesse de certains dessins animés trop mièvres, sortent du cadre pour pirater la projection. Des moutons dévorent la pellicule, une souris raconte la fin du film. Parfois, l'image passe au noir absolu, un personnage apparaît et dit : « C'était le meilleur gag du film et tu ne l'as pas vu ! » Tex Avery

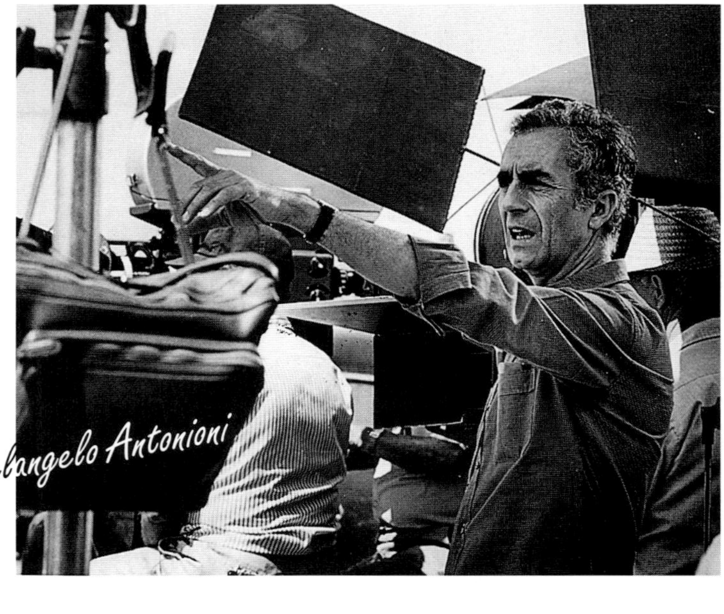

Michelangelo Antonioni

adore malmener le spectateur, qui en redemande. Son œuvre regorge d'apartés au public, de cheveux dessinés sur la pellicule pour rendre fous les projectionnistes. Il fait littéralement exploser les limites du cartoon, s'ébroue entre le gigantesque et l'infinitésimal, l'absurde et l'exagération illimitée, en animant des géants, qu'il confronte à des pygmées, voire à des puces ou des microbes. Parfois, on atteint le vertige du néant : dans *Le lion qui craignait la souris*, un kangourou apeuré plonge dans sa propre poche et disparaît entièrement.

Dans *Casse-Noisettes et ses copains*, un écureuil s'écrie : « On n'est pas chez Disney, ici ! » Effectivement, Tex Avery, c'est l'anti-Disney par excellence. Chez lui, même les héroïnes de contes de fée sont sexualisées, et ses loups excités par la danse d'une pin-up sont entrés dans la légende. Leurs mâchoires tombent sur la table, lourdes comme des enclumes ; les langues se déroulent comme des tapis rouges, les yeux sortent des orbites. De ses créations, on retiendra l'écureuil fou, Daffy Duck, Porky Pig, et Droopy, l'inénarrable chien neurasthénique à la voix monocorde.

À la fin des années 60, la crise du cinéma hollywoodien oblige ce maître de l'animation à se retirer dans un ranch. Il y meurt dans l'anonymat en 1980. C'est la télévision qui fera redécouvrir son œuvre géniale au grand public.

voir : Le cinéma d'animation p. 198-201

BECKER
Jacques
Paris 1906 – Paris 1960

Jacques Becker est né dans une famille de la grande bourgeoisie, qui navigue entre la haute couture, l'industrie et le monde de la peinture. En le prenant dans son équipe, Jean Renoir en fait un de ses plus proches collaborateurs. Il travaille avec lui à la mise en scène comme aux scénarios d'une dizaine de films. Après quelques expériences, il réalise en 1942 *Dernier Atout*, un brillant exercice policier.

Dans *Goupi Mains rouges* (1943), Becker décrit avec chaleur et amusement le monde des paysans des Charentes, leurs passions, leurs manies, leurs aspirations, leurs souvenirs. Le public de l'Occupation fait un succès au film. Il se plaît ensuite à dépeindre Paris et ses multiples facettes : avec *Falbalas* (1945), situé dans le milieu de la haute couture, qui depuis n'a jamais été décrit avec autant de justesse, il montre le tragique d'un amour idéal confronté à une réalité cruelle. La gentille amourette *Antoine et Antoinette* (1947), avec ses jeunes ouvriers des quartiers populaires, est une sorte de film néoréaliste, et *Rendez-vous de juillet* (1949) donne une image très juste de la jeunesse de l'après-guerre, celle du jazz (la passion de Becker), de la liberté retrouvée, des idéalismes et des désenchantements.

En 1952, il réalise *Casque d'or*, son chef-d'œuvre : sur les bords de Marne, à la Belle Époque, le beau Manda (Serge Reggiani) et Marie, dite Casque d'or (Simone Signoret), sont les héros d'un drame populaire et les victimes de leur passion. *Touchez pas au grisbi* (1954), d'après un roman d'Albert Simonin, relance définitivement la carrière de Jean Gabin après la guerre, et renouvelle le film noir français en faisant de ses personnages des êtres humains à part entière portés par une amitié virile sans ambiguïté.

Il traite avec élégance des sujets mineurs, telles *Les Aventures d'Arsène Lupin* (1957), et reprend un film sur le peintre Modigliani après le décès du metteur en scène, Max Ophuls : *Montparnasse 19* (1958). Interrompue par la maladie en 1960, la carrière de Becker s'achève avec *Le Trou*, d'après un roman de José Giovanni : une histoire d'amitié, de courage et de trahison, tournée avec une minutie et une simplicité extrêmes, et une rigueur sans concession.

Jacques Becker

Animé de sa passion pour les acteurs et d'une ironie jamais méprisante, Becker a conçu le cinéma comme un véritable artisanat. François Truffaut dira de lui qu'il était le « cinéaste le plus réfléchi de sa génération, le plus scrupuleux, celui qui se posait le plus de questions ».

voir : La France p. 94-97 – p. 98-99

BERGMAN
Ingmar
Uppsala 1918

Le milieu dans lequel fut élevé Ingmar Bergman est évoqué dans deux scénarios écrit en 1992 (*Les Meilleures Intentions*, réalisées par Bille August, et *L'Enfant du dimanche*, réalisé par son fils Daniel Bergman) : un père pasteur et une mère issue de la grande bourgeoisie suédoise lui inculquent le respect de Dieu et le sens des convenances sociales, deux enseignements que Bergman, devenu cinéaste, s'emploiera à transgresser de film en film.

C'est par le théâtre que le jeune Bergman se fait connaître : il écrit des pièces, monte celles de Strindberg, d'Ibsen ou de Shakespeare. En 1942, il est embauché au département scénario de la compagnie Svensk Filmindustri, et travaille pour les plus grands réalisateurs du moment, Alf Sjöberg et Gustav Molander.

Ses débuts de réalisateur sont influencés par le cinéma européen comme par le film noir américain (*Crise*, 1945 ; *Ville portuaire*, 1948). Dans *La Prison* et *La Soif* (1949), des couples hantés par l'angoisse de vivre se déchirent au sein d'une société en perdition. La direction d'acteurs est saisissante, comme l'est aussi l'emploi d'un noir et blanc très contrasté.

Il rencontre enfin le succès avec ses films « estivaux », qu'il tourne entre deux saisons théâtrales. Ce sont de magnifiques portraits de femmes : Maj-Britt Nilsson dans *Vers la joie* (1950), *Jeux d'été* (1951) et *L'Attente des femmes* (1952) ; Harriet Andersson dans *Monika* (1953). Après l'échec d'une de ses œuvres majeures, *La Nuit des forains* (1953), une parabole sur l'humiliation et les compromis de la vie à deux, Bergman se tourne vers la comédie, brodant des variations satiriques autour de ses obsessions habituelles : *Sourires d'une nuit d'été* (1955), qui remporte un prix au Festival de Cannes. L'année suivante, il réalise un de ses plus beaux films, *Le Septième Sceau*, une légende médiévale, où l'on voit un chevalier (Max von Sydow), de retour des croisades, s'interroger sur l'existence de Dieu et jouer aux échecs avec la Mort. Bergman poursuit cette interrogation sur la mort dans *Les Fraises sauvages*, qui va plus loin encore en mélangeant le réel et l'imaginaire, le passé et le présent, confiant le rôle d'un vieux professeur faisant le bilan de sa vie au grand maître du cinéma suédois, Victor Sjöström. La notoriété du cinéaste est à son comble lorsqu'il remporte un oscar pour une autre histoire médiévale d'une force et d'une cruauté rares, *La Source* (1960). Suivent alors trois « films de chambre » (au sens de « musique de chambre ») sur la perte de la foi et de la raison, où l'épure formelle est au diapason de terreurs métaphysiques : *À travers le miroir* (1961), *Les Communiants* (1962) et *Le Silence* (1963).

Déchiré par des remises en question personnelles et professionnelles, Bergman livre, en 1965, son œuvre la plus complexe et la plus aboutie, *Persona*, avec Bibi Andersson et Liv Ullmann. Ce huis clos tourné sur l'île désertique de Fårö dans la Baltique (où le cinéaste va s'établir) est une métaphore pour le mensonge de l'artiste, la difficulté de communiquer et la magie de l'inconscient. Il poursuit à travers les cauchemars de *L'Heure du loup*, puis il dénonce l'indifférence sous toutes ses formes dans *La Honte* (1968).

Bergman signe en 1972 un film bouleversant et plastiquement admirable, *Cris et chuchotements* :

Ingmar Bergman

dans un manoir, trois femmes expriment leur souffrance, leur passion alors que la mort approche, l'une d'entre elles étant condamnée par la maladie. Les *Scènes de la vie conjugale* (1973), série télévisée condensée en long métrage pour sa sortie en salle, mettent en images à nouveau l'impossibilité de communiquer. L'intermède de *La Flûte enchantée* (1975), de Mozart, est un moment de grâce dans l'œuvre tourmentée du cinéaste, alors qu'avec *L'Œuf du serpent* (1976), superproduction où il tente d'oublier un douloureux exil (à la suite d'un scandale fiscal), il transporte ses démons dans le Berlin des années 20. *Sonate d'automne* (1978) confronte Ingrid Bergman et Liv Ullmann, une mère et sa fille, dans un univers très dépouillé. Le dernier film de Bergman pour le cinéma est *Fanny et Alexandre* (1982), conte de Noël et ultime hommage au théâtre, véritable chef-d'œuvre à la fois autobiographique et totalement ouvert sur l'imaginaire. Depuis, le plus célèbre cinéaste scandinave se consacre au théâtre, à l'écriture et à la télévision avec *Après la répétition* (1983), *Les Bienheureux* (1985), *In the Presence of a Clown*, diffusé en 1997, une nouvelle parabole sur la vie, le spectacle, la mort.

voir : La Scandinavie p. 144-145

BERTOLUCCI
Bernardo
Parme, 1941

D'abord assistant de Pier Paolo Pasolini pour *Accattone* en 1961, Bernardo Bertolucci fait figure d'enfant prodige lorsqu'il obtient, en 1962, le prix Viareggio pour son recueil de poèmes *À la recherche du mystère*, et qu'il réalise son premier film, sur un scénario de Pasolini, *La Commare secca* (1962). Il participe ainsi très jeune au renouveau du cinéma italien et confirme ses dons avec *Prima della rivoluzione* (1964), film accueilli avec enthousiasme au Festival de Cannes et dans lequel il décrit les conflits et les désarrois d'un jeune bourgeois attiré par l'idéologie marxiste. Après une première tentative d'analyse du passé fasciste de l'Italie avec *La Stratégie de l'araignée* (1970), il poursuit cette réflexion avec *Le Conformiste* (1970), œuvre dramatique inspirée du roman d'Alberto Moravia, dans laquelle Jean-Louis Trintignant donne corps à un personnage d'une grande ambiguïté. *Dernier Tango à Paris*, en 1972, met en scène l'expression brutale de la sexualité dans les rapports de Marlon Brando et Maria Schneider ; le film provoque le scandale partout dans le monde et se voit même interdit en Italie. Dans une perspective plus classique, Bertolucci tourne alors *Novecento* (1976), vaste fresque en deux parties à partir d'une lecture communiste de l'histoire italienne entre le début du siècle et le lendemain de la Seconde Guerre mondiale. Après *La Luna* (1979), aux résonances intimistes, sur les difficiles rapports entre une mère et son fils, et *La Tragédie d'un homme ridicule* (1981), qui traite du terrorisme et des prises d'otages, le cinéaste effectue un important changement de cap et se lance dans des superproductions, qui lui valent une réputation internationale.

Le Dernier Empereur (1987), Oscar du meilleur film à Hollywood, raconte la vie mouvementée de Pu Yi, dernier locataire de la Cité interdite de Pékin. *Un thé au Sahara* (1990), d'après le roman de Paul Bowles, suit l'itinéraire d'un couple d'Américains fascinés par la solitude du désert d'Afrique du Nord et qui finissent par y trouver, l'un la mort, l'autre l'amour. *Little Buddha* (1993) évoque, des États-Unis au Tibet, la réincarnation du Bouddha dans le corps d'un enfant de Seattle. Un peu de la profonde originalité du cinéaste se perd dans ces films à gros budget. Sans doute soucieux de revenir à des œuvres plus personnelles, Bertolucci tente alors de se réenraciner en Italie avec *Beauté volée* (1996), un hymne à la féminité naissante réalisé dans la campagne toscane.

Cinéaste fortement marqué par l'idéologie marxiste et par la psychanalyse, deux démarches qui ont profondément orienté ses options thématiques et stylistiques, Bertolucci est aussi à l'aise

Bernardo Bertolucci en 1972 dirige Marlon Brando dans le « Dernier Tango à Paris »

dans de grands récits romanesques – qu'il éclaire de son sens visionnaire et de ses images très travaillées – que dans des mises en scène davantage liées à l'expérience personnelle, où il se révèle un étonnant directeur d'acteurs.

BOORMAN
John
Shepperton 1933

Né près de Londres en 1933, formé à l'école des jésuites, John Boorman fait ses premières armes à la BBC ; sa carrière de cinéaste se déroulera tantôt aux États-Unis, tantôt en Angleterre. Dès *Le Point de non retour* (1967), il renouvelle le genre du film noir en unissant sensibilité poétique et goût du détail précis. Son sens du fabuleux s'exprime aussi bien dans l'affrontement entre deux soldats ennemis réduits à l'état sauvage (*Duel dans le Pacifique*, 1968) que dans la découverte des bas-fonds de Londres (*Léo le Dernier*, 1970). Sa réflexion sur la sauvagerie et la civilisation, la modernité et la barbarie, se traduit dans le film d'aventures (*Délivrance*, 1972), la science-fiction (*Zardoz*, 1974) ou le fantastique (*L'Hérétique*, 1977), avec une invention visuelle et une sensualité qui triomphent dans *Excalibur* (1981) et *La Forêt d'émeraude* (1985). Cinéaste de la rivière et de la forêt, de la nature, Boorman peint aussi la famille (*Tout pour réussir*, 1990) et sa propre enfance (*La Guerre à sept ans*, 1987), avec le même foisonnement de métaphores. Visionnaire, son œuvre est pourtant chaleureuse et soucieuse de moralité politique, comme l'atteste *Rangoon* (1994). Boorman a une conception grave et réfléchie de l'humanité, qu'il montre en proie à sa propre violence et exposée à d'inévitables maléfices. Avec *The General*, il obtient en 1998, le prix de la mise en scène au Festival de Cannes.

BRESSON
Robert
Bromont-Lamothe 1901

Robert Bresson se consacre d'abord à la peinture et préfère taire ses premières entreprises cinématographiques, dont un moyen métrage comique dans l'esprit de René Clair, *Les Affaires publiques* (1934). En 1943, dans son premier film, *Les Anges du péché*, situé dans un couvent de religieuses dominicaines, il raconte le sacrifice d'une novice pour la rédemption d'une pécheresse; dialogué par Jean Giraudoux, ce film donne la mesure de son ambition et de son refus de toute concession. Puis, s'inspirant de *Jacques le Fataliste*, de Diderot, il réalise *Les Dames du bois de Boulogne* (1945), dialogué par Jean Cocteau, où il montre comment une vengeance peut se retourner contre la personne qui l'a minutieusement élaborée. En 1951, Bresson adapte *Journal d'un curé de campagne*, de Georges Bernanos, l'histoire d'un jeune prêtre qui tente d'amener au salut les âmes perdues de ses paroissiens enfermés dans leurs égoïsmes. Le cinéaste refuse les règles habituelles de la « transposition » cinématographique pour rester au plus près du roman, seule manière, selon lui, d'en respecter l'esprit.

C'est après ce film que Bresson commence à opposer au « cinéma », en tant que règne du faux et de l'artifice, ce qu'il nomme le « cinématographe ». Pour lui, le cinéma n'est que du « théâtre photographié », qui se contente d'enregistrer ce qui se déroule devant la caméra. Le « cinématographe », en revanche, exige une réelle création à l'instant du tournage. Il en résulte un cinéma ardu, d'une rigueur absolue, bousculant les habitudes, refusant les dialogues littéraires, le jeu « expressif » de l'acteur professionnel plein de clichés, les « belles » images, les intrigues romanesques bien ficelées. Bresson recherche la vérité du geste, du visage, de la matière, du mot brut, prononcé sans intention ni intonation, que seul, selon lui, peut apporter un acteur non professionnel.

Robert Bresson atteint la pleine maîtrise de son art avec l'univers carcéral d'*Un condamné à mort s'est échappé* (1956), récit de la préparation matérielle et morale d'une évasion. *Pickpocket* (1959) est un film phare pour la Nouvelle Vague naissante : ambition du propos, inspiré de *Crime et châtiment* de Dostoïevski, sobriété des acteurs et précision de la mise en scène. *Le Procès de Jeanne d'Arc* (1962), d'un absolu dépouillement, marque la fin d'une période. L'œuvre de Bresson devient ensuite plus hésitante, d'*Au hasard Balthazar* (1966), sur les pérégrinations d'un âne au milieu des perversions humaines, à *Lancelot du lac* (1974), d'après le roman de Chrétien de Troyes. Il consacre ses film suivants à la jeunesse, prise entre la recherche de vraies valeurs et la tentation du mal (*Le Diable probablement*, 1977). Avec *L'Argent* (1983), son dernier film, le billet de banque symbolise le comble du mal et des fausses valeurs : il n'est que l'image d'une richesse que son possesseur n'a pas nécessairement acquise et qui peut mener au crime. Le thème de la rédemption qui animait les premiers films de Bresson disparaît au profit d'un total pessimisme : dans la société comme dans le cinéma, le faux l'emporte de plus en plus sur le vrai.

voir : La France p. 94-97

BUÑUEL
Luis
Calanda 1900 – Mexico 1983

Les vicissitudes de l'Espagne contemporaine expliquent que son plus grand cinéaste ait bâti une œuvre à cheval entre plusieurs pays. En France, il tourne *Un chien andalou* (1928), court métrage

John Boorman en 1987 pendant le tournage de « La Guerre à sept ans »

Robert Bresson et son équipe en 1977 tournent le « Diable probablement »

Luis Buñuel et Jeanne Moreau en 1965 au Mexique, pendant le tournage de « Viva Maria » de Louis Malle

d'inspiration onirique écrit en collaboration avec le peintre Salvador Dali, puis *L'Âge d'or* (1930), un brûlot surréaliste salué par le manifeste d'André Breton et ses amis. L'avènement de la république en 1931 amène Buñuel à réaliser un documentaire social, *Terre sans pain* (1932), interdit par les autorités, et à collaborer à la compagnie madrilène Filmófono, dont le but est de produire des films populaires. À la fin de la guerre civile en Espagne, en 1939, il est à New York, puis il décide de s'installer au Mexique, où il tourne de 1946 à 1964.

Son premier film mexicain, *Gran Casino* (1946), est un échec, mais le succès remporté à Cannes par *Los olvidados* (1950) relance sa carrière. Il réalise alors quelques-unes de ses œuvres majeures : *El* (1953), *Nazarin* (1958), *L'Ange exterminateur* (1962), *Simon du désert* (1964), auxquels il faut ajouter *Viridiana* (1961), qui, bien que tourné en Espagne, est une production entièrement mexicaine. Ce film remporte la Palme d'or à Cannes, et provoque les foudres du Vatican et de la censure franquiste. Le vieil exilé républicain n'a cessé de jouer à cache-cache avec les conventions esthétiques et morales, et de distiller sa subversion subtile dans nombre de mélodrames et de comédies : *Susana* (1950), *La Montée au ciel* (1951), *Les Hauts de Hurlevent* (1953), *On a volé un tram* (1953), *La Vie criminelle d'Archibald de la Cruz* (1955).

Entre-temps, il a cherché à accroître sa marge d'indépendance grâce à des coproductions avec les États-Unis (*La Jeune Fille*, 1960), ou la France (*La Mort en ce jardin*, 1956 ; *La fièvre monte à El Pao*, 1959).

C'est en France que se déroule la dernière phase de sa carrière : *Le Journal d'une femme de chambre* (1964), *Belle de jour* (1966), *La Voie lactée* (1968), *Le Charme discret de la bourgeoisie* (1972, Oscar du meilleur film étranger), *Le Fantôme de la liberté* (1974), *Cet obscur objet du désir* (1977), avec un nouveau détour par l'Espagne (*Tristana*, 1970). Cette seconde période française lui apporte une consécration définitive. Le producteur Serge Silberman, le scénariste Jean-Claude Carrière et des comédiens complices inconditionnels, notamment Francisco Rabal et Fernando Ray, aident le cinéaste à tourner des films d'une profonde liberté d'expression.

Dès *Un chien andalou* et *L'Âge d'or*, Buñuel avait conquis une place à part, car une telle connivence entre cinéma et surréalisme était sans précédent (et restera sans suite). Les films tournés au cours de la période mexicaine prouvent la constance de sa révolte – tant contre les bons sentiments chrétiens et humanistes que contre les interdits de la bourgeoisie et de la religion – et révèlent la singularité de sa personnalité. En effet, la fidélité à sa jeunesse espagnole et surréaliste, de même que sa capacité à déployer des dispositifs narratifs et expressifs très personnels, marque toute l'œuvre de Buñuel. Après des débuts en marge du système, il réussit à biaiser sans cesse à l'intérieur de l'industrie du cinéma, tout en profitant progressivement du climat favorable à un cinéma d'auteur.

Après la profession de foi de *L'Âge d'or*, iconoclaste et révolutionnaire, sa vision devient plus désabusée, hantée par les tragédies du siècle, comme il le confie à Jean-Claude Carrière dans ses mémoires (*Mon dernier soupir*). La subversion du récit traditionnel redevient sur le tard un des défis qu'il propose aux spectateurs avec une jouissance ludique. À tel point qu'il finit par se passer de toute psychologie et même de véritable intrigue. L'imaginaire, la part nocturne de l'humanité contaminent ainsi de plus en plus ses films, combinant la spéculation narrative avec le commentaire caustique sur les mœurs contemporaines, les vieux débats théologiques ou philosophiques, les impasses amoureuses et les dilemmes moraux.

Chez Buñuel, nul besoin d'effets tapageurs ni d'extravagances formelles pour faire « moderne ». Il préfère un style limpide, une mise en scène transparente, discrète, pour mieux porter l'estocade aux vieilles habitudes, et déstabiliser le conformisme du public. Son humour ravageur et son invention constante dessinent une trajectoire unique : avec Buñuel, le cinéma se fait « instrument de poésie », l'écran comme la toile du peintre répondent à un « modèle intérieur », rêve et réalité redeviennent des vases communicants, et, comme le proclament les surréalistes, « la beauté sera convulsive ou ne sera pas ».

voir : L'Amérique latine p. 154-155 – L'Espagne p. 156-157

CAPRA
Frank
Palerme 1897 – Quinta, Californie, 1991

Né à Palerme, Frank Capra a six ans quand sa famille s'installe en Californie. Ambitieux, il travaille pour aider sa famille et payer ses études. En 1918, il obtient un diplôme d'ingénieur chimiste. Après quelque temps de bourlingue, il se retrouve en 1922 à San Francisco, complètement démuni. C'est alors qu'il persuade une troupe de théâtre de l'engager pour réaliser un court métrage et il apprend le b.a.-ba du métier dans un laboratoire. Gagman à Hollywood, il travaille surtout avec Harry Langdon et contribue au succès de ce grand comique. Quand Langdon quitte le producteur Mack Sennett, il emmène avec lui Capra, qui réalise *Tramp, Tramp, Tramp* (1926). Mais le talent de Capra fait de l'ombre à Langdon, qui se débarrasse de lui. Il s'exile alors à New York où il réalise un film, qui est un échec. Après son retour en Californie, seule la Columbia, un studio sans le sou, accepte de lui donner du travail contre un maigre salaire. Très vite, le cinéaste affirme ses dons et entraîne dans son ascension la Columbia, dont il fera un studio respecté et prestigieux. Après quelques films d'aventures, Capra réalise une série de mélodrames avec l'actrice Barbara Stanwyck. Le premier, *Ladies of Leisure* (1930), est un succès. Les suivants, plus personnels, telles *La Femme aux miracles* (1931) ou *La Grande Muraille* (1932), abordent des sujets brûlants comme le commerce de la religion. Après *La Grande Dame d'un jour* (1933), il mène en 1934 tous ses collaborateurs au triomphe et aux oscars avec *New York-Miami*, véritable naissance de la comédie loufoque à l'américaine. Capra raconte dans son autobiographie (*The Name Above the Title*, 1971, paru en français sous le titre *Hollywood Story*) que, malade, il reçut la visite d'un homme mystérieux le conjurant de mettre son talent au service des grandes causes. En réponse, il tourne *L'Extravagant M. Deeds* (1936), une comédie pleine d'humour et de bons sentiments, avec en vedette Gary Cooper, qui va définitivement consacrer sa « griffe » inimitable. Il est enfin parvenu à son but : avoir son nom au générique avant le titre du film. Il vise encore plus haut avec *Horizons perdus* (1937), féerie utopique qui est, à ses yeux, une œuvre fondamentale.

Devenu indépendant, Capra va de réussite (*L'Homme de la rue*, 1941) en succès public (*Arsenic et vieilles dentelles*, 1944). En pleine guerre, il est appelé à servir son pays et supervise pour le gouvernement, à Washington, la série *Pourquoi nous combattons*, chargée de soutenir le moral des soldats américains. En 1947, il revient à Hollywood avec son chef-d'œuvre *La vie est belle*, qui ne sera pas immédiatement reconnu comme tel. Capra laisse apparaître derrière son optimisme une amertume grandissante (*Un trou dans la tête*, 1959). En 1962, il fait ses adieux au cinéma avec *Milliardaire pour un jour*, beau remake de *Grande Dame d'un jour*.

Frank Capra est un cinéaste naïf dont les films, sous une apparente candeur, mettent souvent le doigt sur les plaies de l'Amérique avec une vive acuité. Témoin de son époque et conteur, ses récits gardent un charme intact.

voir : Les États-Unis p. 66-73

CARNÉ
Marcel
Paris 1909 – Clamart 1996

Marcel Carné naît à Paris dans le quartier populaire des Batignolles. Il a cinq ans lorsque sa mère meurt. Élevé entre son père ébéniste, sa tante et sa

Frank Capra en 1942

grand-mère, il devient très vite un spectateur assidu des salles de cinéma. À dix-huit ans, il a la chance d'être engagé comme assistant par le réalisateur Jacques Feyder, puis quelques années plus tard par René Clair. Carné entre à *Cinémagazine*, où il se révèle un ardent défenseur du cinéma expressionniste allemand et du film policier américain. En 1929, il réalise son premier film, un documentaire, *Nogent, Eldorado du dimanche*, bien accueilli, puis en 1936 *Jenny*, né d'une première rencontre avec Jacques Prévert. Leur collaboration va durer une dizaine d'années au cours desquelles Carné, sur les scénarios de Prévert, réalise une série de chefs-d'œuvre, qui vont de *Drôle de drame* (1937) – avec son inoubliable « Bizarre, vous avez dit bizarre » – aux *Portes de la nuit* (1946).

Avec *Quai des brumes* (1938), et le couple mythique formé par Michèle Morgan et Jean Gabin, puis *Le jour se lève* (1939), le monde cher à Carné, celui des petites gens, des ouvriers, se trouve confronté, dans sa quête du bonheur, aux amours impossibles, aux meurtres, à la fatalité d'une classe sociale démunie. Ce réalisme irrigué par la poésie de Jacques Prévert traverse toutes les années d'intense création du cinéaste. *Hôtel du Nord* (1938), dont le scénario a été écrit par Henri Jeanson, résonne toujours de la réplique d'Arletty, lançant à Louis Jouvet d'une voix née dans les faubourgs de Paris : « Atmosphère, atmosphère, est-ce que j'ai une gueule d'atmosphère ? » En 1942, en pleine occupation allemande, Carné réalise *Les Visiteurs du soir*, un conte médiéval fantastique et somptueux où l'amour triomphe des pièges du diable et de la mort, une allégorie de la Résistance.

Avec *Les Enfants du paradis* (1945), Carné signe un des grands chefs-d'œuvre de l'histoire du cinéma français. Une pléiade d'acteurs (Arletty, Pierre Brasseur, Maria Casarès, Jean-Louis Barrault) ont été réunis dans

Marcel Carné

cette immense fresque, en deux époques, qui raconte la vie des gens de théâtre en France sous Louis-Philippe. Dans la foule des grands boulevards, des intrigues se trament, des assassins se promènent, des amours impossibles naissent. Grâce au génie de son décorateur Alexandre Trauner, à la qualité de ses acteurs, hauts en couleur et tous inoubliables, à la poésie et la fantaisie de Prévert, Carné a signé une des plus belles pages de l'apogée du classicisme français. Après 1949, il ne travaille plus avec Prévert et ne retrouvera jamais le succès, même si *Juliette ou la Clé des songes* (1951) et *Thérèse Raquin* (1953), tragédie inspirée du roman de Zola, méritent une place dans l'histoire du cinéma.

voir : La France p. 74-81 – p. 94-97

CASSAVETES
John
New York 1929 –
Los Angeles 1989

Excellent acteur, John Cassavetes a pu mener parallèlement une carrière de réalisateur indépendant, avec une liberté rare dans le cinéma américain. Fils d'un homme d'affaires grec, il naît à New York en 1929. Avec quelques amis, il s'inscrit à l'American Academy of Dramatic Arts de New York, parce que « l'école est bourrée de filles », débute au cinéma en 1953 et épouse, l'année suivante, l'actrice Gena Rowlands, qui jouera dans six de ses films et dont il aura trois enfants ; l'un d'entre eux, Nick, est aujourd'hui réalisateur. Don Siegel lui donne son premier grand rôle dans *Face au crime* (1956) ; il est remarquable aussi bien dans *Les Douze Salopards* (Robert Aldrich, 1967) que dans *Rosemary's Baby* (Roman Polanski, 1968).

Fasciné par l'improvisation d'une jeune comédienne dans l'atelier d'art dramatique, il lance en direct à la télévision un appel aux « gens qui ont envie de voir un film qui parle vraiment des gens ». Les deux mille dollars reçus lui permettent de réaliser, en 1959, son premier film, *Shadows*, tourné en 16 mm, avec des acteurs inconnus, jouant à la limite de l'improvisation, et une intrigue « décousue ». La caméra s'approche des corps comme pour les toucher, scrute la naissance de l'émotion dans le moindre frémissement de la peau. Ce film, qui parle de la vie quotidienne à New York avec son cortège d'angoisse, de xénophobie, de solitude, dans un langage totalement nouveau – celui de la liberté –, suscite l'intérêt d'un producteur de la Paramount.

Cependant lorsque Cassavetes réalise pour cette compagnie *La Ballade des sans-espoir* (1962) et, l'année suivante, *Un enfant attend*, dont on lui retire le montage final, il comprend que pour conserver sa liberté d'expression il doit revenir à des productions artisanales ; celles-ci seront financées par ses cachets d'acteur, avec la complicité d'un groupe d'amis acteurs, sa femme Gena Rowlands, Seymour Cassel, Ben Gazzara et Peter Falk. À partir de *Faces* (1968), l'œuvre très personnelle de Cassavetes plonge dans l'univers du couple, décrit des personnages en crise, met en scène des comédiens poussés dans leurs retranchements les plus secrets, laissant échapper des torrents d'émotion et de larmes : des couples se forment (*Ainsi va l'amour*, 1971), d'autres affrontent la mort (*Husbands*, 1970) ou la dépression (*Une femme* *sous influence*, 1975). Un de ses derniers films, *Torrents d'amour/Love Streams* (1983), par son titre même et son incroyable imbroglio affectif, pourrait résumer l'œuvre de Cassavetes. Malade, il meurt à Los Angeles à soixante ans.

voir : Les États-Unis p. 146-153

CHABROL
Claude
Paris 1930

C'est au cours de brèves études de lettres et de droit que Claude Chabrol, fils de pharmaciens, rencontre le groupe qui constituera plus tard le noyau actif des *Cahiers du cinéma*. En 1957, il écrit avec Éric Rohmer la première monographie consacrée à Alfred Hitchcock. À la différence de ses amis cinéastes, qui vont former le groupe de la Nouvelle Vague, il poursuivra une carrière volontairement abondante, diverse et inégale, choisissant de tourner coûte que coûte. En 1997, *Tout va bien* est son cinquantième film.

Grâce à un héritage familial, il réalise le premier long métrage de l'histoire de la Nouvelle Vague, *Le Beau Serge* (1958), suivi par *Les Cousins* (1959), tous deux interprétés par le charmant et désinvolte Jean-Claude Brialy et par le fougueux Gérard Blain. Après ces premiers succès, son film le plus ambitieux, *Les Bonnes Femmes* (1960), qui décrit la vie quotidienne et les aspirations de quatre « midinettes », sans les juger et sans les idéaliser, est violemment rejeté par la critique et le public. Entre 1967 et 1974, Chabrol connaît une période particulièrement faste, liée à la fois au soutien d'un producteur, André Génovès, et à la présence d'une actrice privilégiée, Stéphane Audran, sa femme dans la vie. Il réalise alors *Les Biches*, *La Femme infidèle*, *Que la bête meure*, *Le Boucher*, *Juste avant la nuit*, *Les Noces rouges*, qui sont autant d'analyses remarquables de la vie provinciale. Depuis 1984, sa collaboration avec le producteur Marin Karmitz a donné un nouvel élan à une carrière qui a atteint sa pleine maturité avec *Une affaire de femmes* (1988), *Madame Bovary* ou *Betty* (1991).

Lecteur passionné de Balzac et de Henry James, mais aussi amateur de romans policiers auxquels il emprunte maints sujets, Chabrol s'attache plutôt à la description des mentalités qu'à la peinture de la société bourgeoise. Ses héros sont prisonniers de leur subjectivité, convaincus de leur supériorité morale, fuyant le contact avec une réalité qui, en détruisant leurs illusions, peut les entraîner vers la folie (*Ophélia*, 1961 ; *L'Enfer*, 1994), le meurtre (*Landru*, 1962 ; *Les Fantômes du chapelier*, 1982 ; *La Cérémonie*, 1995), le terrorisme aveugle (*Nada*, 1973), la bêtise ordinaire (*Masques*, 1986). Les mises en scène de Chabrol, par de subtils mouvements de caméra, amènent le spectateur à prendre conscience des dérèglements de la société et de l'égarement de ses personnages, interprétés par des acteurs qui ne craignent pas une certaine outrance.

voir : La France p. 116-123

CHAHINE
Youssef
Alexandrie 1926

Youssef Chahine commence sa carrière au début des années 50, avec des films de genre pour les studios du Caire. Il dirige ainsi le couple vedette Faten Hamama et Omar Charif dans *Ciel d'enfer* (1954), un agréable polar rural filmé à Louxor, mais aussi le célèbre chanteur Farid Al Alrache dans *C'est toi mon amour* (1957), comédie musicale plutôt enlevée. Dès *Gare centrale*, un drame social doublé d'un thriller tourné en 1958, il se montre attentif aux laissés-pour-compte de la société. Au fil des années 60, sa filmographie s'ouvre à de nouvelles inspirations et confirme l'originalité de son regard. *Saladin* (1962), ambitieuse fresque historique où certains ont cru voir un hommage à la figure du président Nasser, rappelle que, face aux croisés, Arabes chrétiens et musulmans faisaient cause commune. Au tournant des années 60-70, le cinéaste, en pleine possession de ses moyens, va donner des œuvres brillantes. À la fois lyrique et politique, *La Terre* (1968) peint les difficultés des petits paysans ; *Le Moineau* (1973) propose, à travers un récit en forme de puzzle, une chronique sans concession de l'Égypte au lendemain de la guerre des Six Jours. En 1978, avec *Alexandrie pourquoi ?* il brosse le portrait d'un jeune Égyptien passionné de cinéma tout en restituant, avec lucidité et chaleur, les facettes du melting-pot alexandrin des années 40, incarné par un foisonnement de personnages. Après ce film aux accents autobiographiques, Chahine pousse plus loin dans la voie de l'introspection, chose rare dans le cinéma arabe, avec *La Mémoire* (1982) puis *Alexandrie encore et toujours* (1990), où il affirme un style qui fait la part belle à l'imaginaire. Ce qui ne l'empêche pas de revisiter l'Histoire, comme dans *Adieu Bonaparte*, vision décapante de l'expédition d'Égypte. Plus intimiste, *Le Sixième Jour* (1986), d'après un roman d'Andrée Chédid sur fond d'épidémie de choléra, donne l'occasion à la chanteuse Dalida d'illustrer son talent de comédienne dans un rôle dramatique. Il obtient un énorme succès public en Égypte avec *L'Émigré* (1995), parabole inspirée par le personnage biblique de Joseph. Juste consécration, le Prix spécial du cinquantième anniversaire au Festival de Cannes lui est décerné en 1977, alors qu'il présentait *Le Destin*. En mélangeant harmonieusement les genres, il livre un hymne à la tolérance situé dans l'entourage du philosophe Averroès, dans l'Andalousie médiévale.

voir : Le monde arabe p. 158-159

CHAPLIN
Charles Spencer, dit Charlie
Londres 1889 – Vevey 1977

Né à Londres en 1889, Chaplin débute dès l'enfance au music-hall. Une tournée de sa troupe l'ayant conduit aux États-Unis, il est engagé en 1914 par Mack Sennett, qui dirige alors la production comique du studio Keystone. Le nouveau venu réalise bientôt des films courts, d'une ou deux bobines, dont il est la vedette. C'est là que prend forme puis s'affine le personnage de Charlie, devenu « Charlot » en français. En empruntant quelques traits à l'élégant Max Linder, Charlot devient un dandy dépenaillé, un éternel errant, qui ne cesse d'agiter sa canne de bambou et d'épousseter son chapeau melon. À l'invention permanente des gags s'ajoute un génie de la mimique et une vivacité imprévisible des gestes, qui lui permettent de composer une figure inoubliable. À la fin de la Première Guerre mondiale, il est aussi célèbre en Europe qu'aux États-Unis, et attire au cinéma un public nouveau, plus cultivé, qui salue son humanité.

Les gestes de Charlot répondent à des situations très simples et expriment les sentiments les plus humains : la faim, le désir, la peur, l'attendrissement, mais aussi une certaine méchanceté. Chaplin a mis au point une série de mouvements qui traduisent une incroyable célérité de l'intelligence et du corps, une merveilleuse promptitude de la ruse : au sourire innocent succède un perfide croc-en-jambe. Le plaisir tient, plus encore qu'au gag, à la grâce allègre avec laquelle un exercice mécanique s'ajuste à la situation et obéit à l'éclair de la pensée. La mise en scène de Chaplin témoigne très tôt d'une maîtrise délicate de l'espace et d'un sens exact du temps, opposant une frénésie accélérée à des moments plus lents, souvent teintés de mélancolie. Il est parfaitement à l'aise dans le moyen métrage (*Une vie de chien* ; *Charlot soldat*, 1918), alors que le long métrage *Le Roman comique de Charlot et de Lolotte*, réalisé par Sennett en 1914, manque d'unité.

Soucieux d'indépendance artistique et désireux d'élargir son registre, Chaplin quitte la Keystone pour rejoindre la Essanay en 1915, puis la Mutual en 1916, et enfin la First National en 1918. Il fonde avec Douglas Fairbanks, Mary Pickford et D. W. Griffith une société chargée de promouvoir des œuvres conçues en toute liberté, l'United Artists (Les Artistes Associés). Il y élabore son premier long métrage, *Charlot et le Kid* (1921), qui mêle le rire et les larmes grâce à la présence d'un enfant pathétique et malicieux. Dans *L'Opinion publique* (1923), où il apparaît à peine, il s'essaie au drame : le génie des éclairages, la souplesse des rythmes dramatiques, le sens de l'allusion, la sobriété des cadrages et de la direction d'acteurs y élargissent les possibilités de l'art muet. Dans les comédies de la même époque, le burlesque se teinte de nuances rêveuses, mais Charlot ne cesse d'incarner la protestation contre l'injustice sociale (*Le Pèlerin*, 1923 ; *La Ruée vers l'or*, 1925 ; *Le Cirque*, 1928 ; *Les Lumières de la ville*, 1931).

Chaplin est ici à l'apogée de son art ; pourtant sa carrière va connaître une éclipse. D'un côté, il refuse le cinéma parlant ; de l'autre, il se voit attaqué dans sa vie privée. C'est le début d'une suite de procès et de scandales qui le pousseront à quitter l'Amérique. Dans *Les Temps modernes* (1936), il réalise une satire de son époque, alors que Charlot, une dernière fois, rêve à l'Âge d'or. *Le Dictateur* (1940) est son premier film parlant : il y joue deux rôles, un Hitler bouffon et un infortuné barbier juif, et

Charlie Chaplin

prend courageusement parti contre le nazisme et le racisme en Europe. Ce film très polémique est porté par la grâce de la fantaisie. Chaplin donne ensuite une version acide, mais extraordinairement riche d'observations glaçantes, de l'affaire Landru (*Monsieur Verdoux*, 1947), avant de faire, en Europe où il s'est installé avec toute sa famille, des adieux touchants à l'art comique (*Les Feux de la rampe*, 1952) et de régler ses comptes avec l'Amérique (*Un roi à New York*, 1957). Son dernier film, *La Comtesse de Hong-Kong* (1967), passe inaperçu, en dépit de ses qualités. À Vevey, en Suisse, il s'emploie à composer des musiques pour ses films muets et à rédiger son autobiographie ; il y meurt en 1977.

Sa gloire et le ton moralisateur qu'il a parfois pris en agacent plus d'un. Mais la richesse et l'invention de ses films, l'exigence artistique et la rigueur de la mise en scène, sous une apparence volontairement modeste, font de lui un maître capital du comique.

voir : Les États-Unis p. 50-55 – p. 66-73

CLAIR
René Chomette, dit René
Paris 1898 – Paris 1981

Fils d'un commerçant du quartier des Halles, René Clair se passionne pour la littérature. Devenu journaliste, il écrit quelques chansons pour Damia, qui l'introduit dans le milieu du cinéma. Au début des années 20, il devient acteur dans des films de Louis Feuillade, critique, puis assistant de Jacques de Baroncelli. Une de ses premières réalisations, *Entr'acte* (1924), manie la provocation burlesque, avec des messieurs en queue-de-pie qui se mettent à courir derrière un corbillard tiré par un chameau. Ce court métrage, commandé par le peintre Francis Picabia, sur une musique d'Erik Satie, est un film d'avant-garde, reflet du milieu artistique parisien de l'époque.

Après l'adaptation très réussie de comédies de Labiche – *Un chapeau de paille d'Italie* (1928) et *Les Deux Timides* (1929) –, René Clair se pose comme un farouche défenseur du cinéma muet. Il fustige le cinéma parlant, « monstre redoutable, création contre nature grâce à laquelle l'écran deviendrait un pauvre théâtre, le théâtre du pauvre », mais n'en signe pas moins un des premiers films parlants français, *Sous les toits de Paris* (1930), dont le refrain fait le tour du monde. L'année suivante, la comédie chantée et dansée *Le Million*, racontant l'histoire d'une bande de voyous à la poursuite d'un billet de loterie gagnant, achève de dessiner ce qui fait le charme mais aussi les limites du petit monde du réalisateur français : des figures aussi pittoresques que ses décors mais dénuées de chair, une mécanique élégante dans laquelle l'intelligence prime sur la sensualité, une écriture plaisante et jolie. *À nous la liberté* (1931), satire du monde des affaires et du travail, doit sa renommée à Chaplin, qui s'en est inspiré pour *Les Temps modernes* (1936).

Ce cinéaste qui incarne si bien l'esprit français est aussi celui qui a réussi à exporter son talent après l'échec du *Dernier Milliardaire* (1934) ; en Angleterre d'abord, aux États-Unis ensuite où il réalise *La Belle Ensorceleuse* (1941) avec Marlene Dietrich et *Ma femme est une sorcière* (1942), une comédie fantastique. Comédies, intrigues policières, film d'aventures, anticipation : René Clair diversifie sa palette.

Son retour en France est marqué par le succès d'un hommage au cinéma muet, *Le silence est d'or* (1947), dont la trame s'inspire de *L'École des femmes*. En 1960, René Clair est élu à l'Académie française. Ses derniers films relèvent d'une élégance surannée, celle de ses personnages d'abord, de sa mise en scène surtout, guère habitée, sauvée par le talent d'acteurs comme Michel Simon dans *La Beauté du diable* (1950).

voir : La France p. 74-81 – 94-97

CLOUZOT
Henri-Georges
Niort 1907 – Paris 1977

D'abord journaliste et collaborateur de chansonniers en vogue, Henri-Georges Clouzot fait son apprentissage de scénariste à Paris, puis de 1932 à 1934 à Berlin, où il supervise les versions françaises des opérettes allemandes. De 1941 à 1943, il travaille comme responsable des scénarios de la firme allemande Continental installée en France. Après

René Clair

Henri-Georges Clouzot

deux scénarios à succès – *Le Dernier des six* et *Les Inconnus dans la maison* – il tourne, en 1942, son premier film, *L'assassin habite au 21*, d'après Stanislas-André Steeman, un excellent polar français avec un remarquable trio d'assassins. L'année suivante, *Le Corbeau* révèle l'hypocrisie et la bassesse sordide des habitants d'une petite ville française secouée par une affaire de lettres anonymes. L'obsession du mal et la noirceur avec laquelle il décrit la société comme l'âme humaine font de Clouzot le précurseur, puis le chef de file, du réalisme noir d'après-guerre (*Quai des orfèvres*, 1947 ; *Manon*, 1948). Son activité à la Continental sous l'Occupation vaudra à Clouzot d'être suspendu à la Libération pendant deux ans, tandis que *Le Corbeau* était accusé d'être un film de propagande antifrançaise. Bien avant la Nouvelle Vague, Clouzot se considère comme un « auteur », à la fois scénariste et réalisateur, imposant un univers et un style très personnels. Despote sur le plateau, perfectionniste jusqu'à la maniaquerie, son style se remarque par le jeu des oppositions violentes entre ombres et lumière, et ne laisse aucune place au hasard. Cette obsession de la forme le mène à tenter de percer l'énigme de la création chez un artiste de la dimension de Picasso dans un film singulier, *Le Mystère Picasso* (1955).

Pour peindre les vices cachés de ses personnages, surtout s'ils appartiennent à la bourgeoisie (*La Vérité*, 1960, avec Brigitte Bardot et Jean Gabin), Clouzot utilise volontiers le film policier (*Les Diaboliques*, 1955, d'après Boileau et Narcejac) ou le suspense (*Le Salaire de la peur*, 1953). La question posée dans *Le Corbeau* – « Où est l'ombre, où est la lumière ? » c'est-à-dire où est le bien, où est le mal ? – est au centre de son propos et le conduit à une interrogation mystique qui marque ses derniers films, dont *La Prisonnière* en 1968.

voir : La France p. 74-81 – p. 94-97 – p. 98-99

COPPOLA
Francis Ford
Detroit, Michigan, 1939

Francis Ford Coppola est le fils du compositeur Carmine Coppola, autrefois flûtiste de Toscanini. Passionné par le cinéma dès l'âge de dix ans, fasciné par le Hollywood mythique, il rêve de le faire revivre dans des entreprises parfois gigantesques. Coppola appartient à cette nouvelle génération de cinéastes cinéphiles formés par les écoles de cinéma. Expérimentateur et homme d'affaires, personnalité toujours excessive, parfois guetté par la mégalomanie, il multiplie les activités : scénariste, réalisateur, producteur (Zoetrope Productions), distributeur, metteur en scène de théâtre et d'opéra, éditeur d'un magazine... En 1981, par exemple, Coppola fait projeter aux États-Unis le *Napoléon* d'Abel Gance, un des chefs-d'œuvre restaurés du cinéma muet, accompagné d'une musique écrite par son père et joué par un orchestre imposant.

À vingt-quatre ans, il réalise son premier film fantastique, *Dementia 13*, produit par Roger Corman, spécialiste des films à petit budget. Après *Big Boy* (1966), une comédie originale proche de l'esprit du jeune cinéma anglais, il se fait remarquer en 1969 avec *Les Gens de la pluie*. Film de commande à l'origine, *Le Parrain* (1972), qui sera suivi de deux autres volets, en 1974 et 1991, lui apporte une renommée internationale. Cette saga renouvelle avec brio le film de gangsters et décrit à merveille les liens inextricables entre le pouvoir familial et patriarcal de tradition latine et le fonctionnement du capitalisme libéral américain, dont la Mafia s'approprie avec perversité les valeurs : famille, honneur, profit, en y ajoutant en prime la violence et le cynisme.

C*onversation secrète* (1974), un des films les plus personnels de Coppola, décrit l'aventure d'un spécialiste des écoutes téléphoniques, qui ne peut empêcher un drame parce qu'il est impuissant à déchiffrer l'inflexion d'une phrase. L'individu qui dispose d'un savoir technologique supérieur n'a-t-il pas une responsabilité dans la société ? C'est la même question que pose *Apocalypse Now* (1979), mais avec un gigantisme et une démesure qui hanteront les projets de Coppola. Ce spectacle grandiose de feu et de sang est à l'image de la guerre du Viêt-nam, avec ses moyens disproportionnés à l'action ou encore sa stratégie hésitante. Quelques années plus tard, Coppola en donnera une version plus sobre et émouvante dans le très beau *Jardins de pierre* (1987).

En 1982, *Coup de cœur*, où l'image électronique se mêle aux souvenirs de la comédie musicale d'antan, est un échec commercial qui mène Zoetrope à la faillite. Plus que ses deux films sur l'adolescence et la jeunesse délinquante – *Outsiders* (1982) et *Rusty James* (1983) –, ou que le très empesé *Cotton Club* (1984), c'est par des films de commande familiaux, nostalgiques et sentimentaux que le cinéaste retrouve son terrain de prédilection, la description des mentalités et du rêve américains (*Peggie Sue s'est mariée*, 1982 ; *Jack*, 1996). En 1992, il offre une vision à la fois nouvelle et très fidèle du roman de Bram Stoker, *Dracula*, qui jongle avec les effets spéciaux.

voir : Les États-Unis p. 146-153 – Frankenstein et Dracula p. 194-195

CRONENBERG
David
Toronto 1945

Après deux ou trois films, c'est à vingt-cinq ans que David Cronenberg se fait connaître du public, avec *Frissons* (1970), où l'on voit des parasites envahir un immeuble, provoquant d'incroyables bouleversements parmi tous ses habitants. Depuis, dans une dizaine

Francis Ford Coppola en 1969 en train de tourner « Les Gens de la pluie »

David Cronenberg en 1996 réalise « Crash »

de films, Cronenberg explore un monde fantastique où se mêlent l'horreur, les technologies modernes et une nette attirance pour la violence, qu'il décortique avec froideur ; dans cet univers, le corps humain, envahi par des êtres maléfiques et inconnus, subit d'étranges métamorphoses : *Chromosome 3* (1979) nous fait assister à la naissance d'enfants mutants et programmés pour le meurtre, et dans *La Mouche* (1986, remake du film de Kurt Neuman), qui aborde l'univers de la science-fiction, un savant pris à son propre piège se retrouve dans le corps d'une mouche monstrueuse. À la fois étrange et clinique, *Faux-semblants* (1988) évoque les dangers des manipulations génétiques. Moins spectaculaire mais tout aussi tragique, *Monsieur Butterfly* (1994) retrace une liaison amoureuse impossible, en Chine avant la révolution. En 1996, Cronenberg adapte un roman de James Graham Ballard et tourne *Crash*, film apocalyptique où l'automobile, investie d'une puissance érotique et destructrice, devient une réelle menace pour l'homme.

CUKOR
George
New York 1899 – Los Angeles 1983

C'est avec la généralisation du cinéma parlant que George Cukor, jeune metteur en scène réputé de la scène newyorkaise, est appelé à Hollywood. Il y retrouve des comédiens de théâtre, comme John, Lionel et Ethel Barrymore (*The Royal Family of Broadway*, coréalisé par Cyril Gardner, 1930). En 1932, en conflit avec son producteur Ernst Lubitsch, il quitte la Paramount et passe sous la houlette de David O. Selznick, à la RKO, puis à la MGM se spécialise dans les adaptations prestigieuses, comme *Héritage* (1932), où il révèle Katharine Hepburn, qui deviendra son actrice fétiche, *Les Quatre Filles du Dr March* (1933), *Roméo et Juliette* (1936). Son style s'affirme : une direction d'acteurs (et surtout d'actrices) naturelle et nuancée, dans le drame comme dans l'exubérance comique (*Femmes*, 1940) ; un raffinement visuel qu'il obtient grâce à une équipe d'exceptionnels techniciens (photo, décor, costumes) ; un sens du récit lui permettant de moduler et de rythmer des scénarios qu'il ne signe jamais. Ses chefs-d'œuvre mettent en scène avec délicatesse des amours confrontées à l'hypocrisie sociale ; ce sont des mélodrames comme *Le Roman de Marguerite Gautier*, avec Greta Garbo (1936), ou des satires douces-amères comme *Sylvia Scarlett* (1935) ou *Vacances* (1938), tous deux interprétés par le tandem Katharine Hepburn et Cary Grant, que l'on retrouve en compagnie de James Stewart dans le triomphal *Indiscrétions* (1940). Il excelle aussi dans le mélodrame criminel : *Hantise* (1944), avec Ingrid Bergman, et *Othello* (1948), avec Ronald Colman, valent des oscars à leurs interprètes respectifs. Des films comme *Madame porte la culotte* (1949), avec Spencer Tracy et K. Hepburn, et *Comment l'esprit vient aux femmes* (1950) font ressortir un thème récurrent : celui de Pygmalion, l'homme qui donne vie à une femme en la révélant à elle-même, puis craint de voir sa « créature » lui échapper. Ce leitmotiv parcourt toute la filmographie de Cukor, hanté par l'impossibilité du couple à connaître le bonheur, et par le déchirant besoin de trouver sa place dans la société. Les splendeurs de l'écran large et de la couleur lui permettent d'affirmer pleinement son talent dans *Une étoile est née* (1954) avec Judy Garland, *Les Girls* (1957), ou dans la comédie musicale, *My Fair Lady* (1964). Ses œuvres tardives sont hantées par l'ironie et le désarroi du temps qui passe (*Voyages avec ma tante*, 1973 ; *Riches et célèbres*, 1981).

voir : Les États-Unis p. 66-73 – p. 110-115

George Cukor dirige Marylin Monroe en 1960 dans le « Milliardaire »

DEMILLE
Cecil Blount
Ashfield, Massachusetts, 1881 – Hollywood 1959

Cecil B. DeMille fut élevé par son père, prédicateur épiscopalien, dans un profond respect de la Bible. Il débute au théâtre en 1900 et, pendant dix ans, il sera acteur et dramaturge. En 1913, il est l'un des fondateurs de la Jesse L. Lasky Feature Play Company, qui deviendra la Paramount, studio auquel le cinéaste sera fidèle, sauf pendant une courte période entre 1925 et 1932. DeMille a laissé courir la légende selon laquelle il avait été le premier, en 1913, avec *The Squaw Man* (*Le Mari de l'Indienne*), à tourner à Hollywood. Si cette affirmation est contestable, on ne peut nier l'importance qu'il a eue du point de vue stylistique. Un sens dramatique aigu rodé à la scène va faire de lui un des pères de la narration classique hollywoodienne.

En 1915, *Forfaiture* suscite bien des vocations parmi les futurs cinéastes : son écriture sèche, sa dramaturgie dépouillée et son raffinement plastique en font une œuvre capitale. On peut en dire autant des magnifiques comédies mondaines qu'il tourne jusqu'en 1923. Homme d'affaires avisé, il « crée » des stars comme Wallace Reid ou Gloria Swanson. En 1923, *Les Dix Commandements* abordent l'histoire de Moïse dans une mise en scène grandiose. *Le Roi des rois* (1927) et *Le Signe de la croix* (1932) sont accueillis comme des chefs-d'œuvre ; à la splendeur de la mise en scène s'ajoute un érotisme audacieux qui contribue au succès de *Cléopâtre* (1934). Mais ces films, qui lui apportent la gloire et fixent son image de maître du grand spectacle et du péplum, ne constituent qu'une petite partie de son œuvre. DeMille contribue largement à l'histoire du western avec *Une aventure de Buffalo Bill* (1936) ou *Pacific Express* (1938), et au film d'aventures avec de grandes épopées, *Les Naufrageurs des mers du Sud* (1942), *L'Odyssée du Dr Wassel* (1944). *Sous le plus grand chapiteau du monde* (1953) apparaît comme son autoportrait d'homme de spectacle, tandis que *Les Dix Commandements* (1956), un remake du film de 1923, peut être considéré comme la somme de tout son travail, avec des images inoubliables, comme celle de la mer Rouge qui s'ouvre pour laisser passer le peuple juif puis se referme en engloutissant les armées du pharaon.

Tyrannique et réactionnaire, DeMille a suscité beaucoup d'admiration et de haines. Il n'en reste pas moins un des grands « illusionnistes » du cinéma, selon l'expression de Martin Scorsese. Il joue son propre rôle dans *Sunset Boulevard* de Billy Wilder (1950).

voir : Les États-Unis p. 50-55 – p. 110-115

DEMY
Jacques
Pontchâteau 1931 – Paris 1990

La réalisatrice Agnès Varda, son épouse, a raconté dans *Jacquot de Nantes* l'enfance de Jacques Demy : Nantes, le père garagiste, la mère coiffeuse, le collège technique, la caméra amateur, le goût pour les marionnettes, le dessin, le cinéma, l'opérette, les premiers films d'animation, les cours du soir aux Beaux-Arts, l'école de cinéma à

Cecil B. DeMille

Jacques Demy avec Catherine Deneuve en 1964 sur le plateau des « Parapluies de Cherbourg »

Vittorio De Sica en 1956 pendant le tournage du « Toit »

Paris enfin, puis le premier court métrage, un documentaire, *Le Sabotier du Val de Loire* (1955).

Demy a envie de réaliser des comédies musicales, à l'image de celles d'outre-Atlantique. Son premier long métrage, *Lola* (1961), est en noir et blanc avec des intermèdes musicaux très courts. Tourné à Nantes, ce film contient la plupart des ingrédients qui font l'univers du cinéaste : les amours contrariés, l'absence, les retrouvailles, le hasard et la mélancolie, et surtout la musique d'un jeune compositeur, Michel Legrand. Ensemble, ils se mettent à rêver à un film entièrement chanté : ce seront *Les Parapluies de Cherbourg*, qui, en 1964, reçoivent la Palme d'or à Cannes. Avec *Les Demoiselles de Rochefort* (1966) et *Une chambre en ville* (1982), ce film incarne l'art de Jacques Demy, peintre et chorégraphe d'un monde « enchanté ». La réalité est transfigurée par les chansons, la danse, les couleurs, mais l'Histoire, avec son cortège de violences et de gravité, reste toujours présente.

Derrière les contes pour enfants se dissimulent des peurs ancestrales. *Peau d'âne* (1970) avec Catherine Deneuve, son actrice fétiche, en princesse, et *Le Joueur de flûte* (1971) s'adressent aux enfants par leur magie, mais aussi aux adultes, qui y liront soit une histoire d'inceste, soit, selon les mots mêmes de Demy, « la critique d'une civilisation plutôt qu'un appel au rêve ».

Ses derniers films, *Parking* (1985), dans lequel Orphée est un chanteur pop, et *Trois Places pour le 26* (1988), où le chanteur Yves Montand revient à Marseille sur les lieux de son premier amour, sont des échecs commerciaux. Avec ses complices des meilleurs moments (le musicien Michel Legrand, le décorateur Bernard Evein), Demy a tourné sa dernière comédie musicale, celle d'un éternel rendez-vous manqué avec la vie, sur un air de nostalgie.

voir : La France p. 116-123

DE SICA
Vittorio
Sora 1901 – Neuilly-sur-Seine 1974

Dans une carrière particulièrement féconde – plus d'une centaine de films comme acteur, une trentaine comme metteur en scène –, Vittorio De Sica n'a pas toujours réussi à éviter les œuvres de second plan à côté des chefs-d'œuvre. Il n'en est pas moins une des figures les plus représentatives de l'évolution du cinéma italien entre les années 30 et les années 70, tant sa carrière a épousé les soubresauts d'une époque tourmentée.

Après des débuts sur les planches et quelques rôles secondaires au cinéma, il devient un des acteurs les plus appréciés du public, dans des films signés notamment par Mario Camerini, comme *Les Hommes, quels mufles !* où il interprète le rôle d'un modeste chauffeur de maître qu'un quiproquo fait passer pour un riche bourgeois. Tenté par la réalisation, il tourne son premier film en 1939, et signe très vite des œuvres d'inspiration réaliste comme *Mademoiselle Vendredi* (1941) ou *Les enfants nous regardent* (1944). Aidé par le scénariste Cesare Zavattini, De Sica aborde les années d'après-guerre animé du profond désir de participer à la reconstruction morale de la société italienne. Il réalise alors ses films les plus célèbres, notamment *Le Voleur de bicyclette* (1948). Joué par des acteurs non professionnels, en décor naturel, dans une Italie secouée par le chômage, ce film raconte l'errance d'un colleur d'affiches et de son jeune fils à travers la ville pour essayer de retrouver une bicyclette volée. De désespoir, il devient voleur à son tour. Par son sujet, comme par la simplicité de la mise en scène, ce film est conforme aux exigences du néoréalisme, mais grâce à la tendresse du regard de De Sica il est avant tout une belle leçon de lucidité. Dans la même veine, *Miracle à Milan* (1951) et *Umberto D.* (1952) expriment à l'égard des chômeurs, des marginaux ou des vieillards une profonde revendication de justice sociale.

Mais après *Station Terminus* (1953), le cinéaste est confronté aux difficultés économiques et politiques du cinéma italien et ne retrouve que de façon épisodique l'occasion de s'exprimer en toute indépendance : si *Le Toit* (1956), *La Ciociara* (1960), *Mariage à l'italienne* (1964), *Le Jardin des Finzi-Contini* (1970) cherchent à ne pas perdre de vue les enseignements néoréalistes, d'autres films sont des entreprises d'un intérêt limité souvent destinées à mettre en valeur Sofia Loren pour le compte du producteur Carlo Ponti (*Boccace 70 ; Hier, aujourd'hui, demain ; Les Fleurs du soleil...*). Poursuivant sa carrière d'acteur, De Sica est toujours resté un comédien d'une grande humanité sachant allier le brio de la comédie aux tonalités dramatiques, comme en témoignent *Madame de* (1953) de Max Ophuls, *Pain, amour et fantaisie* (1953) de Luigi Comencini ou *Le Général Della Rovere* (1959) de Roberto Rossellini.

voir : L'Italie p. 90-93 – p. 126-131

DISNEY
Walt Elias
Chicago 1901 – Burbank 1966

Doué pour le dessin dès l'enfance, Walt Elias Disney suit les cours du Kansas City Art Institute. Il a seize ans quand l'Amérique s'engage dans le conflit de la Première Guerre mondiale. Après la guerre, il travaille pour une société spécialisée dans le film publicitaire. Aux côtés de son ami Ub Iwerks (un jeune dessinateur d'origine hollandaise), Walt y découvre un art nouveau : le dessin animé. Très vite, il emprunte une caméra pour travailler à son compte. Il a à peine vingt ans.

À cette époque, au cinéma, le clown Koko, le héros des frères Fleischer, étonne les foules. C'est un petit clown dessiné, qui jaillit d'un encrier et chahute la main de son créateur. Walt décide de faire l'inverse, en filmant un acteur réel parmi des personnages dessinés, et réalise ainsi la série *Alice's Wonderland*. En 1923, avec son frère Roy, Disney quitte Kansas City pour Los Angeles où il va tenter sa chance auprès des grandes maisons de production. Un producteur leur passe commande d'une série d'*Alice*. Walt et Roy, rejoints par leur ami Ub Iwerks, fondent un studio et réalisent une quinzaine d'épisodes.

Ub Iwerks a un tel coup de patte que Disney décide de lancer une deuxième série, *Oswald le lapin*, qui connaît un franc succès. Et lorsque Ub Iwerks crayonne un jour une souris vive, espiègle et brise-tout, il vient de créer Mickey. Sa popularité éclate, le 18 novembre 1928, avec *Steamboat Willie*, premier cartoon sonorisé de l'histoire du cinéma. Dès le lendemain de la projection, tous les distributeurs réclament des « petits Mickeys qui parlent ».

Bientôt, les aventures de Mickey envahissent les journaux. Les retombées financières pleuvent et Disney peut enfin se consacrer à de plus vastes projets. Il lance les « Silly Symphonies », de joyeuses comédies musicales : la première s'intitule *The Skeleton Dance* (1929). De 1928 à 1938, Disney porte l'art du dessin animé à son apogée. Il perfectionne les voix, les bruitages, cherche de nouveaux sons. Les courts métrages débordent d'imagination et de trouvailles. Tout ce que touche Disney se transforme en or. Un premier oscar récompense son premier film en couleurs, *Flowers and Trees* (1932). Les personnages nouveaux se multiplient : Pluto apparaît en 1930, Goofy (en France, Dingo) en 1935, et Donald, le canard à la voix nasillarde, en 1936. 1933 voit l'immense succès des trois petits cochons ; en 1934 sort le premier Mickey en couleurs : *Band Concert*.

Disney achète alors 300 hectares à Burbank (Californie) pour y construire de plus grands studios. Des équipes de gagmen cherchent pour lui de nouveaux effets comiques. En équipant sa table de prise de vue de plaques de verre étagées à des niveaux différents, il obtient des effets de relief et de profondeur inhabituels dans l'univers plat du cartoon.

***B**lanche-Neige et les Sept Nains* (1937) est le premier dessin animé de long métrage de l'histoire du cinéma. Le film a demandé trois années de travail. Dès sa projection à Hollywood, il est considéré comme un chef-d'œuvre et couronné d'un oscar spécial (accompagné de sept petites statuettes). *Pinocchio* (1940) est une deuxième apothéose, une merveille visuelle qui vaut à son auteur deux nouveaux oscars. Mais la Seconde Guerre mondiale a commencé et la diffusion du film s'avère difficile. Disney se lance pourtant dans un projet encore plus ambitieux. Composé de sept sketches musicaux, *Fantasia* est un hommage à la musique d'une grande originalité : dans *Toccata et fugue*, de Bach, la bande-son s'anime en une suite de fascinantes images abstraites.

Les studios de Burbank deviennent alors une énorme machine, qui fait travailler des milliers de personnes, et Disney se

Walt Disney vers 1932 avec les trois petits cochons et le grand méchant loup

révèle un véritable homme d'affaires. Ses films sont diffusés dans le monde entier. Malgré la guerre, *Bambi* naît en 1942, tandis que le studio produit des films d'éducation pour l'armée. En 1950 sort *Cendrillon*, l'année suivante *Alice au pays des merveilles*, puis *Peter Pan* (1953), et *La Belle et le Clochard* (1955).

Le 17 juillet 1955, Walt Disney ouvre le premier parc d'attractions pour enfants, dont il rêvait depuis plus de quinze ans : Disneyland. Il abandonne alors la réalisation de films pour devenir chef d'industrie. Le dessin animé n'a plus qu'une part limitée dans les activités de la maison, qui se lance dans les films d'aventures (*Davy Crockett*), ou les documentaires sur la nature (*Le Désert vivant*). Les studios vont poursuivre leurs livraisons de dessins animés, au rythme d'un film tous les deux ou trois ans : *La Belle au bois dormant* (1959) ; *Les 101 Dalmatiens* (1961) ; *Merlin l'Enchanteur* (1963) ; *Le Livre de la jungle* (1966).

Le 15 décembre 1966, Walt Disney meurt à Burbank. En 1971, à Orlando, en Floride, Disneyworld, un Disneyland à la puissance cent, est inauguré, suivi en 1982 par Epcot (Experimental Prototype Community of Tomorrow), sorte d'exposition universelle permanente. Un autre parc d'attractions sera ouvert au Japon, puis en France en 1992 (Disneyland Paris).

Cependant, la qualité des films produits par les studios Disney décline, jusqu'aux années 80, lorsque de nouveaux dirigeants instaurent une politique de production intensive avec des équipes rajeunies : un film par an, au lieu d'un tous les quatre ans. Depuis *La Petite Sirène* (1990), les studios volent de triomphe en triomphe : *La Belle et la Bête*, *Aladin*, *Le Roi lion*, *Le Bossu de Notre-Dame* sont d'énormes succès mondiaux. Les studios Disney entrent dans le deuxième millénaire au moment où ils sont devenus une des plus puissantes sociétés de production d'Hollywood.

voir : Le cinéma d'animation p. 198-201

DREYER
Carl Theodor
Copenhague 1889 – Copenhague 1968

La jeunesse de Carl Dreyer est marquée par un terrible secret qu'il découvre à dix-sept ans, mais qu'il taira toute sa vie : l'homme qu'il prend pour son père, un ouvrier typographe, n'est pas son vrai père, et sa famille, qu'il déteste, est une famille adoptive. Sa véritable mère, Joséphine Nielsson, est morte deux ans après sa naissance. En 1906, il devient comptable à la Compagnie des télégraphes du Nord, et en 1909 il entame une carrière de journaliste. À la Nordisk Film, à partir de 1912, il rédige des intertitres (les cartons des films muets) puis assez vite des scénarios. Sa première mise en scène, *Le Président* (1918), un mélodrame fondé sur une suite de mésalliances, fait écho à ses origines. Avec ce film, il s'impose immédiatement par la rigueur de son style et des images très fortes, qui jouent sur les contrastes entre le noir et le blanc.

Dix ans plus tard, après avoir tourné en Suède, en Allemagne et en Norvège, Dreyer réalise en France *La Passion de Jeanne d'Arc* (1929), un des derniers chefs-d'œuvre du cinéma muet. Le cinéaste retrace le procès de Jeanne la Pucelle, ses aveux et sa mort sur le bûcher. Dans ce film aux formes dépouillées, aux décors nus, la caméra joue sur les gros plans du visage, sans fards, de l'actrice Renée Falconetti et traduit la tension, l'intensité dramatique de ce procès. Réputé pour son austérité, Dreyer sait aussi faire preuve d'humour dans une fable médiévale, *La Quatrième Alliance de Dame Marguerite* (1920), de fantaisie et d'ironie dans *Le Maître du logis* (1925).

Il tourne en France son premier film parlant, *Vampyr* (1932), une œuvre secrète et fantastique, qui malgré une photographie superbe fut un véritable échec. Dreyer rentre au Danemark, occupé par les Allemands, reprend sa plume de journaliste et réalise *Dies Irae*, en 1943, une histoire de sorcellerie dans laquelle la femme d'un pasteur est condamnée à être brûlée vive. Il dirige alors un des plus grands cinémas de Copenhague, tout en continuant à élaborer de nombreux projets. En 1954, il délivre un message d'espoir avec *Ordet*, œuvre mystique d'une grande portée spirituelle, dans laquelle un fils de patriarche ressuscite une jeune femme morte en couches. Dix ans plus tard *Gertrud*, drame de la passion traité

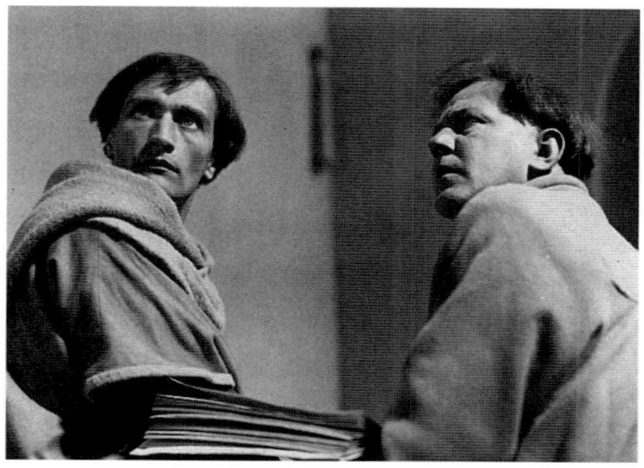

Carl Dreyer (à droite) et Antonin Artaud en 1929 sur le tournage de « La Passion de Jeanne d'Arc »

comme une tragédie antique, totalement incompris du public, est un nouvel échec. L'épitaphe que désire Gertrud sur sa tombe, *amor omnia*, offre une clé pour l'œuvre de Dreyer : « l'amour est tout », sa place est centrale, sa force manifeste la présence du divin.

voir : La Scandinavie p. 58-59 – p. 144-145

EISENSTEIN Sergueï-Mikhaïlovitch
Riga, Lettonie, 1898 – Moscou 1948

Eisenstein, dont le père est architecte en chef de la ville de Riga, reçoit une éducation bourgeoise et cultivée. À six ans, il visite Paris et découvre les films de Méliès, le musée Grévin. Il dessine, s'amuse à adapter des pièces de théâtre, puis entre dans une école d'ingénieurs. Mais la révolution éclate en 1917 et il s'engage dans l'Armée rouge. Démobilisé, il gagne Moscou où il rejoint le théâtre du Proletkult, organisation culturelle prolétarienne. Il y est décorateur puis metteur en scène, influencé par les plasticiens futuristes et constructivistes, disciple du metteur en scène Meyerhold. En 1923, Eisenstein monte *Le Sage* d'après Ostrovski ; il y insère un petit film à trucs usant d'artifices à la Méliès, *Le Journal de Gloumov*. Cette expérience et les limites qu'il ressent dans le théâtre l'amènent à passer au cinéma.

Avec la troupe du Proletkult, il tourne *La Grève* (1924), premier film ouvrier, dont les masses sont le héros ; il est tourné dans des usines et des dépôts métallurgiques, afin d'évoquer la situation sociale en 1905, sous l'ancien régime, et la féroce répression d'alors. Dans ce film, Eisenstein applique des principes expérimentés au théâtre, ceux du « montage des attractions ». Il pratique le collage d'éléments hétérogènes dont la collision doit produire des associations d'idées chez le spectateur, voire des réactions physiques. La nouveauté du film s'impose et on lui confie le projet de *L'Année 1905* pour célébrer le vingtième anniversaire de la révolution (avortée) de 1905. D'une vaste fresque en huit épisodes le projet est réduit à un seul, celui de la révolte des marins affamés et maltraités du cuirassé « Potemkine » en mer Noire. Cet événement avait fait grand bruit dans la presse de l'époque, ce dont témoignent plusieurs reportages de *L'Illustration* et une « actualité reconstituée » Pathé. *Le Cuirassé Potemkine* marque l'acte fondateur du nouveau cinéma russe. Le montage y est prépondérant, rythme les actions, privilégie des détails frappants, réduit les protagonistes à leurs signes distinctifs (bottes des Cosaques, lorgnon d'un médecin, poing qui se ferme, main qui se crispe sur une blessure).

Il entreprend ensuite un film sur le mouvement coopératif à la campagne, *La Ligne générale* (1926), mais doit l'interrompre. À la demande du comité central du Parti bolchevik, le cinéaste doit en effet réaliser un film anniversaire sur la révolution d'Octobre. Eisenstein expérimente dans *Octobre* (1927) un stade nouveau du film, le cinéma « intellectuel », capable de traduire des idées abstraites dans l'esprit du spectateur. Comme d'autres projets ambitieux qui se proposent de visualiser des raisonnements théoriques (*Le Capital* de Karl Marx, par exemple), *Octobre* n'a pas pour but de représenter les événements mais d'en livrer la logique politique. Le film reçoit un accueil mitigé car il est jugé abscons. En 1928, Eisenstein achève *La Ligne générale* au moment où Staline vient de mettre fin à la NEP. Pour rendre le film conforme à la nouvelle situation (industrialisation, plan quinquennal, collectivisation des campagnes), il faut en modifier la conclusion et le titre : il devient *L'Ancien et le Nouveau*.

En 1929, Eisenstein, avec son assistant Grigori Alexandrov et son opérateur Édouard Tissé, part pour l'Europe et les États-Unis afin d'étudier le cinéma sonore. À Hollywood, aucun des projets qu'il propose n'aboutit, et c'est grâce à l'écrivain socialiste Upton Sinclair qu'il va tourner, en 1930, au Mexique, un film embrassant toute l'histoire du pays à travers ses manifestations culturelles et religieuses. Après onze mois de tournage, *Que viva Mexico !* n'est toujours pas achevé ; Sinclair interrompt brusquement le tournage et, sur pression de Staline, Eisenstein rentre à Moscou.

Il rencontre alors d'énormes difficultés avec le nouveau responsable du cinéma, Boris Choumiatski. En 1935, son projet *Le Pré de Béjine*, évoquant la lutte à la campagne contre les « paysans riches », d'abord accepté, est critiqué en cours de tournage, recommencé puis finalement abandonné. Avec *Alexandre Nevski* (1938), Eisenstein réalise un film de mobilisation contre le nazisme menaçant alors l'URSS, dans une grande épopée historique qui évoque la lutte des Russes contre les Chevaliers teutoniques, au XIe siècle. Pour ce film, il travaille en étroite collaboration avec le compositeur Serge Prokofiev. En 1942, c'est à Alma-Ata, au Kazakhstan où il a été évacué devant l'avance allemande, qu'il commence *Ivan le Terrible*, évocation, en trois parties, du tsar Ivan IV, qui fit l'unité de la Russie au XVIe siècle. La première partie, sortie en 1945, lui vaut le prix Staline, mais la seconde sera interdite et publiquement condamnée par le parti communiste.

À la mort d'Eisenstein, en 1948, la troisième partie demeure inachevée. Sa disparition laisse un immense chantier, celui de son travail de théoricien et d'esthéticien, des milliers de pages, des projets de livres replaçant le cinéma dans l'histoire des arts, analysant ses moyens d'expression, les sténographies de ses cours de mise en scène à l'École de cinéma, une masse considérable de dessins de travail, de dessins libres, et de projets de films.

Sergueï Eisenstein, vers 1929

voir : La Russie p. 60-61 – L'URSS p.82-83

FASSBINDER
Rainer Werner
Bad-Worishofen, Bavière, 1945 – Munich 1982

Même si le cinéma a toujours été sa passion première, Rainer Werner Fassbinder a touché à tout : le théâtre en tant que metteur en scène et acteur, la radio, la télévision, le journalisme... Lorsqu'il meurt brutalement à l'âge de trente-sept ans, il a réalisé une quarantaine de films, souvent avec très peu de moyens. Né en 1945, d'un père médecin et d'une mère traductrice, il suit des cours d'art dramatique à Munich et tourne ses premiers courts métrages dès 1965, mais il est recalé au concours d'entrée à l'Académie de cinéma et de télévision de Berlin. Rejoignant en 1967 une petite troupe de théâtre d'avant-garde de Munich, l'Action Theater, il joue, monte ses premières mises en scènes et écrit sa première pièce de théâtre, *Le Bouc*, créée en 1968. La troupe dissoute, Fassbinder en monte une autre, qu'il baptise de manière provocatrice l'Anti-Theater, avec, entre autres, Kurt Raab, qui sera souvent son décorateur, Peer Raben, son musicien, et l'actrice Hanna Schygulla. Il réalise un premier long métrage en 1969, *L'amour est plus froid que la mort*, se jure de faire trente longs métrages avant l'âge de trente ans et affirme : « Je n'ai pas l'intention de créer quelque chose pour l'éternité. » Parmi ses premiers films beaucoup sont des adaptations de ses propres pièces mises en scène à l'Anti-Theater, jouées par des membres de la troupe (*Le Bouc*, 1969 ; *Le Soldat américain*, 1970 ; *Les Larmes amères de Petra von Kant*, 1971 ; *Liberté à Brême*, 1972...). Il se marie en 1970 avec Ingrid Caven, qui jouera dans une dizaine de ses films.

D'abord très influencé par Godard, Fassbinder, provocateur, gauchiste, subversif, iconoclaste, développe une œuvre très personnelle et cohérente malgré son apparente diversité. Il connaît bien les personnages qu'il dépeint : marginaux, immigrés, homosexuels, travestis, drogués, prostitués. À travers leurs problèmes et leur désespoir, c'est la prospère société de consommation allemande, sa froideur, sa cruauté, son égoïsme, qu'il met en accusation, sans en oublier le passé nazi. Les films de Fassbinder sont des plaidoyers contre toutes les formes de racisme, d'exclusion et d'intolérance, le pire des crimes étant à ses yeux d'empêcher des individus de s'aimer, quelle que soit leur différence. Il emprunte fréquemment au genre du mélodrame son ton, ses sentiments exacerbés et sa démesure, qui s'accordent parfaitement à son goût pour le baroque flamboyant : *Le Marchand de quatre saisons* (1971) décrit la déchéance d'un ancien légionnaire devenu marchand de quatre saisons ; *Tous les autres s'appellent Ali* (1973) relate la liaison jugée scandaleuse d'une femme de soixante ans et d'un travailleur de vingt ans plus jeune ; sans oublier *Le Mariage de Maria Braun* (1978), *Lili Marleen* (1980), etc. Son œuvre s'achève avec *Querelle*, d'après Jean Genet.

Rainer Werner Fassbinder

voir : L'Allemagne p. 136-137

FELLINI
Federico
Rimini 1920 – Rome 1993

Fellini est né à Rimini. Une légende raconte qu'il aurait, dans son enfance, tenté de suivre un cirque. Il est d'abord journaliste à Florence, puis débarque à Rome en 1939, collabore à l'hebdomadaire satirique *Marc'Aurelio*, où il publie des articles et ses propres dessins. Ce talent de caricaturiste ne lui fera jamais défaut : la plupart des personnages qui peuplent ses films sont nés de son crayon. Bientôt il participe à la rédaction de scénarios et écrit des textes pour la radio avec Roberto Rossellini. Il devient l'assistant de ce dernier et d'Alberto Lattuada, avec qui il cosigne *Les Feux du music-hall* (1951), considéré comme sa première réalisation. C'est avec *La Strada* (1954), hommage à Chaplin et à la vie misérable des gens du voyage, que Fellini remporte son premier grand succès. La grâce d'une jeune femme simple d'esprit (interprétée par Giulietta Masina, sa femme, qu'il a épousée à vingt-trois ans), le regard d'une brute sans cervelle et quelques notes de musique jouées à la trompette nourrissent la magie d'un film à la fois tendre, cruel et nostalgique. Après ce premier succès, d'autres suivent : *Il Bidone* (1955), *Les Nuits de Cabiria* (1957), dans lequel Giulietta Masina incarne une prostituée crédule.

En 1960, *La Dolce Vita*, Palme d'or au Festival de Cannes, amorce un tournant dans l'œuvre de Fellini. Portrait de la vie mondaine et décadente de l'aristocratie romaine, ce film scelle sa rencontre avec Marcello Mastroianni, qui devient son interprète fétiche. Les images de cette œuvre mythique ont fait le tour du monde, comme celle d'Anita Ekberg se baignant avec Mastroianni dans la fontaine de Trevi.

Federico Fellini en 1973 en train de tourner « Amarcord »

Avec *Huit et demi* (1963) – le huitième film et « demi », deux courts métrages ne comptant pour Fellini que pour moitié –, le cinéaste expose ses doutes de créateur et aborde le monde des souvenirs, des fantasmes et du rêve. Les frontières entre le réel et l'imaginaire, le présent et le passé, s'effacent au gré de ses visions, de sa fantaisie, de son goût pour le mystère et pour le spectacle, nous entraînant dans un univers d'images baroques et insolites. Le cinéma devient sa patrie ; à Cinecitta, le fameux studio romain, il recrée le monde de toutes pièces. Peignant, avec le *Satyricon* (1969), un tableau de la décadence romaine, il tend à notre civilisation un inquiétant miroir.

Après le portrait subjectif et onirique d'une ville (*Roma*, 1971), il réalise en 1973 *Amarcord* (mot qui signifie « je me souviens » dans le patois de sa région), bercé par les souvenirs de sa jeunesse provinciale. S'attaquant au mythe de *Casanova* (1976), il fait du séducteur un pantin condamné à une activité sexuelle mécanique. Parabole sur la création, métaphore énigmatique de la société contemporaine, *Répétition d'orchestre* (1978), production plus modeste, met en scène un chef d'orchestre aux prises avec les revendications de ses musiciens. Renouant avec le baroque et le grand spectacle, il plonge Mastroianni dans le cauchemar de *La Cité des femmes* (1980). La traversée d'un grand vaisseau juste avant la Première Guerre mondiale, *Et vogue le navire* (1983), est filmée comme un splendide opéra funèbre. *Ginger et Fred* (1985) brosse une satire apocalyptique de la télévision et des chaînes privées. *Intervista* (1987) est un vrai-faux reportage sur son travail. Trois ans avant sa mort, il signe son dernier film, *La Voce della luna* (1990).

Comme un chef d'orchestre, Fellini fait naître l'harmonie du chaos ; mais le foisonnement des éléments qui composent son univers mime de plus en plus, au fil de son œuvre, un magma informel, écho d'un monde dominé par la mort et la folie, qu'il contemple en même temps qu'il l'ordonne.

voir : L'Italie p. 90-93 – p. 126-131

FEUILLADE
Louis
Lunel 1874 – Nice 1925

Né dans une famille bourgeoise, Louis Feuillade, bachelier en lettres classiques, monte bientôt à Paris pour y tenter sa chance dans le journalisme et la poésie. Presque par hasard, il fait ses débuts comme scénariste, en 1905, dans la firme que dirige Léon Gaumont. Il réalise ses premières bandes comiques dès 1906, et, à partir de 1907, il dirige les studios et va mettre en scène plus de sept cents films, dont douze longs métrages à épisodes.

Ses exigences artistiques n'ont d'égal que ses ambitions commerciales. Soucieux de diversité, il traite de grands sujets historiques, s'intéresse aux drames du quotidien, se plaît dans les comédies familières où il invente les personnages de Bébé ou de Bout de Zan, enfants terribles de l'histoire du cinéma. À la veille de la guerre il donne sa mesure dans les cinq épisodes de

Louis Feuillade, au centre

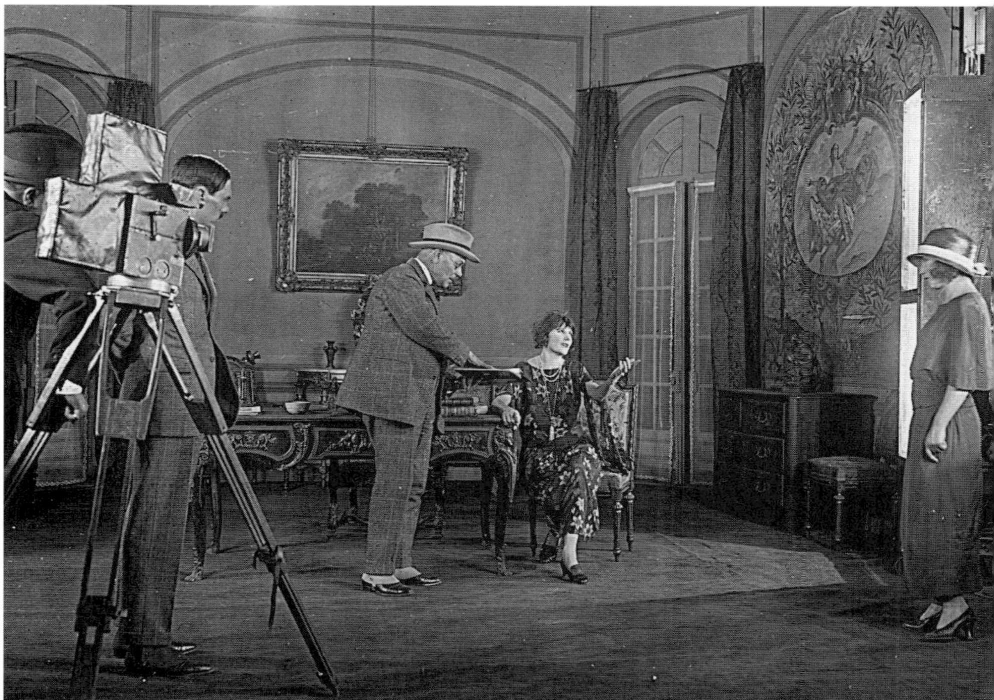

Fantômas (1913-1914), invraisemblables et merveilleuses aventures policières, où la poursuite d'un criminel diabolique révèle la poésie du Paris moderne. Cette veine se prolonge en 1915 et 1916, avec les dix chapitres des *Vampires*, feuilleton criminel riche d'inventions fantastiques, puis, sur un ton plus romantique, avec la série de *Judex* (1917) et de *La Nouvelle Mission de Judex* (1918). *Vendémiaire* (1919), une nouvelle série à épisodes, est un mélodrame de guerre et un hymne patriotique nourri d'un riche symbolisme. Si le goût de l'étrange s'affirme encore dans *Tih Minh* (1919), Feuillade, qui avait suscité l'enthousiasme des surréalistes, s'est vu attaqué, après la guerre, par les tenants de l'avant-garde – Louis Delluc ou Riccioto Canudo – et le public se détourne de lui au profit des grands films hollywoodiens. Il meurt à Nice en 1925.

L'œuvre de Feuillade repose sur des contradictions : un art sobre s'applique à des péripéties extravagantes ; de sombres machinations, des objets truqués, des déguisements imprévisibles sont filmés avec un goût constant pour le naturel de l'espace et du geste. D'amples paysages urbains, des jardins calmes, des campagnes et des forêts recèlent des menaces mystérieuses ; des rapprochements étranges, fulgurants, donnent à l'image une plénitude magique sans qu'elle ne perde rien de son réalisme. Par là, Feuillade résume en un sens le charme du cinéma.

voir : La France p. 46-49

FORD

John Martin Feeney

Cape Elizabeth, Maine, 1894 – Palm Desert 1973

« Je m'appelle John Ford et je fais des westerns » : c'est en ces termes que le réalisateur de *La Chevauchée fantastique* (1939) aimait se présenter. Pourtant, s'il réalisa de nombreux westerns, il préférait être reconnu comme le réalisateur des films ambitieux que sont *Le Mouchard* (1935), d'après O'Flaherty, *Le Long Voyage* (1940), d'après Eugene O'Neill, ou *Dieu est mort* (1947), d'après Graham Greene. Whiskies, bagarres, chevauchées, culottes de peau et paysages grandioses de Monument Valley sont les éléments de base d'un folklore qui cache, avec plus d'une centaine de films, une œuvre à la fois plus cohérente et plus subtile qu'il n'y paraît au premier regard.

John Martin Feeney naît en 1894, de parents d'origine irlandaise. Son père est fermier puis barman à Portland ; sa mère, quasi analphabète. Sa sœur aînée lui donne le goût de la lecture, dès l'âge de huit ans, en lui lisant Robert Louis Stevenson et Mark Twain. Il rêve d'une carrière d'officier de marine, mais rejoint, en 1914, son frère Francis, de douze ans son aîné, acteur et réalisateur de cinéma en Californie sous le nom de « Ford ».

John Ford
assis dans son fauteuil de réalisateur

De 1914 à 1916, il est acteur, costumier, accessoiriste puis assistant réalisateur. En 1917, il réalise son premier film, *The Tornado*, suivi de nombreux films courts, interprétés par son frère Jack ou par Harry Carey, qui joue le cow-boy intègre, Cheyenne Harry. En 1924, il réalise *Le Cheval de fer*, une vaste fresque sur la première jonction ferroviaire entre l'est et l'ouest des États-Unis. C'est le premier film où apparaît la figure d'Abraham Lincoln, auquel il consacrera un de ses chefs-d'œuvre, *Vers sa destinée* (1939). L'idéalisme libéral de Lincoln, auquel Ford ajoute une chaleur et une truculence qui lui sont propres, anime ses premiers films parlants, et tout particulièrement *Les Raisins de la colère* (1940), d'après le roman de John Steinbeck, où une famille de paysans chassés de leurs terres par la crise erre à travers les États-Unis à la recherche d'un travail. Le chef-d'œuvre de cette période est sans aucun doute *La Chevauchée fantastique*, qui donne ses lettres de noblesse au western et reste le modèle du genre. Dans le huit-clos d'une diligence attaquée par des Indiens se mêlent et s'affrontent des personnages très divers, qui, face au danger, doivent s'unir.

Mobilisé dans l'US Navy en 1941, Ford participe à l'effort de guerre sans abandonner le western, et tourne plusieurs films situés dans l'univers de la cavalerie, comme *Le Massacre de Fort Apache* (1948) ou *La Charge héroïque* (1949). Pour lui, l'individu fait partie d'une communauté qui doit maintenir les valeurs de la civilisation contre la barbarie, à l'exemple des pionniers débarqués en Amérique au siècle précédent. Profondément américain, Ford ne néglige aucun des individus qui demeurent à la base du groupe, ce qui fait de lui un remarquable peintre de « caractères », depuis des personnages secondaires hauts en couleur jusqu'aux grandes figures de héros incarnées par John Wayne, Henry Fonda, James Stewart, Spencer Tracy, Lee Marvin... **Très** attaché à ses origines irlandaises, comme il le montre dans *L'Homme tranquille* (1952) ou *La Taverne de l'Irlandais* (1963), Ford donne, dans la dernière partie de son œuvre, quelques-uns de ses films les plus admirables quand il dénonce le racisme, de *La Prisonnière du désert* (1956) au *Sergent noir* (1960). En 1964, il décrit, dans une grande fresque, *Les Cheyennes*, l'errance et la dignité du peuple indien, en voie d'extermination, trompé par les promesses fallacieuses du gouvernement américain.

À la fin de sa carrière, ce chantre de l'Ouest décrit l'envers de la légende du western et de ses actes héroïques dans *L'Homme qui tua Liberty Valence* (1962). Alors que dans l'univers viril de John Ford la femme n'occupe qu'une place secondaire, le cinéaste consacre son dernier film, *Frontière chinoise* (1966), à un groupe de femmes. En se sacrifiant pour sauver un enfant à naître, le docteur Cartwright, magnifiquement interprété par Ann Bancroft, affirme une dernière fois le message constant de Ford : face à la barbarie, la civilisation ne connaît qu'une seule valeur essentielle, la vie.

voir : Les États-Unis p. 66-73 – p. 110-115 – Le western p. 180-183

FORMAN
Milos
Caslov 1932

Milos Forman commence sa carrière au début des années 60, au moment du renouveau du cinéma tchèque. Avec une poignée de jeunes cinéastes, il défie la pesanteur du régime en place et participe activement à cette période de détente politique et d'espoir qu'on baptisera, en 1968, le « printemps de Prague ».

D'emblée, il témoigne du mal de vivre de la jeunesse de son pays. Dans son premier film, *L'As de pique* (1963), un garçon sort de l'adolescence et découvre le monde du travail. Sur un ton de comédie sociale drôle et amère, Forman aborde deux thèmes essentiels dans son œuvre : le conflit des générations et la difficulté de passer à l'âge adulte. Plus sarcastique, *Au feu les pompiers* (1967) raconte l'organisation mouvementée du bal annuel d'une caserne de pompiers. Avec un humour vachard, Forman ironise sur l'absurdité du régime et prouve qu'il est le cinéaste des portraits de groupe.

En 1968, l'emprise communiste se durcit brusquement. Les chars russes envahissent la Tchécoslovaquie. Forman, qui était à New York pour un projet de film,

Milos Forman en 1979 tournant « Hair »

reste aux États-Unis. Très vite, il s'immerge dans la culture de son pays d'adoption et réalise *Taking off* (1971), un film acide qui témoigne du mouvement hippie, du désarroi des adultes et des problèmes de communication dans la famille américaine.

Désormais, il est l'enfant de deux cultures : celle de l'Europe et celle de l'Amérique. S'il regarde le monde d'un œil indulgent et amusé, il dénonce la suffisance, la bêtise et toute entrave à la liberté. Dans *Vol au-dessus d'un nid de coucous*, un hôpital psychiatrique devient la métaphore d'une société privée de liberté. Le film est un triomphe et reçoit cinq oscars en 1975, dont celui du meilleur réalisateur.

En 1979, il adapte *Hair*, un show musical du début des années 70 qui fête la vitalité d'une jeunesse insoumise, scandalisée par le conflit du Viêt-nam. *Ragtime* (1981) dénonce le racisme anti-Noir dans le New York du début du siècle. Mais Forman connaît son plus grand succès avec *Amadeus* (1984), où il prouve une nouvelle fois son goût pour les rebelles : son Mozart devient une sorte de punk génial, opposé à un musicien courtisan et aigri. Pour la seconde fois, Forman reçoit l'Oscar du meilleur réalisateur. Jamais il ne s'est laissé enfermer dans un genre ou dans une nationalité. En 1996, *Larry Flynt* brosse avec brio le portrait d'un patron de la presse porno.

Milos Forman a publié son autobiographie, qui s'intitule *Et on dit la vérité*.

voir : Les États-Unis p. 146-153

GODARD
Jean-Luc
Paris, 1930

Né en 1930 de parents suisses dans un milieu marqué par la religion protestante, Jean-Luc Godard, qui a commencé ses études à Nyon, les poursuit à Paris où il obtient un certificat d'ethnologie. Mais il fréquente surtout le Ciné-Club du Quartier latin et la Cinémathèque française, où il rencontre André Bazin et les fondateurs des *Cahiers du cinéma*; dès 1952 il écrit, parfois sous le pseudonyme de Hans Lucas, ses premières critiques de film. Diverses aventures le conduisent, à vingt-quatre ans, sur le chantier d'un barrage où il réalise son premier court métrage, *Opération béton*. Après les coups d'éclat que sont *Les Quatre Cents Coups*, de François Truffaut, et *Hiroshima mon amour*, d'Alain Resnais, Godard réalise, en 1959, un film volontairement provocateur et novateur, bouleversant toutes les règles établies, tourné à toute vitesse : *À bout de souffle*, dans la ligne de la Nouvelle Vague. Il déchaîne l'enthousiasme d'un public qui fera du film, comme de sa vedette, Jean-Paul Belmondo, le symbole d'une génération, mais provoque la colère des professionnels installés dans la confortable « qualité française », qui y voient un film mal fichu, mal raconté, mal éclairé, mal joué, monté n'importe comment, aux personnages dénués de morale et qui ne savent pas où ils vont... « Godard a pulvérisé le système, écrira François Truffaut, il a fichu la pagaille dans le cinéma, ainsi que l'a fait Picasso dans la peinture, et comme lui il a tout rendu possible. » Depuis, il reste le plus controversé des cinéastes contemporains.

Godard filme l'éphémère, la fugacité de l'instant, l'accident, refusant d'inscrire ses images et ses personnages dans le cadre d'un scénario préétabli. En découle une esthétique fondée sur la rapidité du tournage, qui simule l'improvisation du reportage. Chaque instant, chaque plan vaut pour lui-même et non par son lien avec l'ensemble du film.

Une première période (*Une femme est une femme*, *Vivre sa vie*, *Alphaville*...), marquée par le talent de l'actrice Anna Karina, épouse du cinéaste de 1961 à 1967, s'achève avec *Pierrot le Fou* (1965), à la fois hommage aux Pieds Nickelés et tour de France d'un couple impossible. L'amour de Pierrot (Belmondo), pour qui compte la réflexion et l'écriture, et de Marianne (Anna Karina), qui vit dans l'instant et l'action, s'achève dans la tragédie.

Le goût de Godard pour l'observation de la société (*Une femme mariée*, 1964; *Masculin Féminin*, 1966 ; *Deux ou trois choses que je sais d'elle*, 1967) le conduit à aborder la politique, avec *La Chinoise*, qui, un an avant les événements de Mai 68, parle des préoccupations des

Jean-Luc Godard contrôle des films

étudiants et du maoïsme. De 1968 à 1972, Godard traverse une période très politisée avec des films collectifs et marginaux, qui se réduisent à une interrogation sur le cinéma. Or, *Le Petit Soldat* (1960) – interdit parce qu'il évoquait la guerre d'Algérie – puis *Le Mépris* (1963), qui réunit trois mythes, le producteur (Jack Palance), la star (Brigitte Bardot) et le metteur en scène (Fritz Lang), proposaient déjà sur le même sujet une réflexion plus chaleureuse et séduisante.

Depuis 1975, Jean-Luc Godard se considère comme un chercheur. Il travaille en étroite collaboration avec sa compagne, Anne-Marie Miéville, d'abord dans un atelier vidéo à Grenoble, puis en Suisse, à Rolle. *Sauve qui peut (la vie)* (1979), *Passion* (1982), *Je vous salue Marie* (1985) sont les étapes d'un cinéma de plus en plus personnel, qui mènent à une méditation quasi biographique sur l'artiste (*JLG/JLG*, 1994), et à une réflexion commencée en 1989 avec la série des *Histoire(s) du cinéma*.

voir : La France p. 116-123

D. W. GRIFFITH
David Wark, dit
Crestwood, Kentucky, 1875 – Hollywood 1948

Fils d'un héros sudiste de la guerre de Sécession, D. W. Griffith grandit dans une famille ruinée par le conflit. Après plusieurs petits métiers, il débute à l'âge de vingt-deux ans au théâtre, qui lui permet à peine de survivre entre deux engagements dans des tournées de province. Ses tentatives comme écrivain ne sont guère plus fructueuses : ses poèmes, romans et pièces « n'accrochent pas ». Griffith décide alors de tenter sa chance dans le monde du cinéma et se fait engager comme acteur en 1907. Il en profite pour vendre de nombreux scénarios à la compagnie Biograph, où il s'occupe également de production, et finit par y réaliser son premier film, *Les Aventures de Dollie*, en 1908, avec, en vedette, Linda Arvidson, qu'il a épousée deux ans plus tôt. Son rythme de production est effréné : il est responsable de la presque totalité de la production de la Biograph, jusqu'à son départ en 1913, soit quatre cents cinquante films répertoriés ! Ce sont des bandes très courtes de 10 à 20 minutes, qui abordent tous les genres : westerns, comédies, mélodrames, films criminels, adaptations littéraires. Malgré leur brièveté, des films comme *The Lonely Villa* (1909), *Cœur d'apache* (1911) ou *Le Massacre* (1913) font faire à la mise en scène de cinéma des pas de géant. En effet, Griffith met fin à la fixité de la caméra et prend conscience de la profondeur de champ. Il rompt la monotone alternance plan d'ensemble - plan moyen ; il articule le récit et introduit la notion essentielle de montage. En fait, il invente relativement peu par lui-même. Curieux, il observe tout ce qu'il y a d'intéressant dans le cinéma et le restitue de manière consciente et structurée, créant les principes de base d'une grammaire cinématographique qui a survécu jusqu'à nos jours. Rassemblant autour de lui une magnifique troupe de techniciens et d'acteurs, il démontre le pouvoir du gros plan (avec le chef opérateur Billy Bitzer) et du jeu de l'acteur (avec Mary Pickford, Robert Harron et bien sûr Lillian Gish).

Griffith brûle de s'atteler au long métrage, déjà largement adopté en Europe, et, après un dernier film de 40 minutes pour la Biograph (*Judith de Béthulie*, 1913), il réalise une œuvre monumentale de 3 heures, *Naissance d'une nation* (1915). Le succès est immense et l'innovation technique du film bouleverse autant que son contenu idéologique scandalise, par son point de vue sudiste sur la guerre de Sécession et ses partis pris racistes, qui exaltent le Ku Klux Klan. Le film va néanmoins marquer toute l'histoire du cinéma. Griffith réplique aux critiques avec *Intolérance* (1916), un film d'une ambition folle, aux décors gigantesques, où se mêlent, dans un montage frénétique, quatre époques et quatre histoires depuis la Babylone antique jusqu'au monde moderne. Malgré la splendeur du spectacle et la générosité de l'inspiration, ce film déroutant est un désastre. Plus modestes, *Le Lys brisé* (1919) ou *Le Pauvre Amour* (1919) regagnent la confiance du public. Griffith s'y affirme un technicien hors pair, un poète et un plasticien. En 1919, il rejoint Charlie Chaplin, Mary Pickford et Douglas Fairbanks pour fonder les Artistes Associés, ce qui ne l'empêche pas de

D. W. Griffith dans les années 10

travailler pour la First National, pour laquelle il réalise *À travers l'orage* (1920), un immense succès public. En 1922, il réunit pour la dernière fois Lillian et Dorothy Gish dans *Les Deux Orphelines* ; c'est aussi son dernier succès. Séparé de Linda Arvidson, le cinéaste se console mal du départ de son actrice fétiche, Lillian Gish. En 1926, il essaie de se renouveler dans *Les Chagrins de Satan*, impressionnant mélodrame allégorique. Mais en vain – Griffith semble dépassé. Ses derniers films muets sortent dans l'indifférence, de même que ses deux seuls films parlants, *La Révolte des esclaves* (1930) et *The Struggle* (1931). Le sujet de ce dernier film est une sombre histoire d'alcoolisme, un mal qui ronge Griffith et contribue à faire le vide autour de lui. Tout au long des années 30, ce ne sont que projets avortés et besognes alimentaires. Vivant des rentes qu'il tire d'un ranch dont il est propriétaire, il végète à Los Angeles, d'hôtel en hôtel, refusant de prendre ses distances avec un art dont il est l'un des pères fondateurs et qui l'a oublié. Il meurt en 1948 d'une hémorragie cérébrale.

voir : Les États-Unis p. 50-55

HAWKS Howard
Goshen 1896 – Palm Springs 1977

Cinéaste classique par excellence, Howard Hawks a abordé tous les genres sans réellement innover mais en les portant à la perfection. Chez lui, pas de mouvements d'appareil éblouissants mais une recherche de la simplicité, avec un recours fréquent au plan moyen (la fameuse « caméra à hauteur d'homme »), aussi éloigné du gros plan propre au pathétique que du plan d'ensemble qui dépeint la communauté. À la différence d'un Capra ou d'un Ford, Hawks en effet ne s'intéresse guère à la société américaine dans sa dimension historique, même si *Scarface* (1932) fait référence à la prohibition ou *Sergent York* (1941) à l'engagement, selon lui nécessaire, de l'Amérique dans la Seconde Guerre mondiale. Il s'intéresse le plus souvent à un groupe d'hommes et à leur volonté de survie. Loin de toute métaphysique comme de tout message, son étude des comportements humains le rapproche davantage d'un écrivain comme Ernest Hemingway que d'un William Faulkner, qui fut pourtant son scénariste à maintes reprises. L'homme est ce qu'il fait, ce sont ses actes qui le définissent et tout particulièrement son affrontement avec la mort, ce moment décisif où, face à l'épreuve, il prend toute sa dimension.

Sa formation d'ingénieur explique en partie son goût pour les mécaniques bien construites de ses scénarios, et sa prédilection évidente pour les avions et les automobiles qu'il pilotait forme la base de certains de ses films, de *Seuls les anges ont des ailes* (1939) et *Air Force* (1943) à *La foule hurle* (1932) ou *Ligne rouge 7000* (1965). Hormis *La Rivière rouge* (1948) et *La Captive aux yeux clairs* (1952), où le sens de l'épopée est exceptionnellement lié à des

Howard Hawks assis à droite, en 1962, sur le tournage de « Hatari »

épisodes de la conquête de l'Ouest (l'empire des éleveurs de bétail ; les trappeurs sur le Mississippi et le commerce des fourrures avec les Indiens), ses westerns (*Rio Bravo*, 1959, *El Dorado*, 1967, *Rio Lobo*, 1970) se caractérisent par un espace restreint et la reprise des mêmes thèmes, des mêmes situations, voire du même acteur, John Wayne.

Hawks porte un regard ironique sur les conflits entre les hommes. On l'a accusé de misogynie tant la femme apparaît comme l'élément perturbateur de l'amitié virile. Mais ses héroïnes, loin d'être traitées avec paternalisme, témoignent au contraire d'une intelligence et d'une lucidité qui en font les égales de leurs partenaires. Lorsqu'il abandonne l'aventure pour la comédie dans l'Amérique des villes, Hawks réactive la guerre des sexes ; ses héros, souvent interprétés par Cary Grant, se retrouvent empêtrés dans leur impuissance, savants maladroits (le paléontologue de *L'Impossible M. Bébé*, 1938, le biologiste de *Chérie, je me sens rajeunir*, 1952) que la femme, Katherine Hepburn ou Ginger Rogers, traite comme des grands enfants.

Si les drames d'Howard Hawks sont rarement dépourvus d'humour, ses comédies semblent guettées par la folie ou des dérèglements périlleux. Amoureux d'un dialogue vif et précis, le cinéaste a su s'entourer des meilleurs écrivains hollywoodiens, de Ben Hecht et Dudley Nichols à Borden Chase et Leigh Brackett, et d'acteurs de talent capables de répondre à son goût de l'improvisation et du mouvement. Parmi tant de chefs-d'œuvre, il faut saluer aussi son incursion dans le film noir avec le couple mythique Humphrey Bogart et Lauren Bacall (*Le Port de l'angoisse*, 1944, *Le Grand Sommeil*, 1946) interprétant des duos où l'homme et la femme se révèlent étrangement complices.

voir : Les États-Unis p. 66-73 – p. 110-115 – Le western p. 180-183 – Le film criminel p. 184-187

HITCHCOCK Alfred

Londres 1899 – Los Angeles 1980

La silhouette arrondie d'Alfred Hitchcock, qui apparaît telle une signature et un clin d'œil dans nombre de ses films, est aussi connue que le timbre de sa voix britannique, teintée d'humour noir, de la série TV « Alfred Hitchcock présente... ». Si Hitchcock est bien le « maître du suspense », celui qui a porté à la perfection cet art de jouer sur les nerfs du spectateur, son cinéma ne se réduit pas à un simple jeu du chat et de

la souris avec le public. Il lui propose une véritable épreuve morale.

Né à Londres en 1899, Hitchcock effectue ses études chez les jésuites du collège Saint-Ignace. Il débute comme ingénieur en 1914 dans une compagnie de câbles électriques. Après avoir suivi des cours aux Beaux-Arts de Londres, il est muté au service de la publicité où il dessine des affiches. Passionné par le cinéma américain, il est engagé en 1919 par la succursale londonienne de la future MGM, d'abord comme dessinateur, puis comme scénariste et assistant réalisateur. En 1925, il réalise *The Pleasure Garden* ; l'année suivante, il épouse Alma Reville, qui sera sa collaboratrice sur une quinzaine de films. Il connaît le succès avec *The Lodger* (1926), son premier thriller, inspiré du personnage de Jack l'Éventreur, où éclate déjà le don du cinéaste à visualiser à l'extrême chaque détail. Au cours de cette période, le succès d'Hitchcock et son talent de réalisateur de films de suspense et d'espionnage se confirment. Son style se perfectionne avec *L'homme qui en savait trop* (1934), *Les Trente-neuf Marches* (1935), *Une femme disparaît* (1938)... Mais le réalisateur se sent à l'étroit dans les limites financières de la production anglaise. Hollywood entend son appel : le producteur d'*Autant en emporte le vent*, David O. Selznick, le fait venir à Hollywood en 1939 pour y réaliser *Rebecca*, immédiatement salué par le public, puis couronné de plusieurs oscars. Au faîte de la gloire, Hitchcock, maître dans la manipulation des émotions, réalise en 1940 *Correspondant 17*, un film d'espionnage plein d'humour destiné à convaincre l'Amérique d'entrer en guerre. À trois reprises, il reviendra sur le nazisme avec *Lifeboat* (1943), *Les Enchaînés* (1946) et *La Corde* (1948).

Au cours des années 40 et 50, il accumule les chefs-d'œuvre et les succès, de *L'Ombre d'un doute* (1943), mettant aux prises une adolescente et son oncle tueur de vieilles dames, à *L'Inconnu du Nord-Express* (1951), histoire d'un échange de meurtres d'après un célèbre roman de Patricia Highsmith, ou *La Mort aux trousses* (1959) dont le héros, incarné par Cary Grant, endosse la personnalité d'un personnage imaginaire créé de toutes pièces par la CIA. Le thème central de cette période peut se résumer à travers deux titres, *Soupçons* (1941) et *Le Faux Coupable* (1957) : un homme soupçonné à tort se sent coupable et tente de racheter une faute imaginaire.

En 1954, *Fenêtre sur cour* définit clairement le rapport qu'Hitchcock entretient avec le spectateur. Un reporter photographe (James Stewart), cloué dans son fauteuil par un accident, observe l'immeuble d'en face avec des jumelles et imagine qu'un meurtre s'y déroule. Le spectateur, lui aussi immobile sur son siège, attend que « quelque chose se passe » sur l'écran, et, dans l'obscurité de la salle, il se prend à souhaiter qu'un crime a bien été commis. Lorsque le héros, dans lequel il se projette, atteint le sommet de l'angoisse, menacé de mort par l'assassin, le spectateur espère qu'il sera sauvé. Le happy end exauce ce vœu. De simple artifice dramatique, le suspense devient une épreuve morale : lorsque James Stewart est suspendu à une gouttière au-dessus du vide, au début de *Sueurs froides* (1958), le spectateur est partagé entre l'envie d'assister à une chute mortelle – la fascination du mal – et l'espoir d'un secours – le bien rédempteur.

Progressivement, l'œuvre d'Hitchcock glisse vers un univers fantastique de plus en plus terrifiant. *Psychose* (1960) nous fait entrer dans le monde intérieur d'un assassin psychopathe obsédé par le souvenir de sa mère. Avec *Les Oiseaux* (1962), l'univers entier semble expier une faute indéfinissable face à l'agressivité meurtrière de volatiles habituellement si paisibles. La victime expiatoire en est l'héroïne hitchcockienne – ici Tippi Hedren, ailleurs Ingrid Bergman (*Soupçons* ; *Les Enchaînés*, 1946), Grace Kelly (*Le crime était presque parfait*, 1954) ou Kim Novak (*Sueurs froides*) –, belle, blonde et dont l'apparente froideur cache un monde mystérieux, obscur, celui-là même qu'Hitchcock n'a cessé d'explorer.

voir : L'Angleterre p. 86-87 – Les États-Unis p. 110-115 – Le film criminel p. 184-187

HUSTON
John
Nevada 1906 – Los Angeles 1987

La vie de Huston est d'une telle richesse qu'on a souvent reproché au cinéaste de lui avoir donné plus d'importance qu'à son œuvre. Il n'en est rien, sinon que l'auteur d'*Asphalt Jungle* (1950) a souvent choisi ses films à partir d'un coup de foudre littéraire ou pour satisfaire son désir d'aventure et d'expériences nouvelles. Militaire au Mexique, boxeur en Californie, acteur à Broadway, fils du célèbre comédien Walter Huston, il fait ses premières armes à Hollywood comme scénariste. À moins de vingt-cinq ans, il a déjà publié des nouvelles dans *The American Mercury*, où se côtoient les plus grands écrivains de l'époque. À la Warner, il signe le scénario de *La Grande Évasion* (1941), de Raoul Walsh, dont Humphrey Bogart est la vedette. Grâce à la confiance de l'acteur, la compagnie l'autorise, la même année, à tourner son premier film, *Le Faucon maltais*, troisième adaptation de l'ouvrage célèbre de Dashiell Hammett. D'une fidélité absolue au roman, sa version s'impose par la sobriété de la mise en scène, la qualité des dialogues et une distribution étincelante où se retrouvent, autour de Bogart, des interprètes à la personnalité singulière : Sidney Greenstreet, Peter Lorre, Elisha Cooke.

Très cultivé, Huston n'a jamais hésité à adapter de grands auteurs pour le plaisir de les raconter en images : Stephen Crane (*La Charge victorieuse*, 1951), Hermann Melville (*Moby Dick*, 1956), Tennessee Williams (*La Nuit de l'iguane*, 1964), Carson McCullers (*Reflets dans un œil d'or*, 1967), Rudyard Kipling (*L'homme qui voulut être roi*, 1975), James Joyce (*Gens de Dublin*, 1987). Le cinéaste reste fidèle à un certain type de personnages, des excentriques comme lui perdus dans un

John Huston

page de droite : Elia Kazan en 1961 réalise «La Fièvre dans le sang»

rêve ou une quête impossible, à la recherche d'un royaume, d'un trésor perdu, d'une baleine blanche, et toujours d'un sens à donner à leur vie.

Sa défiance à l'égard d'Hollywood, dont il n'aime pas le conformisme et qui se méfie de lui à cause de son indépendance et de son humour décapant, le conduit à passer les trente dernières années de sa vie en Irlande puis au Mexique, dont il aimait les paysages farouches. Pour les mêmes raisons, il ne cesse de bourlinguer à travers le monde pour tourner ses films, de l'Afrique noire (*African Queen*, 1952) à la France (*Moulin-Rouge*, 1953), et du Japon (*Le Barbare et la Geisha*, 1958) au Maroc (*L'homme qui voulut être roi*, 1975). Épris de recherches visuelles, il innove dans le traitement de la couleur, non seulement pour raconter la vie du peintre Toulouse-Lautrec (*Moulin-Rouge*) en s'inspirant des affiches de l'époque, mais aussi en mariant une copie noir et blanc et une copie couleur pour retrouver l'esprit des gravures du XIXe siècle dans *Moby Dick*. Amateur de

fortes personnalités, il s'entoure des meilleurs acteurs de son temps, Robert Mitchum et Elizabeth Taylor, Marlon Brando et Ava Gardner, Richard Burton et Audrey Hepburn, qui tous l'adoraient, et à même réuni dans un film mythique, *The Misfits* (1961, sur un scénario d'Arthur Miller), Clark Gable, Montgomery Clift et Marilyn Monroe.

Huston fut aussi un libéral, combattant les idées conservatrices, luttant pour la liberté d'expression, s'opposant au maccarthysme au moment de la liste noire. Témoin de son temps, il signe trois films documentaires dont l'un, *Let There Be Light* en 1946, sur les désordres psychiques causés par la guerre, fut longtemps interdit par les autorités militaires. N'hésitant jamais à se lancer dans une nouvelle équipée en terre lointaine ou en compagnie d'amis, le cinéaste signe une œuvre très inégale, mais parsemée de films originaux et profonds.

voir : Les États-Unis p. 110-115 – Le film criminel p. 184-187

KAZAN
Elia Kazanjoglous, dit Elia
Constantinople 1909

L'œuvre cinématographique d'Elia Kazan et sa trajectoire personnelle sont particulièrement représentatives des engagements, en même temps que des doutes, qui ont marqué le siècle américain. Ce fils d'émigrés grecs, arrivé à l'âge de quatre ans aux États-Unis, prend à son compte l'ambition libérale américaine, mais aussi les théories critiques de l'engagement communiste (il fut membre du parti pendant plusieurs années) : il témoignera constamment des paradoxes de cet écartèlement. *Le Mur invisible* (1947), *Viva Zapata* (1952), *Un homme dans la foule* (1957), ou *Le Dernier Nabab* (1976) témoignent d'un regard lucide et caustique sur ce matérialisme satisfait souvent partagé par ses concitoyens. Ces films manifestent, dans des styles et avec des moyens très divers, une énergie constamment critique, et parfois radicalement opposée au système américain.

Cependant, en 1952, Kazan dénonce un certain nombre de ses anciens camarades communistes, devant la fameuse Commission des activités antiaméricaines. Cette attitude marque de façon douloureuse l'ambiguïté du cinéaste vis-à-vis de l'autorité que *Le Fleuve sauvage* (1960), un de ses films les plus magistraux et les plus troublants, révèle avec une force particulière.

De ces contradictions naît une œuvre riche, féconde, exemplaire des contradictions du libéralisme lui-même, empreinte d'un lyrisme rare. Souvent comparé à Ford, ce qui à bien des égards n'est pas usurpé, Kazan possède en propre une sensualité qui se manifeste en particulier dans ses adaptations de Tennessee Williams, *Un tramway nommé désir* (1951) ou *Baby Doll* (1956). Une violence et une tendresse à fleur de peau y sont incarnées le plus souvent par des acteurs venus de l'Actor's Studio : Marlon Brando, Caroll Baker, Karl Malden, etc. Il faut dire que Kazan participa de très près à la création de l'Actor's Studio, en 1947, et à l'avènement d'une nouvelle génération d'acteurs formés au sein de ce laboratoire du théâtre new-yorkais. C'est à ajouter au crédit d'un créateur polymorphe, l'un des plus représentatifs de l'Amérique du XXe siècle, non seulement par ses ambiguïtés, mais aussi par sa constante volonté de recherche, de renouvellement, et de décalage individuel. En témoigne également son roman *L'Arrangement* (1967) – qui deviendra un film en 1969 –, formidable d'énergie et de désillusion.

voir : Les États-Unis p. 110-115

KEATON
Joseph Francis, dit Buster Keaton
Piqua, Kansas, 1895 – Woodland Hills, Californie, 1966

Dès l'âge de trois ans, Keaton participe au numéro monté par ses parents, « Les Trois Keaton », un spectacle au cours duquel le père lance son enfant à l'autre bout de la scène. Surnommé Buster (« Casse-cou »), il comprend vite que son impassibilité face aux pires avanies peut produire un effet comique. Plus tard, il en jouera si bien qu'on l'appellera « l'homme qui n'a jamais ri ». Le trio se sépare en 1917, et Keaton rencontre Roscoe Arbuckle, plus connu sous le nom de Fatty, alors une des principales vedettes des studios Mack Sennett. Leur couple, jouant sur l'opposition du gros et exubérant Fatty et du maigre et réfléchi Buster (ou Malec), connaît, en l'espace de deux années (1917-1919) et quinze films, un succès foudroyant.

Buster Keaton

Dès 1920, avec *Ce crétin de Malec*, Keaton crée son personnage d'oisif et distrait, amoureux et timide, mais capable des plus grands exploits dès qu'il s'agit de sauver sa bien-aimée ou de gagner ses faveurs. De 1920 à 1923, avec une vingtaine de films courts, Keaton devient l'un des principaux rivaux de Chaplin. Son style et ses gags sont fondés sur un sens très aigu de l'espace, qu'il utilise avec une parfaite connaissance des lois de la physique et de la mécanique, et sur les exploits réalisés sans trucage par l'acteur lui-même, véritable athlète dont le corps est en perpétuel mouvement. Il en résulte de magnifiques et rigoureuses images géométriques, des courses effrénées, de folles poursuites, des gags qui s'enchaînent avec intelligence, en déjouant sans cesse l'attente du spectateur.

Passé au long métrage en 1923, il réalise une dizaine de chefs-d'œuvre. *Sherlock Jr.* (1924) met en scène un projectionniste rêveur qui entre dans le film pour y jouer les détectives. *La Croisière du Navigator* (1924) entraîne un jeune couple seul sur un paquebot à la dérive. Dans *Les Fiancées en folie* (1925), Buster doit choisir entre deux catastrophes : une gigantesque chute de pierres et un bataillon de femmes prêtes à l'épouser, qui le poursuivent déjà parées de leur voile de mariée. En pleine guerre de Sécession, dans *Le Mécano de la « General »* (1926), notre héros traverse lignes nordistes et sudistes au secours de sa belle et aux commandes d'une locomotive.

En 1928, il signe un contrat malencontreux avec la MGM, qui lui fait perdre, peu à peu, le contrôle de ses films. Sa production est abondante, quelques films portent encore sa griffe comme *Le Metteur en scène* (1930), mais il sombre dans l'alcoolisme et la dépression. C'est seulement dans les années 60 que Buster Keaton est enfin reconnu à sa juste place, celle d'un des grands créateurs du cinéma.

voir : Les États-Unis p. 50-55

KIAROSTAMI
Abbas
Téhéran 1940

Abbas Kiarostami est l'un des plus célèbres représentants du cinéma iranien. Peu connu hors de ses frontières, ce cinéma compte pourtant nombre de réalisateurs dignes d'intérêt. Dès la fin des années 60, Dariush Mehrjui avec *La Vache* (1969), un conte paysan nourri de symboles, ou *Le Cycle* (1974) dénonçant un trafic de sang humain – le film fut interdit pendant trois ans par la censure du régime du shah –, avait abordé des sujets à caractère social tout en rompant avec le cinéma commercial prospère depuis les années 50. L'œuvre entière d'Abbas Kiarostami refuse, elle aussi, les recettes faciles. Graphiste de formation, il participe à la création de l'Institut pour le développement intellectuel des enfants et des jeunes adultes, où il réalise des films courts à vocation didactique. *Le Passager* (1974), son premier long métrage, met en scène un enfant déterminé à assister à un match de foot. Ce thème de l'enfance occupe une place de choix dans son œuvre comme dans la production iranienne : *Le Coureur* (1985) d'Amir Naderi est l'hymne à la liberté d'un petit livreur de glace à Abadan ; *Bashu, le petit étranger* (1986) de Bahram Beyzai, un conte sans mièvrerie sur le respect de l'Autre. Inscrit de longue date dans une tradition littéraire persane, ce recours au monde de l'enfance permet d'aborder des questions morales et sociales en contournant une censure très rigoureuse. Soucieux de filmer la vie au plus près, Kiarostami explore les frontières entre documentaire et fiction, et tisse des liens entre ses différents films. Avec *Close Up* (1990) il évoque un fait divers authentique : le procès d'un homme qui avait usurpé l'identité du cinéaste Mohsen Makhmalbaf pour s'introduire dans une famille de Téhéran. Dans *Et la vie continue* (1992) les protagonistes partent à la recherche des jeunes comédiens de *Où est la maison de mon ami ?* (1987), portés disparus dans le tremblement de terre de 1990. *Au travers des oliviers* (1994) conte une histoire d'amour entre deux interprètes qui se sont rencontrés pendant un tournage. Centré sur l'histoire d'un éventuel suicide, *Le Goût de la cerise*, qui a reçu la Palme d'or à Cannes en 1997, participe aussi, par son final inattendu, de cette approche permanente des limites entre réel et artifice.

Abbas Kiarostami

Krzysztof Kieslowski en 1992 sur le tournage de « Bleu »

KIESLOWSKI
Krzysztof
Varsovie 1941 – Varsovie 1996

Lorsque Krzysztof Kieslowski commence à tourner, à la fin des années 60, au sortir de l'école de Lodz, la Pologne est sous le joug d'un régime communiste qui contrôle tout. Bien qu'il admire le cinéma de fiction européen, le jeune réalisateur préfère se tourner vers le documentaire, qui lui permet de montrer un visage neuf, plus vrai, de son pays et de ses institutions politiques et sociales. Le grand principe qu'il adopte alors, et qu'il appliquera longtemps, consiste à confronter, par le seul jeu du montage, l'apparence de la réalité et son fonctionnement véritable. Nul besoin d'ajouter des commentaires, de prendre ouvertement position, il suffit de montrer. Dans un de ses tout premiers courts métrages, *Le Guichet*, il en donne un bel exemple : on y voit des Polonais défiler au guichet d'une administration, remplir des formulaires, revenir pour un détail, perdre du temps, puis, en un seul plan, l'envers du décor montre les demandes jetées en vrac, s'amoncelant en tas, abandonnées.

Dans ses premières fictions, le cinéaste traite encore du fait social et de l'engagement politique, avant de poser la question de leur légitimité, avec *L'Amateur* (1979). La vérité apparaît dans ce film comme un puits sans fond, et sa quête cinématographique comme parfaitement illusoire ; on s'y interroge aussi sur le prix à payer pour un tel engagement. Il y a de plus hautes valeurs, semble dire Kieslowski, des valeurs humaines et affectives qu'il faut préserver avant que la quête de justice sociale ne mobilise toutes les énergies. Mais comme ce n'est pas si simple, les questions morales et les souffrances affectives vont se mêler dans son grand œuvre, *Le Décalogue*.

Celui-ci est constitué de dix films tournés de 1987 à 1989 pour la télévision polonaise, qui avait accepté que deux d'entre eux soient adaptés au cinéma : ils deviendront *Tu ne tueras point* et *Brève Histoire d'amour*. Un film pour chacun des dix commandements, et autant d'interrogations, non seulement sur la morale et sur la Loi, mais aussi sur la fidélité, l'honnêteté, le pardon. Dans cette œuvre dense, le montage crée des effets de perturbation et des rapprochements mystérieux, donnant un sens au moindre détail, créant le doute et laissant le spectateur sans repère, mais riche de visages, de sentiments. C'est une œuvre qui chamboule tout, passant du tragique au mesquin, de la farce au désespoir, et qui bouleverse, dans l'espace restreint d'une cité polonaise, tous les systèmes d'interprétation du monde. Après cet ensemble magistral, sans équivalent dans l'histoire du cinéma, Kieslowski réalise *La Double Vie de Véronique* (1991), un film étrange, d'une subtilité étonnante, illuminé par la présence d'Irène Jacob ; celle-ci interprète deux personnages, Véronique et Weronika, l'une française et l'autre polonaise, dont on ne sait quels rapports elles entretiennent, d'identité, de gémellité, de communication surnaturelle... Leurs parcours sont voisins, sans être ni semblables ni parallèles. Comme dans un poème, Kieslowski met en rimes ces deux sensibilités. Le montage, éblouissant, rompt avec toutes les pratiques courantes, et ne cesse de mettre en valeur les échos multiples des images et de la musique.

On retrouve la même complexité, plus lisible, dans la trilogie qui clôt son œuvre : *Trois Couleurs, Bleu* (1992), *Blanc* (1993), *Rouge* (1994). Chaque film est censé être une référence aux termes Liberté, Égalité, Fraternité. Mais là encore, les doutes comptent plus que les affirmations, et la sensibilité de chacun plus que les systèmes établis. Le traitement du temps et de la narration font de *Rouge* un chef-d'œuvre, inépuisable, irréductible. Comme l'était Kieslowski, décidant, à cinquante-quatre ans, d'arrêter le cinéma, deux ans avant que la mort ne le surprenne.

voir : Les pays de l'Est p. 140-143

KUBRICK
Stanley
New York 1928

Stanley Kubrick est sans doute le metteur en scène le plus atypique de tous ceux qui ont travaillé dans l'industrie du cinéma américain. D'abord jeune photographe au magazine *Look*, il tourne en 1951 un court documentaire, *Day of the Fight*, sur la journée du boxeur Walter Cartier, déjà sujet d'un de ses photo-reportages. À vingt-cinq ans, il se lance dans son premier long métrage, *Fear and Desire*, dont il cosigne le scénario tout en assurant la mise en scène, le montage et la photographie. Il récidive en 1955, avec *Le Baiser du tueur* tourné dans les rues de New York, film d'auteur quelques années avant la Nouvelle Vague, qui va en imposer le genre. Amoureux de la technique, qu'il maîtrise à la perfection, il est aussi un cinéphile impénitent qui a fait ses classes au musée d'Art moderne de New York en visionnant les classiques, d'Eisenstein à Lang et Chaplin, après avoir fréquenté les salles populaires de son quartier natal, le Bronx. Lecteur vorace, il s'initie en particulier à la réflexion sur le jeu de l'acteur en lisant les traités du metteur en scène russe Stanislavski .

L'enfant prodige se retrouve à Hollywood et tourne *L'Ultime Razzia* (1956), histoire d'un hold-up sur un champ de courses, construit d'une manière singulièrement originale qui bouscule la chronologie. Il franchit une nouvelle étape l'année suivante grâce à l'accord de la star Kirk Douglas, qui interprète *Les Sentiers de la gloire*, une peinture impitoyable des jeux du pouvoir au sein de l'armée française pendant la Première Guerre mondiale. Le film, qui attendra plus de quinze ans avant de sortir en France, établit la réputation de Kubrick. Après avoir été engagé par Marlon Brando pour écrire et mettre en scène *La Vengeance aux deux visages*, il se voit subitement remplacé par le comédien, qui décide de réaliser lui-même le film. Kubrick se morfond et finit par accepter, en 1960, la proposition de Kirk Douglas, producteur de *Spartacus*, de reprendre le tournage après le licenciement d'Anthony Mann. Pour la première et dernière fois, le cinéaste n'est pas maître du jeu, n'ayant aucun droit de regard sur le scénario et dirigeant des comédiens qu'il n'a pas choisis. L'expérience lui servira de leçon, il prend ses distances avec Hollywood et s'installe à Londres, qu'il ne quittera plus.

Il tourne *Lolita* (1962), et assure dorénavant la production de tous ses films en choisissant chaque fois une compagnie américaine, la Columbia pour *Docteur Folamour* (1963), la MGM pour *2001 : l'Odyssée de l'espace* (1968), et la Warner pour tous ses autres films, *Orange mécanique* (1971), *Barry Lyndon* (1975), *Full Metal Jacket* (1987)... Cette œuvre personnelle et visionnaire, qui fait de Kubrick un des cinéastes majeurs de l'histoire du cinéma, est presque toujours née d'adaptations littéraires. Kubrick écrit seul, ou en collaboration, des scénarios inspirés par les écrivains les plus divers, tels Arthur Clarke, Vladimir Nabokov ou Anthony Burgess, en les pliant à sa vision pessimiste de l'humanité. De même, depuis *2001*, la musique de ses films est puisée dans le répertoire classique et contemporain, ce qui lui permet des contrepoints saisissants, comme celui du *Beau Danube bleu* sur des images d'astronefs dans le cosmos. Il exerce un contrôle absolu sur ses films, du scénario à la caméra et au montage, sa passion de toujours, mais aussi sur le tirage des copies, le choix des affiches et des salles, le doublage à l'étranger. Ses films, d'ailleurs, racontent souvent l'histoire d'un plan minutieusement monté (la stratégie de généraux ambitieux des *Sentiers de la gloire* ou l'attaque nucléaire de *Docteur Folamour*), qui échoue par son incurie ou par le déchaînement des passions humaines. Quels que soient les progrès de la technique, l'homme ne change pas : il reste aux yeux du cinéaste le prédateur qu'il a toujours été, un être pusillanime, inconstant et irrationnel.

Kubrick aborde chaque fois un genre nouveau : film historique, science-fiction, horreur, film de guerre, pour en tirer des accents inédits et en donner des variations insurpassables. Noire illustration des crises de la civilisation, son œuvre est aussi une suite étonnante de poèmes visuels, riche d'images marquantes, de l'hôtel hanté de *Shining* à la salle de guerre de *Docteur Folamour*, du cerveau de l'ordinateur de *2001* aux masques poudrés de *Barry Lyndon*. Homme de spectacle, il est aussi homme de réflexion, mais sa passion pour les concepts (il est un joueur d'échecs émérite) n'a d'égale que sa fascination pour les comédiens dont il tire des interprétations toujours singulières et parfois improvisées. L'humour sardonique de bon nombre de ses films n'est qu'une des formes de son désenchantement face à un monde guetté par la folie et la mort, qui le fascinent et l'angoissent.

voir : Les États-Unis p. 146-153 –
La science-fiction p. 196-197

Stanley Kubrick en 1979 pendant le tournage de « Shining »

Akira Kurosawa

KUROSAWA
Akira
Tokyo 1910

Dernier né d'une famille de sept enfants, Akira Kurosawa suit une formation à l'École militaire de Tokyo et rate, au grand désespoir de son père, la formation d'officier de l'armée impériale. Il se dirige alors vers les beaux-arts et rejoint en 1929 la Ligue des artistes prolétariens, qu'il quitte trois ans plus tard, en désaccord avec ses orientations politiques et artistiques. Son adolescence est marquée par la forte personnalité de son frère aîné, Heigo, qui exerce la profession de *benshi* (bonimenteur de films muets). Grâce à lui, il découvre la littérature russe et surtout le cinéma de Chaplin, Griffith, Murnau, Stroheim, Lubitsch et Dreyer. Le suicide, en 1933, de celui qui fut son guide et son modèle le laisse profondément abattu. Il se consacre alors au cinéma et devient, selon ses mots, « le développement comme image positive du négatif original du film que fut son frère ». Recruté sur concours aux studios PCL, en 1935, il travaille comme scénariste et assistant réalisateur avant de signer en 1943 *La Légende du Grand Judo*, qui remporte un énorme succès. Dans ce portrait d'un champion de judo, Kurosawa analyse la force des relations qui lient le maître et l'élève : cette complicité masculine va hanter toute son œuvre. La défaite militaire du Japon en 1945, alors que l'industrie du cinéma est, jusqu'en 1950, sous le contrôle des autorités américaines, limite sa liberté de créateur. Dans *L'Ange ivre* (1948), il décrit, à travers l'affrontement entre un gangster déchu et un médecin alcoolique, la vie sordide des bas-fonds de Tokyo ; dans *Chien enragé* (1949), c'est un policier qui découvre ces quartiers ravagés par la délinquance et la misère. Cette période réaliste et sombre culmine dans *Vivre* (1952), portrait d'un modeste employé de bureau qui, se sachant condamné par un cancer, décide de se rendre utile à la communauté et fait construire un parc pour enfants.

En 1948, Kurosawa avait confié à Toshiro Mifune, alors inconnu, le rôle du truand dans *L'Ange ivre* ; il sera le héros de tous ses films jusqu'à *Barberousse* (1965), à l'exception de *Vivre*. Le jeu de cet acteur étonnant, hors norme, tranche avec la lenteur des acteurs japonais, et rappelle la danse violente du démon (*hataraki*) du théâtre nô, cher au cinéaste. Dans *Rashomon* (1950), Lion d'or à Venise en 1951, où il joue le rôle d'un bandit qui s'accuse du meurtre d'un samouraï et du viol de sa femme, il séduit par son style de jeu étonnant. Puis l'œuvre de Kurosawa alterne les adaptations – *L'Idiot* d'après Dostoïevski, 1951 ; *Les Bas-Fonds* d'après Gorki, 1957 – et les sujets puisés dans l'histoire du Japon, comme *Les Sept Samouraïs* (1954) où des paysans attaqués par des pillards engagent des samouraïs pour se défendre. Dans la lignée de ce grandiose film d'action, il réalise *Le Château de l'araignée* (1957), le plus abouti plastiquement, transposition de *Macbeth* de Shakespeare dans le Japon féodal. Il s'oriente ensuite vers des films d'action et d'aventures comme *Yojimbo* (1961), fantaisie carnavalesque qui inspirera à Sergio Leone *Pour une poignée de dollars* (1964).

La rupture avec Toshiro Mifune après *Barberousse* (1965), où il interprète un vieux médecin anticonformisme qui initie un débutant, coïncide avec l'effondrement du système des studios. Habitué à travailler régulièrement avec eux, Kurosawa attend cinq ans avant de réaliser *Dodes'kaden* (1970), une production indépendante, chronique d'un bidonville dont les couleurs chatoyantes évoquent les dessins d'enfant. Il coproduit avec l'Union soviétique *Dersou Ouzala* (1975), où l'amitié entre un chasseur et un scientifique célèbre la réconciliation entre le monde de l'intuition et celui de la raison. En 1980, Kurosawa reçoit la Palme d'or à Cannes avec *Kagemusha* ; puis, en 1985, avec *Ran*, inspiré du *Roi Lear* de Shakespeare, il revient à la guerre des Clans qui a déchiré le Japon du XVIe siècle. Moins historien que peintre, le cinéaste, influencé par John Ford et les grandes fresques épiques d'Eisenstein, privilégie la dimension tragique de l'action. Le trait se fait plus sombre et le monde de l'imaginaire devient cauchemardesque avec *Rêves* (1990), hanté par les morts de la guerre et le désastre nucléaire, tandis que dans *Rhapsodie en août* (1993) une vieille femme, qui se souvient de la bombe atomique, est confrontée à l'oubli des jeunes générations. Après avoir été fasciné par les exploits héroïques des samouraïs, Kurosawa voit désormais dans l'action humaine une agitation vaine et désenchantée, promise à une apocalypse dont il se veut le peintre et le visionnaire.

voir : Le Japon p. 108-109 – p. 164-165

LANG
Fritz
Vienne 1890 – Los Angeles 1976

Fritz Lang entame, à l'instigation de son père, architecte, de brèves études d'ingénieur. Passionné de peinture et de théâtre, il se rend à Paris pour apprendre le dessin. Grièvement blessé au cours de la Première Guerre mondiale, il écrit à Vienne ses premiers scénarios de films, inspirés de feuilletons populaires. À partir de 1919, il inaugure une carrière de cinéaste, qui va se dérouler en Allemagne jusqu'en 1932 puis aux États-Unis de 1934 à 1957, et à nouveau en Allemagne après 1957.

Écrit avec sa femme, la romancière Thea von Harbou, le film *Les Trois Lumières* (1921) révèle l'originalité d'un regard fortement symbolique et une utilisation très personnelle des ombres et des lumières. Avec *Le Docteur Mabuse* (1922) et *Le Testament du docteur Mabuse* (1932), Lang inaugure une réflexion sur les différents aspects du pouvoir, qui marquera toute son œuvre. Derrière le personnage du Dr Mabuse, psychanalyste et criminel, qui manipule, par ses hommes de main ou par l'hypnose, les êtres et les choses afin d'assouvir sa volonté de puissance, s'inscrit en filigrane la crise économique et morale de la République de Weimar, qui mènera les nazis au pouvoir. Mabuse est aussi l'image du metteur en scène et de sa toute-puissance durant le tournage d'un film.

En 1926, Lang obtient des moyens considérables pour bâtir une cité utopique : *Metropolis*. Le décor gigantesque et menaçant, inspiré de l'architecture et de la peinture de son époque, décrit une ville-usine écrasante et dévoreuse, où les travailleurs sont asservis par les maîtres d'une technologie moderne qui décuple leur pouvoir.

Dans son premier film parlant, *M. le Maudit* (1931), Lang traite avec un réalisme saisissant un fait divers, l'histoire d'un assassin d'enfants à Düsseldorf. Magistralement interprété par Peter Lorre, l'assassin n'est pas seulement un psychopathe, il est le reflet d'une collectivité elle-même malade, où la pègre se joint à la police pour éliminer celui dont l'action perturbe la bonne marche des « affaires ». La mise en scène de Lang place le criminel dans un réseau de cadres, de cercles, de lignes agressives qui soulignent l'imbrication entre la pathologie de « M » et celle de la société. *M. le Maudit* assure à Lang une renommée internationale, et Goebbels lui propose la direction du cinéma allemand. Le soir même, Lang quitte l'Allemagne pour la France.

Contacté par la MGM, il obtient dès 1935 la nationalité américaine et réalise plusieurs films mettant aux prises l'individu avec la société : l'homme ne se mesure plus au destin, comme dans ses premiers films, mais il est victime d'une société froide et inhumaine. Dans *Furie* (1936), l'injustice subie par le héros est telle qu'il se transforme en vengeur impitoyable. Bien que Lang ne rencontre qu'un succès d'estime, la Fox lui confie deux westerns, *Le Retour de Frank James* (1940) et *Les Pionniers de la Western Union* (1941), qui égratignent la légende de l'Ouest. Il participe alors à l'effort de guerre des studios américains, dénonçant le nazisme dans *Chasse à l'homme* (1941) et *Les bourreaux meurent aussi* (1943).

En réponse à l'engouement des Américains pour la psychanalyse, il réalise *La Femme au portrait* (1944), conçue comme un rêve, et *Le Secret derrière la porte* (1948). Puis, obligé d'accepter de tourner des films de commande, Lang réalise un superbe western flamboyant, *L'Ange des maudits* (1952), avec Marlene Dietrich, beauté tragique de l'Ouest finissant face à un univers dominé par la vengeance. Ensuite, Lang épure de plus en plus sa mise en scène. *La Cinquième Victime* (1956) et *L'Invraisemblable Vérité* (1956) sont de virulentes satires des médias et de la justice, traitées avec une telle sécheresse que ces films font penser à d'implacables démonstrations mathématiques.

Après le retour du cinéaste en Allemagne, une somptueuse fresque, *Le Tigre du Bengale* et *Le Tombeau hindou* (1959), pose de nouveau la question qui hante tous ses films : comment dénoncer le pouvoir tout en l'exerçant soi-même en tant que metteur en scène ? Il retrouve une dernière fois, en 1960, le personnage de Mabuse, le grand manipulateur, aveugle « aux mille yeux », à qui la télévision permet de voir tout, partout, dans l'instant, et d'agir en conséquence. *Le Diabolique Dr Mabuse* prophétise la société de l'audiovisuel et du multimédia, où la réalité disparaît peu à peu au profit de l'imaginaire et du virtuel. En lui faisant interpréter son propre rôle dans *Le Mépris* en 1963, Godard rendait hommage à l'un des grands maîtres du cinéma moderne.

voir : L'Allemagne p. 62-63 –
Les États-Unis p. 66-73

Fritz Lang en 1938 en train de tourner « Casier judiciaire »

LEAN
Sir David
Croydon 1908 - Londres 1991

Élevé dans la rigueur de la religion quaker, le jeune Lean fréquente assidûment le cinéma. Ayant quitté l'école avant la fin de ses études, il gravit les échelons à la Gaumont où il est entré en 1927. Monteur depuis 1934, sa compétence est telle que le prestigieux romancier Noel Coward demande à être secondé par « le meilleur technicien de la profession » : les deux hommes signent ensemble *Ceux qui servent en mer* (1942) et collaborent ensuite à trois reprises. La dernière, *Brève Rencontre* (1945), histoire d'une liaison amoureuse sans lendemain, est un réel succès populaire. Lean enchaîne alors des films où son lyrisme s'épanche : adaptations des romans de Dickens (*Les Grandes Espérances*, 1946 et *Oliver Twist*, 1947) ou mélodrames (*Les Amants passionnés*, 1948). En 1957, *Le Pont de la rivière Kwaï*, grâce à l'interprétation d'Alec Guinness et à une musique à succès, lui donne une notoriété internationale. Désormais, il ne peut plus travailler à petite échelle ; mais, chez lui, le spectaculaire ne compromet en rien la complexité psychologique. De ce point de vue, *Lawrence d'Arabie* (1962) est peut-être son chef-d'œuvre. Après les sables chauds du désert, ce sont les neiges de Russie qui servent de décor au *Docteur Jivago* (1965). *La Fille de Ryan* (1970), avec ses images furieuses de la côte irlandaise, prend des proportions de superproduction et, malgré ses qualités, le film est unanimement rejeté par le public. Amer, Lean ne tourne plus pendant quatorze ans. En 1984, *La Route des Indes*, dont il assure de surcroît le montage, est un nouveau triomphe, qui le pousse à se remettre au travail. Il meurt en 1991, pendant qu'il préparait une adaptation de *Nostromo* de Conrad.

voir : L'Angleterre p. 100-103 – 132-135

David Lean en 1946 réalise les « Grandes Espérances »

LEONE
Sergio
Rome 1929 – Rome 1989

Sergio Leone est né dans le cinéma. Ses parents étaient tous deux acteurs au temps du muet, et son père, Vincenzo, a réalisé, jusqu'en 1943, des films sous le pseudonyme de Roberto Roberti. Les études du jeune Sergio ne l'empêchent pas d'être assistant bénévole dès 1945 et de figurer dans *Le Voleur de bicyclette* de De Sica. À dix-huit ans, il commence à travailler comme assistant, puis comme réalisateur de péplums tournés à Cinecitta, et remplace le vétéran Mario Bonnard, malade, sur le tournage des *Derniers Jours de Pompéi*, en 1959. Après *Le Colosse de Rhodes* (1961), Leone passe au western, genre dans lequel se reconvertit une grande part de l'industrie du cinéma italien. Avec un budget dérisoire, il pille sans scrupule le scénario de *Yojimbo*, de Kurosawa, dont il accentue la violence et le cynisme, et tourne *Pour une poignée de dollars* (1964) avec Clint Eastwood, alors vedette de la série *Rawhide* à la télévision américaine. Signé Bob Robertson (un clin d'œil au pseudonyme de son père), le film lance aussi l'acteur Gian Maria Volonte et le musicien Ennio Morricone. *Et pour quelques dollars de plus* (1965) et surtout *Le Bon, la Brute et le Truand* (1966) assurent la gloire de Clint Eastwood, le pistolero sans nom, impassible et sans état d'âme. À la différence de nombreux westerns italiens, ceux de Leone ne se contentent pas de parodier le genre. La mise en scène joue sur l'étirement du temps, soutenu par une musique lancinante et des gestes d'une lenteur extrême, mettant à l'épreuve les nerfs du spectateur.

Il était une fois dans l'Ouest (1968) emprunte à John Ford ses thèmes, ses acteurs (Henry Fonda) et ses paysages (Monument Valley) pour critiquer avec un humour grinçant le western classique et ses héros bien-pensants, mettant, au contraire, en évidence leur égoïsme et les intérêts bassement matériels qui les animent. Il porte le même regard sur les aventuriers (révolutionnaires ?), incarnés par Rod Steiger et James Coburn dans *Il était une fois la Révolution* (1971), que sur les gangsters (Robert De Niro, James Woods) plongés dans le monde de la prohibition d'*Il était une fois en Amérique* (1984), une vaste fresque qui sera son dernier film.

Sergio Leone en 1971 pendant « Il était une fois la Révolution »

voir : Le western p. 180-183

LOACH
Kenneth
Nuneaton, Warwickshire, 1936

Né dans une famille modeste, Kenneth Loach étudie le droit à Oxford. Après diverses expériences de théâtre, et un stage de réalisateur à la BBC/TV, il réalise de nombreux films (documentaires, fictions) pour le cinéma et la télévision. En 1968, il reçoit le prix Italia pour *Cathy Come Home*, qui le révèle au public anglais. *Kes* (1969) deviendra un classique du film social consacré à l'enfance : dans une petite ville minière du nord, Billy, gosse à problèmes d'une famille pauvre, semble ne s'intéresser à rien jusqu'au jour où il entreprend de dresser un faucon. L'histoire de *Family Life* (1971) est très inspirée des théories antipsychiatriques de Ronald Laing : la jeune Janice vit mal dans l'atmosphère étouffante de sa famille ; prise en charge par le psychiatre « ordinaire », elle deviendra une malade irrécupérable.

Ken Loach en 1979 sur le tournage de « Black Jack »

Dix ans plus tard, Loach tourne *Regards et Sourires*, conçu comme une suite à *Kes* : un adolescent est en âge d'aborder son premier emploi, mais en arrivant à Sheffield, il devient évident qu'il n'y a aucun emploi. Le pessimisme tranquille de ce film anticipe les années de crise sociale que va vivre la Grande-Bretagne. Loach travaille ensuite – non dans difficultés ! – pour la télévision. En 1984, il tourne *Which Side Are You On?* un superbe documentaire sur la grève des mineurs, dont la diffusion prendra… un certain temps.

Paradoxalement, *Hidden Agenda* (1990), moins personnel, marque le début d'une nouvelle carrière au cinéma. Le film, inspiré du rapport Stalker, dénonce les dérives militaires et policières en Irlande du Nord. Suivront *Riff Raff* (1991), sans doute le plus réussi de la période, *Raining Stones* (1993), puis *Ladybird* (1994), trois films traitant des nouveaux pauvres.

En 1995, avec *Land and Freedom*, Loach aborde un thème historique : la guerre d'Espagne et le tragique conflit interne qui déchira les rangs des républicains. Il revient à notre époque avec *Carla's Song* (1996), tourné en Écosse et au Nicaragua, qui se révèle décevant. En 1997, Loach retrouve Glasgow avec *My name is Joe*.

« **J**'ai passé autant de temps à défendre mes films qu'à les faire ! » dit Ken Loach. En trente ans de carrière, travaillant avec des scènaristes tels Barry Hines, David Mercer, Jean Allen ou Paul Laverty, Loach est resté un réalisateur engagé. « Je suis devenu le *social worker* du cinéma anglais », déclare-t-il avec humour.

voir : L'Angleterre p. 132-135

LOSEY Joseph

La Crosse, Wisconsin 1909 – Londres 1984

Très jeune, Joseph Losey se consacre à la scène, une passion qu'il gardera toute sa vie. Il est très actif dans le théâtre d'avant-garde, nourri des textes de Karl Marx et de Bertolt Brecht. En 1947, il dirige son premier long métrage, *Le Garçon aux cheveux verts*, une parabole antiraciste, avant de tourner une suite de films criminels remarquables par leur tension, leur dureté et leur pathétique : *Haines* en 1950, *Le Rôdeur*, puis *M*, remake de l'œuvre de Lang, et enfin *La Grande Nuit*, tous en 1951. C'est alors qu'il est poursuivi pour ses engagements politiques, ce qui l'incite à demeurer en Europe, où il s'était rendu pour les besoins d'un tournage.

Dans l'exil, ses préoccupations restent les mêmes, mais son intérêt pour le décor augmente et ses mouvements d'appareil sont plus impérieux, ses cadrages plus éloquents, ses jeux de miroirs plus nombreux ; bref, son art s'enrichit. Réalisé en Angleterre, *Temps sans pitié* (1957) le fait connaître en Europe. Dans la même veine sombre, il dénonce les erreurs de la justice avec *L'Enquête de l'inspecteur Morgan* (1959), ou la menace atomique avec *Les Damnés* (1961). Mais *Ève* (1962) témoigne de nouvelles ambitions : l'intrigue policière cède le pas à la découverte des passions que suggèrent les paysages de Venise en hiver.

En 1963, Losey réalise son chef-d'œuvre, *The Servant*, écrit par Harold Pinter, mettant en scène un valet inquiétant, Dirk Bogarde, qui conduit son maître à la déchéance. *Accident* (1967) et *Le Messager* (1971) jouent aussi sur la complexité des rapports humains dans une société hiérarchisée. *Boom* (1968) et *Cérémonie secrète* (1968) explorent de plus près encore la manière dont les personnages tentent d'échapper à leur destinée. Losey s'installe alors en France, où il tourne *Monsieur Klein* (1976) : à la faveur de l'occupation allemande, un personnage invisible dépouille le héros de son identité, si bien que celui-ci répond à sa place à l'appel pour les camps de concentration. C'est cette sombre attirance pour la mort que reprend une admirable mise en scène du *Don Giovanni* de Mozart (1979), tourné dans les villas italiennes de Palladio. Ce sera le dernier grand film de Losey, qui meurt en Angleterre en 1984.

Malgré la diversité des sujets, son œuvre s'impose par son unité. Elle dépeint la part la plus sombre des rapports humains, inévitablement soumis à une violence d'autant plus terrible qu'elle est insidieuse. Le regard de Losey, d'une extrême rigueur, laisse pourtant passer l'émotion ; et la description précise des rapports sociaux ne restreint pas la singularité de chaque individu. Sa force repose presque uniquement sur la mise en scène, évitant les discours et les analyses.

Joseph Losey en 1968

LUBITSCH
Ernst
Berlin 1892 – Hollywood 1947

Le « roi de la comédie américaine » est né à Berlin en 1892. Très jeune, il délaisse la boutique de son père tailleur pour fréquenter les cabarets et les petits théâtres. Il est embauché, en 1911, comme assistant et comédien dans la célèbre troupe de Max Reinhardt, metteur en scène et directeur de théâtre, qui a révolutionné l'art scénique de son temps. Deux ans plus tard, il débute avec succès au cinéma dans le rôle d'un personnage qu'il crée, le juif Meyer, un Bavarois lourdaud et rigolard. Bientôt, il dirige lui-même des films et tourne aussi bien des farces que des mélos « exotiques » (*Les Yeux de la momie*, 1918). Il brille dans la satire contemporaine, où se développent son sens du gag suggestif et son inventivité visuelle dans *La Princesse aux huîtres* (1919), comme dans le drame historique à grand spectacle, dont l'ampleur lui vaudra une consécration internationale (*Madame du Barry*, 1919 ; *Anne Boleyn*, 1920). Lubitsch se laisse alors tenter par l'invitation, à Hollywood, de la star Mary Pickford, et réalise *Rosita* en 1923. Il s'installe aux États-Unis, mettant en scène de grosses productions (*Paradis défendu*, 1924) et d'intimes comédies douces-amères, dont *Comédiennes* (1924), qui donnent le ton à toute sa carrière future. Déjà, le nom du cinéaste est synonyme de divertissement raffiné, mélange de sophistication « européenne » et de clins d'œil grivois, surnommé la « Lubitsch touch ». *L'Éventail de lady Windermere* (1925), adapté d'Oscar Wilde, allie avec brio gravité et frivolité, comme le spectaculaire et délicat *Prince étudiant* (1927).

L'arrivée du cinéma parlant, loin de ruiner sa carrière comme ce fut le cas pour tant de réalisateurs, affirme sa maîtrise, tant la parole et le son sous toutes les formes l'intéressent. Il met en scène une série d'opérettes avec Maurice Chevalier, Jeanette MacDonald, Claudette Colbert, dans lesquelles l'image, la musique et le dialogue participent d'un même mouvement et sont au service d'intrigues sentimentales teintées d'ironie : *Monte Carlo* (1930), *Le Lieutenant souriant* (1931), *La Veuve joyeuse* (1934). Au sommet de son art, il se plaît à dépeindre le mensonge, l'hypocrisie, la forfanterie, dans des mises en scène fluides et efficaces par la mécanique rigoureuse des enchaînements. Ainsi, de film en film, les comédiens forment une ronde amoureuse, qui donne sa cohérence à tout un monde romanesque. Parfois, ils s'adressent directement à la caméra et prennent à partie le spectateur, une démonstration de complicité chère à Lubitsch.

De 1935 à 1936, il est directeur de la production au sein de la Paramount, mais il reprend assez vite son indépendance. Il entre alors dans sa période de

Ernst Lubitsch, à gauche, en 1929 pendant le tournage de « Parade d'amour »

maturité. Ses œuvres sont plus élaborées, plus lucides, plus féroces. Dans *Ninotchka* (1939), Greta Garbo, actrice comique inattendue en commissaire soviétique, dénonce le régime de Staline ; James Stewart et Margaret Sullivan se battent pour conserver leur emploi dans *Rendez-vous* (*The Shop Around the Corner*, 1940) ; une troupe de comédiens berne les nazis dans un pur chef-d'œuvre, *To Be or Not To Be* (1942), où l'humour s'oppose à la barbarie ; Don Ameche se repent d'une vie frivole dans *Le ciel peut attendre* (1943) ; le réfugié Charles Boyer et la domestique Jennifer Jones se jouent une lutte des classes amoureuse dans *La Folle ingénue* (1946). Dans tous ces films, la comédie se teinte d'une lucidité peu commune : les disciples de Lubitsch comme Billy Wilder (qui a été son scénariste), Otto Preminger ou Joseph Mankiewicz (qu'il a aidés à faire leurs débuts de réalisateurs), s'en souviendront dans les années à venir. Ernst Lubitsch meurt en 1947, pendant le tournage de la comédie musicale *La Dame au manteau d'hermine*, aimable pochade renouant avec ses opérettes passées, qui sera terminée par Otto Preminger.

voir : Les États-Unis – p. 50-55 – p. 66-73 – La comédie musicale p. 188-191

MANKIEWICZ
Joseph Leo
Wilkes Barre 1909 – Bedford 1993

Né dans une famille très cultivée, le plus intellectuel des cinéastes américains est une anomalie dans le Hollywood des années 40 et 50. Avec un père professeur de littérature anglaise et un frère aîné, Herman, brillant journaliste puis scénariste (Orson Welles lui confia l'écriture de *Citizen Kane*), Mankiewicz aurait aussi bien pu être dramaturge, enseignant ou essayiste. Le paradoxe est qu'il a incarné le système des grandes compagnies, passant du métier de scénariste pour la Paramount, au début des années 30 (il est nominé aux oscars à l'âge de vingt et un ans !), à celui de producteur à la MGM, avant de se voir donner sa chance à la Fox comme metteur en scène lorsqu'il remplace Ernst Lubitsch, son maître, pour diriger *Le Château du dragon* (1946). Pendant quelques années, il travaille sur les scénarios des autres pour mieux se consacrer à la mise en scène et surtout à la direction des comédiens, qui le fascineront toute sa vie. Il signe néanmoins durant cette période un chef-d'œuvre, *L'Aventure de Mme Muir* (1947), comédie onirique sur les rapports entre une veuve et le fantôme du propriétaire de la maison où elle habite. C'est toutefois avec *Chaînes conjugales* (1949) et *Ève* (1950) qu'il s'impose définitivement, remportant deux oscars consécutifs, exploit inégalé à Hollywood. Les préoccupations de Mankiewicz y sont clairement mises en évidence : l'importance accordée au dialogue, toujours brillant et propre à faire avancer l'action ; la recherche d'une vérité impossible ; un regard caustique sur le monde et la comédie humaine ; la croyance en une réalité où passé et présent sont inextricablement mêlés.

Mankiewicz est sensible aussi à l'analyse du pouvoir et des rapports de forces. *On murmure dans la ville* (1951), allégorie sur le maccarthysme où une petite communauté harcèle un médecin aux méthodes révolutionnaires, et *L'Affaire Cicéron* (1952), film d'espionnage sur un secrétaire d'ambassade à Ankara qui pendant la Seconde Guerre mondiale livre des secrets militaires aux nazis, sont des exemples admirables de ces études consacrées à la manipulation. Fasciné par le théâtre, par les jeux de l'illusion, il poursuit sa réflexion sur la politique avec *Jules César* (1953), une des meilleures adaptations de Shakespeare. Amoureux du XVIIIe siècle et des jeux de société, il donne avec *La Comtesse aux pieds nus* (1954) le portrait d'une star sous le regard de plusieurs témoins, et avec *Guêpier pour trois abeilles* (1967) une variation brillante sur le thème de *Volpone*, tourné à Venise, où un homme riche feint l'agonie et attire auprès de son lit de mort trois anciennes maîtresses.

Rationaliste, épris de clarté, Mankiewicz fut aussi attiré par les zones obscures du cerveau, comme en témoigne *Le Limier* (1972). On y voit s'affronter deux personnages dans un décor peuplé de figurines, et leur dialogue souverain met en lumière les rapports de classe, la volonté de puissance et les jeux du mensonge et de la vérité. C'est le testament d'un artiste qui a consacré tout son talent aux paradoxes de l'intelligence et à la compréhension du monde.

voir : Les États-Unis p. 66-73

MINNELLI
Vincente
Chicago 1903(?) – Los Angeles 1986

Vincente Minnelli appartient à une famille de comédiens, et dès l'âge de trois ans il monte sur les planches. Son goût de la scène et ses talents de dessinateur en font un excellent décorateur, puis un metteur en scène recherché à Broadway. Arthur Freed, producteur de la MGM, spécialisé dans la comédie musicale, l'invite à Hollywood et l'intègre à son équipe.

Dès *Un petit coin aux cieux* (1943), Minnelli donne un souffle nouveau à la comédie musicale grâce à sa sensualité raffinée, son sens du rêve et sa délicatesse. Cependant, une certaine inquiétude transfigure la chronique familiale et nostalgique du *Chant du Missouri* (1944). La féerie et l'humour acide, la naïveté et la nonchalance, le rococo et le moderne s'harmonisent de façon saisissante dans *Yolanda et le voleur*

(1945). Sa passion pour le théâtre, la solitude de l'artiste, la découverte d'un monde imaginaire donnent, sous l'apparence de la légèreté, un ton grave à *Un Américain à Paris* (1951), soutenu par la musique de George Gershwin, ou à *Tous en scène* (1953), son chef-d'œuvre, qui résume à lui seul la comédie musicale.

Dans la comédie comme dans le mélodrame, Minnelli maîtrise à la perfection l'évocation de la fête. Il sait agrémenter ses comédies familiales, *Le Père de la mariée* (1950) ou *La Femme modèle* (1957), de scènes tourmentées. Les grands mélodrames évoquent l'instabilité de héros dont l'élégance dissimule mal le désespoir. Les artistes hollywoodiens des *Ensorcelés* (1952) qu'on retrouve, plus anxieux encore, dans *Quinze Jours ailleurs* (1962), l'étudiant qui doute de sa virilité de *Thé et sympathie* (1956), l'écrivain provocateur de *Comme un torrent* (1959) et le dandy des *Quatre Cavaliers de l'Apocalypse* (1962) sont tous étrangers au monde qui les entoure, un monde que Minnelli évoque avec une verve de caricaturiste au trait pénétrant et cruel. La mobilité de la caméra, la violence des couleurs, les costumes et les éclairages, mais aussi la satire de la société évitent toute fadeur et toute impression d'élégance gratuite, renforçant la tension et la complexité de ces films. Le talent de Minnelli s'exprime dans la force à la fois subtile et éloquente de son style, éminemment reconnaissable, plutôt que dans son contenu narratif. Aussi ne pouvait-il s'épanouir qu'à l'abri d'un grand studio.

voir : Les États-Unis p. 110-115 –
La comédie musicale p. 188-191

de haut en bas :
Joseph Leo Mankiewicz en 1963 pendant le tournage de « Cléopâtre »
Vincente Minnelli en 1962 au cours du tournage des « Quatre Cavaliers de l'Apocalypse »
Kenji Mizoguchi en 1953 et une des actrices des « Musiciens de Gion »

MIZOGUCHI
Kenji
Tokyo 1898 – Kyoto 1956

Kenji Mizoguchi est aujourd'hui reconnu comme l'un des plus grands cinéastes du monde, un de ceux qui ont su approcher au plus près le secret de l'art cinématographique. Il est né à Tokyo en 1898, an 31 de l'ère Meiji, qui a vu le Japon passer de la féodalité à l'état de puissance capitaliste moderne. Fils d'un modeste charpentier, il entre comme apprenti chez un dessinateur traditionnel sur kimonos tout en étudiant la peinture occidentale. La mort de sa mère l'amène à rejoindre à Kobé sa sœur Suzu, entretenue par un noble après avoir été vendue comme geisha – selon la tradition, une hôtesse formée à la conversation, la danse et le chant –, puis il revient à Tokyo. Un musicien rencontré dans les quartiers de plaisir qu'il fréquentera toute sa vie le fait entrer à la toute jeune firme de cinéma Nikkatsu. Engagé comme acteur, il devient, à vingt-quatre ans, assistant puis réalisateur.

Son premier film, *Le Pays natal*, en 1923, est en partie censuré par le régime militaire ; son abondante production comporte d'abord de nombreuses adaptations d'auteurs occidentaux dont Maurice Leblanc et son célèbre Arsène Lupin. En 1925, un incident oriente définitivement sa carrière. Sa maîtresse, une ancienne prostituée, Yuriko Ichiro, le poignarde. L'affaire fait scandale et Mizoguchi, prié de se faire oublier un temps, médite sur cette aventure. Il n'a connu que des femmes malheureuses, sa mère écrasée par la misère, sa sœur sacrifiée à la survie de la famille, ou cette Yuriko, folle de jalousie...

Désormais, de la prostituée à l'impératrice, la situation de la femme dans la société japonaise et dans un monde dominé par la brutalité et l'égoïsme masculins sera au cœur de ses préoccupations. « C'est grâce à cette cicatrice-là, dira-t-il plus tard, que je suis parvenu à décrire une femme. » Les relations qu'il entretient avec ses actrices, Isuzu Yamada dans les années 30, Kinuyu Tanaka à partir des années 40 ou Machiko Kyo plus tard, seront essentielles. Le cinéma n'est plus pour lui un moyen de réussite personnelle, comme à ses débuts, mais un instrument de lutte, pour transformer la société et les mentalités. Mizoguchi donne de cette société une peinture réaliste, qui culmine dans *Les Sœurs de Gion* (1936). Il porte toute son attention aux drames féminins et aux geishas, qui deviennent, de plus en plus souvent, des prostituées. De longs plans-séquences et des lents mouvements de caméra tentent de saisir dans le même temps la beauté fugace du monde, celle des femmes et des paysages. Après la guerre, il réalise, de 1946 à 1949, ses œuvres les plus dures et les plus engagées, parmi lesquelles *Femmes de la nuit*.

Lion d'or à Venise en 1952, *La Vie d'O'Haru, femme galante*, le film préféré de Mizoguchi, marque le début d'une série de chefs-d'œuvre que le public occidental découvre avec éblouissement. Les héros des *Amants crucifiés* (1954) affirment leur amour tragique face aux rigueurs morales et économiques de la société japonaise du XVIIe siècle. *L'Intendant Sansho* (1954) dénonce l'exploitation et l'esclavage dans la société féodale. À cette époque, Mizoguchi atteint un raffinement esthétique suprême. « Il faut se laver les yeux entre chaque regard », disait-il. Ses films, portés par la pureté de son regard, la perfection de ses mises en scène, sont aussi des chants limpides et douloureux. Si Mizoguchi exalte la beauté du monde, il en connaît en même temps les dangers. Le potier des *Contes de la lune vague après la pluie* (1953), préoccupé seulement par la beauté de sa création, provoque la mort de son unique amour. *L'Impératrice Yang-Kwei Fei* (1955), film inspiré d'une célèbre légende orientale, réalisé dans des couleurs d'une délicatesse rarement atteinte à l'écran, décrit la déchéance d'un empereur de Chine au IXe siècle, qui se perd dans la contemplation de la beauté et du chant de la nouvelle impératrice, oubliant de s'occuper des affaires du royaume.

L'année de sa mort, Mizoguchi revient, avec *La Rue de la honte* (1956), à un style plus réaliste. Il décrit la prostitution à travers la vie quotidienne des filles et de leurs clients. On ne peut oublier la dernière image : une fille s'adresse directement au spectateur, dans un geste de racolage hésitant, qui est aussi un douloureux appel au secours.

voir : Le Japon p. 88-89 – p. 108-109

MORETTI
Nanni
Brunico, 1953

Révélé en 1976 avec *Je suis un autarcique*, un long métrage tourné en super-8 et distribué en 16 mm, Nanni Moretti devient rapidement la figure de proue et la conscience du jeune cinéma italien. Tout à la fois metteur en scène et interprète, il joue avec un personnage unique, Michele Apicella, que l'on retrouve de film en film. *Ecce Bombo* (1978) le décrit en étudiant, il se fait cinéaste en 1981 dans *Sogni d'oro*, professeur de mathématiques dans *Bianca* (1984), curé dans *La messe est finie* (1985). Trois ans plus tard *Palombella rossa* raconte les aventures tragi-comiques du même Apicella en joueur de water-polo communiste et amnésique. Cet homme est si proche du réalisateur que, dans *Journal intime* (1994), la fiction d'Apicella disparaît au profit d'un dénommé Nanni Moretti quasiment dans son propre rôle.

Le cinéma de Moretti cultive la simplicité, la représentation humoristique des individus et du cadre dans lequel ils vivent. Le cinéaste pose un regard ironique sur un monde vulgaire et sans éthique. Exigeant envers lui-même comme envers les autres, il ne se soumet à aucune mode et affirme sa liberté de conteur satirique qui, même lorsqu'il semble ne parler que de ses expériences personnelles, traduit des interrogations universelles : les confessions de Moretti n'ont rien d'impudique ou de complaisant, elles sont le témoignage d'un homme qui cherche à retrouver le chemin d'une lucidité perdue. Pour aider à la reprise du cinéma italien, Moretti s'est lancé, depuis 1988, dans une activité de producteur en créant la Sacher Film. En 1998, il réalise *Aprile*.

voir : L'Italie p. 126-131

MURNAU
Friedrich-Wilhelm Plumpe, dit
Bielefeld, Rhénanie, 1888 – Santa Barbara, Californie, 1931

Issu d'une famille aisée, il fait des études de philologie et d'histoire de l'art, et entre dans la troupe de théâtre de Max Reinhardt. Après la Première Guerre mondiale, durant laquelle il perd son ami le plus intime, il fonde avec l'acteur Conrad Veidt une société de production.

Si ses premiers films connurent un certain succès, c'est *Nosferatu le vampire* (1922), adapté du célèbre roman de Bram Stoker, *Dracula*, qui lui assure une reconnaissance internationale. Pour traduire cet univers fantastique, qui sert de cadre aux activités du comte Orlock (le vampire), Murnau tourne le film presque entièrement en extérieur, utilisant aussi bien les mouvements de la caméra, le ralenti, ou les images en négatif que les éléments de base de l'écriture cinématographique, les contrastes d'ombre et de lumière. La présence de cette silhouette squelettique aux doigts crochus sème l'angoisse et la terreur dans cette « symphonie de l'horreur », qui est également un des plus beaux films du cinéma muet. *Le Dernier des hommes* (1924) traite plus explicitement de la société allemande défaite et sa facture réaliste le fit considérer comme le chef-d'œuvre du *Kammerspiel* (cinéma de chambre, intimiste et réaliste) : une caméra très mobile décrit le fonctionnement d'un grand hôtel dans lequel se joue la destinée tragique d'un portier vieillissant, relégué aux toilettes. Un happy end imposé par les producteurs ne fit que renforcer la noirceur de ce rêve petit-bourgeois.

Tartuffe et *Faust*, en 1926, retrouvent l'inspiration de *Nosferatu* pour former avec celui-ci une sorte de trilogie du Mal. Loin de la comédie de mœurs comme de toute peinture psychologique, Murnau fait de son *Tartuffe* un Méphisto, autre figure du monde des Ténèbres. Avec *Faust*, Murnau se révèle « le plus peintre des cinéastes » (Éric Rohmer) : formes et espaces naissent du travail de la lumière.

En 1927, il est invité aux États-Unis par William Fox, qui le considère comme le « génie allemand » et met à sa disposition des moyens considérables pour réaliser *L'Aurore*. Un jeune paysan, séduit et envoûté par une femme de la ville, décide de tuer son épouse en la noyant dans un lac. Le triomphe de la lumière du Jour sur les fallacieuses lumières de la Nuit fonde la dramaturgie du film.

Après un film inachevé, Murnau rompt son contrat avec la Fox et tourne *Tabou* (1931), avec Robert Flaherty. Dans les mers du Sud, un pêcheur de perles tombe amoureux d'une jeune prêtresse vierge ; cet univers paradisiaque, noyé de lumière, bascule dans la tragédie.

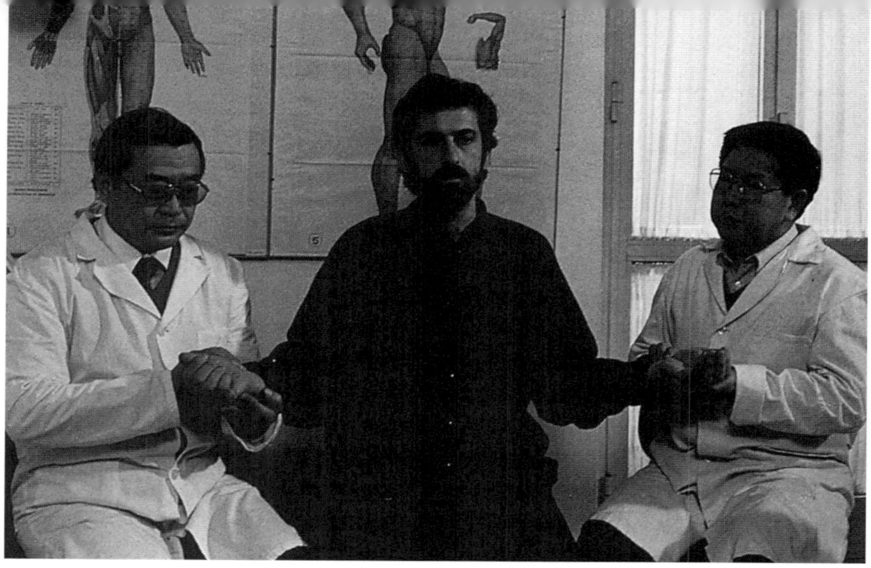

ci-dessus : Nanni Moretti en 1994 en consultation médicale dans « Journal intime »

Friedrich-Wilhelm Murnau en 1927 à Hollywood, pendant le tournage de « L'Aurore »

Mort dans un accident de voiture en 1931, Murnau laisse une œuvre inachevée de quelque vingt-deux films, dont neuf seulement nous sont parvenus. Il s'affirme comme un des plus grands maîtres du cinéma muet, abordant à travers tous ses films les thèmes de l'amour, de la fatalité et de la mort.

voir : L'Allemagne p. 62-63

Ophuls
Max Oppenheimer, dit
Sarrebruck 1902 – Hambourg 1957

L'œuvre de Max Ophuls est à la croisée d'influences très diverses, la culture allemande et la culture française dès sa jeunesse ; plus tard, l'influence du cinéma américain. Max Ophuls est né

Max Ophuls en 1948 réalise « Lettre d'une inconnue »

dans la Sarre, territoire allemand occupé par la France, mais il revendiquera toute sa vie un double modèle, et des penchants littéraires plus vifs pour Marivaux et Molière que pour les auteurs allemands – Goethe étant la seule exception.

D'abord acteur, puis metteur en scène, rapidement célèbre, il participe à ce qui se fait de plus intéressant dans le théâtre allemand des années 20. Son œuvre cinématographique portera la marque de ce passage par la scène, et Ophuls manifestera un intérêt constant pour ce que l'on pourrait appeler les « effets de théâtralité ». Un de ses premiers films, *Liebelei* (1933), d'après Arthur Schnitzler, tourné en Allemagne avec Magda Schneider, conte l'histoire d'un amour idéalisé, écourté par la mort. Déjà les thèmes majeurs de son œuvre sont là : il célèbre la femme, les moments de grâce et de séduction nés des sentiments amoureux, et le tragique de la séparation, confondue avec la mort.

L'arrivée au pouvoir des nazis oblige Ophuls à se réfugier en France. Jusqu'à la guerre, il tourne en Italie, aux Pays-Bas, en France, adapte aussi bien Goethe que Colette. *La Signora di tutti* (1934) ou *La Tendre Ennemie* (1936) annoncent la densité et la force de ses grandes œuvres à venir. Le rôle de la musique et de la voix off est ainsi exploré dans la perspective de récits toujours complexes, mais toujours extrêmement lisibles.

Quand la guerre est imminente, Ophuls quitte la France pour les États-Unis, et réalise, outre les sombres et trop méconnus *Désemparés* admirablement servis par Joan Bennett, *Lettre d'une inconnue* (1948), adaptation parfaite et somptueusement tragique d'une longue nouvelle de Stephan Zweig, qui reste l'un de ses chefs-d'œuvre.

Ses quatre derniers films sont tournés en France. *La Ronde* (1950), d'après la pièce de Schnitzler, est une suite brillante de sketches sur le désir et l'amour. *Madame de* (1953), d'après Louise de Vilmorin, exalte avec élégance les sentiments. *Lola Montès* (1955), le seul film en couleurs de Max Ophuls, avec Martine Carol en courtisane de luxe qui termine sa carrière comme acrobate de cirque, donne du monde du spectacle une vision flamboyante. Mais c'est *Le Plaisir* (1952), d'après trois contes de Maupassant, qui reste sans doute la plus riche, la plus complexe et la plus raffinée de ses œuvres. Ces quatre films confirment la maîtrise des procédés classiques du cinéma, la fluidité narrative, la transparence acquises par le réalisateur, mais posent aussi le problème des apparences sociales et des décors trompeurs, qui font la vie du spectacle. En même temps qu'il raconte, qu'il construit son film, Ophuls aborde la question des récits et de la mise en scène qui régissent les rapports humains.

OSHIMA
Nagisa
Kyoto, 1932

*N*agisa Oshima, à dix-huit ans, fait des études de droit, puis débute comme assistant réalisateur au studio Shochiku, tout en étant un critique de cinéma virulent, exaspéré par l'académisme et le conformisme du cinéma japonais des années 50. En 1960, *Contes cruels de la jeunesse*, qui trace le portrait d'une génération de l'après-guerre désillusionnée, et *L'Enterrement du soleil*, racontant le quotidien d'un bidonville où c'est le trafic de sang qui permet de survivre, font de lui le chef de file de la « nouvelle vague », celle qui va rompre avec le système des studios et favoriser l'essor d'un cinéma indépendant. Le signal est donné avec *Nuit et brouillard au Japon* (1960), un film politique fort et violent sur le mouvement révolutionnaire, qui est brutalement retiré de l'affiche par la Shochiku. Après deux échecs qui l'éloignent du cinéma (*Le Piège* en 1961, d'après Kenzaburo Oé, puis *Le Révolté* en 1962), Oshima devient son propre producteur et réalise, entre 1965 et 1972, l'essentiel de son œuvre, dont *La Pendaison* (1968), qui le fait connaître en Occident. Avec *Le Petit Garçon* (1969), qui met en scène la terrible histoire d'un enfant jeté par ses parents sur les routes afin de provoquer des accidents et d'obtenir un dédommagement de la part des automobilistes, il s'attaque aux tabous de la société japonaise : le sexe et la violence. Le succès international vient avec *L'Empire des sens* (1976) ; mais, jugé pornogra-

Nagisa Oshima en 1986 sur le tournage de « Max mon amour »

Yasujiro Ozu

phique, ce film fait scandale au Japon, qui l'interdit. Indésirable dans son pays et sollicité par l'étranger, Oshima tourne *Furyo* (1982) avec David Bowie, puis *Max mon amour* (1986) qu'il réalise en France. Le déracinement lui est fatal. Preuve que son œuvre audacieuse a d'abord été une formidable machine de guerre contre le Japon et son cinéma.

voir : Le Japon p. 164-165

OZU
Yasujiro
Tokyo 1903 – Tokyo 1963

Découvert en France quinze ans après sa mort, Yasujiro Ozu est considéré dans son pays comme le plus japonais de tous les cinéastes. Originaire d'une modeste famille de commerçants de Tokyo, Ozu est élevé par sa mère, à qui il reste très attaché toute sa vie. Enfant timide et élève médiocre, il échoue à l'examen d'entrée à l'université, puis travaille en 1923 comme assistant opérateur au studio de la Shochiku, à une époque où le cinéma est mal considéré par l'opinion publique. Attiré par la mise en scène, il signe en 1927 son seul film historique et devient le spécialiste du « Shomin Geki » (drame quotidien de la vie des petites gens). Il tourne cinquante-trois films en trente-cinq ans, entouré de ses fidèles collaborateurs, dont le scénariste Kogo Noda et l'opérateur Yuharu Atsuta. Tout au long de son œuvre, Ozu s'est regardé grandir à travers ses personnages.

D'abord très influencé par le cinéma américain (la comédie burlesque et le policier), il commence par mettre en scène la jeunesse étudiante dans *J'ai été diplômé, mais...* (1929) et le monde des employés confrontés au chômage dans *La Vie d'un employé de bureau* (1929). Le ton oscille entre le sombre mélodrame (*L'Épouse de la nuit*, 1930) et la comédie sociale acerbe : *Gosses de Tokyo* (1932) trace le portrait de deux enfants déçus par leur père lorsqu'il s'abaisse devant son patron. C'est avec l'admirable *Histoire d'herbes flottantes* (1934), rencontre d'un comédien appartenant à une troupe ambulante avec son fils, né d'une ancienne liaison, qu'un nouveau style s'impose, celui des plans fixes et des cadrages à hauteur de tatami, la caméra étant placée au niveau du sol.

Après que le cinéaste a décrit dans sa période d'avant-guerre un milieu modeste, *Le Récit d'un propriétaire*, en 1947, ouvre la seconde partie de son œuvre, qui a dorénavant pour cadre la petite et moyenne bourgeoisie. Les relations entre les générations et les difficultés de cohabitation entre parents et enfants (qui souvent vivent sous le même toit), deviennent un thème central de ses films et notamment de son chef-d'œuvre, *Voyage à Tokyo* (1953), où un couple âgé, en visite chez ses enfants mariés, se sent de trop et se prépare à la mort. Dans un style d'une rigueur extrême, il contemple avec une émotion retenue la solitude de la vieillesse ou le sacrifice de la jeunesse, celui de la jeune fille qui refuse de se marier pour ne pas laisser seul son père, devenu veuf. Il est aussi capable d'un humour impertinent dans *Bonjour* (1959), où des enfants se plaignent de ne pas avoir la télévision et font la grève de la parole. Ozu brode sur le même motif, celui des mutations de la famille japonaise d'après-guerre : *Crépuscule à Tokyo* (1957), *Fin d'automne* (1960), *Le Goût du saké* (1962).

La force et la beauté de son cinéma reposent sur la rigueur de ses plans à la composition très élaborée, qui ne font jamais écran à l'émotion ressentie par les personnages, interprétés par des acteurs bouleversants comme Chishu Ryu et Setsuko Hara. Dans ses films tout paraît si simple que son univers, léger, souvent drôle, parfois triste, renoue avec ce monde flottant et éphémère de la tradition japonaise que l'on nomme « Ukiyo ».

voir : Le Japon p. 88-89 – p. 108-109

PASOLINI
Pier Paolo
Bologne 1922 – Rome 1975

Pier Paolo Pasolini déborde l'univers du cinéma. Le romancier Alberto Moravia le tient pour le plus grand poète italien de sa génération. Il fut également romancier, essayiste, polémiste, théoricien, auteur dramatique, peintre... Après des études de lettres, Pasolini enseigne à Casarsa (Frioul) jusqu'en 1949, lorsqu'un procès pour détournement de mineur – première manifestation publique d'une homosexualité qui sera une composante essentielle de sa vie comme de son œuvre – l'amène à s'installer dans une banlieue populaire de Rome. En 1955 son premier roman, *Les Ragazzi*, écrit en dialecte frioulan,

Pier Paolo Pasolini en 1972 dirige « Les Contes de Canterbury »

fait scandale et Pasolini est poursuivi pour obscénité. C'est à ce moment qu'il commence à collaborer aux scénarios des films de Federico Fellini ou de Mauro Bolognini, pour qui il écrit celui des *Garçons* en 1959.

Pasolini a trente-neuf ans quand il passe à la réalisation, avec *Accattone* (1961) et *Mamma Roma* (1962). Il marque d'emblée ses distances avec la tradition du néoréalisme, élevant le prolétariat misérable vers une dimension sacrée. Se mêlent ainsi dans son œuvre deux influences déterminantes dont la contradiction ajoutera encore au scandale : le marxisme et le christianisme. Il admire Gramsci, figure titulaire du Parti communiste italien, comme Jean XXIII, à qui il dédie, en 1964, son adaptation de *L'Évangile selon saint Matthieu*, un film très dépouillé, qui livre une interprétation moderne des textes de l'Évangile. L'année précédente, un court métrage, *La Ricotta*, où l'on voyait un acteur interprétant le Christ mourir d'indigestion sur la Croix, avait provoqué un beau scandale.

Dans *Théorème* (1968), un troublant jeune homme blond, étrange visiteur, séduit tous les membres d'une famille de riches industriels milanais. Le destin de chacun en est bouleversé. Le sexe est-il rédemption, rejet de la société de consommation et accès au sacré ? Nouveau scandale. Le film est interdit, bien qu'il ait reçu le prix de l'Office catholique international. Le sacré prend une forme mythologique dans *Œdipe roi* (1967), *Porcherie* et *Médée* (1969), tandis que le sexe redevient l'élément dominant de sa truculente « Trilogie de la vie » (1971-1973) : *Le Décaméron*, *Les Contes de Canterbury* et *Les Mille et Une Nuits*. Voyant déferler la vague pornographique des années 70, Pasolini réalise *Salo ou les Cent Vingt Journées de Sodome* (1975), où il situe l'univers du marquis de Sade (viols, tortures, meurtres…) dans les derniers jours du fascisme (la République de Salo). Poème de mort à la frontière du supportable, c'est un film limite dans l'histoire du cinéma, dont aucun spectateur ne sort indemne. Il meurt en cette même année 1975, assassiné sur la plage d'Ostie par un jeune voyou. Crime sexuel et crapuleux ? Crime politique ? Le mystère reste entier.

voir : L'Italie p. 126-131

PIALAT
Maurice
Cunlhat, Puy-de-Dôme, 1925

Maurice Pialat réalise son premier court métrage, *L'amour existe*, en 1960, mais il lui faudra attendre près de dix ans pour passer au long métrage (*L'Enfance nue*, 1969). Ses goûts – le cinéma populaire français des années 30 et 40 – et sa formation – les Beaux-Arts, puis le théâtre – en font une personnalité bien particulière, entre la tradition et la Nouvelle Vague. *L'amour existe* définit l'univers de Pialat : une vision douloureuse et désenchantée de la banlieue parisienne. *L'Enfance nue*, histoire d'un jeune délinquant, fait songer aux *Quatre Cents Coups*, de François Truffaut. Mais le héros de Pialat est infiniment plus dur que celui de Truffaut : rien ne vient expliquer la fuite en avant de l'enfant abandonné incapable, comme le seront tous les personnages de Pialat, de trouver sa place : ballotté d'une famille d'accueil à une autre, il est comme brisé par une catastrophe antérieure indéfinissable.

Touchant le spectateur « là où ça fait mal », le cinéaste décrit de nouveau l'enfance douloureuse dans *La Maison des bois* (1970-1971, feuilleton TV), le couple qui se déchire (*Nous ne vieillirons pas ensemble*, 1972), la jeunesse sans perspectives (*Passe ton bac d'abord*, 1979 ; *Loulou*, 1980), l'errance sentimentale et sexuelle d'une adolescente dans une famille en crise (*À nos amours*, 1983), un prêtre partagé entre le ciel et l'enfer (*Sous le soleil de Satan*, 1987, d'après le roman de Georges Bernanos). Ce « cinéma de la

Maurice Pialat en 1985 tourne « Police »

cruauté » atteint son paroxysme, en 1974, avec *La Gueule ouverte*, film qui met en scène avec courage et lucidité l'agonie d'une femme atteinte d'un cancer et la gêne de son entourage face à la mort annoncée.

Cette dureté fait partie de la manière de travailler de Maurice Pialat, dont les conflits, sur les tournages, sont légendaires. Il exige de chacun, techniciens comme acteurs (Gérard Depardieu, Sandrine Bonnaire...) un engagement total dans la création de chaque scène, de chaque plan. Pour lui, chacun doit être créateur du film. La noirceur, parfois implacable, de son univers ne rend que plus éclatants les moments de beauté, les « soleils » qui illuminent des pans entiers d'*À nos amours*, du *Garçu* (1995) et surtout d'un des meilleurs films jamais réalisés sur un artiste, *Van Gogh* (1991), interprété par Jacques Dutronc. La caméra de Pialat a su saisir les moments d'exaltation, de mesquinerie, de générosité, d'égoïsme, et le phénomène de la création chez un artiste fascinant.

voir : La France p. 116-123

POLANSKI
Roman
Paris 1933

Cinéaste de l'angoisse, de l'instabilité et du dérèglement, Roman Polanski mène une vie ponctuée de tragédies. Il naît en France en 1933, mais ses parents, polonais, retournent à Cracovie quand il a trois ans. Sa mère disparaît dans les camps nazis. Il connaît alors l'enfer du ghetto juif, puis le stalinisme, qui écrase la Pologne à la fin de la guerre. Dès l'âge de quatorze ans, Polanski se réfugie dans sa passion pour le cinéma et le théâtre. Il joue dans quelques pièces et entre à l'école de cinéma de Lodz, une des meilleures du monde.

Le ton de son œuvre s'explique sans doute par la noirceur de cette jeunesse. Dans tous ses films, la fatalité, l'absurdité, le tragique ou le grotesque vont sans cesse se croiser. Il se fait connaître par quelques courts métrages insolites et dérangeants (*Deux Hommes et une armoire*, *Le Gros et le Maigre*). En 1962, il tourne son premier long métrage, le seul qu'il réalisera en Pologne : *Le Couteau dans l'eau*. Enfermés dans un lieu unique, un yacht en pleine mer, trois personnages s'affrontent. Ce thème le poursuit et, en 1965, il réalise *Répulsion*, avec Catherine Deneuve en jeune névrosée cloîtrée dans un appartement de Londres, qui se transforme en meurtrière. *Cul de sac*, l'année suivante, avec Françoise Dorléac, est un petit chef-d'œuvre d'humour noir.

Polanski bifurque alors vers le burlesque, avec *Le Bal des vampires* (1967), un de ses plus grands succès. Puis commence une nouvelle carrière en Amérique avec *Rosemary's Baby* (1968), une terrifiante histoire d'adorateurs du démon. Mais l'horreur le rejoint : le 9 août 1969, à Los Angeles, sa femme, l'actrice Sharon Tate, est assassinée par une secte, dirigée par le fou illuminé Charles Manson.

Polanski tente d'oublier ce drame en Europe. Il signe *Macbeth* (1971) à Londres, puis une comédie, *Quoi ?* (1973), en Italie, *Le Locataire* (1976), en France, où il incarne lui-même un paranoïaque traqué par ses voisins. Aux États-Unis, il réalise *Chinatown* (1974), superbe film noir, avec Jack Nicholson et Faye Dunaway. De graves problèmes avec la justice l'obligent à quitter l'Amérique en 1977. Il revient en France et s'installe à Paris. Suivent deux superproductions moins noires, *Tess* (1979), grand film romantique avec Nastassja Kinski, et *Pirates* (1986), un album d'images au ton proche de la bande dessinée. Devenu également metteur en scène de théâtre, Polanski retrouve sa patte de cinéaste du malaise, de l'inquiétude et de l'ambiguïté avec *La Jeune Fille et la mort* (1994), un nouveau huis clos, où une jeune femme, soumise à la torture pendant la dictature en Argentine, retrouve son bourreau.

Il a raconté sa vie dans un livre paru en 1984, *Roman*.

voir : Les pays de l'Est p.140-143 –
Frankenstein et Dracula p.194-195

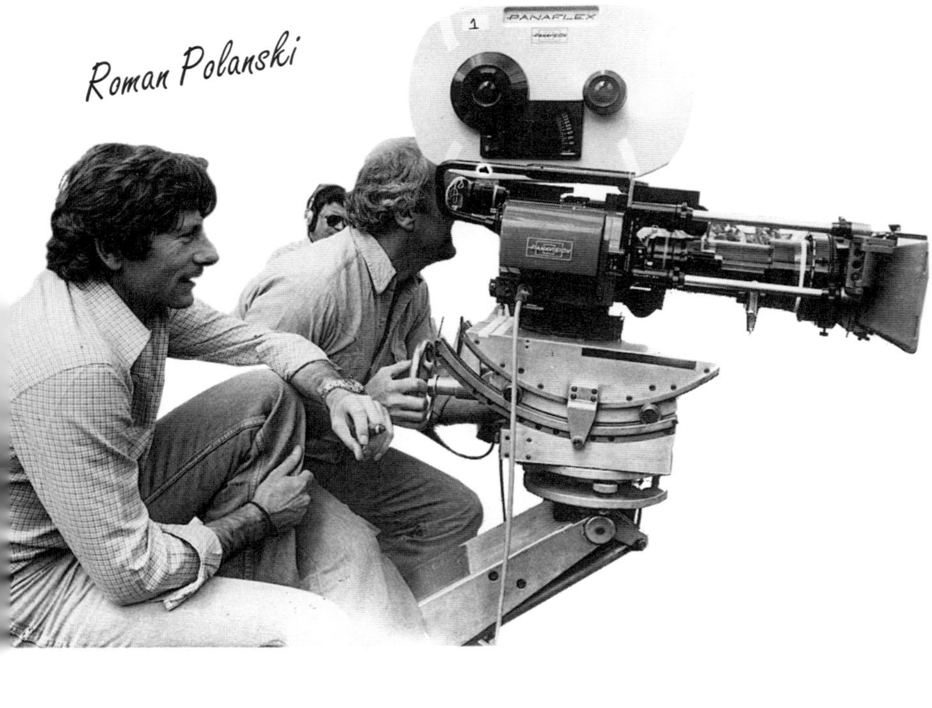

Roman Polanski

Ray
Raymond Nicholas Kienzle, dit
Galesville, Wisconsin, 1911 – New York 1979

Nicholas Ray appartient à la génération des poètes du cinéma américain d'après-guerre. Son premier film, *Les Amants de la nuit* (1947), donne le ton avec l'histoire d'un jeune couple traqué par la police. Tout de suite s'affirme son goût pour le non-conformisme et un romantisme fiévreux. Une réplique du film le résume parfaitement : « Je suis étranger ici-bas. » Ses héros, solitaires et révoltés, sont des victimes. Son œuvre parle de pureté, dans un monde nocturne et violent, où l'homme, constamment en danger de se perdre, ne peut survivre que par miracle.

En 1954, il réalise *Johnny Guitare*, un western éblouissant qui fait date. La couleur flamboie, tandis qu'éclate un féminisme inhabituel au genre : l'héroïne, interprétée par Joan Crawford, est une femme de tête propriétaire d'une maison de jeu.

La jeunesse passionne Nicholas Ray, parce qu'il y voit une force en marge, seule capable de s'opposer à la société corrompue. En 1955, il signe un film qui le propulse au premier rang : *La Fureur de vivre*, où il montre des adolescents pris de panique devant le monde des adultes. En abordant le conflit des générations, le film consacre la gloire de James Dean et lance la mode des films de jeunes. Enfin reconnu par la jeune critique, Nicholas Ray est sacré « cinéaste le plus poétique de l'après-guerre ». Durant les cinq années qui suivent, il va tourner une suite de chef-d'œuvres : *Derrière le miroir* (1956), *Le Brigand bien-aimé* (1957), *Amère Victoire* (1957). En 1958, *La Forêt interdite*, qui évoque le paradis perdu, est un film écologiste avant l'heure. Puis *Traquenard* (1958), magnifique poème visuel, conte la romance tragique d'une chanteuse de cabaret (Cyd Charisse).

Après avoir incarné « le rebelle d'Hollywood », Nicholas Ray n'arrive pas à donner le meilleur de lui-même dans ces deux superproductions que sont *Le Roi des rois* (1961) et *Les 55 Jours de Pékin* (1963). Plus tard, il se lie avec Wim Wenders, qui lui donne un rôle dans *L'Ami américain* (1977). Deux ans après, atteint d'un cancer, il accepte d'être filmé par Wenders pendant les derniers mois de son agonie. *Nick's Movie* (1979) est un film déchirant, où il semble faire don de sa vie au cinéma.

voir : Les États-Unis p. 146-153 –
Le western p. 180-183

Nicholas Ray et James Dean en 1955 au cours du tournage de « La Fureur de vivre »

Ray
Satyajit
Calcutta 1921 – Calcutta 1992

Satyajit Ray est né à Calcutta, au Bengale, dans une famille d'écrivains. Après des études de beaux-arts, de 1940 à 1942, à Santiniketan, l'université fondée par le poète Rabindranath Tagore, il devient illustrateur et concepteur graphique dans une agence de publicité. Cinéphile, il s'occupe d'un ciné-club à Calcutta et rencontre, en 1949, Jean Renoir venu tourner *Le Fleuve*. Trois ans plus tard, c'est en amateur qu'il se lance seul, à l'écart des studios et des stars du cinéma commercial, dans la réalisation de *Pather Panchali* (achevé en 1955), premier volet de sa fameuse trilogie. Gros succès au Bengale où le roman est très populaire, le film passe inaperçu à Cannes en 1956, alors que le second volet, *Aparajito* (1956), qui retrace l'adolescence d'Apu, partagé entre ses études à Calcutta et son village où sa mère le réclame, est couronné à Venise en 1957. *Le Monde d'Apu* (1959), dans lequel le jeune héros est confronté à l'immensité de la ville et du monde du travail, achève la célèbre trilogie, pour laquelle Ravi Shankar a écrit la musique. En 1961, l'année du centième anniversaire de la naissance de Tagore, Ray donne une nouvelle orientation à son travail. Il adapte trois nouvelles (le superbe *Trois Sœurs*) et réalise un film sur l'écrivain. Cette même année, période clé de sa vie, Ray relance *Sandesh*, un magazine pour enfants fondé par son grand-père.

Satyajit Ray en 1989 pendant la réalisation de « L'Ennemi du peuple »

D'abord éditeur, maquettiste et illustrateur, il se met à écrire des nouvelles inspirées par la mythologie, le fantastique et le policier, adaptant certaines d'entre elles pour l'écran.
Les thèmes essentiels de l'œuvre de Ray sont contenus dans la trilogie d'*Apu* : peinture de l'enfance, opposition entre la campagne et la ville, incapacité de l'homme à devenir adulte. Avec *Le Salon de musique* (1958), son chef-d'œuvre, il célèbre la sensualité de l'art dans le portrait d'un aristocrate déchu. Dans *La Déesse* (1960), le cinéaste reconnaît la beauté et le mystère de la femme, qu'il place désormais au centre de ses préoccupations, comme dans *Charulata* (1964) où une femme s'émancipe en consacrant sa vie à l'écriture. Si le début de l'œuvre est tourné vers le passé, dont il célèbre la splendeur perdue (*Le Salon de musique*), Ray, en soulignant les méfaits de l'obscurantisme religieux (*La Déesse*) ou la réalité de la misère, se montre aussi préoccupé par le monde moderne dans *La Grande Ville* (1963), avant de consacrer une trilogie à Calcutta, sa ville natale, en proie à la corruption.
En 1984, *La Maison et le monde*, d'après Tagore, est présenté, à Cannes, en l'absence du réalisateur, victime d'une crise cardiaque, qui l'éloigne du cinéma. Diminué physiquement, Ray adapte à l'écran une pièce d'Ibsen, *L'Ennemi du peuple* (1989), puis réalise deux films, *Les Branches de l'arbre* (1990) et *Le Visiteur* (1991), avant d'être emporté, en 1992, par une seconde attaque, peu de temps après avoir reçu un oscar pour l'ensemble de son œuvre.
Grand humaniste, dans la lignée de Jean Renoir et de John Ford, Satyajit Ray décrit un monde où les personnages sont à la recherche d'une harmonie entre leur espace intime, leur vie intérieure et la réalité sociale. La frontière qui sépare la maison du monde étant cette ligne d'horizon à abolir, qui donne sens à leur vie.

RENOIR
Jean
Paris 1894 – Beverly Hills 1979

Peu de cinéastes ont traversé avec autant de bonheur les époques et les modes, en restant aussi profondément auteur et en imposant un ton d'une infinie légèreté. Le cinéma de Renoir laisse toujours entendre le grain de voix et le regard acéré d'un créateur, comme sa sensualité joyeuse. Cette attention aux moments les plus fuyants, aux sensations furtives, se combine à un réel intérêt pour le monde, les rapports sociaux, les forces idéologiques. Il lie constamment l'intime et le social, le sentiment et la culture.
Fils du peintre Pierre-Auguste Renoir, Jean grandit dans un milieu d'artistes, et se retrouve à la tête d'une fortune lui permettant de financer ses films, ce qui explique sans doute les libertés et les tâtonnements de ses premiers films muets, avant-gardistes, esthétisants, et produits « à compte d'auteur ». De cette période, Renoir lui-même ne devait « sauver » que *Nana* (1926), d'après Zola, où il met en scène Catherine Hessling, son épouse depuis 1921, et l'interprète de la plupart de ses films muets.
Dès *La Chienne* (1931), le grand Renoir s'annonce. Chez lui, le réalisme presque naturaliste des comportements est imprégné d'ironie, de fantaisie, ou d'insolence. Dans ses intrigues romanesques, il fait toujours la part du rêve, mais laisse filtrer une critique des hypocrisies, des conservatismes, des injustices. Ses films « collent » à la société

de l'époque. *Boudu sauvé des eaux* (1932), avec Michel Simon, *Le Crime de M. Lange* (1935) ou *La Bête humaine* (1938), superbe adaptation de Zola, sont de subtiles variations sur les caractères humains, filmées avec une fluidité telle que la liberté de chacun semble constamment affirmée, et légitime.

L'admirable *Toni* (1935), où Renoir raconte l'histoire d'amour d'un immigré italien qui tourne à la tragédie, a été souvent présenté comme l'ancêtre du néoréalisme. Le cinéaste y affirme de manière éclatante sa « fibre sociale », son art de faire passer les idées par des émotions élémentaires, et ses choix esthétiques. C'est la vie qu'il capte, qui semble déborder du cadre. Ses constants recadrages font ressentir la continuité du monde au-delà de l'image. L'intrigue tient du fait divers, son traitement ouvre des horizons immenses. « Lorsqu'un fermier français se trouve à la même table qu'un financier français, ces deux Français n'ont rien à se dire. Mais si nous imaginons une réunion entre notre fermier français et un fermier chinois, ils auront des tas de choses à se raconter. Ce thème du rassemblement des hommes par métier ou par intérêts communs m'a poursuivi toute ma vie et me poursuit encore. »

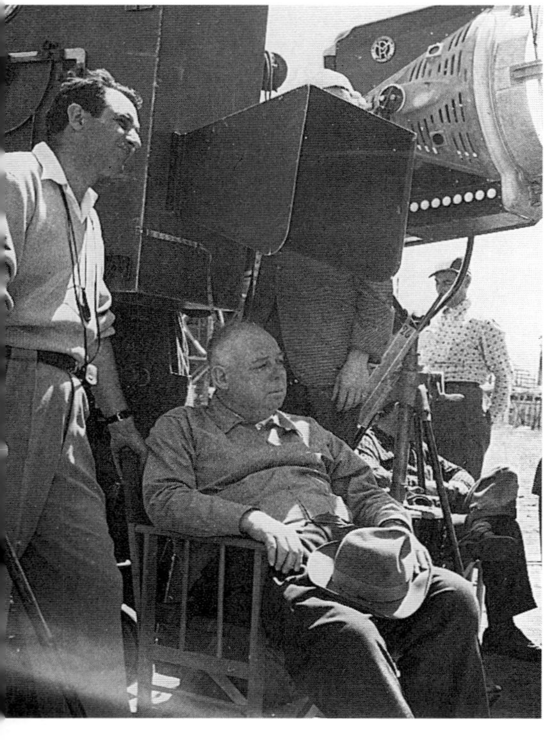

Jean Renoir

C'est dans *La Grande Illusion* (1937) que Jean Renoir aborde ce thème de la manière la plus directe, la plus spectaculaire aussi : la distance est plus grande entre les officiers français de classe sociale différente qu'entre ceux qui, ennemis par leur nationalité, ont une même éducation, l'aristocrate interprété par Pierre Fresnay et celui qu'incarne Erich von Stroheim. Dans ces autres chefs-d'œuvre d'intelligence et de sensibilité que sont *Partie de campagne* (1936) et *La Règle du jeu* (1939), Renoir met à nu les ressorts de la société française, sous l'apparence d'une comédie jamais aussi percutante que lorsqu'elle se donne des airs de fantaisie. Visions éblouissantes d'un artiste qui observe le monde où il vit d'un regard aussi chaleureux que cinglant. Renoir est alors au sommet de son art.

Lorsque la Seconde Guerre mondiale éclate, il est en Italie et s'exile aux États-Unis, où il tourne plusieurs films dont *L'Homme du Sud* (1945), *Le Journal d'une femme de chambre* (1946), et prend la nationalité américaine. Les contraintes d'Hollywood, comme le peu de succès de ses films, le poussent à partir aux Indes où il réalise, en 1950, *Le Fleuve*. La beauté des images donne une exceptionnelle dimension à la nature. Deux ans plus tard, de retour en Europe, il tourne *Le Carrosse d'or*, qui mêle le théâtre et la politique. *French-Cancan* (1955) ou *Le Déjeuner sur l'herbe* (1959) sont de véritables fêtes visuelles. Avec *Le Testament du Dr Cordelier* (1961), il tente des expériences nouvelles, proches de celles réalisées pour la télévision en direct.

Renoir écrit en 1962 un très beau livre sur son père (Renoir) et un autre sur lui-même (*Ma vie et mes films*, 1974). Retiré à Beverly Hills, il meurt en 1979.

voir : La France p. 74-81

RESNAIS
Alain
Vannes 1922

Fils de pharmacien, de santé fragile, Resnais ne fait ses études chez les jésuites que jusqu'à quatorze ans, puis les continue avec sa mère. Très tôt, il est fasciné par les films que lui montre un cousin avec un projecteur Pathé-Baby, qu'il s'agisse d'un documentaire sur la culture du haricot ou d'un film burlesque d'Harold Lloyd. Il transforme sa chambre en salle de projection, achète une caméra 8 mm, fréquente les cinémas de Vannes, tout en se passionnant pour la littérature populaire et la bande dessinée. En 1941, Resnais s'installe à Paris où il s'essaie au théâtre comme acteur avant de s'inscrire, en 1944, à l'Institut des hautes études cinématographiques, pour en démissionner l'année suivante.

À vingt-quatre ans, il devient monteur et réalise de nombreux courts métrages, bientôt remarqués, comme *Van Gogh* (1948), *Guernica* (1950) ou *Toute la mémoire du monde* (1956). Avec Chris Marker, il réalise *Les statues meurent aussi* (1953), un film immédiatement interdit par la censure, décrivant la destruction des arts africains par la colonisation. *Nuit et brouillard* (1955) affronte pour la première fois l'horreur des camps de concentration et s'interroge sur le rôle de la mémoire et de l'oubli.

Le temps et le souvenir sont aussi le sujet de son premier long métrage, *Hiroshima mon amour* (1959), écrit par Marguerite Duras, un des films phares de la Nouvelle Vague. Dans ce récit éclaté, une actrice française vit une brève histoire d'amour avec un architecte japonais, à Hiroshima,

Alain Resnais et Delphine Seyrig en 1961 sur le tournage de « L'Année dernière à Marienbad »

ville encore marquée par les séquelles du bombardement atomique ; par le jeu des retours en arrière, elle revit sa liaison passionnée et tragique avec un soldat allemand, en France, pendant l'Occupation. Après cette expérience autour de l'écriture de Marguerite Duras, Resnais adopte une méthode de travail très personnelle, en demandant chaque fois à un écrivain un scénario original : *L'Année dernière à Marienbad* (1961) est écrit par Alain Robbe-Grillet, *Muriel ou le Temps d'un retour* (1963) par Jean Cayrol, *La guerre est finie* (1966) par Jorge Semprun, ou *Je t'aime, je t'aime* (1968) par Jacques Sternberg.

Dans tous ses films, il explore les labyrinthes de l'esprit, l'imaginaire, les souvenirs, les méandres de la mémoire, mais il aborde aussi les grands thèmes de l'amour et de la mort. *Providence* (1976), écrit par le dramaturge anglais David Mercer, va très loin dans cette vision douloureuse de l'individu confronté à la maladie et la mort. Mais avec *Mon oncle d'Amérique* (1980) puis *La vie est un roman* (1983), l'univers de Resnais se charge d'humour. Le récit décrit les multiples voies dans lesquelles un être humain aurait pu s'engager s'il n'avait pas fait un choix antérieur en apparence insignifiant. C'est ainsi que dans le diptyque *Smoking / No Smoking* (1993), Sabine Azéma et Pierre Arditi incarnent chacun dix personnages, changeant de rôle à chaque tournant décisif de l'intrigue : que se passera-t-il si un des personnages allume une cigarette ? Et s'il ne l'allume pas ? Dans *On connaît la chanson* (1997), en créant des relations inattendues, insolites, entre des acteurs et des chansons, Resnais masque leur désarroi derrière une drôlerie irrésistible allant jusqu'au burlesque : l'austère cinéaste des années 60 invente, avec un immense succès, un nouveau type de comédie « chantée ».

voir : La France p. 116-123 –
Le cinéma documentaire p. 202-205

ÉRIC ROHMER
Jean-Marie Maurice Schérer, dit
Tulle 1920

Éric Rohmer naît à Tulle dans une famille d'origine alsacienne. Après des études de lettres, il devient enseignant. En 1946, il publie un premier roman, *Élisabeth*, sous le pseudonyme de Gilbert Cordier, mais il signe ses articles consacrés au cinéma sous son véritable nom, Maurice Schérer, dans différentes revues (*La Revue du cinéma*, *Les Temps modernes*, *Combat*). Enfin, scénariste puis cinéaste, il choisit le nom d'Éric Rohmer. Ce jeu avec les noms est significatif de son goût du secret et de son art de brouiller les pistes.

Aîné des cinéastes regroupés sous l'étiquette « Nouvelle Vague », Rohmer jouit auprès d'eux d'une autorité intellectuelle et morale. Il prend la rédaction en chef des *Cahiers du cinéma* à la mort du fondateur de la revue, André Bazin, en 1959. Son premier long métrage, *Le Signe du lion*, réalisé cette même année, essuie un échec public lors de sa sortie. Toujours enseignant, il commence à réaliser le cycle des « Contes moraux », subtil mélange de séduction et de libertinage, six variations à partir d'un même motif que Rohmer définit

Éric Rohmer

ainsi : « Tandis que le narrateur est à la recherche d'une femme, il en rencontre une autre qui accapare son attention jusqu'au moment où il retrouve la première. » Le succès du conte n° 3, *Ma nuit chez Maud* (1969), comme l'intelligence des dialogues finement ciselés dessinent l'image d'un réalisateur intellectuel et lettré. Ses adaptations au cinéma de Kleist, *La Marquise d'O* (1976), véritable tableau romantique, et de Chrétien de Troyes, *Perceval le Gallois* (1978), une miniature digne du Moyen Âge, ne le démentent pas.

Mais un autre cycle, celui des « Comédies et proverbes », révèle la part d'humour et de légèreté de toute son œuvre, son jeu avec le romanesque. S'y manifeste aussi clairement combien les mots dont s'enivrent les protagonistes leur servent à rêver, et à cacher (y compris à eux-mêmes) une réalité plus banale que l'image dévoile. Car pour Rohmer, le rôle du cinéma n'est pas de dire mais de montrer. Et le sens de ses films se situe dans ce rapport entre les mots dits et ce que la caméra capte du monde filmé.

Arrivé à une pleine maîtrise de son art, il entame en 1990 un nouveau cycle, les « Contes des quatre saisons », et surprend ses admirateurs par une réjouissante fable à la fois écologique et politique, *L'Arbre, le maire et la médiathèque* (1992). Avec ce cycle, il poursuit une méditation sur le destin et le hasard, présente dès son premier film, preuve, s'il en était besoin, de la parfaite cohérence de son œuvre.

voir : La France p. 116-123

Rosi
Francesco
Naples 1922

Francesco Rosi appartient à cette nouvelle génération de cinéastes italiens apparue à la fin des années 50 qui, prenant appui sur le néoréalisme, en renouvellent l'approche. Après deux films, *Le Défi* (1958) et *Profession : magliari* (1959), œuvres de contestation sociale, Rosi s'impose avec *Salvatore Guiliano* (1961), fausse biographie du célèbre bandit sicilien manipulé par la mafia, dont ne voit que le cadavre ou la silhouette dans le paysage. Rosi analyse, non sans émotion, la politique italienne à l'égard du Sud, le rapport entre le pouvoir légal et le pouvoir illégal, l'arriération économique et sociale de l'île. Napolitain, le réalisateur mêle à l'esprit rationnel un élan tel que ses images ont une étonnante force de conviction. Assistant de Visconti sur *La terre tremble*, il a retenu de son maître le sens de la composition plastique, sans jamais verser dans l'esthétisme, tout en sachant capter la vie dans son jaillissement. Pour cela, il prépare ses films sur le terrain, en faisant souvent participer des comédiens non professionnels. La forme de l'enquête, comme le refus de donner à ses récits une conclusion rassurante et manichéenne, se retrouve dans *Main basse sur la ville* (1963), consacré à la spéculation immobilière de sa ville natale, dans *L'Affaire Mattei* (1972) sur le rôle du pétrole et la volonté de l'Italie d'assurer son indépendance dans les hydrocarbures, et dans *Lucky Luciano* (1973) sur le trafic des stupéfiants contrôlé par la mafia.

L'œuvre de Rosi apparaît comme une ample réflexion sur l'histoire italienne du XXe siècle, dont il analyse les causes et les effets, une mise au jour des rapports de pouvoir en une inlassable recherche de la vérité. Il ne s'inspire pas seulement de l'actualité et de l'information historique, mais aussi d'œuvres littéraires comme *Cadavres exquis* (1975), d'après Leonardo Sciascia, sur la déstabilisation politique en Italie dans les années 70, ou *La Trêve* (1997), d'après Primo Levi, sur le retour des déportés ayant survécu aux camps de concentration. Cinéaste méridional, Rosi est aussi attiré par l'Espagne où il tourna *Le Moment de la vérité* (1964), un des plus beaux films

Francesco Rosi

Claude Sautet en 1972 sur le plateau de « César et Rosalie »

sur la corrida. Artiste chaleureux et lucide, sensible au tragique de l'existence (la mort est au centre de la plupart de ses films), Rosi n'a jamais séparé la beauté de la vérité dans cette quête passionnée d'un monde plus juste, qu'il voudrait contribuer à faire advenir par le courage de ses constats.

voir : L'Italie p.126-131

Roberto Rossellini et Ingrid Bergman

ROSSELLINI
Roberto
Rome 1906 – Rome 1977

Né en 1906, formé pendant les années 30 dans l'Italie fasciste, il tourne ses premiers films au début des années 40 – *Le Navire blanc*, *L'Homme à la croix*, *Un pilote revient* – en exaltant les vertus militaires des combattants engagés dans la Seconde Guerre mondiale. Pourtant, étrange paradoxe, le thuriféraire des actions bellicistes devient à la Libération un des fondateurs du mouvement néoréaliste en signant les œuvres clés que sont *Rome ville ouverte*, *Paisà* et *Allemagne année zéro*. Ces trois films disent le martyre du peuple italien face à la barbarie de l'occupant nazi ou les traumatismes du peuple allemand au lendemain de l'effondrement du IIIe Reich.

La rencontre avec Ingrid Bergman et la passion qu'il éprouve pour elle le conduisent dans les voies d'un cinéma plus personnel, lié à son expérience intime. Il tourne six films avec la comédienne, notamment *Stromboli* (1950), *Europe 51* (1952) et *Voyage en Italie* (1954). Pendant cette période, il réalise aussi un film d'une grande spiritualité, *Onze Fioretti de saint François d'Assise*.

Après sa séparation d'avec Ingrid Bergman, Rossellini est las des modes de production et des recettes du cinéma traditionnel. Il se rend alors en 1957 aux Indes, d'où il ramène à la fois un grand reportage, *L'India vista da Rossellini*, et un curieux film qui mélange documentaire et fiction, *India Matri Bhumi*. Ce détour par l'exotisme n'est qu'une étape de plus dans la recherche de nouvelles perspectives. Après être revenu aux thèmes de la guerre avec *Le Général Della Rovere* (1959) et *Les Évades de la nuit* (1960), il découvre ce qui orientera désormais son travail : la transmission du savoir dans une optique délibérément didactique. Il s'engage dans une voie qui relève davantage de la télévision que du cinéma. Ainsi, après avoir supervisé *L'Âge du fer* (mis en scène par son fils Renzo en 1964-1965), il tourne un film charnière qui l'engage définitivement dans la voie pédagogique, *La Prise du pouvoir par Louis XIV* (1966). Il réalise alors des fresques sur un homme et son époque mettant en scène les figures de Socrate, Pascal, saint Augustin, Descartes, en accordant une place particulière à celle du Christ, auquel il consacre *Les Actes des Apôtres* (1969) et *Le Messie* (1975). Lorsqu'il meurt brutalement en juin 1977, au retour du Festival de Cannes où, président du jury, il a fait obtenir la Palme d'or à *Padre Padrone* des frères Taviani, il s'apprêtait à mettre en scène *Travailler pour l'humanité*, un film consacré à Karl Marx.

Aujourd'hui, l'œuvre de Rossellini continue à intriguer, à contenir une part de mystère. Tout à la fois matérialiste et spiritualiste, nourri de tradition et ouvert à la nouveauté, toujours prêt à se battre pour ses idées, il provoque le débat qui caractérise les œuvres vivantes : au travers de nombreux livres et articles, les références à ses films alimentent la réflexion sur la modernité cinématographique.

voir : L'Italie p. 90-93 – p. 126-131

SAUTET
Claude
Montrouge 1924

Claude Sautet suit pendant deux ans les cours de l'Idhec et publie des articles sur la musique. Sa carrière cinématographique commence véritablement avec *Classe tous risques* (1960), un film policier d'une belle concision, que l'on retrouve dans *L'Arme à gauche* (1965). Mais c'est avec *Les Choses de la vie* (1970) qu'il acquiert une célébrité non exempte de malentendus. Alors qu'on le définit comme un peintre de la société française, il se soucie surtout de la composition musicale de ses films, sans pour autant dédaigner la description précise d'un milieu ou d'un métier. La dureté de *Max et les ferrailleurs* (1971), la tendresse et la passion de *César et Rosalie* (1972), la camaraderie de *Vincent, François, Paul et les autres* (1974) reposent sur des agencements précis de rythmes et d'atmosphères. L'intrigue et les relations humaines y prennent des formes de moins en moins convenues ; la réflexion morale y devient de plus en plus libre. *Mado* (1976) et *Une histoire simple* (1978) ont un ton plus grave encore, qui annonce la mélancolie intimiste des œuvres les plus récentes : *Quelques jours avec moi* (1987), *Un cœur en hiver* (1991) et *Nelly et M. Arnaud* (1995).

Avec sobriété et précision, Sautet donne aux choses une valeur significative. L'automobile, la pluie, les miroirs ne sont pour lui ni de simples objets ni des symboles, mais des composantes de la mise en scène. On reconnaît aussi, de film en film, un certain nombre de figures familières servies par une direction d'acteurs attentive : le repas, la séparation, la solitude nocturne. Michel Piccoli, Yves Montand et Daniel Auteuil incarnent des personnages masculins secrets et solitaires, en dépit de leur apparente jovialité ou de leur froideur. Romy Schneider et Emmanuelle Béart ont donné l'image d'une féminité rayonnante, loyale et tendre. Car le style de Sautet repose sur une humanité rare : la fraternité immédiate des personnages et leur nostalgie du bonheur expriment la sensibilité du metteur en scène.

voir : La France p.116-123

SCORSESE
Martin
Flushing 1942

Né à Flushing, dans l'État de New York, ce fils d'émigrés siciliens, élevé dans le quartier de Little Italy (la Petite Italie), est asthmatique et fragile. Il passe le plus clair de son temps au cinéma, et observe le monde de la délinquance, où, devenu cinéaste, il puisera son inspiration. D'abord tenté par la prêtrise, il quitte le séminaire au bout d'un an et s'inscrit à l'École de cinéma de l'université de New York. Diplômé en 1966, il y gagne sa vie comme assistant et réalise des courts métrages dont *The Big Share* (1967), couronné par plusieurs festivals. Tout en continuant à enseigner, il réalise son premier long métrage, *Who's That Knocking at My Door* (1968), sur le milieu italo-américain, auquel il reviendra souvent. En 1970, il quitte l'enseignement, fait des travaux de montage puis de télévision, et réalise pour les productions Roger Corman *Boxcar Bertha* (1972), un film policier dans le style des années 30. L'année suivante, *Mean Streets* est l'attraction de la Quinzaine des réalisateurs à Cannes : on ne parle que de ce film violent, stylisé, contrôlé, de son réalisateur et de ses deux comédiens inconnus, Robert De Niro et Harvey Keitel. En 1976, *Taxi Driver* remporte la Palme d'or. Le réalisateur et son interprète, Robert De Niro, sont définitivement consacrés. Malgré un discours provocant sur la violence, ce film est un succès mondial. Scorsese, ambitieux, s'oriente vers le film musical à gros budget : *New York New York* (1977) évoque les coulisses du spectacle, l'époque des grands orchestres de jazz dans le New York des années 40. Trois ans plus tard, une production en noir et blanc, *Raging Bull*, biographie complexe et inspirée du boxeur Jake La Motta, réconcilie le public et la critique, précipitant Scorsese et De Niro aux oscars. Le cinéaste réalise alors coup sur coup deux films modestes, presque expérimentaux, *La Valse des pantins* (1983) et *After Hours* (1985).

Continuant à alterner les projets grand public et ceux plus personnels, il porte à l'écran *La Dernière Tentation du Christ* (1988), adaptation du roman controversé de Kazantzakis ; sincère et tourmenté, il met en scène un Christ en proie au doute, qui, au moment de sa crucifixion, s'interroge sur la vie qu'il aurait menée s'il avait épousé Marie-Madeleine. Le film provoque un scandale qui dépasse le cinéaste. Scorsese revient alors sur un terrain plus familier : *Les Affranchis* (1990) renouent avec la

Martin Scorsese en 1983 dirigeant « La Valse des pantins »

veine de *Mean Streets* et le crime au quotidien. C'est dans un film d'époque délicat et subtil, *Le Temps de l'innocence* (1993), sorte de négatif du cinéma auquel il nous a habitués, que le réalisateur s'affirme avec une force surprenante. *Casino* (1996) retrouve avec brio le monde de la mafia et confirme son talent et son enthousiasme intact, tandis que *Kundun* (1998), biographie du dalaï-lama, est une expérience inattendue et originale. Cinéphile passionné, il est très actif dans la restauration de films. Ses activités de producteur attestent sa curiosité et son goût. Infatigable, Scorsese semble possédé par l'amour de son art sous toutes ses formes.

voir : Les États-Unis p.146-153

SPIELBERG
Steven
Cincinnati 1947

Pour Spielberg, le cinéma a toujours été un rêve d'enfant, aujourd'hui comme hier. À dix ans, il s'empare de la caméra 8 mm de son père. Dès l'âge de douze ans, il tourne un western de 4 minutes : deux camarades d'école jouent les cow-boys, un cactus sert de décor. À treize ans, il met en scène une histoire qu'il a écrite et, à quatorze ans,

even Spielberg en 1989 sur le tournage de « Always/Pour toujours »

un film de guerre de 40 minutes. Deux ans plus tard, il envisage de réaliser un film de science-fiction de 2 heures sur les extraterrestres. Pendant un an il mobilise des copains acteurs pour le tournage, économise 500 dollars et, grâce à son père qui loue alors pour une soirée une salle de cinéma, il gagne 600 dollars.

Si la carrière amateur de l'adolescent Spielberg ressemble à un véritable conte de fées, sa trajectoire professionnelle n'en est pas très éloignée. Elle commence avec *Duel* (1973), un téléfilm projeté en salles, où un camion terrifiant conduit par un chauffeur invisible poursuit un automobiliste pour le précipiter dans le vide. *Sugarland Express* (1974) confirme son formidable sens du rythme et de l'espace. À quelques exceptions près comme *Always (Pour toujours*, 1990) ou *Hook* (1991), Spielberg navigue de succès en succès et bat les records de recette : *Rencontres du troisième type* (1977) ; *Les Aventuriers de l'Arche perdue* (1981) ; *E.T.* (1982) ; *Jurassic Park* (1993). Comme si le cinéma avait voulu être reconnaissant envers ce gosse qui l'adorait. Sa réussite est si rapide et si exceptionnelle que certains ne se privent pas de l'accuser de ne faire que des films pour enfants et adolescents et d'exploiter le filon sans vergogne. Il faut dire que Spielberg est aussi un homme d'affaires habile. À partir des années 80, il réalise des *sequels*, ou suites : *Indiana Jones et le Temple maudit* (1984) puis *Indiana Jones et la Dernière Croisade* (1989) retrouvent le héros des *Aventuriers de l'Arche perdue*. Comme son ami George Lucas, il n'hésite pas à « accompagner » certains de ses films par un marketing tous azimuts – tee-shirts, monstres en plastique, figurines et gadgets en tout genre – sans pour autant détruire la magie que beaucoup, et pas seulement les enfants, trouvent dans ses réalisations. En effet, plus qu'un cinéma pour enfants, Spielberg fait un cinéma sur l'enfance avec ses rêves et ses cauchemars, ses peurs archaïques (*Les Dents de la mer*, 1975), son désir de merveilleux. Ce qui ne l'empêche pas de réaliser une œuvre aussi grave que *La Liste de Schindler* (1993), premier film de fiction à gros budget qui « met en scène » le camp de concentration et d'extermination nazi d'Auschwitz. En 1997, il se lance dans une grande fresque sur l'esclavage, *Amistad*. Aujourd'hui, il peut faire à peu près tout ce qu'il veut, il en a les moyens – avec sa société de production Amblin Entertainment – et le talent.

voir : Les États-Unis p. 146-153 –
Le cinéma d'animation p. 198-201

STERNBERG
Josef von
Vienne 1894 - Los Angeles 1969

Jonas Sternberg est né dans une famille juive, et son enfance se partage entre l'Autriche et New York. En 1912, il entre dans le monde du cinéma en restaurant des copies, puis devient monteur. Après la guerre, assistant réalisateur et acteur, il se fait appeler Josef von Sternberg (peut-être en hommage à Stroheim). En 1924, il dirige son premier film, *Les Chasseurs de salut*, en imposant et le sujet et l'actrice principale, Georgia Hale. Déjà se manifeste cette volonté absolue de tout maîtriser, du scénario au montage, du décor à la musique, ainsi qu'une conception purement « esthétique » du cinéma, objet de plaisir et de divertissement. Subjugué par ce film, Chaplin produit *La Mouette* (1926), qu'il gardera sous clé. En 1927, avec *Les Nuits de Chicago*, Sternberg invente les images dont se nourriront les films de gangsters : éclairages nocturnes, poursuites automobiles...

À la demande de l'acteur Emil Jannings, Sternberg réalise à Berlin *L'Ange bleu* (1930), une étape capitale

Joseph von Sternberg

dans sa carrière, puisqu'elle marque sa rencontre avec Marlene Dietrich. De film en film, il façonne et transforme le personnage de Marlene, depuis la fille de brasserie un peu lourde qu'elle est encore dans *L'Ange bleu* jusqu'à la femme de rêve, sublimée par la lumière. Avec elle, il tournera aux États-Unis, de 1930 à 1935, six films splendides et inoubliables. Amoureuse (*Cœurs brûlés*, 1930), espionne (*Agent X 27*, 1931), aventurière (*Shanghai Express*, 1932), mère de famille et danseuse de cabaret (*Blonde Vénus*, 1932), impératrice de toutes les Russies (*L'Impératrice rouge*, 1934), fatale Espagnole (*La Femme et le Pantin*, 1935), elle est à jamais Marlene, superbe idole, beauté fatale, femme irréelle et presque inaccessible.

Les films que Sternberg réalise ensuite sans Marlene Dietrich sont loin d'être négligeables, en particulier *Shanghai Gesture* (1941), avec Gene Tierney, qui se déroule dans l'atmosphère envoûtante et malsaine d'une maison de jeu chinoise. Enfin, tourné au Japon, *Fièvre sur Anatahan* (1953) constitue le sommet de l'œuvre de Sternberg, qui affirme avoir tout recréé sur le plateau, à l'exception de l'eau. Sur une île, un groupe de naufragés revit en quelques semaines l'histoire de l'humanité autour d'une divinité unique, sa majesté la Femme.

voir : Les États-Unis p.66-73

STROHEIM
Erich von
Vienne 1885 – Maurepas 1957

Erich von Stroheim est l'exemple toujours mis en avant du conflit entre l'artiste et les puissances d'argent. Considéré comme l'un des metteurs en scène les plus prestigieux des années 20, il vit sa carrière brisée à l'aube du parlant car sa forte personnalité dérangeait : la plupart de ses films furent mutilés et il passa le reste de son existence aux États-Unis et en France, redevenu exclusivement le comédien qu'il avait été à ses débuts.

Ce fils de petits commerçants juifs de Vienne abandonne, pour des raisons obscures, la capitale de l'Empire austro-hongrois – où régnait à la fin du siècle un antisémitisme virulent – et tente sa chance aux États-Unis. En Californie, engagé par le cinéaste D. W. Griffith auquel il fait penser par son obsession du détail juste et par l'ampleur de ses projets, il va se faire passer pour un aristocrate autrichien, fils d'un colonel et d'une dame d'honneur de l'impératrice. Il gardera le secret de ses origines jusqu'à sa mort.

Cette nouvelle personnalité lui permet de jouer, pendant la Première Guerre mondiale, des rôles d'officiers prussiens, sadiques et arrogants, qui lui valurent le surnom de « l'homme que vous aimeriez haïr ». Mais très vite il devient réalisateur, lorsque le producteur Carl Laemmle lui donne sa chance à la Universal, en 1919, avec *Maris aveugles*. Il y interprète un lieutenant autrichien, antipathique et vaniteux, qui réussit à séduire une Américaine délaissée par son mari. Stroheim reprend le schéma classique du triangle adultérin pour proposer une peinture sans concession de la nature humaine. Dans *Folies de femmes* (1922), un de ses chefs-d'œuvre, il exacerbe cette peinture de l'abjection en incarnant un imposteur, faux aristocrate russe en villégiature à Monte Carlo qui séduit toutes les femmes qu'il rencontre, de l'épouse d'un ambassadeur américain à une servante et à une demeurée mentale. Dans *Les Rapaces* (1924), un classique de l'histoire du cinéma, Stroheim, tel un entomologiste, étudie à la loupe la frustration sexuelle et l'avarice qui en découle, les ravages qu'une éducation rigide produit chez les individus. Il y a, chez lui, un naturaliste prenant en compte la biologie et les pulsions, mais aussi un visionnaire et un romantique, comme en témoignent *La Symphonie nuptiale* (1927) et *Queen Kelly* (1928), laissés inachevés par l'arrivée du parlant : on y voit, dans la Vienne impériale ou

dans un royaume imaginaire, se dérouler la comédie humaine.

Le recours au plan long et souvent au plan fixe va de pair avec une satire féroce de la société et de ses hypocrisies. C'est cela, autant que ses échecs commerciaux, qu'Hollywood ne lui pardonne pas. Mais son œuvre marquera des générations d'artistes : Jean Renoir lui confiera un des rôles principaux dans *La Grande Illusion* (1937), et Billy Wilder, non sans cruauté, lui fera interpréter dans *Sunset Boulevard* (1950) un ancien géant du cinéma devenu le serviteur d'une star du muet, elle aussi oubliée, Gloria Swanson.

voir : Les États-Unis p.50-55

TARKOVSKI
Andreï
Ivanovo 1932 – Paris 1986

Fils du poète Arseni Tarkovski, Andreï étudie successivement la musique et la peinture, avant d'entrer aux Cours supérieurs de cinéma à Moscou. Après un court métrage de fin d'études dont le scénario est de son condisciple Andreï Mikhalkov-Kontchalovski (*Le Rouleau compresseur et le violon*), Tarkovski réalise son premier film, *L'Enfance d'Ivan*, en 1962. L'URSS vit alors une période de critique du stalinisme et le cinéma trouve à se renouveler, d'une part, dans l'observation du quotidien à l'instar des « nouvelles vagues » nées un peu partout dans le monde (privilégiant la décontraction, la rue) et, d'autre part, dans le retour au cinéma poétique des années 20. *L'Enfance d'Ivan*, avec la caution d'un genre bien établi, celui de la grande guerre patriotique (1941-1945), retrouve ainsi l'onirisme et le lyrisme, dans un film de guerre distillant l'horreur de la guerre. En 1966, dans *Andreï*

Andreï Tarkovski en 1986 lors de son dernier film « Le Sacrifice »

Roublev, écrit avec Mikhalkov-Kontchalovski, Tarkovski aborde un sujet tout à fait atypique, la quête spirituelle du peuple russe à travers le destin d'Andreï Roublev, moine russe et peintre d'icônes du XVe siècle. Roublev se distingue de son maître Théophane le Grec, dont le dieu est impitoyable et vengeur, par une propension presque païenne à aimer la vie terrestre et les hommes. Confronté aux horreurs de son temps, à la barbarie tatare, il se mure dans le silence, jusqu'à la révélation que son peuple est porté vers Dieu quand il le voit sacrifier ses maigres biens à la fonte d'une gigantesque cloche. Le film passe alors du noir et blanc à la couleur pour montrer en dernière partie les icônes de l'artiste. Tout en exaltant l'humanisme et le mysticisme religieux, le film de Tarkovski célèbre avant tout la puissance créatrice de l'artiste (la Beauté sauve le monde). Le film sera censuré en partie, puis restauré dans son intégralité après quelques années d'atermoiements des autorités soviétiques.

Par la suite, que ce soit à travers des récits de science-fiction (*Solaris*, 1972 ; *Stalker*, 1979) ou autobiographiques (*Le Miroir*, 1974), son œuvre se tourne vers la méditation (*Nostalghia*, 1983, *Le Sacrifice*, 1986), la recherche d'un absolu dont la foi, comme les exigences morales ou esthétiques, ne sont que des voies d'accès. Son cinéma s'affranchit des conventions narratives et dramaturgiques pour développer une esthétique du vide, de l'attente, de la fixité, voire de l'invisible, reportant sur l'investissement du spectateur la possibilité de l'émergence d'une révélation. Entretenant des rapports ambigus avec la société soviétique, il finit toutefois par choisir l'exil après *Nostalghia* (tourné en Italie), travaille en Suède auprès de Bergman, et meurt peu après la sortie de son dernier film, *Le Sacrifice*.

voir : L'Union soviétique p. 138-139

TATI
Jacques Tatischeff, dit
Le Pecq 1908 – Paris 1982

Jacques Tati aurait pu être encadreur, comme son père, mais sa passion pour le sport l'amène à rejoindre la section rugby du Racing-Club de France. Là, lors des mi-temps ou pendant les soirées, se révèlent ses dons de mime et de comique. Il joue alors dans les théâtres et les music-halls, et, avec son spectacle *Impressions sportives*, se produit dans la plupart des capitales européennes. Parallèlement, il écrit des scénarios de courts métrages dont *L'École des facteurs* (1946), ultime répétition de gags intégralement repris dans son premier long métrage, *Jour de fête* (1949). Ce film, tourné à Sainte-Sévère-sur-Indre, en décor naturel, avec des acteurs pour la plupart non professionnels et une équipe venue du music-hall, produit dans des conditions artisanales, suit la tournée d'un facteur dans un village en fête et remporte un succès fulgurant. Tati aurait pu exploiter le filon, aligner des suites aux aventures du facteur. Mais il crée un autre héros, que les spectateurs découvrent en 1953 dans *Les Vacances de M. Hulot*. Un brin lunaire, Hulot est un citoyen plein de bonne volonté mais décidément inapte à la vie sociale dont il dérègle, bien malgré lui, l'ordonnancement à chacune de ses apparitions. Cinq ans plus tard, il réapparaît dans *Mon oncle*, éternel inadapté au travail mais disponible pour accompagner un jeune neveu que son père délaisse.

Digne héritier d'une tradition du cinéma muet, Tati est l'inventeur d'un burlesque sonore, quasi musical, dans lequel les paroles ne sont qu'un bruit parmi les autres bruits. Il observe la réalité quotidienne avec finesse et la restitue dans des

Jacques Tati à la caméra en 1958 réalise « Mon oncle »

scènes comiques légèrement décalées, entre le mime et la chorégraphie, où les séquences se suivent plus qu'elles ne s'enchaînent. Il porte un regard d'une grande tendresse sur l'enfance et se moque des petits-bourgeois. *Playtime* (1967), tourné en 70 mm et son stéréophonique, fascinant et irrésistible regard sur l'uniformité du monde moderne, est son œuvre la plus ambitieuse mais aussi un échec économique qui lui est fatal. Grâce à des fonds étrangers, il tourne néanmoins deux derniers films plus modestes : *Trafic* (1971) et *Parade* (1974). Jacques Tati meurt en 1982. La version couleur de *Jour de fête* a pu être présentée en 1995 (voir p. 41). En effet, le procédé Keller-Dorian, expérimenté en 1947 pour ce film, se révélant un échec, *Jour de fête* n'était connu jusqu'alors qu'en noir et blanc.

Critique de la société de consommation, écologiste avant l'heure, caricaturiste discret, subtil sociologue, Tati a accompagné l'évolution de la société française quand il ne l'a pas préfigurée.

voir : La France p. 94-97

TAVERNIER Bertrand
Lyon 1941

De dix ans plus jeune que les réalisateurs de la Nouvelle Vague, Bertrand Tavernier est passé comme eux par l'école de la cinéphilie et de la critique. Il monte à Paris pour faire des études de droit mais très vite se passionne pour le cinéma, écrit aux *Cahiers du cinéma* et à *Positif*, fonde un ciné-club, le Nickel Odéon, tourne deux courts métrages qui le laissent insatisfait et devient attaché de presse. Cette défense tous azimuts du cinéma ne l'a jamais quitté. Devenu un metteur en scène prolifique, il n'en continue pas moins à publier des livres monumentaux, comme *Trente Ans de cinéma américain* avec Jean-Pierre Coursodon ou *Amis américains*, recueil de textes critiques et d'entretiens, tout en s'engageant au service des intérêts de sa profession ou de causes civiques.

Metteur en scène à partir de 1973, il se distingue de ses aînés (Jean-Luc Godard, Éric Rohmer) en faisant appel à des scénaristes chevronnés, Jean Aurenche et Pierre Bost, et en manifestant un goût marqué pour le romanesque. Par bien des côtés Tavernier est un homme du XIXe siècle, avec son appétit énorme pour les expériences les plus variées, son intérêt pour la société, son activité incessante et sa curiosité boulimique.

Comme les cinéastes américains qu'il a tant admirés, Tavernier n'aime pas se cantonner dans un genre particulier, et se laisse séduire par des sujets variés que lui dicte la forme de sa mise en scène. Comme eux il s'intéresse aux problèmes moraux, à des récits complexes organisés autour de destinées individuelles, et privilégie la clarté du récit, dans un style très français, qui ne doit rien au modèle hollywoodien. Passionné par l'Histoire, celle-ci lui inspire certains de ses meilleurs films : l'époque de la Régence dans *Que la fête commence* (1975), un fait divers dans la France du XIXe siècle (*Le Juge et l'assassin*, 1978), l'Afrique coloniale des années 30 (*Coup de torchon*, 1981), l'époque impressionniste (*Un dimanche à la campagne*, 1984), le XVIIe siècle (*La Fille de d'Artagnan*, 1994) et par deux fois la Première Guerre mondiale avec *La Vie et rien d'autre* en (1989) et *Capitaine Conan* (1998). Il révèle aussi des obsessions qui lui sont personnelles, tel le rapport au père (dès son premier film, *L'Horloger de Saint-Paul*), et l'ambiguïté des conduites humaines. Certaines de ses passions et de ses luttes se retrouvent dans ses fictions : l'amour du jazz (*Autour de minuit*, 1986), la violence contemporaine vue par les assassins (*L'Appât*, 1995). Parallèlement il n'a cessé de pratiquer le documentaire, depuis ses essais sur l'Amérique (*Mississippi Blues*, 1983), ou sur Lyon, sa ville natale (*Le Regard intérieur*, 1988), jusqu'aux enquêtes sur les anciens d'Algérie (*La Guerre sans nom*, 1992) ou sur les problèmes de la banlieue (*Au-delà du périph'*, 1997).

En une vingtaine de films, il s'est imposé comme une des forces majeures du cinéma français contemporain et il est reconnu comme tel à l'étranger.

voir : La France p. 116-123

TRUFFAUT François
Paris 1932 – Neuilly-sur-Seine 1984

François Truffaut n'apprendra que tardivement ses véritables origines. Roland Truffaut n'a fait que lui donner son nom, et sa mère, enceinte à dix-huit ans, confrontée à la morale rigoureuse d'une famille bourgeoise, restera toujours distante à l'égard de son fils. Le jeune Truffaut se réfugie dans la lecture, interrompt sa scolarité à quatorze ans, passe beaucoup de temps au cinéma. Le critique André Bazin le tire d'un centre de mineurs délinquants et, plus tard, de la prison : engagé brusquement dans l'armée à la suite d'une déception amoureuse, il avait déserté en pleine guerre d'Indochine. Bazin l'aide à écrire ses premières critiques aux *Cahiers du cinéma* et, à partir de 1954, les attaques virulentes de Truffaut contre la médiocrité du cinéma français de l'époque le rendent célèbre.

En 1957, il réalise un court métrage brillant et remarqué, *Les Mistons*. Présenté à Cannes, son premier long métrage, *Les Quatre Cents Coups* (1959), lance le mouvement cinématographique de la Nouvelle Vague. En partie autobiographique, le film séduit par son authenticité et par le jeu simple et naturel de son jeune interprète, Jean-Pierre Léaud. Il en découlera le cycle consacré au personnage d'Antoine Doinel, sorte de double du cinéaste, qui pendant une vingtaine d'années va par-

Bertrand Tavernier avec Marie Gillain en 1995 pendant le tournage de « L'Appât »

King Vidor en 1946 réalise « Duel au soleil »

François Truffaut, Jean-Pierre Léaud et, au fond, Claude Jade en 1970 travaillent une scène de « Domicile conjugal »

courir la jeunesse puis la maturité de son héros et de son interprète, de *Baisers volés* (1968) et *Domicile conjugal* (1970) à *L'Amour en fuite* (1979).
L'œuvre de Truffaut se partage entre des films inspirés de sa propre vie et des adaptations. À partir d'un fait divers, *La Peau douce* (1964) raconte une histoire classique d'adultère dans un suspense à la Hitchcock ; *L'homme qui aimait les femmes* (1977) aborde l'obsession de la séduction ; *La Chambre verte* (1978) est une troublante méditation sur les êtres disparus. Passionné par la littérature, il adapte pour le cinéma des romans policiers tels que *Tirez sur le pianiste* (1960) ou *La mariée était en noir* (1967), et un roman d'Henri-Pierre Roché, *Jules et Jim* (1961). Tiré d'un roman de science-fiction de Ray Bradbury, *Farenheit 451*, en 1966, décrit une société où les livres sont interdits. Avec *La Nuit américaine* (1973), réalisée comme un documentaire, c'est la passion du cinéma et ses coulisses qui sont mises en scène.
L'enfance (*L'Argent de poche*, 1976) et le passage à l'âge adulte par l'acquisition de la culture sont des thèmes chers à Truffaut. Ainsi, Victor de l'Aveyron, le héros de *L'Enfant sauvage* (1970), ne pourra jamais accéder à une vie normale pour avoir été privé trop longtemps des rudiments du langage. La femme est l'autre centre d'intérêt du cinéma de Truffaut. Elle est infiniment variable et inattendue, peut-être magique comme l'imaginent la plupart des personnages masculins, et peut-être bénéfique ou maléfique. Rien d'étonnant à ce qu'il donne quelques-uns de leurs rôles les plus riches et les plus ambigus aux plus grandes actrices françaises : Jeanne Moreau (*La mariée était en noir*), Catherine Deneuve (*La Sirène du Mississippi*) ou Isabelle Adjani (*Adèle H.*).
Lorsqu'il meurt, à l'âge de cinquante-deux ans, il est le plus populaire et le plus réputé des cinéastes de la Nouvelle Vague. En 1980, *Le Dernier Métro* a reçu dix césars, Truffaut est alors internationalement connu, autant pour ses films attachants que pour la conviction avec laquelle il a toujours défendu une certaine idée du cinéma d'auteur. Ses entretiens avec Hitchcock ont été publiés en 1962.

voir : La France p. 116-123

VIDOR
King
Galveston 1894 – Paso Robles, Californie, 1982

Né dans une riche famille texane de Galveston, King Vidor, adolescent, réalise de petits films qu'il vend aux actualités des cinémas de sa ville natale. En 1915, il s'installe en Californie et, après toutes sortes de travaux, dirige des courts métrages. Après son premier long métrage, *Le Tournant* (1919), il fonde son propre studio où il réalise des films avec, en vedette, sa jeune femme Florence. Engagé en 1923 par la MGM, il s'y affirme avec *La Grande Parade* (1925), vaste fresque pacifiste. Grâce à la confiance du producteur Irving Thalberg, Vidor peut prendre des risques : *La Foule* (1928), un des sommets de l'art du muet, montre la solitude de l'homme dans l'immensité de la ville. *Hallelujah !* (1929), un des premiers chefs-d'œuvre du cinéma parlant, est entièrement interprété par des Noirs non professionnels et utilise une technique nouvelle, la postsynchronisation. Il réalise des westerns de qualité comme *Billy the Kid* (1930), ou des mélodrames, *Notre pain quotidien* (1934), un puissant témoignage sur l'Amérique en crise. *Une romance américaine* (1944), projet élaboré depuis de nombreuses années, retrace la conquête de l'acier dans le Nouveau Monde, mais souffre de restrictions budgétaires et d'acteurs sans charisme. Plus modeste, *H. M. Pulham Esq.* (*Souvenirs*, 1941), est remarquable.

La carrière de Vidor suit souvent ce tracé : des œuvres malmenées par le producteur ou l'acteur principal (*Duel au soleil*, 1946 ; *La Garce*, 1949 ; *Guerre et Paix*, 1956) alternent avec des projets plus personnels (*Soir de noces*, 1935 ; *Stella Dallas*, 1937 ; *La Furie du désir*, 1952). En 1959, après *Salomon et la reine de Saba*, qui ne le satisfait pas, Vidor se retire, tout en continuant à réaliser des films d'amateur. Il a retracé sa carrière avec humour dans son autobiographie, *A Tree is A Tree*, publiée en 1953.

voir : Les États-Unis p. 50-55 – p. 66-73

VIGO
Jean
Paris 1905 – Paris 1934

En cinq ou six ans et seulement quatre films dont un long métrage, Jean Vigo a réussi à synthétiser tout le courant avant-gardiste et expérimental qui bouillonnait aux marges du cinéma français des années 20. Il est l'un des très rares metteurs en scène ayant su mêler aux formes classiques du cinéma une inspiration personnelle. La révolte contre l'ordre établi, le mépris de l'autorité, une hargne mêlée de tristesse à l'égard des rituels sociaux caractérisent ses quelques films, traversés par ailleurs d'un constant appétit de sensations partagées et de découvertes amusées.

Fils de l'anarchiste Almereyda, mort en prison en 1917, Jean Vigo eut une enfance difficile. Vivant à Nice pour des raisons de santé, il donne de cette ville une représentation inspirée et très personnelle dans *À propos de Nice* (1930), sous-titré « point de vue documenté », ce qui met bien l'accent sur la subjectivité de l'entreprise. Il s'agit en fait d'une pochade, où sont ridiculisés par l'image (cadrages, ralentis, montage, substitutions, etc.) les mœurs de la bourgeoisie locale. C'est à Nice aussi que Vigo a rencontré la cinéaste Germaine Dulac, dont les recherches, les expérimentations visuelles et la très grande liberté dans l'utilisation du matériau filmique ont influencé fortement le premier film de Vigo. Influences qu'on retrouve dans *Taris ou la natation* (1931), où les scènes montées à l'envers, et les jeux de lumière et d'écume, ont plus intéressé Vigo que le champion qui en est le sujet. *Zéro de conduite* (1933), qui dénonce les conditions de vie dans un lycée, se présente comme une succession de séquences composées de moments forts et d'instants mémorables. Cet éclatement, cette dispersion des émotions fait la force et la personnalité du film, où se mêlent et s'entrechoquent la tendresse, la mélancolie et la révolte lorsque la caméra détache sur le ciel les silhouettes des élèves, qui se sont retournés contre l'autorité. Le film est interdit par la censure, et ne sera projeté qu'après la guerre.

C'est dans *L'Atalante* (1934) que l'art de Vigo prend toute sa dimension. Le film est ample, fluide, fait de sensualité et d'onirisme. Avec la présence de l'actrice Dita Parlo, et la prestation formidable de Michel Simon, le cinéaste transforme la vie banale d'un couple de mariniers en un voyage initiatique et burlesque. L'équilibre est parfait entre le réalisme de l'environnement des mariniers et le flottement de leurs rêves. Un ton fantastique « à la française » baigne le film, annonçant le Cocteau des années 40 et pas très éloigné du Renoir des débuts.

L'ombre de Vigo, mort à vingt-neuf ans, plane toujours sur le cinéma français. De François Truffaut (les derniers plans des *Quatre Cents Coups* sont des citations presque textuelles de l'effroi de

Jean Vigo
en 1933 dirigeant son dernier film, « Zéro de conduite »

Jean Dasté devant la mer au Havre, dans *L'Atalante*) à Leos Carax (la fin des *Amants du Pont-Neuf* est un hommage à la mariée de cette même *Atalante*), les références à cette œuvre rare sont constantes, même si personne n'a retrouvé l'efficacité poétique de sa simplicité.

voir : La France p. 74-81 –
Le cinéma documentaire p. 202-205

VISCONTI
Luchino
Milan 1906 – Pavie 1976

Héritier d'une des plus anciennes familles de la noblesse milanaise, Luchino Visconti, duc de Modrone, s'intéresse très tôt au théâtre, traverse une crise mystique et se consacre quelques années aux courses de chevaux. À Paris, captivé par le cinéma comme par l'activité de décorateur, il rencontre Jean Renoir dont il devient l'assistant, en 1936, pour *Les Bas-Fonds*, et le créateur de costumes pour *Une partie de campagne*. En 1940, il collabore à une mise en scène de l'opéra *La Tosca* de Puccini, abandonnée par Renoir. La passion pour l'opéra sera constante dans la vie et l'œuvre de cet homme raffiné et d'une immense culture.

Alors qu'il est revenu en Italie, ses sympathies pour la gauche et le parti communiste irritent le régime de Mussolini. L'adaptation d'un roman de Giovanni Verga, écrivain « vériste » de la fin du XIXe siècle, ayant été refusée par la censure, il réalise en 1943 *Les Amants diaboliques*, d'après un roman noir de James Cain, *Le facteur sonne toujours deux fois*, transposé dans l'Italie rurale contemporaine. Jugé scandaleux par le pouvoir, le film, qui donne une vision très sombre du prolétariat, est interdit presque partout par les autorités fascistes. Il est aussi un des premiers chefs-d'œuvre du néoréalisme naissant.

Par la suite, il mène une carrière de cinéaste et de metteur en scène de théâtre et d'opéra. Dans cette œuvre foisonnante, d'une lucidité et d'une richesse exceptionnelles, Visconti réalise des films sur la misère des exploités, où se retrouve l'âpreté de la lutte des classes, tels que *La terre tremble* (1948), sur la vie de pêcheurs siciliens, ou *Rocco et ses frères* (1960), dans lequel une famille méridionale est contrainte par la misère d'émigrer vers le nord de l'Italie. Ces films s'inscrivent esthétiquement dans le courant néoréaliste et politiquement dans une vision marxiste de la société.

De grandes fresques retracent des moments forts de l'Histoire : l'indépendance de l'Italie et le Risorgimento pour *Senso* (1954), avec la musique d'Anton Bruckner, tragédie de la passion d'une aristocrate pour un bellâtre indifférent, lieutenant de l'armée d'occupation ; la prise de pouvoir de la bourgeoisie montante au XIXe siècle, dans *Le Guépard* (1963), avec Burt

Lancaster en aristocrate majestueux et vieillissant ; le nazisme pour *Les Damnés* (1969) ou la vie de Louis II de Bavière dans *Ludwig* (1973). Plus intimistes sont *Sandra* (1965), qui conte les relations troubles d'un frère et d'une sœur, *Mort à Venise* (1971), adapté de Thomas Mann, où transparaît une homosexualité idéalisée et esthétisée dans une Venise somptueuse et morbide, ou encore *L'Innocent* (1976), d'après d'Annunzio, peinture sans concession d'une famille bourgeoise en pleine décomposition.

Dans toute son œuvre, l'aristocrate qu'est Visconti jette un regard nostalgique sur un monde qui disparaît. Homme de gauche, il sait aussi qu'on ne peut aller contre le sens de l'histoire. Cette contradiction, il l'exprime avec un réel souci d'authenticité, mais également avec un lyrisme qui est un bonheur constant.

voir : L'Italie p. 90-93 – p. 126-131

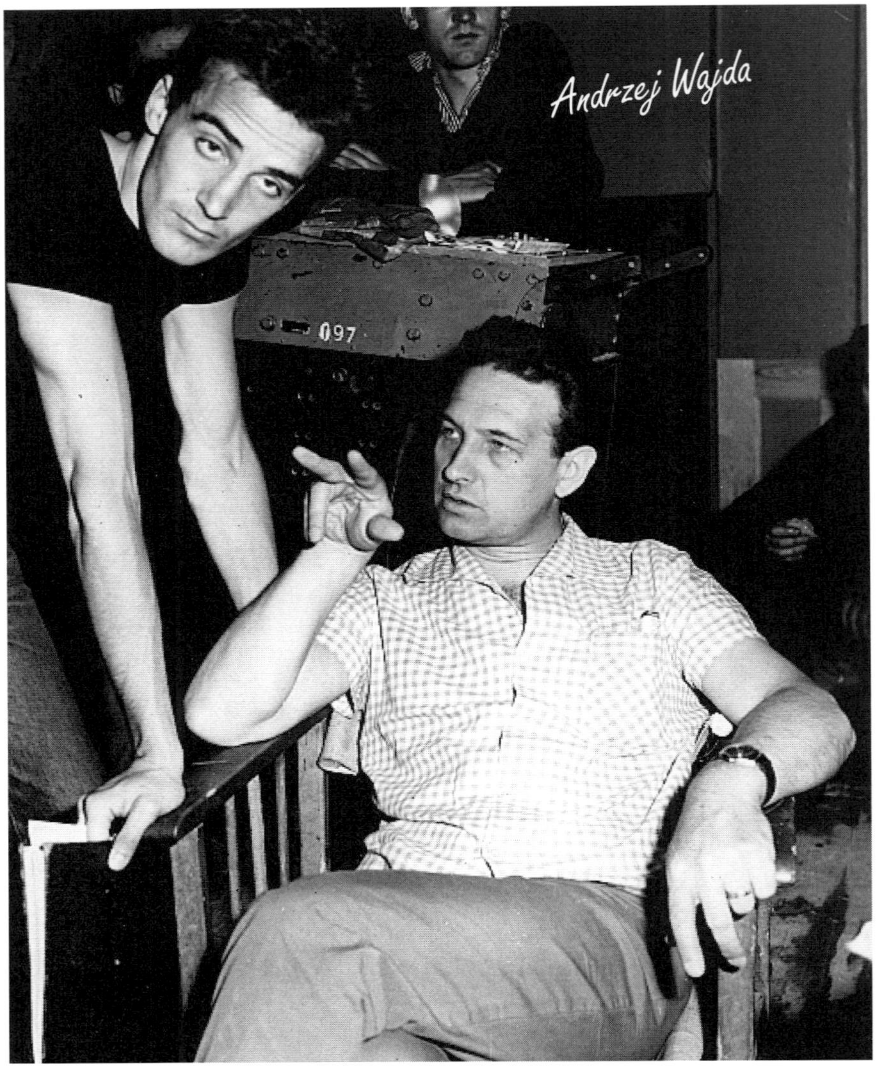

WAJDA
Andrzej
Suwalki 1926

Né dans une famille d'officiers, Andrzej Wajda n'a que treize ans quand la Pologne est envahie par les nazis. Il entre dans la résistance armée en 1942. À la Libération, il suit des études d'art à Cracovie et fonde un mouvement de peinture « barbare et brutale » inspirée du muralisme mexicain. Admis à l'école de cinéma de Lodz, il en sort en 1952 et devient assistant du vétéran Aleksander Ford. En compagnie d'Andrzej Munk, Wajda va incarner le renouveau du cinéma polonais avec *Génération*, *Kanal* et *Cendres et diamants*, tous trois liés à la thématique de la guerre, à la lutte clandestine et au désarroi de la jeunesse, tous trois marqués par une inspiration lyrique et un style riche en effets visuels parfois baroques. Avec *Les Innocents charmeurs* (1960) et *L'Amour à vingt ans* (1962), puis *Tout est à vendre* (1969), sa critique de la société polonaise s'accentue et son style se fait plus dépouillé.

Cette période de renouveau correspond à une rupture avec l'esthétique dogmatique du « réalisme socialiste » que la Pologne s'est vu imposer par l'URSS stalinienne. En 1976, *L'Homme de marbre* interroge cette esthétique et ce qu'elle suppose de mensonge social. Mais la distance qu'adopte le cinéaste ne revient pas à tourner le dos à l'histoire, au social, au politique. Au contraire, pour Wajda le cinéma doit, en Pologne, exprimer la conscience nationale, voire la constituer. Ses films offrent une réflexion en acte sur l'identité même de son pays de 1848 à 1945, les contradictions d'une société qui demeure, après son rattachement au bloc soviétique, écartelée entre nationalisme, catholicisme, antisémitisme, socialisme. Ces thèmes sont explorés dans des films directement historiques, comme *La Terre de la grande promesse* (1975), ou réfractés par des films situés dans des milieux sociaux parfois marginaux (*Le Bois de bouleaux*, 1970 ; *Noces*, 1973).

Durant la période de la contestation politique menée par le syndicat Solidarnosc dans les années 70-80, Wajda réalise, avec toujours plus de précipitation, des films critiques envers le régime (*L'Homme de fer*, 1981) et participe aux forums visant à réformer la production cinématographique en lui accordant une liberté de type autogestionnaire. Après l'instauration de l'état d'urgence dans son pays, il tourne à l'étranger (en France, *Danton*, 1982), monte des pièces de théâtre, avant de revenir dans la Pologne postsocialiste où il ne travaille plus beaucoup, fidèle cependant à son inspiration historique et au thème de la guerre comme révélateur des contradictions morales des hommes.

voir : Les pays de l'Est p. 140-143

WALSH
Raoul
New York 1887 – Los Angeles 1980

Auteur d'une œuvre immense qui s'étend sur cinquante ans et comporte plus de cent vingt films, Raoul Walsh est probablement, de tous les grands cinéastes d'Hollywood, l'un des plus difficiles à définir. À l'époque du muet sa production est mal connue, même si sa réputation est à son zénith grâce au *Voleur de Bagdad* (1924). Contrairement à nombre de metteurs en scène, il participe peu à l'écriture des scénarios ; pourtant, dans tous les genres où il s'est exercé, il a signé des chefs-d'œuvre et des films d'une maîtrise jamais dépassée.

Fils d'un Irlandais et d'une Espagnole, Walsh a un tempérament farouchement individualiste, inclassable, et une conception de l'homme qui lui fait privilégier les aventuriers, les esprits indépendants, voire anarchistes. De plus, il considère la femme comme l'égale de l'homme, ce qui n'était pas fréquent dans sa génération : il aime les héroïnes intrépides, passionnées et indomptables. Dès 1914, il tourne un film sur Pancho Villa à la demande de Griffith avant d'interpréter pour lui le rôle de Booth, l'assassin de Lincoln dans *Naissance d'une nation* (1915). La même année, il dirige un film de gangsters, *Régénération*, dont le réalisme, le rythme et la précision des mouvements d'appareil sont d'une stupéfiante modernité. On le voit encore à l'écran dans ses propres films, comme *Sadie Thompson* (1928), d'après Somerset Maugham, mais il perd son œil droit pendant le tournage d'*In Old Arizona* (1928) et cesse de faire l'acteur.

Walsh inscrit la trajectoire de ses héros au cœur des paysages, qu'il sait peindre avec une admirable puissance : pic rocheux dans *La Grande Évasion* (1941), jungle dans *Aventures en Birmanie* (1945), désert dans *Une corde pour te pendre* (1951), marais de Floride dans *Les Aventures du capitaine Wyatt* (1951). Le souffle lyrique du cinéaste donne vie à l'eau, au feu, à la terre, mais sait aussi atteindre avec aisance le tragique. *L'Enfer est à lui* (1949), portrait d'un gangster épileptique dominé par la personnalité de sa mère, s'achève dans une usine à gaz où le criminel meurt dans un embrasement infernal, tandis que *La Vallée de la peur* (1947), un des premiers westerns psychanalytiques, retrace l'itinéraire d'un orphelin hanté par les images de sa petite enfance, qui va jusqu'au bout de son obsession, à la recherche de son secret. Tour à tour truculent (*Le Roi et Quatre Reines*, 1956), ou sombre (*La Fille du désert*, 1949), sa personnalité présente mille facettes. L'une des plus attachantes est sa capacité à recréer un passé vivant et coloré, comme dans *Gentleman Jim* (1942), évocation pleine de charme d'un boxeur, Jim Corbett, dans le San Francisco de la fin du siècle dernier, ou dans *Les Fantastiques Années 20*, qui retracent, à travers trois destinées, la prohibition et la dépression à un rythme étonnant. Tous ces films majeurs furent réalisés entre 1939 et 1964, date à laquelle Raoul Walsh prit sa retraite de la Warner, qui appréciait le réalisme et la simplicité de son style, caractéristique de cette firme. Cinéaste de l'énergie et des passions humaines, Walsh a laissé une œuvre d'une telle richesse et d'une telle diversité que son exploration ne fait que commencer.

Raoul Walsh en 1937 pendant le tournage de « O. H. M. S. »

voir : Les États-Unis p. 66-73 – Le western p. 180-183

Orson Welles

WELLES
Orson
Kenosha, Visconsin,
1915 – Hollywood 1985

Son œuvre est de celles qui, tout en s'inscrivant dans l'héritage hollywoodien, en ont fait éclater les conventions et les formes obligées de manière déterminante. Maîtrisant l'art de la scène et du son avant de passer à la réalisation, célèbre avant d'être cinéaste, Welles use de ces atouts pour

imposer dès ses premiers films une liberté d'expression et une puissance qui en font un des très grands créateurs de l'histoire du cinéma.

Il débute au théâtre à New York, où, dès l'âge de vingt ans, il dirige une troupe spécialisée dans le répertoire européen, qui produit aussi des adaptations radiophoniques, des dramatiques ou des reconstitutions d'actualités. La radio fournit à Welles cette formidable liberté de pouvoir changer de genre et de ton, et l'occasion d'interpréter aussi bien un personnage de Shakespeare qu'un sportif ou un homme politique. Un jour de 1938, il terrorise l'Amérique avec une inoubliable adaptation de *La Guerre des mondes* de H. G. Wells, si spectaculaire et si réaliste qu'elle fera date dans l'histoire de la radio. Elle lui ouvre les portes d'Hollywood.

En 1941, Orson Welles réalise son premier film, *Citizen Kane*. Hearst, le magnat de la presse américaine, se reconnaissant dans le personnage de Kane, tente par tous les moyens d'en interdire la sortie, mais en vain. La découverte est fulgurante. Considéré aujourd'hui comme un des plus grands chefs-d'œuvre du cinéma, le film est constitué de séquences étonnantes, qui se télescopent ou se superposent.

L'image a une force incroyable, utilisant par moments des perspectives accentuées par la profondeur de champ, des gros plans déformés par les angles de cadrage, des jeux violents d'ombres et de lumière, des effets de montage éblouissants. La bande-son n'est pas en reste : elle est composée, autour de la musique de Bernard Herrmann, d'un entrelacs de voix au relief inusité. Ce sont autant de nouveautés formelles maîtrisées par Welles, avec la collaboration active de John Houseman, son producteur, et de Greg Toland, son chef opérateur. C'est une tragédie que le cinéaste ne cessera de revisiter par la suite : celle d'une volonté de puissance qui dépasse les normes humaines et sociales. Dix fois par la suite il reviendra sur ce thème : des rêves trop grands, trop lourds, qui n'ont d'aboutissement que dans la mort, et qui pourtant sont éternellement recommencés. Dans *Othello* (1952), *La Soif du mal* (1958), *Falstaff* (1966) ou *Une histoire immortelle* (1968), le héros meurt d'avoir trop voulu afficher et imposer son ordre.

Cependant la réputation de Welles à Hollywood se dégrade. Des projets grandioses et ruineux ne voient pas le jour ; d'autres, comme *La Dame de Shanghai* (1948), sont totalement incompris du public. Il est en même temps un acteur remarquable, qui impose par exemple sa silhouette étonnante dans *Le Troisième Homme*. Welles ne craint pas, comme acteur et comme réalisateur, de montrer la vanité des ambitions qu'il met inexorablement en scène avec force moyens. Après avoir servi ces ambitions, l'image elle-même les renverse. C'est en cela que Welles est moderne, fournissant au spectateur tout à la fois la force des images, leur puissance, et le constat à travers elles que toute puissance est vaine.

D'autre part, la prééminence du montage s'impose dans tous ses films : un montage d'oppositions, de contraires, qui s'éloigne de la « lisibilité » que le cinéma américain d'alors cherche avant tout. Les raccords brillants de *La Dame de Shanghai* n'empêchent pas la totale obscurité du récit, les champs / contrechamps d'*Othello* établissent des ruptures plutôt que des continuités. L'art du montage est fondamental pour Welles, parce qu'il est le stade ultime de toutes les manipulations et de la maîtrise que l'artiste véritable doit exercer sur son matériau.

La force iconoclaste de son œuvre a brouillé très vite Welles avec l'establishment hollywoodien. Dès le début des années 50, il est obligé de s'exiler en Europe. C'est là qu'il tourne *Monsieur Arkadin* (1955), *Le Procès* (1962), *Vérités et mensonges* (1975). Il ne retournera aux États-Unis que pour *La Soif du mal*, un film sombre et désabusé, mal accueilli à sa sortie, et qui aujourd'hui frappe par son ambiance crépusculaire et malsaine, et par la violence de ses personnages immoraux. Il n'y a pas d'échappatoire chez Welles : la puissance et la séduction emportent tout sur leur passage, laissant le spectateur et le cinéma pareillement bouleversés.

voir : Les États-Unis p. 66-73 – p. 110-115

WENDERS
Wim
Düsseldorf 1945

Wim Wenders

Né à Düsseldorf, Wim Wenders connaît à la fois une carrière allemande et internationale. Peter Handke adapte pour lui son roman *L'Angoisse du gardien de but au moment du penalty* (1971). Cette histoire d'un gardien de but qui, expulsé par l'arbitre, étrangle une jeune femme, donne le ton à de futures intrigues à peine définies où apparaissent des personnages désemparés. Mais c'est *Au fil du temps* (1976) qui le rend célèbre, après *Alice dans les villes* (1973). Ces deux films portent un regard nouveau sur l'Allemagne et l'Amérique, mais aussi sur l'image et la langue. Avec *L'Ami américain* (1977), cet admirateur du cinéma hollywoodien s'essaie au film noir, avant de filmer, dans un dernier hommage, l'agonie du réalisateur Nicholas Ray dans *Nick's Movie* (1980) et de retracer la vie imaginaire de l'auteur du *Faucon maltais* dans *Hammett* (1982).

En 1984, *Paris, Texas*, Palme d'or à Cannes, développe le thème de l'errance d'un personnage amnésique qui, au cœur du désert texan, cherche à renouer le dialogue avec la femme qu'il a aimée. *Les Ailes du désir* (1987) et *Si loin, si proche* (1993) forment un diptyque sur Berlin, avant et après la chute du Mur; ce sont des fables sur l'incarnation et le temps, où les anges deviennent des humains. C'est que le cinéaste cultive une réflexion sur l'image, dont *Jusqu'au bout du monde* (1991) et, sur un ton plus vif, *Lisbonne Story* (1995) dénoncent la falsification. Son goût de la photographie amène parfois le cinéaste à se transformer en documentariste (*Tokyo-ga*, 1985; *Carnet de notes sur vêtements et villes*, 1989).

La complexité des paysages urbains, la désolation du monde moderne, les rencontres inattendues ou différées que provoque le cosmopolitisme contemporain, l'incertitude des relations humaines sont pour lui des sujets de prédilection; il s'en empare avec une sensibilité lucide, non sans éprouver une merveilleuse nostalgie de l'envol.

voir : L'Allemagne p. 136-137

WILDER
Billy
Vienne 1906

Comme beaucoup de cinéastes viennois d'origine juive, Billy Wilder a pris le chemin des États-Unis après l'arrivée au pouvoir d'Hitler. C'est à Berlin qu'il fait ses premières armes, continuant d'exercer le métier de journaliste qu'il avait déjà pratiqué dans sa ville natale, puis écrivant des scénarios. Après un premier long métrage qu'il coréalise à Paris (*Mauvaise Graine*, 1934), avec une Danielle Darrieux débutante, il s'embarque pour Hollywood. Là, il est à l'école d'Ernst Lubitsch qui l'influence dans de nombreux films, bien que le ton de Wilder soit en général plus dur que celui du maître berlinois. Il écrit pour Howard Hawks le scénario de *Boule de feu*, assiste au tournage, et parachève ainsi sa formation.

De son premier métier de reporter – dont il donnera une vision cruelle et impitoyable dans *Le Gouffre aux chimères* (1951), satire de la presse à sensations –, il hérite le goût de la préparation minutieuse, du petit fait vrai. Ses films, drames ou comédies, témoignent d'une lucidité aiguë qui dévoile les conventions sociales, la course à l'argent, l'hypocrisie du monde. Son premier film marquant, *Assurance sur la mort* (1944), écrit avec Raymond Chandler d'après un roman de James Cain, est un classique du film noir, le portrait acide d'une femme fatale qui pousse un agent d'assurances à tuer son mari pour récupérer la police d'assurances. Le même pessimisme se retrouve dans *Le Poison* (1945), description quasi clinique d'un alcoolique, et dans *Sunset Boulevard* (1950), un des plus beaux films tournés sur Hollywood, où une star déchue (Gloria Swanson) vit dans le rêve impossible d'un retour sous les projecteurs. C'est cette noirceur du trait que l'on retient de la première période de Wilder, même si elle est éclairée par des œuvres plus légères comme *La Scandaleuse de Berlin* (1948), où il trace un tableau sans complaisance de la capitale allemande en ruine après la chute du Reich.

Dans les années 50 il est célébré par la critique, couvert d'oscars, immensément populaire. Ses films adoptent un tour franchement comique sur des sujets audacieux : les camps de prisonniers (*Stalag 17*, 1953), le travesti (*Certains l'aiment chaud*, 1959), la volonté d'ascension sociale (*La Garçonnière*, 1960). Wilder s'y révèle un des satiristes les plus féroces de la société américaine, tout en faisant preuve d'une santé gaillarde et d'un véritable amour de ses personnages malgré leurs travers.

Billy Wilder en 1978 réalise « Fedora »

Dans les années 60, la critique puis le public s'éloignent de lui alors qu'il livre certaines de ses œuvres les plus corrosives : ainsi *Un, deux, trois* (1961), où il se souvient du scénario de *Ninotchka* qu'il écrivit pour Lubitsch, renvoyant dos à dos communistes et capitalistes dans un Berlin divisé.

Wilder l'amateur de bons mots, le spécialiste du dialogue qui crépite (James Cagney dans *Un, deux, trois* parle au rythme d'une mitraillette) va adopter dans ses dernières œuvres un ton plus mélancolique et plus tendre, comme celui de *La Vie privée de Sherlock Holmes* (1970). Le retour en Europe, marqué aussi par le tournage de *Fedora* (1978), proche de *Sunset Boulevard*, semble lui avoir donné une sérénité teintée de mélancolie.

voir : Les États-Unis p. 66-73 –
Une comédie américaine p. 192-193

INDEX

INDEX DES RÉALISATEURS

INDEX DES FILMS CITÉS OU ILLUSTRÉS

CRÉDITS PHOTOGRAPHIQUES

MK2 : p. 21 (h) ; p. 39 (b).
© ROY EXPORT COMPANY ESTABLISHMENT: p. 21 (c) ; p. 54 (h, droite).
SYGMA : Ch. Simonpietri : p. 22 (b) ; Frank Trapper : p. 35 (h, droite) ; E. Robert: p. 35 (b) ; J.Nassif : p. 271 (h, gauche).
© GAUMONT : 1997-p. 23 (b) ; p. 122 (c, gauche) ; 1915-p. 48 (b, droite) ; 1913-p. 49 (h)-1934-p. 74 (h) ; p. 121 (c) ; p. 122 (c, droite) ; 1983-p. 122 (c) ; 1979-p. 195.
© Turner Entertainment Co : 1952-p. 24 (h) ; 1945-p. 42 ; 1921-p. 52 ; 1925-p. 53 ; 1926-p. 54 (b) ; 1939-p. 70 ; 1932-p. 71 (h) ; 1941-p. 72 ; 1943-p. 73 (h) ; 1956-p. 110 ; p. 121 (c, gauche) ; 1968-p. 148 (b) ; 1941-p. 185 (b) ; 1946-p. 186 (b) ; 1927-p. 188 (b) ; 1952-p. 190 (b) ; 1953-p. 191 (h).
© Charles Feldman Group Productions, 1951 : p. 115 (h).
© Armada Productions, 1958 : p. 182.
© Warner Bros-Seven Arts, Inc, 1969 : p. 225 (h).
courtesy Warner Bros : p. 66 (c).
Warner Bros, Londres : p. 245 (h).
Warner/KOBAL/PPCM : p. 151 (c, gauche) ; p. 153 (b)
Jan Chapman Prod/Ciby 2000/KOBAL/PPCM : p. 167 (b, droite).
PPCM©KOBAL : p. 151 (h, droite).
Les Films 13 : p. 29 (h) ; p. 119 (h).
François Darras : p. 30 (c).
Associated Press : p. 31 (h, gauche) ; p. 35 (h, gauche ; c) ; p. 172 (h) ; p. 178 (droite) ; p. 262 ; p. 265 (h).
Philippe Gontier : p. 33.
A.D.R.C. Philippe Gras : p. 39 (c, gauche).
Daniel Keryzaouen : p. 40 (b, droite) ; p. 221 (c et b).
Cinémathèque française/Coll. des appareils : p. 44 (h et c) ; p. 50 (h).
Association Frères Lumière : p. 45 (c).
© ADAGP, Paris 1998 : « Cendrillon, 1899 » Production Star films : p. 46 ; Wittkugel Klaus p. 107 (b) ; Boris Grinsson p. 114 (c), p. 116 (h) ; René Ferracci p. 117 (c) ; Bernard Dufour p. 132 (h) ; Georges Méliès p. 196 (h).
PATHE : p. 47 (h, centre) ; p. 81 (b) ; p. 99 (b) ; p. 127 (b).
Cinémathèque Française : p 49 (b).
Films sans frontières : p. 51 ; p. 57 (h) ; p. 61 (h) ; p. 84 (droite) ; p. 90 ; p. 91 (h et c) ; p. 157 (h, gauche) ; p. 165 (b) ; p. 195 ; p. 198 (gauche).
Murnau Stiftung : p. 62 ; p. 267 (b).
Connaissance du cinéma : p. 63 (h) ; p. 109 (h).
Shochiku Co, Ltd : p. 64 ; p. 65 (h et c) ; p. 89 (h).
Courtesy of RKO Pictures, Inc : p. 67 (c).
COLUMBIA PICTURES 1998 logo : p. 67.
© 1962, Renewed 1990 Horizon Pictures (GB) Ltd, (Columbia Pictures) : p. 133 (b).
© 1977 COLUMBIA PICTURES INDUSTRIES, Inc : p. 147 (b).
© 1948, Renewed 1975 COLUMBIA PICTURES INDUSTRIES, Inc : p. 186 (h).
© Greenwich Film Prod. 1938 : p. 75.
Canal + Image International : 1942-p. 81 (h) ; 1951-p. 95 (c) ; 1952-p. 95 (b) ; 1947-p. 98 ; 1953/Les Films Ariane-p. 99 (h) ; 1974-p. 120 (b, droite) ; 1969-p. 121(h) ; 1979-p. 123 (h) ; 1970/Talia Film/Epoca Film/Selenia cinematografica : p. 157 (h, droite).
Canal + Image UK : p. 101.
Lumière, 1952 : p. 96 (c).
Films Alain Sarde : p. 121 (b, droite).
Reiser : p. 126.
Avco Embassy Pictures corp. 1964 : p. 127 (h).
© Monde Les Grands Films Classiques, Paris : p. 78 (b, gauche) ;
Prod. SF Svensk filmindustri Stockholm, distribution France Les Grands Films Classiques, Paris : p. 144.
© Metro-Goldwyn-Mayer, Inc : 1961-p. 115 (b) ; 1959-p. 192/193.
© 1970 Russfilms Limited : p. 132 (b).
© 1962 Eon Productions, Ltd : p. 134.
© 1966 Alberto Grimaldi Productions : p. 183 (h).
© 1961 United Artists Pictures, Inc : p. 191 (b).
© 1972 United Artists Corporation : p. 215.
Distribution France Belqique Les Grands Films Classiques, Paris : p. 202.
© Ministère de la culture, France : Raymond Voinquel p. 79 (h) ; Sam Lévin p. 78 (h), p. 223 (b, droite).
Leni Riefensthal Produktion : p. 85.
Ciné-Tamaris : p. 117 (h) ; p. 120 (b, gauche) ; p. 226 (b, centre).
Sylvette Baudrot : p. 118 (b).
Bernard Prim : p. 120 (h).
Les films du losange : p. 120 (c, droite).
AGAT Films : p. 122 (h).
Lazennec Films : p. 123 (b, droite).
Films Ariane : p. 129 (h, droite).
BANFILM : p. 130 ; p. 255 (h).
© PARAMOUNT PICTURES : Courtesy of Paramount Pictures : p. 66 (h) ; 1969-p. 133 (h) ; 1972-p. 146 ; 1962 p. 238.
PARAMOUNT/KOBAL/PPCM : p. 113.
TSH : p. 135 (h).
David Appleby/Prominent Features : p. 135 (c).
ARGOS-Films : p. 136 (h) ; p. 164 (c) ; p. 204 (droite).
Futura Films : p. 136 (b).
Wim Wenders Produktion : p. 137.
© Positif : p. 150.
© Faces Distribution Corporation : p. 151 (b).
Bac Films : p. 153 (h).
G.E.R. : p. 157 (b).
Keystone : p. 173 (c).
© Dances With Wolves Productions, Inc. Copyright 1990 : p. 183 (b).
ARIES (RKO) : p. 188 ; 190 (h).
© 1977, 1997 Lucasfilm Ltd. § TM : p. 197 (c, droite).
DreamWorks : p. 197 (b) ; p. 201 (droite) ; p. 267 (h).
© DISNEY, par autorisation spéciale de TWDCF : p. 111 ; p. 199 (c) ; p. 200 (b, droite) ; p. 228.
TM § © Aardman/ Wallace § Gromit Ltd 1995 : p. 201 (b, gauche).
MAGNUM : p. 205 (h).
Jean Rouch, Comité du film éthnographique : p. 205 (c et b).
Isabelle Weingarten : p. 217 (h, droite).
Philippe R. Doumic : p. 236.
© Nemai Ghosh : p. 261.
Charlotte Véry : 263 (b).
Georges Pierre : p. 263 (h).
Luce Vigo : p. 272.
GAMMA : p. 277.
D.R.: p. 12 : Naissance d'une nation ; p. 13 : L'Homme à la caméra, Les Lumières de la ville ; p. 15 : Sept Ans de réflexion, Pather Panchali ; p. 16 : Manhattan, p. 8 ; p. 18 ; p. 22 (h et c) ; p. 23 (c, droite) ; p. 24 (b) ; p. 25 (h et b) ; p. 26 à 28 ; p. 30 (b) ; p. 31 (h, droite et b) ; p. 32 (b) ; p. 34 (c) ; p. 36 ; p. 37 ; p. 38 (h) ; p. 39 (h et c, droite) ; p. 40 (c) ; p. 41 ; p. 47 (h, droite) ; p. 48 (h et b, gauche) ; p. 54 (h, gauche) ; p. 55 (b) ; p. 56 ; p. 57 (b) ; p. 58 ; p. 59 (h et c) ; p. 61 (c) ; p. 67 (c, haut) ; p. 68 ; p. 69 (h et b) ; p. 71 (b) ; p. 73 (b) ; p. 74 ; p. 76 ; p. 77 (h et c) ; p. 80 ; p. 83 (h et c) ; p. 84 (gauche) ; p. 86 à 88 ; p. 92 ; p. 93 (h et b) ; p. 95 (h) ; p. 97 ; p. 100 ; p. 102 (c) ; p. 103 à 106 ; p. 107 (h) ; p. 108 ; p. 109 ; p. 112 ; p. 114 (b) ; p. 116 ; p. 119 (b) ; p. 121 (b, gauche) ; p. 123 (b, gauche) ; p. 124 (h et b) ; p. 125 (h et b) ; p. 126 (b) ; p. 127 (c) ; p. 128 ; p. 129 (h, gauche et b) ; p. 131 (h et b) ; p. 132 (c) ; p. 135 (b) ; p. 138 (h) ; p. 139 ; p. 140 ; p. 141 (h) ; p. 142 ; p. 143 ; p. 145 ; p. 147 (h) ; p. 148 (c) ; p. 149 ; p. 152 (h) ; p. 154 ; p. 155 ; p. 158 ; p. 159 ; p. 161 à 163 ; p. 164 (b) ; p. 165 (h) ; p. 167 (h et b, gauche) ; p. 168 ; p. 171 ; p. 172 (h, gauche, c et b) ; p. 173 à p. 177 ; p. 178 (gauche) ; p. 179 ; p. 180 (b) ; p. 181 (h et b) ; p. 184 ; p. 185 (h) ; p. 187 ; p. 189 ; p. 196 (c) ; p. 197 (h) ; p. 198 (droite) ; p. 199 (h, c et b) ; p. 200 (c, gauche ; c, droite et b) ; p. 203 ; p. 204 (gauche) ; p. 207 ; p. 210 à 212 ; p. 214 ; p. 217 (h, gauche et b) ; p. 219 ; p. 220 ; p. 221 (h) ; p. 222 ; p. 223 (c) ; p. 225 (b) ; p. 226 (droite et gauche) ; p. 229 ; p. 232 ; p. 233 (h) ; p. 234 ; p. 235 ; p. 237 ; p. 239 ; p. 240 à 243 ; p. 245 ; p. 247 à 251 ; p. 253 ; p. 255 (c et b) ; p. 256 à 259 ; p. 260 ; p. 264 ; p. 266 ; p. 268 ; p. 269 (b) ; p. 271 (h, centre) ; p. 273 à 276 ; p. 278.
Norman Hargood/D.R. : p. 20 (b) ;
David Lee/D.R. : p. 28 ;
Maurice Le Poitevin/D.R: (dessin) p. 31 (c) ; Vladimir et Georgii Stenberg/D.R : p. 60 ;
Stanek/D.R : p. 45 (b) ;
Pretz/D.R : p. 63 (b) ;
Roger Kahan/D.R. : p. 78 (b, droite) p. 79 (c) ; Kha/D.R : p. 93 (b) ; R. Aldo/D.R : p. 96 (b) ; Pulford/D.R : p. 102 (b) ; E. Delessert/D.R : p. 124 (c) ; Wall/D.R : p. 125 (b, gauche) ;
Amsel/D.R : p. 152 (c) ; Nike/D.R : p. 156 (h) ; Lem/D.R : p. 156 (b) ;
Sacha Masour/D.R : p. 213 ;
J.Wenk/D.R : p. 225 (c) ; R. Richee p. 230 ; Prod/DB D.R : p. 269 (h) ;
Pierre Zucca/D.R : p. 271 (c).

Entr'acte de René Clair (1924).

Conception graphique et mise en pages
PASCALE OGÉE

Mise en pages des chronologies
DOMINIQUE GROSMANGIN

L'iconographie a pu être réalisée grâce à la Bibliothèque du film, BIFI

Relecture
GÉRARD HALLER

Fabrication
JACQUES VENELLI

Les textes ont été composés en Bauer Bodoni et Futura
Les illustrations ont été gravées par BUSSIÈRE à Paris
Cet ouvrage a été achevé d'imprimer en septembre 1998
sur les presses de l'imprimerie Pollina à Luçon - n° 75614
Dépôt légal : 3e trimestre 1998
JK 19 36 46